GLUCK ET PICCINNI

OUVRAGES DU MÊME AUTEUR

VOLTAIRE ET LA SOCIÉTÉ FRANÇAISE

AU XVIIIᵉ SIÈCLE

2ᵉ édition. — Format in-12 à 4 fr. le vol.

1ᵉ série. — LA JEUNESSE DE VOLTAIRE. 1 vol.
2ᵉ série. — VOLTAIRE AU CHATEAU DE CIREY. 1 vol.
3ᵉ série. — VOLTAIRE A LA COUR. 1 vol.
4ᵉ série. — VOLTAIRE ET FRÉDÉRIC. 1 vol.
5ᵉ série. — VOLTAIRE AUX DÉLICES. 1 vol.
6ᵉ série. — VOLTAIRE ET J.-J ROUSSEAU. 1 vol.

LES COURS GALANTES

ÉTUDES HISTORIQUES SUR LA DERNIÈRE MOITIÉ DU RÈGNE DE LOUIS XIV

Dentu, 1860-1864. — 4 vol. in-12-

PARIS. — IMP. SIMON RAÇON ET COMP., RUE D'ERFURTH, 1

ERRATA

Page VIII, ligne 20 (PRÉFACE). *Au lieu de :* faire avec, *lisez :* le faire avec.

— 20, ligne 11. *Au lieu de :* Telemaco, *lisez :* Telemacco.

— 30, titre de la page. *Au lieu de :* Caffarelli, *lisez :* Farinelli.

— 48, avant-dernière et dernière lignes. *Au lieu de :* 1858, t. II, p. 557, 558, *lisez :* 1869. t. II, p. 514.

— 88, titre de la page. *Au lieu de :* l'Alceste italien, *lisez :* l'Alceste italienne.

— 119, ligne 9. *Au lieu de :* chantons, chantons, *lisez :* chantons, célébrons.

— 121, ligne 20. *Au lieu de :* Cythère assiégé, *lisez :* Cythère assiégée.

— 124. Transposition des deux notes.

— 127. Les deux notes également transposées.

— 145, ligne 5. *Au lieu de :* quant au poëme, *lisez :* quant au scenario.

— 184, ligne 22. *Au lieu de :* napotain, *lisez :* napolitain.

— 233, note 5. *Ajoutez :* 1779, p. 57, 58.

— 235, ligne 26. *Au lieu de :* égale, *lisez :* presque égale.

— 280, ligne 23. *Au lieu de :* avait s'effacer, *lisez :* avait dû s'effacer.

— 283, note 1, première ligne. *Au lieu de :* t. X, p. 62; juillet 1778, *lisez :* t. X, p. 475; janvier 1778.

— 287, note. La citation empruntée aux *Mélanges* de madame Necker a rapport à un précédent voyage de Caraccioli à Naples. Nous la maintiendrons, parce qu'elle donne bien le ton de l'engouement dont il était l'objet.

— 523, ligne 28. *Au lieu de :* forte du double l'appui, *lisez :* forte de l'appui.

— 536, note, avant-dernière ligne. *Au lieu de :* ministère, *lisez :* ministre.

— 543, ligne 28. *Au lieu de :* continuateurs et d'héritiers, *lisez :* continuateur et d'héritier.

— 548, ligne 21. *Au lieu de :* est-ce à que, *lisez :* est-ce à dire que.

— 567, ligne 2. *Au lieu de :* pure, *lisez :* pur.

— 569, ligne 11. *Au lieu de :* ce qu'il a de vrai, *lisez :* ce qu'il y a de vrai.

— 573, note 2, 4e ligne. *Au lieu de :* à la suite des unes des autres, *lisez :* à la suite les unes des autres.

— 574, ligne 1. *Au lieu de :* un opéra inachevé, *lisez :* une partition inachevée.

— 574, avant-dernière ligne de la note. *Au lieu de :* qui n'en était pas moins, *lisez :* qui ne laissait pas d'être.

— 587, ligne 5. *Au lieu de :* cette année, *lisez :* l'année.

— 598, ligne 20. *Au lieu de :* faibles fonds, *lisez :* quelques fonds.

— 404, ligne 25. *Au lieu de :* Conseils de, *lisez :* Conseils et de.

LA MUSIQUE FRANÇAISE

AU XVIIIᵉ SIÈCLE

GLUCK ET PICCINNI

1774-1800

PAR

GUSTAVE DESNOIRESTERRES

DEUXIÈME ÉDITION

PARIS

LIBRAIRIE ACADÉMIQUE

DIDIER ET Cⁱᵉ, LIBRAIRES-ÉDITEURS

35, QUAI DES AUGUSTINS

1875

PRÉFACE

La reprise d'*Orphée* et d'*Iphigénie en Tauride* au Théâtre-Lyrique, celle d'*Alceste* à l'Opéra, durent réveiller la curiosité et l'intérêt sur la lutte musicale qui jadis transforma la société française en deux camps. Ces étranges débats furent en leur temps plus qu'une rivalité de métier digne de la seule attention des virtuoses; ils appartiennent essentiellement à l'histoire des mœurs du dix-huitième siècle, dont ils peignent, plus qu'aucun autre incident, la saisissante physionomie, et l'on ne saurait faire un tableau complet de cette époque si menaçante sous ses apparences frivoles et ses airs extravagants, sans mentionner ce besoin fiévreux d'agitation qui se traduira dans des questions d'art et d'esthétique (et de personnes aussi), en attendant les questions de vie ou de mort. Mais qui eût songé à

a

cela ? En 1778, au plus fort de la querelle des Gluckistes
et des Piccinnistes, le bon Franklin adressait à une
amie cette fine et inoffensive moquerie des *Éphé-
mères*, dont l'optimisme, s'il eût été sincère, aurait
lieu de surprendre chez cet observateur si sagace et
d'un sens si droit. On lui avait, assurait-il, montré
un nombre infini de cadavres d'une petite espèce de
mouche, dont toutes les générations étaient nées et
mortes dans le même jour ; il s'en trouvait encore de
vivantes sur une feuille, fort occupées à pérorer et
discourir avec feu.

Vous savez, mandait-il à cette amie, que j'entends toutes les langues des espèces inférieures à la nôtre ; ma trop grande application
à leur étude est la meilleure excuse que je puisse donner du peu
de progrès que j'ai fait dans votre langue charmante. La curiosité
me fit écouter les propos de ces petites créatures ; mais la vivacité
propre à leur nation les faisant parler trois ou quatre à la fois, je
ne pus tirer presque rien de leurs discours. Je compris cependant,
par quelques expressions interrompues, que je saisissais de temps
en temps, qu'ils se disputaient avec chaleur sur le mérite de deux
musiciens étrangers, l'un un cousin, l'autre un bourdon. Ils passaient leur temps dans ces débats, avec l'air de songer aussi peu à
la brièveté de la vie que s'ils avaient été assurés de vivre encore
presque tout un siècle. « Heureux peuple, me disais-je, vous vivez
certainement sous un gouvernement sage, équitable et modéré,
puisque aucun grief public n'excite vos plaintes, et que vous n'avez
de sujet de contestations que la perfection ou l'imperfection d'une
musique étrangère[1] ! »

---

[1] Benjamin Franklin, *Mélanges de morale, d'économie et de politique.*
3ᵉ édition. Paris, Renouard, 1853, p. 176, 177. Lettre à madame
Brillon (écrite en français) ; à Passy, au mois d'août 1778.

Vanité et mensonge que cette placidité et cette félicité sans mélange auxquelles on dirait que les intéressés n'avaient à reprocher que leur plénitude et leur excès ! Ces grands seigneurs qui tenaient, ceux-ci pour le coin de la reine, ceux-là pour le coin du roi, ces belles dames qui ne se jetaient pas moins résolûment dans la mêlée sans souci du lendemain, dix ans plus tard, seront en proie à de bien autres préoccupations. Il ne s'agira plus alors de « la révolution opérée dans la musique, » mais de la révolution de tout un peuple en passe de renouveler ses institutions, ses lois, sa politique, ses mœurs, et qui, après avoir chanté, la voix pleine de sanglots : *J'ai perdu mon Eurydice*, ne fera plus retentir les rues et la frontière que de formidables chansons. Cette page curieuse devait avoir sa place dans nos travaux sur l'histoire de la Société Française au dix-huitième siècle. En 1849, dans un recueil périodique, nous publiions une première étude qui, quoique déjà suffisamment pleine de renseignements, aura gagné sans doute à cette longue halte[1]; une enquête persévérante, le secours

---

[1] *La Semaine*, 1849, les nᵒˢ des 27 mai, 3, 10, 24 juin, 8, 22 et 28 juillet. *Les Gluckistes et les Piccinnistes*, par le marquis de Bièvre. Nous avions alors l'idée de publier, sous le couvert de ce personnage bien connu, tout un livre sur cette société élégante, lettrée, peu sérieuse au moins à la surface, qu'il représentait à beaucoup d'égards ; et ce n'est pas le seul tableau que nous lui ayons attribué par un petit artifice assez en usage, très-accepté, et que nous pensions ne devoir tromper personne. Il en a été autrement pourtant, et l'auteur des *Études philosophiques*

de matériaux nouveaux nous ont mis à même de produire un ensemble plus satisfaisant auquel, c'est
notre sentiment, il y aurait peu à ajouter au point
de vue de l'événement et du fait.

Depuis longtemps, le dernier mot a été dit sur
l'œuvre de Gluck et de Piccinni[1], et notre tâche à cet
égard sera tout au plus de relever le dispositif de
l'arrêt. Mais, à le bien prendre, cette rivalité fameuse
fut, avant tout (et cela s'explique de reste dans
une société si peu musicienne), malgré l'importance
des deux antagonistes, une dispute littéraire par tous
les flots d'encre que répandirent, sans y regarder,
ces alliés spirituels et trop spirituels qui crurent,

et morales sur l'histoire de la Musique, M. J.-B. Labat, organiste de la
cathédrale de Montauban, a cru pouvoir emprunter aux *Mémoires du
marquis de Bièvre* la relation de la deuxième représentation de l'*Iphigénie en Tauride* de Piccinni. Nous regrettons qu'il soit tombé dans cette
petite méprise. Rien n'est plus exact, toutefois, que ce récit; et, s'en
fût-il avisé, l'auteur du *Séducteur* n'eût sans doute point été à même de
faire avec cette fidélité. Mais, encore une fois, le récit est de nous, et
nous nous voyons forcé d'en faire l'aveu pour n'avoir pas à être accusé
de plagiat. Ajoutons que plus de vingt ans se sont écoulés depuis; qu'un
savant de Vienne, M. Schmid, conservateur de la Biliothèque impériale,
publiait à Leipzig, en 1854, une Vie de Gluck pleine de recherches patientes et de documents de la plus grande valeur sur les premières
années surtout de ce grand artiste; qu'une étude non moins remarquable sur le compositeur et son œuvre, de M. Adolphe-Bernhard Marx,
paraissait, en 1863, à Berlin, en deux copieux volumes qui se recomman-
dent au lecteur compétent par la plus saine critique, les appréciations
les plus autorisées. Notre ancien travail ne saurait donc être considéré
que comme une première et très-imparfaite ébauche à laquelle ce que
nous offrons aujourd'hui ne ressemble guère ni par l'étendue, ni par la
masse des documents recueillis.

[1] Et non Piccini, comme on le trouve écrit le plus souvent.

avec cette fatuité bien française, que la science de la
phrase supplée à la science des choses, et qu'un habile homme est propre à parler de ce qu'il connaît le
moins. On verra jusqu'à quel point chez les gens
de lettres alla cette outrecuidance que leur reproche
si dûrement Gluck pour sa part. Il ne faudrait pas,
toutefois, exagérer; et, si Gluck n'eût pas été trop
intéressé au débat, il était plus que personne capable
de sentir le bien qui pouvait résulter même de ces
assertions à la diable, de ces appréciations erronées,
de ces jugements plus ingénieux souvent que très-
sérieux. Le défaut grave de l'artiste, c'est de ne pas
regarder au delà de son art et de ne pas apporter,
dans ses compositions, toute l'élévation désirable.
L'écrivain, au contraire, habitué à toucher à tous les
sujets, acquiert à la longue des notions incomplètes
sans doute, mais qui, par leur insuffisance même, le
forcent à réfléchir et lui font faire parfois des trou-
vailles. Au milieu de tout ce qu'il hasardera de mal
fondé en ne prenant avis que de sa seule impression,
il ne pourra pas ne point tomber juste de temps à
autre; et ce qu'il verra bien, il le verra avec des
yeux qui ne seront pas les yeux de tout le monde,
avec un esprit critique et philosophique que l'on
voudrait rencontrer davantage chez l'artiste. Secouez
les idées, dussent les fausses abonder, elles feront
penser, et de leur heurt jailliront pour l'art des
clartés plus vives, des aspects nouveaux, de soudaines

perspectives. C'est en quoi toutes ces querelles ne sont pas trop à regretter, malgré les sottises et les gros mots qui s'échangent. Ceux qui ont raison doivent à leurs adversaires, un peu comme le poëte doit à la rime, plus d'un aperçu ingénieux, qui aura été un pétillement de la discussion. Si, d'abord, rien de distinct ne se fait jour à travers tout ce brouhaha, ce choc confus, cet emportement de paroles et de cris, insensiblement les vaines clameurs s'apaisent et se perdent, et il ne surnage de toute cette tempête que ce qui était fait pour survivre à la passion du moment. A l'heure présente encore, l'on n'a d'autre sentiment sur cette guerre musicale, sur la valeur des deux champions et l'importance des œuvres de Gluck, que celui des meilleurs esprits d'alors ; et il est plus que probable que le temps ne fera que consacrer l'opinion des contemporains et celle des deux générations qui ont suivi.

Nous nous sommes efforcé, autant qu'il a été en nous, de faire un tableau fidèle, animé, complet de cette curieuse page des mœurs littéraires et artistiques du dernier siècle. Ce livre ne saurait rien apprendre sans doute aux gens du métier ; il serait difficile d'admettre, toutefois, que les événements qui ont signalé la marche et les progrès de l'art n'aient nul droit à l'attention de l'artiste qui lui a voué sa vie. A ce point de vue encore, nous nous flattons d'être de quelque utilité, et cela seul suffirait

pour légitimer un travail entrepris avec conscience,
et qui ne se produit qu'avec un cortége de faits, de
pièces et de renseignements d'une curiosité incontestable, quand ils ne sont pas complétement inédits. Cette histoire restait à faire. Des recherches de
toute une vie sur cette époque intéressante, si peu
connue jusqu'ici malgré tant de volumes amoncelés,
bâclés par des écrivains impatients qui, comme
l'abbé de Choisy, n'attendaient que la publication de
leur livre pour étudier la matière, nous mettaient
à même de poursuivre une pareille tâche avec quelque apparence de succès. Qu'on n'envisage cet ouvrage que comme un laborieux procès-verbal, dressé
avec autant de soin que d'impartialité, et nous
n'aurons pas encore perdu notre peine, et nous nous
trouverons suffisamment récompensé.

llérils. Juillet 1870.

GLUCK ET PICCINNI

I

En dépit de la résistance indignée des vieux piliers
de l'Opéra, il était grand temps que notre musique
reçût une impulsion qui ne pouvait lui venir que de
l'extérieur, car, en France, on semblait convaincu
qu'elle avait envahi tout le domaine du possible. Rameau était l'idéal : rien n'existait au-dessus ou en d'e-
hors de lui. Rameau eut du génie, et Gluck le reconnaissait, lui qui n'en accordait aux autres qu'à bon
escient ; mais le génie qui sort un art de ses langes,
n'est point, ne peut être celui qui lui fera faire son dernier pas. Le créateur puissant auquel il était réservé
de modifier si complétement nos idées et notre goût,
devait nous venir de l'Allemagne, après tout une vie
d'études et de voyages consacrée à demander au sphinx
ses secrets les plus cachés. La représentation d'*Iphigénie en Aulide* fut pour la musique française l'aurore
d'une ère nouvelle : cette journée allait jeter un abîme

1

et tout un siècle entre la veille et le lendemain. Mais,
avant d'aborder ce grand fait de notre histoire lyrique,
il était indispensable de remonter jusqu'aux commen-
cements de l'Orphée moderne qui trouva parmi nous
une hospitalité si enthousiaste que n'imprégnèrent
qu'imperceptiblement d'amertume les assauts des antagonistes. Qu'importe en effet la lutte à qui la domine?
L'épreuve, on le verra, fut tout autre pour ce pauvre
et impressionnable Piccinni sur les bras duquel, moins
prudents que zélés, les partisans du genre italien attirèrent, non-seulement les séides du chevalier, mais
encore les admirateurs de l'ancienne école française.

Longtemps, tout fut incertitude sur le lieu et la date
de la naissance de Gluck, sur sa patrie et sur sa parenté
même. Était-il né en Bohême ou dans le Palatinat, en
1712, ou en 1714, ou bien encore en 1717? le manque
de toute donnée suffisante semblait condamner les biographes à flotter perpétuellement entre ces diverses
hypothèses, quand une pièce importante vint, en apparence du moins, trancher la difficulté et éclairer le débat d'une lumière soudaine. On avait mis la main sur
l'acte de baptême d'un Christophe Gluck qui ne pouvait
être autre que l'auteur d'*Orphée* et d'*Armide*. Cette
pièce, d'ailleurs authentique, contrariait bien certaines
vraisemblances. Dans l'impossibilité d'arriver à un
chiffre exact, on n'avait jusqu'ici procédé que par des
probabilités que venait dérouter à l'extrême cette découverte tardive. Gluck était né à Neustad sur la Waldnab,
près des frontières de la Bohême, le 25 mars 1700, et
avait, par conséquent, douze, quatorze ou dix-sept ans
de plus qu'on ne l'avait cru; et cette différence avait
bien sa gravité, si l'on songe qu'au lieu de soixante

ans qu'on lui supposait, lorsqu'il fit représenter *Iphi-génie en Aulide*, il en devait avoir soixante-quatorze ou soixante-dix-sept; et, lors de son dernier opéra, *Iphi-génie en Tauride*, au lieu de soixante-cinq, soixante-dix-neuf ou quatre-vingt-deux ans, selon le point de départ de ses biographes. Pour quiconque n'accepte point un fait sans examen et demande même à la vérité de se produire dans des conditions absolues d'évidence et de logique, cette pièce n'était qu'à demi satisfaisante. Sans doute elle portait bien le nom et le prénom de Gluck, et c'eût été concluant, si ce prénom de Chris-tophe n'eût pas été celui de cinq membres de la même famille. Aussitôt que cet acte ne convenait pas d'une façon exclusive au chevalier, ce surcroît de douze et même de dix-sept ans sur le chiffre d'années du com-positeur allemand était bien fait pour inspirer quelque défiance. Ce fut en 1831, dans le *Journal des bourgeois et des paysans*, que parut d'abord cet important docu-ment; la *Gazette de la cour de Bavière* le reproduisit de son côté. Des doutes vinrent bientôt à l'esprit de quel-ques-uns. Les *Annales de la Bavière* et la *Gazette de Vienne* furent les premières à attacher le grelot et ne manquèrent pas d'arguments contre la valeur de la trouvaille. Un excellent musicien, chanteur de la cha-pelle impéraile, Aloïs Fuchs, pour son compte, loin de s'incliner devant l'autorité d'une pareille pièce, mit en relief tout ce qu'elle avait d'insuffisant[1]. Les Allemands prennent leur temps pour vider une question: en 1836 encore, *Europa* journal de Lewald, en dépit de ce que

---

[1] *Leipziger allgemeinen musikalischen Zeitung*, 1832, n° 45.—*Wiener musikalischen Anzeiger*, 1836, n° 16. — *Allgemeinen Wiener musik. Zeitung*, 1841, n° 164.

l'on avait pu dire et écrire, envisageait l'acte de baptême
comme un fait sans réplique. Mais la discussion restait
ouverte aux esprits curieux et fureteurs que les obstacles ne font qu'aiguillonner : elle est close, à l'heure
qu'il est.

Cet acte de baptême était l'acte d'un oncle de Gluck,
né d'un second mariage ; ce qui explique qu'il eût vingt
ans de moins que son frère, et quatorze seulement de
plus que son neveu. Pour ce qui est de l'auteur d'*Orphée*
et d'*Alceste*, au prénom duquel il faut joindre celui de
Willibald, de patientes recherches, des fouilles opiniâ
tres ont éclairé tous les points douteux ou obscurs de
cette existence illustre trop étroitement liée à l'histoire
de l'art pour que ses incidents les plus futiles n'aient
qu'un attrait de simple et stérile curiosité. Maintenant,
on sait que Gluck naquit, le 2 juillet 1714, à Weidenwang, près Neumarkt, dans le haut Palatinat, et non à
Neustad sur la Waldnab, et que ses auteurs portaient,
le père le prénom d'Alexandre et non de Jean-Adam, et
la mère celui de Walburga et non d'Anne-Catherine,
comme on l'avait cru longtemps sur la foi de l'acte de
baptême de l'oncle de Gluck. M. Antoine Schmid, dont
un bon tiers de la vie a été consacré à cette pieuse enquête des origines et des mille aventures de l'Orphée
allemand, a réuni autant et plus de preuves qu'il n'en
fallait pour contenter les moins faciles. C'est d'abord
l'extrait de baptême retrouvé en 1842, ensuite l'acte de
mariage du chevalier avec Marianne Pergin en date du
15 septembre 1750, puis le certificat de vie délivré
en 1783 par le marquis de Noailles, ministre de France
à Vienne, indispensable pour toucher les droits d'auteur ou une pension du roi, puis l'acte de décès daté

du 15 novembre 1787, qui restitue à Gluck son âge véritable, enfin la production de son arbre généalogique[1].
Force est de se rendre à un tel faisceau de pièces, authen-
tiques toutes, et dont chacune suffirait isolément pour
édifier sur un fait qui n'est pas, répétons-le, aussi secondaire qu'il pourrait le paraître, puisqu'il s'agit de
fixer à quelle époque précise de sa vieillesse ce rare génie enfanta des œuvres où l'on rencontre, à part la
science et un art infini, une sève, une puissance qui
ne sont guère de cet âge, bien que Rameau ait offert le
même phénomène de virilité.

Le père du chevalier, Alexandre Gluck n'était rien
moins que de souche princière. Il avait d'abord appar-
tenu, à titre de chasseur, de porte-arquebuse, à cet
Eugène de Savoie trop célèbre dans l'histoire de nos
revers. Il vint ensuite se fixer à Weidenwang où il exerça
les fonctions de garde-chasse. En 1717, il entrait au
service du prince de Kaunitz et installait ses pénates
un peu vagabonds dans le nord de la Bohême, à Neuschloss. Le brave homme, habitué à une vie de travail
et de rudes labeurs, ne devait rien entendre aux raffinements des existences oisives, et il était naturel qu'il
songeât à faire de ses enfants des hommes comme lui,
rompus de bonne heure à toutes les fatigues. Au beau
milieu de l'hiver, durant ses courses à travers bois, il
se faisait suivre de Christophe et d'Antoine, sans chaus-
sures, pieds nus, par la pluie, par le froid et la neige.
Le fait est que Gluck n'en mourut pas. Disons mieux :
c'est à cette sauvage existence qu'il fut redevable de

---

[1] Anton Schmid, *Christoph Wilibald Ritter von Gluck. Dessen Leben
und tonkünstlerisches Wirken*. Leipzig, 1854, supp., p. 431 et suiv.

ce corps robuste, de cette énergie indomptable, de ce caractère d'airain, de cette horreur de toute dépendance qui mène trop souvent au despotisme.

Gluck apprit à lire la musique et à chanter presque sans s'en apercevoir. L'Allemagne est la terre classique de la musique instrumentale; les moins dilettantes possèdent un instrument et en savent assez pour faire leur partie dans des concerts de famille. Gluck se mit à racler sur le violon et le violoncelle avec une ardeur égale. Les années avaient marché, Christophe avait douze ans, il était temps de songer à son instruction. Son père n'était déjà plus à Neuschloss, il avait quitté le service du prince de Kaunitz pour celui du prince de Lobkowitz qui l'avait fait son garde-forestier à Eisenberg. La petite ville de Kommotau n'était qu'à peu de lieues de là; on se décida à installer l'enfant à son collége, où il passa six ans, de 1726 à 1732. Si cet intervalle ne fut perdu d'aucune sorte pour Gluck qui était essentiellement laborieux, les circonstances favorisèrent singulièrement son penchant pour la musique. Kommotau avait un séminaire de jésuites; le futur auteur d'*Orphée* y venait assidûment prendre des leçons de chant et de violon. Les bons religieux lui apprirent encore à jouer du clavecin et de l'orgue. Ces études musicales marchaient de front avec les autres études; Gluck ignorait alors quelle carrière serait la sienne et cédait à ses instincts sans rien négliger de ses devoirs.

De Kommotau il se rendit à Prague; il y venait chercher un complément à son petit bagage de connaissances, sans parti pris, sans projets arrêtés. Mais à peine s'y trouvait-il, qu'il lui fallut entrer résolûment dans les réalités et les difficultés de la vie. Son père n'était,

après tout, qu'un pauvre garde-forestier, dont la fortune bornée avait encore à se partager entre de nombreux rejetons. Les secours pécuniaires n'arrivaient
que lentement à l'étudiant de Prague, qui vit bien que
le temps était venu de ne compter que sur lui-même : à
quoi eût-il demandé un aide et des ressources, si ce
n'eût été à la musique? Il se mit à donner des leçons
de chant, des leçons de violoncelle; il chanta, il joua
dans les églises, dans celles de Sainte-Agnès et de
Wasser-polaken, entre autres. Les vacances survenaient-
elles, c'était une vie d'aventures et de misère insou-
cieusement promenée de village en village, de gîtes en
gîtes, où l'artiste ambulant recevait pour prix de ses
chants une rémunération en nature qui le condamnait
à une espèce de commerce d'échange : on le payait en
œufs. Ces œufs devenaient sa monnaie unique ; c'était
avec cela qu'il se procurait un dîner moins sommaire[1].

Mais, avec le temps, Gluck osa davantage. Des vil-
lages il descendit dans les villes; c'était agrandir tout
à la fois son théâtre et ses revenus, car les concerts
qu'il réussissait à donner se payaient en une monnaie
plus maniable. L'important pour cet artiste pauvre,
ignoré, ignorant encore, mais passionné, c'était de se
faire entendre, de se faire connaître. Il y parvint, il
parvint même à intéresser à ses débuts des personnages considérables frappés de ses heureuses dispositions, des brillantes promesses de ce talent naissant.
La maison de Lobkowitz l'accueillit avec une bienveillance tout allemande, et, quand il vint à Vienne, en

---

[1] Anton Schmid, *Christoph Willibald Ritter von Gluck. Dessen Leber.
und tonkünstlerisches Wirken.* Leipzig, 1854, p. 22.

1736, il y retrouva cette noble famille dont les bien-
faits, la générosité aplanirent pour lui les aspérités
d'une voie qui pouvait être moins facile. Chez ces
grands seigneurs hospitaliers tout concourut à hâter
l'éclosion de son génie. Ce n'était pas peu de chose,
en effet, pour une intelligence comme celle de Gluck
que le commerce et la familiarité d'artistes tels que
Antonio Caldara, Jean-Joseph Fux, Giuseppe Porsile et
les frères Conti, ces étoiles, la gloire, l'enchantement
de la cour de Charles VI, et qu'il rencontrait dans le
salon de ses illustres protecteurs. Leur conversation,
leur intimité devaient lui apprendre plus que les règles
mêmes de la composition auxquelles on l'initiait alors.
Mais une rencontre décisive pour Gluck fut celle du
comte de Melzi, qui le fit musicien de sa chambre, et
l'emmena avec lui à Milan. Rome, Naples, Venise et
Milan se disputaient alors le sceptre musical de l'Italie,
et c'était sur les théâtres de ces bienheureuses cités
idolâtres de l'art que s'escrimait et triomphait tour à
tour cette pléiade de beaux talents qui passionnèrent,
au déclin de la première moitié du dix-huitième siècle,
cette terre bénie de la mélodie.

Giovan-Battista Sammartini, un savant contrapon-
tiste, tenait alors une école à Milan. Gluck étudia sous
lui durant quatre années ; au bout de ce temps, il crut
pouvoir voler de ses propres ailes. Il est à croire que
ses rares facultés n'étaient déjà plus complétement ignorées ; du moins, lui offrit-on de composer un opéra pour
le théâtre de la cour. Il avait vingt-sept ans, l'âge de
la verve, de l'audace impatiente ; il avait, en outre,
déjà cette confiance en sa force qui, dans la suite, fut
presque une religion. Le caractère déterminé de Gluck

se révèle tout entier dans cette circonstance. Il avait
fait choix d'un poëme de Métastase; il se met brave-
ment à l'œuvre, écrit toute sa partition, la distribue
et commence les répétitions, sans éprouver le besoin
d'un conseil, d'un jugement affectueux. Sammartini
n'est pas plus consulté que les autres, et ne connaîtra
l'essai de son élève que par la représentation. Bien que
protégé par le comte de Melzi, Gluck avait contre lui
son origine; il était Allemand, et avait l'ambition de
charmer des oreilles italiennes! A coup sûr, ce ne serait
pas sans un grand effort sur soi que l'on se résoudrait
à battre des mains à l'œuvre du compositeur tudesque.
Tedesco! c'était tout une injure que ce mot en Italie.
Il y avait foule à la première répétition; on se pressait,
on voulait savoir à quoi s'en tenir sur l'opéra du nouvel
Icare. Le plus grand nombre en revint avec la conviction
tion et le bon espoir que l'œuvre chuterait. Gluck
laissait dire et opposait aux chuchotements, aux rail-
leries en sourdine, un masque impassible. Mais il se
ménageait une vengeance véritablement d'artiste. Restait un air à écrire sur des paroles qui devaient être
intercalées dans le poëme de Métastase et qui, sans
doute, ne lui avaient pas encore été livrées. Les curieux,
toutefois, à la répétition générale, purent juger de ce
morceau comme de l'œuvre entière: il était écrit dans
le goût italien et tranchait par son allure avec le ton
général. Il fut déclaré admirable : c'était la seule chose
remarquable de l'opéra. Tous ces bravos, tous ces applaudissements étaient une perfidie de plus, car cet air
de forme italienne, enchâssé dans une musique qui le
semblait si peu, ne pouvait, à coup sûr, être de Gluck :
il était de Sammartini son maître.

Il n'est pas de jugement définitif, tant que le public
ne s'est point prononcé, et Gluck n'eut pas tort de s'en
reposer sur l'équité et le goût de cet auditoire italien
passionné plus que nul autre, mais, par cela même,
oubliant plus qu'aucun ses antipathies et ses haines
aussitôt qu'on réussit à l'émouvoir. *Artaserce* obtint un
de ces succès qui, du jour au lendemain, consacrent
un artiste (1741) ; tout parut admirable, sauf cet air si
applaudi pourtant à la répétition et qui sembla faire
tache. Mais c'était la leçon que Gluck voulait donner à
ce troupeau de Zoïles auquel il n'avait pas tenu que son
esquif ne chavirât pour la plus grande gloire de la musique italienne[1]. Disons, toutefois, que s'il y avait un
certain ton germanique dans ce premier ouvrage du
maître, cela avait uniquement dépendu de cette différence de race qui, en dépit même d'un long séjour, ne
laisse pas de s'accuser par un reste d'accent étranger.
En somme, Gluck n'avait voulu faire que de la musique italienne, et son *Artaserce* n'était pas autre chose.
« Ainsi donc, remarque à ce propos un écrivain sans
préjugés d'origine, s'il est loin d'être sans passion,
Gluck, comme Haydn et Mozart, doit aux maîtres et au
goût de l'Italie ce premier rayon de lumière qui a fait
résonner son génie pathétique. Cela est bon à dire par
ce temps de nationalités jalouses, où il semble que chaque peuple ne doive sa civilisation qu'à ses propres
efforts. L'Allemagne surtout ne devrait pas oublier ce
qu'elle doit aux deux grandes nations latines : l'Italie et
la France[2]. »

---

[1] Anton Schmid, *Christoph Willibald Ritter von Gluck. Dessen Leben
und tonkünstlerisches Wirken.* Leipzig, 1854, p. 24, 25.

[2] *Revue des Deux Mondes*, t. XXIV, p. 720 (1er décembre 1859). Scudo,
l'Orphée de Gluck.

Ce premier pas franchi, Gluck ne s'arrêta plus. L'année suivante, on représentait aux mêmes lieux et avec le même succès *Demofoonte*. Il n'en fallait pas davantage pour consacrer le nom du nouveau maître, auquel les propositions et les offres allaient venir en foule. Dans le courant de cette année 1742, Venise applaudissait *Demetrio* et *Ipermenestra*, l'un au théâtre de Saint-Samuel, l'autre au théâtre de Saint-Christophe. C'est dans le premier de ces deux ouvrages, représenté d'abord sous le titre de *Cléonice*, que l'élève de Porpora, le célèbre chanteur Felice Salimbeni avait un si prodigieux succès. Bientôt après, (1743) on représentait *Artamène* à Crémone, puis *Siface* à Milan. Les deux années suivantes, Gluck, déjà plus sobre, ne livrait au public que deux opéras, *Fedra* à Milan encore, et à Turin *Allessandro nell'Indie*, qui parut dans l'origine sous le titre de *Poro*. Cela nous conduit jusqu'en 1745. Ces premiers-nés du maître, qui commencèrent son nom et le rendirent même illustre au delà des monts, méritaient d'être conservés. Mais, rarement alors, une partition obtenait l'honneur de la gravure. La fécondité a toujours été le caractère du génie italien, le présent faisait vite oublier la veille, et cette rude concurrence au passé, si peu passé qu'il fût, c'était celui qu'elle frappait qui souvent en était le premier fauteur. Le sort des plus belles partitions dépendait donc d'un désastre : il ne fallait qu'un incendie pour les anéantir. Et telle fut la destinée des ouvrages de Gluck représentés à Milan.

Le bruit de ses succès s'était répandu jusqu'en Angleterre où trônait Haendel. C'était lord Middlessex qui gouvernait alors l'opéra de Londres. L'auteur d'*Ales-*

sandro nell'Indie s'engagea à écrire un ouvrage pour le théâtre d'Hay-Market. Il avait trente ans environ, il accourait avec une réputation établie par huit ouvrages acclamés, et rien ne pouvait lui faire pressentir le moindre revers. Nous avons dit plus haut quelle affection protectrice il avait rencontrée chez le prince de Lobkowitz ; ce dernier voulut l'accompagner. Ils passèrent par la France et séjournèrent à Paris : Gluck alors ne se doutait guère que cette ville serait un jour le théâtre de ses plus glorieux triomphes. Il est vrai que nous ne sommes encore qu'en 1745, et que vingt-neuf ans s'écouleront entre ce premier voyage à travers Paris et la représentation d'*Iphigénie en Aulide*.

Le musicien allemand ne tarda pas à s'apercevoir que la campagne serait plus laborieuse en Angleterre qu'il ne l'avait présumé.

Le moment était des plus mal choisis, nous dit Burney. Haendel jouissait alors d'une faveur telle, que l'on n'était guère disposé à entendre d'autres compositions que les siennes. La rébellion éclata : tous les étrangers furent traités en ennemis de l'État. La salle de l'Opéra avait été fermée par ordre du lord chambellan et ce ne fut qu'avec peine et beaucoup d'efforts que lord Middlessex obtint la permission de la rouvrir, seulement pour y jouer *la Caduta de' Giganti*, qui fut considérée comme une pièce de circonstance politique. Gluck ne s'était mis à l'œuvre qu'avec appréhension, soit à cause du petit nombre d'amis qu'il avait en Angleterre, soit qu'il redoutât la fureur de la populace à l'ouverture du théâtre, à laquelle n'avaient concouru que des étrangers et des papistes [1].

Ce fut le 7 janvier 1746 que fut représentée la *Caduta de' Giganti* devant le duc de Cumberland, l'un des protecteurs de Gluck [2]. Si la bataille ne fut pas complète-

---

[1] Burney, *The present state of music in Germany, the Netherlands and United Provinces*. London, 1775, vol. I, p. 265.

[2] Burney, *A General history of music*. London, 1789, vol. IV, p. 452.

ment perdue, il s'en fallut de peu, et l'ouvrage se vit
interrompu après la cinquième représentation. Cet échec
était-il mérité, ou le compositeur se trouvait-il victime
de circonstances fatales contre lesquelles il n'y avait
point à lutter? Burney, qui ne trouve pas l'œuvre irréprochable en toutes ses parties, n'hésite pas à déclarer
qu'elle renfermait des beautés de premier ordre. Mais
Haendel ne dissimula point son mépris pour le talent
de Gluck. Il avait sans doute ses raisons d'être sévère:
il était sans rivaux, et il n'eût pas vu d'un œil indifférent une jeune renommée s'élever à côté de la sienne.
Sincère ou non, le grand artiste ne revint jamais de
cette première impression, et les succès que Gluck devait bientôt remporter en Italie n'y purent rien[1]. Disons,
à la justification de Haendel, qui mourut en 1759, qu'il
n'eut pas à se prononcer sur *Alceste* représentée à Vienne
en 1766. Son jugement sur la *Caduta de' Giganti*, s'il
n'a pas été fabriqué à plaisir (et il a été révoqué en
doute), serait plus qu'une dureté. Interrogé sur ce qu'il
pensait de la musique du maître allemand, il eût répondu avec un juron caractéristique, que Gluck entendait le contre-point comme son cuisinier[2]. Reichard
cite une anecdote qu'il avait rapportée de Londres et
qui, sans démentir complètement ce propos déplacé,

[1] Gerber, *Tonkünstler-Lexikon*. Leipzig, 1790, t. I, p. 516.

[2] Haendel avait fait, en son temps, un *Admetus*, le même sujet
qu'*Alceste*. Berlioz, qui a pu parcourir la partition, déclare que cet
Admetus ressemble à l'*Alceste* de Gluck, comme les figures grotesques
taillées avec un canif dans un marron d'Inde pour divertir les enfants
ressemblent à une tête de Phidias. *A travers chants*. Paris, 1862, p. 107.
Le récitatif devait manquer, toutefois, à l'exemplaire consulté par Berlioz, comme à celui qui se trouve à Berlin. Voy. la copieuse et curieuse
analyse que nous donne du poëme M. Marx, dans *Gluck und die Oper*.
Berlin, 1863, t. I, p. 52, 53, 54.

dénoterait au moins l'existence d'un certain commerce
entre les deux maîtres. Gluck, désespéré d'un accueil
qu'il ne croyait pas mériter, tente une démarche moins
étrange au fond qu'elle ne le semble dans un artiste
convaincu. Il va trouver Haendel et lui soumet sa partition. « Vous vous êtes donné beaucoup trop de peine
avec votre opéra, lui eût dit alors celui-ci ; il est ici
fort dépaysé. Si vous voulez travailler pour les Anglais,
il faut leur faire quelque chose de tumultueux qui
imite le bruit de baguettes sur un tambour. » Et ce
conseil n'eût pas été perdu pour l'Orphée allemand, qui
conçut dès lors l'idée de renforcer ses chœurs, par des
trombones entre autres.

Gluck établit des relations autrement cordiales avec
un jeune maître des plus populaires à Londres, si la
pensée n'eût pu venir à personne de le comparer à
Haendel, Thomas-Augustin Arne, le fils d'un tapissier de
Covent-Garden. La biographie de cet artiste original est
tout un roman. Le récit de ce qu'il lui fallut d'opiniâ-
treté et d'adresse pour décider son père à le laisser
suivre en paix sa destinée est une page curieuse de l'histoire de l'art. Quand Gluck vint à Londres, le bagage
d'Arne ne se composait encore que de sept ouvrages :
mais il était en pleine possession de sa force et d'une
popularité légitimement conquise. Sa sœur, douée de
l'organe le plus heureux et d'une exquise sensibilité,
avait cédé aux mêmes instincts et coopérait au succès
de son premier opéra *Rosamond*, dans lequel figurait
encore leur jeune frère en costume de page. Depuis six
ans, Thomas était le mari de miss Cécile Yong, élève
de Germiani, avec laquelle il parcourut l'Irlande en
triomphateur. Son dernier ouvrage dut être joué du-

rant le séjour de l'auteur de *la Caduta de' Giganti*.
Gluck ne fut pas moins frappé du caractère de vérité,
de la simplicité, de la gaieté franche de ces compositions que des qualités d'un autre ordre qu'il avait re-
marquées dans Haendel: On regrette de n'avoir pas
plus de détails sur ses relations et son rapide commerce
avec ce musicien de nature dont on a pu oublier les
opéras à cette heure, mais qui a assuré, en tous cas,
à son nom un souvenir impérissable par une mélodie
qui vivra autant que l'Angleterre, le fameux *Rule Bri-
tannia*.

Le compositeur allemand, qu'un premier échec ne
devait pas suffire à rebuter, donna ensuite *Artamène* représenté à Crémone en 1743. L'opéra fut joué dix fois.
L'air chanté par Monticelli a survécu au reste de la
partition dont on n'a que des fragments : *Rasserena il
mesto ciglio*, que l'on bissait invariablement[1]. Gluck
avait pour ce morceau une affection particulière; et
bien des années après, il prenait plaisir à le chanter
à Burney, lors du passage de ce dernier à Vienne[2].
L'auteur de *la Caduta de' Giganti* n'avait point encore
d'idées arrêtées en musique ; son séjour à Milan l'avait
amené, autant que sa nature s'y pouvait prêter, à faire
de la musique italienne, à écrire dans le goût italien ;
et, à l'exemple des maîtres ultramontains, il s'était bien
plus inquiété de trouver d'heureuses mélodies que
d'approprier rigoureusement le chant à la situation.
Ce fut à Londres que Gluck commença à ouvrir les yeux

---

[1] La Bibliothèque de Vienne conserve six morceaux de cet opéra et,
notamment, l'air que nous citons.

[2] Burney, *The present state of music in Germany, the Netherlands
and United Provinces*. London, 1773, vol. I, p. 262, 263.

et arriva à comprendre qu'il devait y avoir une façon
de procéder plus selon la raison et la logique. Un pasticcio lui avait été commandé. Il ne trouva rien à objecter à la proposition qui lui était faite ; peut-être
même fut-ce lui qui, pour répondre plus rapidement à
l'impatience du public, eut l'idée de ce pasticcio. Il em-
prunta à ses divers opéras ceux des airs qui n'avaient
cessé d'être applaudis et les adapta avec le plus d'art
qu'il put au nouveau canevas ; cela s'appela *Piramo e
Tisbé.*

Mais ces mêmes morceaux consacrés par un si unanime succès furent reçus avec une inconcevable froideur. Le premier étonnement dissipé, Gluck se demanda
quelles pouvaient être les causes d'un accueil si différent. Après y avoir mûrement réfléchi, il jugea que
toute musique bien faite doit être l'expression propre
d'une situation, qu'en dépit des splendeurs de la mélodie, de la richesse et de l'originalité des accords, c'est
là son principal mérite et que, cette qualité vitale faisant défaut, le reste n'est plus qu'un vain arrangement
de sons qui peuvent chatouiller agréablement l'oreille
mais ne sauraient remuer puissamment. La conséquence
d'une pareille découverte amenait Gluck à soumettre
l'art à l'interprétation sincère de la nature et à préférer
aux combinaisons les plus ingénieuses et les plus savantes, le moindre cri du cœur. Il était donc redevable
à un insuccès de cette transformation si heureuse dans
ses idées, et loin d'en garder la moindre rancune à ses
juges, il se déclarait plus tard l'obligé du peuple de Londres. « Il s'appliqua, dit Burney auquel il fit cet aveu,
à bien connaître le goût anglais. Il rechercha surtout
ce à quoi l'auditoire semblait s'intéresser le plus : et,

trouvant que le naturel et la simplicité étaient ce qui
avait le plus d'action sur les spectateurs, il s'est depuis
moins attaché à flatter les partisans d'une science ap-
profondie et d'une difficile exécution qu'à écrire pour
la voix dans les tons naturels des affections et des passions humaines. Et l'on peut remarquer que la plupart
des airs d'*Orphée* sont aussi simples, aussi naïfs que
des ballades anglaises[1]. »

Après cette campagne qui eût pu être plus brillante,
mais qui eut toutes les conséquences d'une campagne
heureuse, il quitta Londres et regagna l'Allemagne, à
la fin de 1746. Le prince électoral de Saxe l'attachait
alors à sa chapelle, ce qui sûrement n'impliquait pas
résidence, car Dresde, de toutes les villes de l'Empire,
fut peut-être celle où il s'arrêta le moins. Vers le même
temps, son père vint à mourir. L'héritage qu'il lui laissait n'était pas lourd ; mais, tout mince qu'il fût, la
vente de ce petit patrimoine lui rapporta quelque argent
qui l'aida dans son installation à Vienne, où, désormais,
il passera la majeure partie de sa vie. Il y avait onze
ans qu'il avait quitté cette capitale ; il y rentrait en artiste consacré. Il fut chargé tout aussitôt de composer
un opéra pour la fête de Marie-Thérèse, sur des paroles
de Métastase. La *Semiramide riconosciuta* obtint le plus
grand succès et mit son auteur à la mode. Gluck était
jeune, il avait une physionomie expressive, de l'esprit,
de la vivacité, une gaieté franche, c'était plus qu'il
n'en fallait pour être recherché et choyé. Les meilleures
sociétés se le disputaient, et sa vanité d'artiste trouvait

---

[1] Burney, *The present state of music in Germany, the Netherlands
and United Provinces.* London, 1775, vol. I, p. 264.

son compte à cet empressement. Il était reçu dans
l'intimité d'un négociant opulent, pour lequel la Hol-
lande avait été une Golconde. M. Joseph Pergin avait
deux filles; Gluck, dans l'âge d'aimer et de songer à
assurer par une union douce et sortable l'avenir de sa
vie, s'était épris de l'aînée, Marianne, qui, de son côté,
n'était pas demeurée insensible à l'estime qu'elle inspirait. Madame Pergin ne semblait pas mal disposée;
restait à vaincre le père, ce qui n'était pas le moins
ardu de la tâche. Le musicien hasarde la demande. Il
fut évincé dès les premiers mots : il n'avait point de
fortune et il était musicien. Cette raison a été et sera
celle de bien des pères de famille, sans que l'on puisse,
à l'heure qu'il est encore, démontrer d'une façon sans
réplique qu'ils ont complétement tort. L'homme ne
vaut pas l'artiste chez l'artiste; au moins ne trouve-
t-on pas suffisamment en lui les qualités vulgaires mais
capitales du chef de famille. L'art prend trop de place
dans son existence pour qu'il ne soit pas distrait à tout
instant des choses triviales de la vie : et ces choses triviales de la vie sont la vie même.

Gluck s'éloigna. Aussi bien était-il appelé à Copenhague pour les fêtes qui devaient avoir lieu à l'occasion
de la naissance du prince héréditaire (le roi Christian VII).
Ce voyage, ainsi que le détail de ce séjour en Dane-
mark, semble avoir été ignoré d'Antoine Schmid, qui
fait tout aussitôt partir le prétendant évincé pour Rome.
Ce dernier fut accueilli avec une grande distinction, et
eut son logement au palais du souverain. Le 12 mars
1749, il donnait une première soirée musicale, où l'on
exécuta de la musique italienne. La sérénade en deux
actes, *Tetide*, qui devait être le principal ornement des

réjouissances de la cour, était représentée sur le théâtre italien de Charlottenbourg, le 9 avril, comme nous
l'apprend le *Pest-Rytter* du 7, qui donne à l'ouvrage le
titre de *Der Götter Zanck* (la Guerre des dieux). Il est
à croire que le succès fut complet. Autrement, Gluck
n'eût pas eu l'idée d'un concert à son bénéfice, dont
nous trouvons l'annonce dans le même journal, à la
date du 14. « Samedi 19 avril, M. le maître de chapelle
Gluck donnera un concert au théâtre italien de Charlottenbourg, composé de musique vocale et instrumentale, concert brillant et des plus remarquables (digne
d'applaudissements), et dans lequel il se fera entendre,
au plus grand contentement des auditeurs, sur un instrument de verre inconnu ici jusqu'à présent... » Ce
concert devait être l'unique, et le maestro comptait
bien sur l'extrême affluence du dilettantisme danois :
on pouvait se procurer des billets chez le maître de chapelle lui-même, au château. La réclame n'est pas chose
aussi moderne qu'on le pense, et l'on voit que Gluck,
pour sa part, l'entendait à merveille. Cet instrument,
dont on n'avait nulle idée à Copenhague, devait être un
aiguillon pour la curiosité et n'aida pas médiocrement,
sans doute, au succès. C'était une espèce d'harmonica
antérieur à celui dont Hulmandel tirait des sons si prodigieux, appelé Verillon[1] et consistant en une succession de gobelets sur lesquels l'exécutant passait le doigt
imprégné d'eau. Un Irlandais, Puckeridge, qui périt à
Londres en 1750, en jouait d'une façon surprenante; il
se peut que Gluck l'y eût rencontré, lors de son voyage

---

[1] C'est l'instrument actuellement connu sous le nom de matau-
phone.

en Angleterre, cinq ans auparavant, et qu'il eût pris
des leçons de l'artiste[1].

Le maestro quitta Copenhague dans la seconde moitié d'avril, et ne fit que passer en Allemagne. Il partait
tout aussitôt pour Rome, se cachant, si l'on en doit
croire certains biographes, sous un froc de capucin.
Pourquoi cette mascarade? Les uns ont prétendu
qu'il n'avait d'autre but que d'échapper à certaines
difficultés relatives à son passe-port; d'autres, qu'il y
trouvait des avantages économiques. Si cela est vrai,
l'apparence n'y est guère[2]. Ce fut durant ce voyage à
Rome que fut représenté *Telemaco*, au théâtre *Argen-
tina*. La ville éternelle était alors la ville de l'art par
excellence; il manquait quelque chose au renom d'un
maître, si les applaudissements du public romain ne
l'avaient pas consacré. Sans doute, l'intention de Gluck
était d'y prolonger son séjour et d'y faire sa moisson
de lauriers et de gloire; des nouvelles le rappelèrent
brusquement à Vienne. Joseph Pergin, ce négociant intraitable, venait de passer de vie à trépas; avec lui disparaissaient les obstacles qui s'opposaient au bonheur
des deux amants. La veuve s'était retirée avec ses deux
filles dans le faubourg de Neuftift : Gluck accourt, est
reçu à bras ouverts et uni à sa chère Marianne, le
15 septembre 1750. Son choix avait été celui d'un esprit judicieux aussi bien que celui d'un cœur subjugué; la jeune femme se montrera constamment la

---

[1] Adolf-Bernhard Marx, *Gluck and die Oper.* Berlin, 1863, t. I, p. 179,
180. M. Marx, du reste, nous apprend qu'il tient ces renseignements du
compositeur Nils Gade, maître de chapelle à Copenhague.
[2] Anton Schmid, *Christoph Willibald Ritter von Gluck. Dessen Leben
und tonkünstlerisches Wirken.* Leipzig, 1854, p. 47.

digne compagne de l'artiste, elle le suivra dans presque tous ses voyages, l'entourant d'nu bonheur domestique que ne troublera le plus léger nuage, durant une association qui ne durera pas moins de trente-sept ans.

Au commencement de 1751, Gluck partait pour Naples : il allait y faire représenter un opéra écrit sur un poëme de Métastase que, quarante ans plus tard, Mozart traitera à sa façon, *la Clemenza di Tito*. On connaît le caractère indomptable de Gluck ; une petite anecdote, qui a bien son importance au point de vue des mœurs, sera un trait de plus dans la peinture de cette grande physionomie d'artiste. Il ne faut que se reporter à ce qu'était jadis, à ce qu'était hier encore la musique italienne, pour comprendre l'arrogance, les exigences insensées, le despotisme absolu des premiers sujets. Le chanteur alors avait une latitude telle, de telles franchises, que le sort du compositeur était complétement en ses mains et dépendait souverainement de son goût. L'art n'avait rien à gagner, sans doute, à cet intervertissement des rôles, et les œuvres subissaient souvent d'étranges métamorphoses. En demandant à la musique de ne s'éloigner jamais de la situation, Gluck a forcé l'interprète à ne pas sortir du cadre inexorable où il le renfermait, et, partant, s'il n'a pas annihilé absolument sa personnalité, il l'a du moins contenue dans des limites plus justes et plus logiques. Naples possédait, à cette époque, un de ces rares prodiges qui, chez un peuple aussi essentiellement mélomane, sont adorés comme des divinités, sans que les caprices, les bizarreries les plus folles, les procédés les moins justifiables puissent rien sur tout ce délire. En un temps où les artistes étaient loin d'être aussi grasse-

ment rétribués qu'ils le sont de nos jours, Caffarelli
sut amasser une fortune telle, qu'il put se passer la
fantaisie d'acheter un duché à son neveu. Lorsqu'il lui
prenait des velléités de modestie, sa modestie encore
n'était pas celle de tout le monde. Sur la porte d'un
palais qu'il s'était fait bâtir, il avait gravé l'inscription
suivante : « *Amphion Thebas, ego domum* [1]. » Et c'était
avec cette vanité, tout à la fois puérile et monstrueuse,
que l'orgueil inflexible du maître allemand allait se
trouver en présence. Caffarelli était gâté par la faveur
du public; il l'était tout autant par la servilité des
compositeurs, qui l'abordaient chapeau bas et comme
leur suzerain, ne reculant devant nulles bassesses pour
se gagner ses bonnes grâces. Ils lui devaient la première visite ; le cérémonial était établi à cet égard, et
personne n'eût osé y contredire. Gluck, lui, n'était pas
homme à se courber devant de semblables exigences;
il s'estimait, et en cela il n'avait pas tort, plus qu'un
chanteur, fût-ce le premier chanteur du monde ; et,
aussitôt qu'on agitait la question d'étiquette, il prétendait ne faire aucune concession dont sa dignité, sa
fierté légitime eussent à souffrir. C'était, il est vrai,
se mettre à dos un ennemi aussi puissant qu'implacable,
contre lequel, très-probablement, il ne serait pas le
plus fort. Il n'en fut rien, pourtant. Caffarelli, qui,
s'il était plein d'outrecuidance, avait la souplesse inhérente à sa nation, devinant la nature têtue et obstinée
de l'Allemand, eut le bon esprit de se résigner à un
premier pas, qu'il ne regretta point, car, quelque dis-
semblables que fussent ces deux individualités remar-

---

[1] Amphion bâtit Thèbes, j'ai construit cette maison.

quables, elles.s'apprécièrent l'une l'autre, et les meilleures relations ne tardèrent pas à s'ensuivre.

La Clemenza di Tito fut représentée et fit grand bruit. C'est dans cet opéra, à l'avant-dernière scène du deuxième acte, que se trouve le fameux air : *Se mai senti spirarti sul volto.* Pendant une longue tenue de Caffarelli, les instruments ne laissaient pas d'accompagner avec une prépondérance inusitée jusque-là, mais que l'on retrouvera à tout instant dans l'œuvre de Gluck, à dater d'*Orphée.* Cela était bien fait pour dépayser la routine ; l'envie, de son côté, n'eut garde de ne pas profiter de l'occasion pour crier à l'ignorance ou au mépris des règles les plus sommaires : ce fut tout une levée de boucliers de la part des compositeurs napolitains. L'on décide d'en référer au célèbre Durante. En pareille matière, Durante était un père de l'Église ; ses arrêts avaient toute la force, toute l'autorité d'un article de foi, et ses louanges comme ses blâmes étaient sans appel. La partition de Gluck lui est apportée. Le maître examine avec soin l'endroit incriminé, et met fin au débat par cet arrêt remarquable : « Je ne puis décider si ce passage est tout à fait conforme aux règles de la composition, mais j'ose vous dire que nous tous, à commencer par moi, serions fiers de l'avoir imaginé et écrit[1]. »

Gluck était de retour à Vienne, en décembre 1751. Le favori de Marie-Thérèse, le prince de Saxe-Hildburgheusen, amateur éclairé et enthousiaste, lui confia la direction des concerts qu'il donnait dans son palais de

---

[1] Anton Schmid, *Christoph Willibald Ritter von Gluck. Dessen Leben und tonkünstlerisches Wirken.* Leipzig, 1854, p. 48, 49.

Rofrano, tous les vendredis. En dehors de sa profession, Gluck était un homme de ressource et de goût, dont l'avis était bon à prendre. S'il augmenta plus tard la somme de ses connaissances, dès lors, il savait beaucoup, et ses conseils ne furent pas inutiles à son Mécène dans une circonstance capitale. L'empereur avait promis au prince de lui rendre visite à son château de Schlosshof, et il s'agissait de l'y recevoir, quatre jours durant, sans que les heures parussent trop longues. Nous ne ferons pas le récit des merveilles d'une hospitalité qui dut engouffrer des fortunes ; cela n'a que peu de rapports à notre sujet. La relation de ces somptuosités se trouve, avec d'amples détails, dans la *Gazette de Vienne* (1754), et nous y renverrons, au besoin, le curieux [1]. Le concours de Gluck ne se borna pas à la partition de *le Cinesi* représentée le 24 septembre devant l'auguste assemblée ; on le chargea encore de la distribution et de la mise en scène de cette féerie (dont les décorations vraiment magiques étaient de Quaglio), ce qui lui valait de la munificence impériale le don d'une tabatière en or renfermant cent ducats [2]. Le succès dépassa tout ce qu'on eût pu attendre de l'engouement le plus extrême ; repris, l'hiver suivant, sur le théâtre de la cour, l'ouvrage ne fut pas accueilli avec une faveur moindre ; il avait, il est vrai, pour interprète la Gabrielli, cette perle italienne qu'on avait surnommée la *Ferrarese*. Quelques mois après, en juin de la même année, le comte Durazzo, appelé à la direction absolue du théâtre de la cour, nommait Gluck chef de la mu-

[1] *Wiener-Zeitung*, 1754, n° 82.
[2] *Karl von Dittersdorfs Lebensbeschreibung. Seinem Sohne in die Feder diktirt.* Leipzig, 1801, p. 71, 72, 73.

sique, avec deux mille florins de traitement, et le titre de *Kapellmeister der Oper*, ce qui textuellement signifie maître de chapelle de l'opéra. Ce titre ne devait pas être une sinécure, un poste purement honorifique ; durant les dix années qu'il fut attaché au théâtre de la cour, le maestro écrivit nombre de partitions de tout calibre qui n'étaient pas destinés au public de Vienne.

Vers la fin de cette même année 1754, on le voit reprendre le chemin de l'Italie et faire représenter à Rome *Il Trionfo di Camillo* et *Antigono*. La troupe des envieux, des antagonistes distancés et dépités allait user de tous les moyens pour entraver sa route. Mais Gluck se sentait la force de briser l'obstacle. La trame avait transpiré, le cardinal Albani se mit à sa disposition et lui offrit ses bons offices contre ces manœuvres indignes. Il n'accepta point et il eut raison, car ses deux opéras eurent le succès le plus complet. Il ne fera pas preuve dans la suite d'une grandeur d'âme aussi parfaite et ne repoussera pas l'aide de ses amis contre un rival qu'il pouvait écraser par sa supériorité seule. A part cette double victoire, le musicien obtenait une récompense qui ne le flattait pas moins. Le saint-père le nommait « cavaliere sperone d'oro » chevalier de l'éperon d'or, un ordre qui ne devait pas gagner à vieillir ; et c'est à dater de ce moment qu'il joignit à son nom le titre de chevalier[1].

---

[1] Quinze ans plus tard, le saint-père accordait la même distinction au petit Wolfgang, qui n'avait alors que quatorze ans. « Ce que je t'ai mandé l'autre jour de la croix s'est vérifié, écrivait aussitôt le père Mozart à sa femme. C'est la même que celle qu'a reçue Gluck ; il est dit dans le diplôme : *Te creamus auratæ militiæ equitem*. Il faut qu'il porte une

Gluck rentra à Vienne, où, durant sept années, son
activité s'éparpillera dans des œuvres qui n'étaient pas
faites pour le grandir. Bien qu'il lui arrive d'écrire
quelques partitions d'une tout autre importance, *il Re
Pastore*, notamment (1756), toujours dans le goût italien mais avec une instrumentation déjà renforcée et
où, pour la première fois, on entendit des timbales, la
majeure partie de son bagage se compose d'ouvrages
de circonstance, dont la liste figure étrangement dans
le catalogue général de l'œuvre du maître. Gluck faisant des opéras-comiques nous paraît quelque chose
d'assez curieux pour qu'on s'y arrête. Mais cela est encore curieux pour nous à un autre point de vue. Quoique d'origine italienne, l'opéra-comique est devenu un
genre essentiellement français. Petite comédie d'un
tissu frêle, le plus souvent la parodie d'un succès du
moment, émaillée de vaudevilles égrillards, pétil-
lants d'esprit et de gaieté, l'opéra-comique formait alors
un tout fort épicé et, pour cela, fort goûté d'un public
médiocrement dilettante, qui s'accommodait infiniment
plus des ariettes de Duni et de Monsigny que de l'insipide psalmodie des héritiers de Lulli. Dans la suite le
genre s'élèvera, l'ariette fera place aux grands airs, aux
morceaux d'ensemble, et le ton et les mœurs se boni-
fieront en proportion, sans aller toutefois jusqu'à l'édi-
fication. Favart tenait le sceptre enrubanné de l'opéra-

---

belle croix en or qu'on lui a donnée, et tu peux t'imaginer combien
je ris toutes les fois que je l'entends nommer *signor cavaliere*. Nous aurons demain, à cette occasion, une audience du pape. » Rome, 17 juillet
1770. *Mozart, Vie d'un artiste chrétien*. Sa correspondance traduite par
Goschler. Paris, Douniol, 1857, p. 102. Mais Mozart usa sobrement de
son titre de chevalier, et ne le porta même, sur l'ordre de son père,
que dans les circonstances d'apparat.

comique. Sa réputation était parvenue jusqu'à Vienne ;
et, comme les poëmes de l'abbé Métastase, coulés d'ailleurs dans un moule bien différent, ne suffisaient plus,
on prit le parti de faire des commandes en France et
de s'adresser au fournisseur le plus populaire et le plus
accrédité de nos théâtres forains. La première lettre du
comte Durazzo à l'auteur de *la Chercheuse d'esprit* est datée de décembre 1759 et contient l'exposé très-détaillé,
très-circonstancié de ce qu'on attend de lui. « Quand
M. Favart aura fait un opéra-comique, lui marquait-on,
quoiqu'il le destine pour Paris, cela n'empêchera pas
qu'il ne l'envoie à Vienne. Le comte Durazzo le fera
mettre en musique par le chevalier Gluck ou d'autres
habiles compositeurs, qui seront charmés de travailler
sur de si jolis vers. Le poëte et le musicien étendront
ainsi leur réputation par un secours réciproque, et ga-
gneront doublement à travailler l'un pour l'autre ; et
M. Favart aura, sans rien dépenser, de la musique nouvelle, comme il le souhaitera [1]. »

Ainsi, Gluck se trouvait à la dévotion du comte Durazzo, qui lui faisait faire là une besogne dont la postérité n'a pas à lui savoir de gré. A la date de cette
lettre, le futur auteur d'*Orphée* avait déjà écrit les airs
des *Amours champêtres* [2], du *Chinois poli en France* [3], du
Déguisement pastoral [4], de *l'Isle de Merlin*, de *la Fausse*

[1] Favart, *Mémoires et Correspondance littéraire*, Paris, 1808, t. I,
p. 4. Lettre du comte Durazzo à Favart ; Vienne, 20 décembre 1759.
[2] Pastorale en vaudevilles, parodie de l'acte des Sauvages de l'opéra
des *Indes galantes*, par Favart, aux Italiens, 1751.
[3] Opéra-comique en un acte, d'Anseaume, parodie du *Chinois* (inter-
mède italien, joué à l'Opéra), à la foire Saint-Laurent, 1754.
[4] Opéra-comique en 1 acte, en vaudevilles, par Bret, à la foire Saint-
Laurent, 1744.

Esclave[1] et de *Cythère assiégée*[2], tous opéras-comiques
dérobés au répertoire de nos petits théâtres et arrangés
ou dérangés pour les besoins et le goût viennois. La
tâche n'était pas sans difficulté pour Favart. Vienne
n'était pas Paris, et, bien que Durazzo lui eût indiqué
certaines différences essentielles, c'était tout une école
à faire et des plus ingrates. Le comte, pour l'édifier,
lui avait envoyé la musique que Gluck avait composée
sur un ou deux opéras-comiques ; et le bon Favart de
trouver que Gluck n'avait été créé et mis au monde que
pour écrire des opéras-comiques. « Il me paraît, ré-
pondait-il à Durazzo, que M. le chevalier Gluck entend
parfaitement cette espèce de composition. J'ai examiné
et fait exécuter les deux opéras-comiques *Cythère assiégée* et *l'Isle de Merlin* ; je n'y ai rien trouvé à désirer
pour l'expression, le goût et l'harmonie, et même pour
la prosodie française. Je serois flatté que M. Gluck
voulût exercer ses talens sur mes ouvrages, je lui en
devrois le succès[3]. » Nos musiciens n'avaient donc qu'à
bien se tenir. Un an après, en effet, Gluck n'allait-il
pas sur les brisées de Monsigny et n'écrivait-il pas de
nouveaux airs sur le *Cadi dupé*[4]? Quelle préparation à
la partition d'*Orphée*, qui devait être jouée une année
plus tard! Favart, après tout, n'était pas le seul à battre
des mains à ces compositions légères où Gluck devait

[1] Ou *la Fausse Aventurière*, opéra-comique en deux actes, avec des
ariettes, par Auseaume et Marcouville, à la foire Saint-Germain, 1757.

[2] Opéra-comique en un acte, en prose et couplets, par Favart et
Fagan, à la foire Saint-Laurent, 1744; et depuis, mis tout en chant par
Favart seul, à la foire Saint-Laurent, 1754.

[3] Favart, *Mémoires et Correspondance littéraire*, Paris, 1808, t. I, p. 11,
12. Lettre de Favart au comte Durazzo ; 24 janvier 1760.

[4] Opéra-comique en un acte, paroles de Lemonnier, musique de Monsigny, 1761.

bien, de temps à autre, laisser l'empreinte de sa griffe de lion. Un de ces opéras-comiques (Gluck ne dit pas lequel, et c'est à regretter) avait été joué sur le théâtre de l'électeur palatin, à Schwetzingen ; le prince, frappé de la beauté de la musique, demande le nom de l'auteur. Il lui est répondu que c'était un honnête Allemand qui aimait le bon vin. « Eh bien, repartit Son Altesse Électorale, il mérite qu'on lui en fasse boire. » Et il donna ordre sur-le-champ qu'on lui en envoyât un tonneau, « non pas aussi gros que celui d'Heidelberg, faisait observer l'auteur d'*Orphée* à Burney, mais fort et plein d'un vin meilleur[1]. »

Le mariage de l'archiduc Joseph, depuis Joseph II fut l'occasion de fêtes splendides. On requit le concours de Hasse et de Gluck qui donnèrent, le premier un opéra, *Alcide in Bivio*, le second une sérénade, *Tetide*, cette *Tetide* que nous avons vu exécuter à Copenhague et dont la Gabrielli fut le principal interprète à Vienne. Le comte Durazzo avait eu l'honnêteté d'envoyer les deux ouvrages à Favart. Ce dernier, on ne peut plus flatté du cadeau, se répand en louanges et en témoignages de reconnaissance. Il avait commencé la traduction de l'*Alcide*, qu'il n'avait discontinuée qu'en apprenant qu'un plus expert, M. Richer songeait à en publier une dans le *Journal étranger*. Quant aux deux partitions, il était bien à souhaiter que MM. Hasse et Gluck les fissent imprimer : « la circonstance et la réputation qu'ils ont acquise feroient débiter beaucoup d'exemplaires[2]. »

---

[1] Burney, *The present State of music in Germany, the Netherlands and United Provinces*. London, 1773, vol. I. p. 287, 288.

[2] Favart, *Mémoires et Correspondance littéraire*, Paris, 1808, t. I, p. 112, 113, 114. Lettre de Favart à Durazzo ; 10 novembre 1760.

En réalité, l'on n'était pas aussi friand à Paris de la musique étrangère que le pensait Favart, qui saura par la suite à quoi s'en tenir à ses dépens ; et le nombre était bien petit de ceux qui étaient au courant du mouvement musical au delà des monts et surtout en Allemagne. L'admiration de l'auteur de *la Chercheuse d'esprit* pour Hasse et Gluck lui inspirait, en tous cas, une bizarre conception qui dut à coup sûr moins flatter qu'étonner les deux maîtres.

M. le duc de Choiseul, premier ministre, écrivait-il à Durazzo, désireroit avoir une marche militaire pour les Suisses, dont il est colonel. Rameau, Mondonville et Dauvergne en ont présenté chacun une, dont on n'est pas tout à fait content. J'ai nommé M. Hasse et Gluck : leurs talens si connus font espérer qu'ils rempliront l'objet, si V. E. veut les engager à concourir avec nos musiciens français ; ce seroit obliger singulièrement M. de Choiseul. Il faut que la marche soit en *d la re*, d'un caractère belliqueux, majestueux, et peigne, en quelque sorte, le génie de la nation helvétique, et qu'en même temps elle soit chantante et facile à retenir. Bassons, fifres et tambours, voilà les instrumens pour lesquels il faut travailler. Je vous supplie, Monseigneur, d'avoir la bonté de me faire réponse au plus tôt sur cet article ; ce seroit une occasion de faire ma cour au ministre [1].

Nous ne saurions dire ce qu'il en fut de cette requête, si elle fut déclinée également par les deux compositeurs, malgré ce qu'elle pouvait avoir de séduisant, car Favart n'y fait point la moindre allusion dans la suite. L'année 1761 ne sera pas la plus remarquable pour le talent de Gluck ; elle ne se recommandera guère à nous que par les airs du *Cadi dupé*, dont il a été question plus haut, et un ballet, *Don Giovani ossia il Convi-*

---

[1] Favart, *Mémoires et Correspondance littéraire*, Paris, 1808, t. I, p. 306. Lettre de Favart à Durazzo ; 20 juin 1762.

tato di pietra, sujet malheureux pour une œuvre médiocre, puisqu'il fait penser naturellement à Molière et à Mozart. Mais le poëme seul, qui était d'Angiolini, était médiocre. La partition, sans qu'il puisse être question de la comparer à celle de Wolfgang, offrait des beautés de premier ordre. Une artiste, qui eut occasion de l'entendre, dix ans après en Italie, Sara Goudar proclame la musique de ces quatre actes admirable[1].

Jusqu'ici, ç'a été pour le chevalier un presque perpétuel aller et venir de Vienne en Italie et d'Italie à Vienne. Il est appelé, en 1762, dans la péninsule pour l'inauguration de la nouvelle salle de Bologne. Ce séjour à Bologne, sans être une date considérable dans sa vie, était demeuré dans sa mémoire pour les rencontres qu'il y avait faites et les amitiés qu'il y avait contractées. Le récit de son voyage nous a été transmis par un de ses compagnons de route, qui, lui-même, mérite bien qu'on lui accorde un regard en passant. Charles de Dittersdorf, musicien et instrumentiste distingué, mais surtout tempérament bizarre, tête éventée, artiste à visées étranges, auquel un beau jour viendra la singulière idée de mettre en musique les *Métamorphoses* d'Ovide, faisait alors partie de la chapelle impériale, aux appointements assez restreints de trente kreuzers par mois plus qu'absorbés par ses trois repas, s'il lui arriva plus d'une fois d'avoir dépensé, comme il nous l'avoue en toute ingénuité, un florin sans être rassasié.

---

[1] Madame Sara Goudar, *OEuvres mêlées* (Amsterdam, 1777, t. II, p. 13. *Remarques sur la musique italienne et sur la danse. A milord Pembroke.* — Anton Schmid, *Christoph Willibald Ritter von Gluck. Dessen Leben und tonkünstlerisches Wirken.* Leipzig, 1854, p. 83. — Adolf-Bernhard Marx, *Gluck und die Oper.* Berlin, 1863, t. I, p. 252, 253.

Gluck, qui, depuis deux ans, tenait sous sa direction
despotique l'orchestre de la cour, avait remarqué le
violoniste et l'avait pris en affection, « au point qu'il
m'aimait comme son fils, » s'écrie Dittersdorf. Mais
Dittersdorf nous semble s'exagérer les sentiments qu'il
inspirait ; au moins, à n'en juger que par les effets, ces
sentiments n'allaient pas au delà d'une sympathie
purement platonique. En une ou deux rencontres, il
est vrai, le chevalier l'avait épaulé auprès de Durazzo
et lui avait obtenu de petites faveurs qui rendaient la
situation moins difficile au pauvre diable d'artiste.

. ... Déjà quinze mois [1] s'étaient presque écoulés, lorsqu'un jour
Gluck me raconta qu'il était appelé à Bologne pour y composer un
opéra. Il me demanda, en même temps, si j'avais envie d'aller
avec lui en Italie, mais, bien entendu, à la condition que je paye-
rais la moitié des frais du voyage et de la dépense journalière :
quant à un congé, il se chargeait de l'obtenir du comte Durazzo.
— Oh ! avec infiniment de plaisir, répondis-je, au comble de l'enthousiasme (sentiment qu'un homme comme Gluck, qui connaissait mon amour de l'art ainsi que ma situation, aurait dû apprécier au-dessus de tout) ; mais, ajoutai-je tristement, il me manque
l'argent. — Alors, répliqua Gluck froidement et en me tournant le
dos, il n'y a rien de fait.

Heureusement Dittersdorf allait rencontrer une âme
compatissante, un cœur plus désintéressé, qui le prit
en pitié et se fit une joie de le sortir d'embarras avec
une générosité qui contraste fort avec la prudence bou-
tonnée du chevalier.

Ce même soir, je soupais chez M. de Preiss, alors agent de la
cour, et je lui fis part de la proposition de Gluck. — Eh ! parbleu,
dit M. de Preiss, acceptez, et prenez Gluck au mot. — Oui, répondis-je, avec un mouvement d'épaule ; mais où trouver l'argent ?

---

[1] Textuellement : « Cinq quarts d'années. »

Gluck veut bien me prendre avec lui, mais à la condition que je supporte la moitié des frais. — Bah ! repartit l'honnête homme (bénies soient ses cendres !), j'y aviserai. Je vous avance cent ducats, que vous ne me rendrez que quand vous serez dans une meilleure passe. Dînez demain chez moi ; j'inviterai M. d'Allstern, et, en buvant un bon verre de grœnnzinger (le meilleur vin de l'Autriche), je tâcherai de l'amener à ce qu'il vous avance la même somme. En outre, je vous donnerai, en cas de besoin, une lettre de crédit de six cents florins; vous aurez, par conséquent, quinze cents florins environ : avec cela, vous pourrez vous tirer d'affaire. Vous ne serez tourmenté par aucun de nous deux. Allez chez Gluck, dès demain, arrangez tout, et puis revenez dîner [1].

Gluck, enchanté, passa avec son protégé chez le comte Durazzo qui donna son acquiescement de la façon la plus gracieuse. Le départ fut fixé à quinze jours de là ; mais il fut retardé par condescendance pour la signora Marini, une jeune Vénitienne, qui, après avoir figuré deux ans comme prima donna sur le théâtre de Prague, songeait à retourner avec sa mère dans sa ville natale. Le chevalier l'avait rencontrée, trois ans auparavant, en Italie, et il ne crut pas pouvoir lui refuser le voyage en commun ; mais il imposait pour condition que l'on marcherait jour et nuit. Dittersdorf fut chargé par le compositeur et les deux dames de la dépense. La signora Marini lui remit une bourse bien rebondie, ajoutant qu'elle la remplirait quand elle serait vide. C'était, nous dit-il, une jeune fille très-belle et très-intéressante, d'environ vingt-quatre ans, gaie, vive, et très-agréable, d'ailleurs d'une tenue irréprochable. Ils étaient partis dans deux voitures attelées de chevaux de poste. Dès le premier repas, à Neustadt, l'aimable

---

[1] *Karl von Dittersdorfs Lebensbeschreibung. Seinen Sohne in Die Feder diktirt.* Leipzig, 1801, p. 103 à 105.

donna, pour ne pas faire de jaloux et que l'on pût jouir
alternativement de sa compagnie, proposa qu'à chaque
relais, les hommes changeassent de voiture, jusqu'à
Venise. Celui qui n'était pas avec elle, était en tête-
à-tête avec la mère, femme de bonne humeur fri-
sant la cinquantaine, étourdie comme sa fille, avec laquelle les heures passaient rapidement et agréablement.

Gluck était galant et cherchait à plaire ; mais moi je m'efforçais
de gâter ses affaires, aussitôt que j'occupais sa place, et cette petite rivalité aida à nous rendre le voyage d'autant plus piquant. La
jeune fille était la souveraine maîtresse, et Cupidon le maître de chapelle : il donnait la note et le diapason. La résolution pourtant si
ferme de Gluck de voyager jour et nuit fut sapée de bonne heure,
et, dans d'aussi agréables conditions, nous trouvâmes plus raisonnable de passer la nuit commodément à Grœtz, Laybac et Gœrz, que
de poursuivre notre chemin en devisant, ce qui ne nous eût
rapporté que des veilles [1].

De là part de Gluck pur et innocent badinage. C'est un
bon mari qui sait ce qu'il se doit et ce qu'il doit à sa
femme ; et, pour cette fois, le maître de chapelle Cupidon ne poussa pas les choses au delà de cette galanterie permise entre gens qu'unit une même passion,
l'amour de l'art. Le septième jour de leur voyage, ils
arrivaient à Mestri. Leur intention était d'y coucher
et d'aller le lendemain à Venise, dans une *poeta*, ba-
teau d'assez grande dimension à deux rames, dans
lequel dix personnes trouvent place avec leurs bagages.
Mais ils avaient compté sans la Marini qui s'opiniâtra,
étant si près de sa ville, à ne pas remettre la dernière
étape au lendemain ; et ils débarquèrent à Venise, la

---

[1] *Karl von Dittersdorf Lebensbeschreibung. Seinen Sohne in die Feder
diktirt.* Leipzig, 1801, p. 106.

nuit du dimanche des Rameaux au lundi de la semaine
sainte.

Gluck décida qu'ils demeureraient huit jours dans la
ville des doges. Le moment était pourtant des plus mal
cho sis. Durant la semaine sainte, les théâtres étaient
rigoureusement fermés, et, faute de mieux, les dilettantes couraient les oratorios où, du reste, la foule se
portait avec eux. La signora Marini avait fait à ses compagnons de route un éloge si flatteur de l'*Agl' Incurabili*
et de l'*Alla Pietà*, dont l'orchestre de femmes eût dépassé par l'exécution et les voix tous les orchestres de
l'Italie[1], que Dittersdorf put à peine attendre le jour,
tant il était impatient d'ouïr de telles merveilles. La
désillusion fut grande. Non-seulement la musique lui
parut médiocre, mais les instruments n'étaient pas
d'accord ; les violons attaquèrent un certain air d'un

[1] Il n'est pas sans intérêt de reproduire ici ce que le président de Brosses
racontait, vingt-trois ans plus tôt, de l'exécution de ces orchestres en
jupons. « La musique transcendante ici est celle des hôpitaux. Il y en a
quatre, tous composés de filles bâtardes ou orphelines, et de celles que
leurs parents ne sont pas en état d'élever. Elles sont élevées aux dépens
de l'État, et on les exerce uniquement à exceller dans la musique. Aussi
chantent-elles comme des anges, et jouent du violon, de la flûte, de l'orgue, du hautbois, du violoncelle, du basson ; bref, il n'y a si gros instrument qui puisse leur faire peur... Ce sont elles seules qui exécutent,
et chaque concert est composé d'une quarantaine de filles. Je vous jure
qu'il n'y a rien de si plaisant que de voir une jeune et jolie religieuse,
en habit blanc, avec un bouquet de grenades sur l'oreille, conduire
l'orchestre et battre la mesure avec toute la grâce et la précision ima-
ginables... La Zabetta, des Incurables, est surtout étonnante par l'étendue
de sa voix et les coups d'archet qu'elle a dans le gosier... Celui des
quatre hôpitaux où je vais le plus souvent et où je m'amuse le mieux,
c'est l'hôpital de la Piété ; c'est aussi le premier pour la perfection des
symphonies..... » *Le Président de Brosses en Italie.* Paris, Didier,
1869, t. I, p. 193, 194. Lettre à M. de Blancey ; 29 août 1739. —
Madame du Bocage, qui visitait Venise en juin 1757, parle également
de ces concerts féminins avec enthousiasme. *Œuvres de madame du
Bocage* (Lyon, 1764), t. III, p. 158. Lettres sur l'Italie.

quart de ton trop haut ; tantôt la mesure traînait, tantôt elle allait un temps de galop ; enfin le naufrage eût
été complet sans deux voix, l'une un soprano pur,
l'autre un contralto franc, qui méritaient qu'on fît
exception pour elles. Mais ces sortes de désenchante-
ments n'ont été rares à aucune époque en Italie ; et
Mendelssohn nous raconte avec presque de la rage l'état
pitoyable dans lequel il trouva, soixante-neuf ans plus
tard, en 1831, les orchestres de Rome, les violonistes
prenant chacun le ton qui leur convenait, les instruments à vent jouant trop haut ou trop bas, et se permettant selon leur caprice des fioritures dignes tout
au plus de musiciens ambulants[1].

Ce qui me dédommagea de cette musique, continue Dittersdorf, ce furent deux solennités auxquelles j'assistai, et qui excitèrent toute mon admiration : l'une était la fête du jeudi saint, où
notre Rédempteur est porté processionnellement au sépulcre ;
l'autre, les funérailles du doge, mort deux jours avant notre arrivée[2]. En ces deux circonstances, la grande place de Saint-Marc fut
illuminée ; c'est-à-dire, devant chaque fenêtre des palais qui se
trouvent sur cette place, brûlaient deux flambeaux gros comme le
bras et d'une toise de hauteur, ce qui offrait le plus magnifique
spectacle. L'une et l'autre fois, des processions solennelles se dé-
ployèrent autour de cette superbe place ; il eût été difficile de dire
lesquelles, des funérailles du Christ ou des funérailles du doge,
furent accompagnées de plus de pompe.

Gluck et son compagnon de route partirent pour Bologne, « le grand séminaire de la musique de l'Ita-

---

[1] Mendelssohn, *Lettres inédites*, traduites par A. Rolland. Hetzel, p. 94.
Rome, le 17 janvier 1831.

[2] Francesco Loredano, élu doge le 18 mars 1752, qui mourut dans la
nuit du 19 au 20 mai 1762. *Art de vérifier les dates*. Paris, 1787,
3e édit., t. III, p. 749.

lie » [1], dans la nuit du samedi au premier jour de Pâques.
L'inauguration du nouvel opéra avait été remise au
lundi de la Pentecôte, et le maestro n'avait pas trop de ce
laps de temps pour prendre connaissance du personnel
dont il avait à disposer et achever sa partition à laquelle,
il faut le dire, il avait travaillé notablement à Vienne. Le
comte Bevilaqua, directeur de l'opéra, le reçut avec
beaucoup d'affabilité. Dittersdorf lui fut présenté par
Gluck comme son élève; car il avait été convenu qu'il
ne se donnerait nulle part comme virtuose, avant qu'ils
ne sussent à quoi s'en tenir sur les meilleurs violons
de Bologne. Le compositeur avait témoigné le désir
très-légitime d'entendre ses chanteurs, et un concert
fut en conséquence organisé pour le lendemain. La
troupe était, en somme, une des bonnes de l'Italie. Le
primo uomo était le célèbre castrat Mansoli; la prima
donna, la signora Girelli, mariée à l'Espagnol Aquilar,
l'un des hautbois les plus remarquables du temps. Le
second uomo était le jeune soprano Toschi qui, deux
ans après, montait sur le théâtre de Vienne. L'opéra
avait pour premier ténor Guiseppe Tibaldi, que Gluck
fit engager plus tard au même théâtre, où il conquit le
renom d'un chanteur hors ligne. L'orchestre se composait d'environ soixante-dix instrumentistes, à la tête
desquels figuraient le Milanais Luchini, dont la réputation n'était plus à faire, et Spagnoletti de Crémone,
bien connu, lui aussi, du monde dilettante. Ces deux
artistes jouèrent à tour de rôle un concerto, où ils s'es-
crimèrent de leur mieux. « Eh bien, dit Gluck à son

---

[1] *Le Président de Brosses en Italie.* Paris, Didier, 1869, t. I, p. 227.
Lettre à M. de Blancey, 18 septembre 1739.

ami, ces deux sorciers ne doivent vous inspirer aucune inquiétude. » C'était aussi l'avis de Dittersdorf, qui n'en répondit pas moins avec modestie : « Ils jouent très-bien tous les deux, seulement chacun a sa méthode. »

Gluck livrait, au bout de dix jours, le premier acte au copiste. C'était le matin et dans la soirée qu'il travaillait ; jamais dans la journée. Après le dîner, les deux amis faisaient des visites, puis s'installaient au café jusqu'au souper. Une des premières fut pour Farinelli. Nous parlions plus haut de l'importance du chanteur Caffarelli ; mais que fut la fortune de Caffarelli auprès de celle de Farinelli[1]? Farinelli avait fini de rêver ; mais, si le réveil l'avait sorti du songe le plus inouï comme le plus long, il n'avait point à se plaindre de la réalité, et, par bonheur pour lui, tout n'avait pas été rêve dans cet enchantement qui ne dura guère moins d'un quart de siècle. Cette figure de Farinelli est souriante et sympathique. Son extrême bonhomie, son caractère inoffensif et serviable l'ont préservé de cette aversion qu'inspirent naturellement les favoris que le caprice seul a élevés. Il y avait un an que, chassé d'Espagne, il s'était installé à Bologne, lorsque Gluck l'y rencontra. Tout disgracié qu'il était, il n'avait que médiocrement à se plaindre du sort, et c'était son sentiment, bien qu'il regrettât cette patrie d'adoption où il avait vécu si longtemps et si heureusement. Il s'était décidé à bâtir, à un mille environ de Bologne, sur un point élevé dominant la ville et les petites collines avoisinantes, un palais splendide où il réunit tout

---

[1] Carlo Broschi.

une galerie d'instruments et de tableaux précieux,
mais qui n'était pas encore achevé, neuf ans après,
quand Burney le vint voir à son tour. L'hospitalité de
Farinelli était des plus magnifiques et des plus cordiales; et Gluck, pour sa part, ne devait avoir qu'à se
louer de l'aimable virtuose qui n'avait que cinquante-
sept ans alors, et non quatre-vingts, comme on l'a
dit à tort[1].

Une autre personnalité remarquable de Bologne était
le père Martini, religieux franciscain, dont l'entretien
et le commerce furent également appréciés par le chevalier. Martini était l'idéal du savant et du curieux. Sa
collection seule de livres imprimés lui avait coûté plus
de mille sequins. Il possédait en manuscrits et en copies
de manuscrits faites au Vatican, dans la bibliothèque
Ambroisienne, et dans celles de Florence et de Pise, des
richesses sans prix et dont chaque jour voyait accroître
le nombre. La musique ne pouvait pas être moins dignement représentée que le reste, et toute une chambre
en était remplie. Farinelli et Martini vivaient dans la
plus étroite intimité, et Gluck les rencontrait l'un chez
l'autre. L'Orphée allemand connaissait, d'ailleurs, le
dernier de vieille date et ne passait pas par Bologne
sans aller rendre visite à ce père *di tutti i maestri*, ce
dictateur de la musique classique dont la compétence
n'était niée de personne[2].

[1] Anton Schmid, *Christoph Willibald Ritter von Gluck. Dessen Leben
und tonkünstlerisches Wirken*. Leipzig, 1854, p. 86.

[2] Lorsque Mozart passa par Bologne, en 1770, il s'empressa d'aller rendre
visite à Martini qui, les deux fois qu'il le vit, lui fit faire une fugue
« dont le bon père avait donné en quelques notes *la guida*. » Lettre
du père de Mozart à sa femme; Bologne, 27 mars 1770. *Mozart. Vie
d'un artiste chrétien. Sa correspondance*, traduite par Goschler. Paris,
Douniol, 1857, p. 80.

Le maître de chapelle Mazzoni, qui tenait le piano à l'orchestre de Bologne, et avait la direction de la musique des prélatures et des couvents les plus considérables de la ville, ayant appris que Dittersdorf était violoniste, bien que celui-ci crût avoir pris toutes les mesures pour que l'on ignorât sa profession, l'invita à se faire entendre à la grand'messe, à l'occasion de la fête de l'église de San-Paolo. Dittersdorf y consentit. La veille, Gluck et lui assistaient, dans cette même église, aux premières vêpres de Mazzoni, composition large, qui n'avait qu'un tort celui de ressembler bien plus, sauf les fugues, à un opéra seria qu'à une musique religieuse.

Entre les Psaumes, Spagnoletti joua un concerto de Tartini, que j'avais étudié quelques années auparavant. L'église était pleine de connaisseurs et d'amateurs, et on vit sur la figure de tous les assistants que l'artiste avait obtenu l'assentiment général. Gluck me dit : « Maintenant, vous pouvez compter avec certitude sur les applaudissements de vos auditeurs, votre composition et votre jeu sont infiniment plus modernes. » Déjà le bruit s'était répandu que, le lendemain, à la grand'messe, un virtuose allemand se ferait entendre sur le violon. Lorsque nous revînmes de l'église, nous entendîmes deux messieurs se dire : « *Domau'; mattina sentiremo un virtuoso tedesco.* » A quoi l'autre répondit : « *Temo che si farà canzenar, dopo che abbiamo sentito quel bravo Spagnoletti.* » (Après le merveilleux Spagnoletti, j'ai bien peur qu'il ne se fasse siffler.) Mais, lorsque le lendemain je jouai un concerto de ma composition, l'on ne rit pas de moi, comme ce monsieur l'avait annoncé. Gluck, M. Bevilaqua et le signor Mansoli me félicitèrent sur les applaudissements universels que j'avais obtenus de l'auditoire. Gluck me raconta qu'il s'était glissé à dessein auprès des deux critiques de la veille, pour surprendre leur jugement, et que l'un des deux s'était écrié : « *Per Dio! quel ragazzo suona come un angelo.* » (Par Dieu! le jeune homme joue comme un ange!) tandis que l'autre ajoutait : « *Come è mai possibile, che una tartaruga tedesca possa arrivare a tale perfezione?* » (Comment est-il possible qu'une tor-

tue allemande puisse parvenir à une telle perfection?) Sur quoi,
Gluck prit la liberté de dire au second : « *Signor, con permissione!*
anch'io sono tartaruga tedesca, ma con tutto questo ho l'honore di
scriver l'opera nuova per l'apertura del teatro ristabilito. » (Avec
votre permission, monsieur, moi aussi, je suis une tortue allemande; mais je n'en ai pas moins l'honneur d'écrire le nouvel
opéra pour l'ouverture du théâtre reconstruit.) L'un des deux
messieurs s'est alors rétracté, en assurant qu'il était désormais
entièrement revenu de la prévention qu'on lui avait inspirée à
l'égard de la nation allemande. A peine Gluck eut-il terminé son
récit, que le père prieur du couvent parut avec deux religieux, et me
remercia de ma peine. Mais, comme il avait, disait-il, entendu de
sa stâlle, dans l'église, quels applaudissements j'avais obtenus, il
osait m'adresser la prière de jouer encore un concerto, l'après-
midi, aux vêpres. Je le refusai net. Mais mon bon prieur ne se rebuta point. Le comte Bevilaqua, m'assurant, en outre, que c'était là
une distinction qui, depuis qu'il y avait une Bologne, n'avait été
faite à aucun virtuose, et que mon refus causerait en ville une ru-
meur générale, je me rendis.

Le soir, l'église était toute remplie de monde, et quantité de
personnes avaient dû s'en aller, faute de place. Je jouai; mais, si
j'avais bien joué le matin, je m'en tirai alors doublement bien.

Après les vêpres, on nous offrit, dans le couvent, un goûter auquel assistèrent Gluck, moi, Mazzoni et les deux castrats Potenza et
Nicolini, qui avaient chanté ce jour-là. Ce fut, en vérité, un souper sardanapalesque, car tout ce que l'Italie produisait de délicat
dans cette saison parut sur la table. Nous fîmes bombance jusqu'à
minuit, et nous regagnâmes le logis tout « musice » [1].

Ce passage est caractéristique, il est une révélation
piquante des mœurs un peu païennes des monastères
d'Italie. Qui se douterait, en observant cette foule
agitée qui n'attend que l'occasion de se passionner et
de battre des mains, que l'on soit dans la maison de
prière? Personne n'y songe, pas même ces bons pères.
Non moins dilettantes que l'auditoire, ils assistent à

---

[1] *Karl von Dittersdorfs Lebensbeschreibung. Seinem Sohne in die
Feder diktirt.* Leipzig, 1801, p. 111, 112, 113.

une exhibition purement artistique, s'y livrent et s'y
oublient sans croire offenser Dieu qui ne semble les
avoir créés pour autre chose. Grands, prélats, couvents
d'hommes et de femmes, du premier au dernier, ce
peuple n'a d'autre vie que la musique et d'autre raison
de vivre. L'Italie, fractionnée en mille petits États,
n'est plus une nation ; elle ne serait plus une patrie, si un
seul sentiment, une même religion, l'art, ne retenaient
ces parcelles éparses et que tant de causes contribuaient
à disjoindre. Pour sa part, le clergé romain est fou de
musique. Les cardinaux ont leur théâtre comme leur
chapelle ; et le président de Brosses, en 1739, durant
son séjour à Rome, entendait le second et le dernier acte
de l'*Armide* de Lulli, dans la salle du cardinal Ottoboni[1].
Les compositeurs, les maestri, les virtuoses en renom
sont des abbés qui, chacun selon ses forces, vouent
leur existence à l'art et lui sont redevables, en revanche, d'une aménité, d'une urbanité de mœurs,
d'une tolérance qu'on ne retrouve dans aucun clergé,
catholique ou dissident. Finissons par un dernier
trait qui vient compléter le tableau curieux que Dittersdorf nous fait, à sa manière, des rapports cour-
tois des couvents avec les artistes dont ils ont réclamé
le concours.

... Le lendemain, mon hôtelier parut, et m'annonça qu'une dé-
putation de San-Paolo désirait m'être présentée. J'allais recevoir,
me dit-il, un cadeau pour lequel je devrais donner au porteur un
scudo (un grand écu) comme pourboire (*bona man*). Je fis entrer

---

[1] Bien des années auparavant, du temps de Louis XIV, le cardinal
de Bouillon faisait déjà représenter sur son théâtre, à Rome, l'*Armide*
traduite en italien par le jésuite Jean Bertet. Voy. nos *Cours galantes*.
Dentu, 1865, t. I, p. 158.

ces gens-là. Le député m'adressa une allocution, qui dura plus d'un quart d'heure et ne contenait rien que des remerciments de la part du prieur et de tout le couvent, et des instances pour que je voulusse bien me contenter, eu égard à leur pauvreté extrême (dont je ne m'étais nullement douté la veille au souper sardanapalesque), d'un petit présent, qui se composait de plus de vingt livres des plus magnifiques fruits confits et des meilleures sucreries. Joignez à ces friandises douze paires de bas napolitains, six en soie blanche, six en noire ; six foulards de Milan en soie double, et douze reliques plus ou moins grandes qui toutes étaient entourées de filigranes en argent. Je fis assurer le prieur et tout le couvent de ma reconnaissance ; je donnai au Démosthène en perruque un scudo, et ils s'éloignèrent avec force compliments et révérences [1].

Ces relations, toutes charmantes qu'elles fussent, ne faisaient que remplir les intervalles entre les répétitions de l'opéra de Gluck, qui n'allèrent pas à moins de dix-sept, sans satisfaire d'une façon absolue le compositeur habitué à rencontrer dans l'orchestre de Vienne un ensemble et une précision introuvables dans les meilleurs orchestres d'Italie. Le succès de *il Trionfo di Clelia* n'en fut pas moins grand, toutefois, malgré l'imperfection de l'exécution. Dès la troisième représentation, les deux amis faisaient leurs préparatifs de départ : à Venise, la fête de l'Ascension était la date invariable de la réouverture de quatre ou cinq théâtres, et ils s'étaient promis de s'indemniser amplement de la dure abstinence que la semaine sainte leur avait imposée. Leurs projets ne se bornaient pas là, et ils avaient dessein de visiter Milan, Florence et toutes les villes importantes d'Italie. Mais une lettre du comte Durazzo les rappelait inopinément pour le couronnement de Joseph II à Francfort, fixé au commence-

---

[1] *Karl von Dittersdorfs Lebensbeschreibung. Seinem Sohne in die Feder diktirt.* Leipzig, 1801, p. 115.

ment de l'automne. Ils durent donc renoncer à ce premier itinéraire sans se refuser complétement aux délices de la ligne courbe. C'est ainsi qu'ils firent une petite excursion à Parme, où ils assistèrent à la représentation de *Catone in Utica* de Bach, le même qui plus tard fut connu en Allemagne sous le surnom de « Bach de Londres. » Ils prenaient ensuite par Mantoue, Klagenfurth, Trente, la route de Vienne où ils apprenaient, non sans un vif dépit, que le couronnement était ajourné à l'année suivante.

II

Gluck n'avait pas cessé de produire, peut-être ne
fut-il jamais plus fécond que durant la période de sept
années comprise entre 1755 et 1762. Mais l'importance
des œuvres n'est plus la même. Des divertissements,
des airs de ballet, de la musique d'opéra-comique
étaient une étrange préparation aux partitions d'*Orphée* et d'*Alceste*. Le sommeil de Gluck n'était qu'apparent. Le maître mûrissait pour cette révolution
radicale qu'il prêcha avec une autorité qui n'avait
d'égale que sa conviction, bien qu'il y ait une part de
charlatanisme dans cet artiste pénétré. Son instruction
n'avait été qu'ébauchée ; il comprit la nécessité de la
compléter et d'étudier les littératures étrangères dans
leurs idiomes respectifs. Il apprit ainsi le latin, il apprit le français, entraîné vers cette dernière langue par
un penchant qui tenait de la divination. Les choses
viennent à leur heure, et il n'y a que les pauvres esprits
qui crient au temps perdu. Mais, si l'auteur de *la Caduta
de' Giganti* et de *Pirame e Tisbe* conçut, dès son séjour

à Londres, comme on l'a dit, le projet d'attacher son nom à un art nouveau, il faut convenir qu'il ne se hâta point. Les ouvrages qui suivirent ne furent pas écrit en raison d'une poétique différente des premiers ; ce sont toujours des opéras italiens et par la forme et pour le fond. Il n'y aurait pas trop à s'étonner de cette inconséquence apparente. Ce n'était pas le tout d'avoir pressenti un monde ignoré, il fallait être deux pour aller à sa conquête. Que pouvait Gluck sans un poëte qui comprît, partageât ses idées, les complétât au besoin, et qui consentît à s'associer à une tentative hasardeuse, pleine de périls et d'écueils? Métastase était-il homme à quitter, pour l'inconnu, la voie fleurie qu'il avait courue jusque-là avec tant de bonheur et de gloire ? Il l'eût voulu, que son génie plus souple que nerveux, plus élégant qu'original, moins dramatique qu'élégiaque, eût manqué de profondeur et de puissance. Et pourtant, existait-il sur terre un autre poëte que Métastase? à l'exception des opéras-comiques dépêchés de Paris, Gluck n'avait pas composé sur d'autres paroles que les siennes, et longtemps peut-être ses visées de réforme fussent demeurées à l'état de rêve, si le hasard ne l'eût mis en rapport avec un homme fait pour le soutenir, disons plus, pour le guider, comme il en convient de bonne grâce, dans ce complot de rénovation musicale.

Raniero de Calzabigi, de Livourne, était un conseiller impérial à la cour des comptes des Pays-Bas, poëte à ses heures de loisir, et qui s'était fait notamment connaître en France par une édition de Métastase, à laquelle il avait joint une introduction fort remarquable sur la personne et les œuvres de l'illustre abbé. Mais quelque admiration qu'il professât pour celui-ci, il

n'avait pas été sans constater ce qu'il y avait de. défectueux dans la trame de ces élégantes, de ces harmo-
nieuses compositions. Le style, la suavité et le brillant
de la forme, le charme des détails, une action habilement conduite peuvent n'être pas tout dans une œuvre
dramatique, même une œuvre dramatique qui se
chante; il est des qualités autrement essentielles, et
sans lesquelles, au théâtre, rien ne saurait vivre. Les
passions, les grands mouvements de l'âme, une réalité
palpable et que la musique n'est pas impuissante à
rendre, voilà, ce qu'on eût vainement cherché dans les
opéras de Métastase ou ce qui n'y tenait qu'une place
secondaire, bien que Rousseau, un peu métaphoriquement, selon nous, l'ait proclamé dans *la Nouvelle
Heloïse* : « Le seul poëte du cœur, le seul génie fait
pour émouvoir par le charme de l'harmonie poétique
et musicale. » Disons-le, cette sécheresse fleurie se
prêtait admirablement à tous les caprices, à toutes les
fantaisies de compositeurs et de chanteurs que la
situation ne préoccupait que fort secondairement ;
quant au public, habitué à n'écouter que par étapes et
par intervalles indiqués, il devait être plus sensible à
une poésie élégante, quelque peu mignarde et efféminée,
qu'à des morceaux fortement accentués qu'il n'eût point
compris, pour ne prêter qu'une attention distraite et
intermittente à l'ensemble[1].

---

[1] « Que manque-t-il donc aux Italiens, dit Grétry, pour avoir un bon
opéra sérieux? Car pendant les neuf à dix ans que j'ai habité dans Rome,
je n'en ai vu réussir aucun. Si quelquefois on s'y portoit en foule,
c'étoit pour entendre tel ou tel chanteur; mais lorsqu'il n'étoit plus
sur la scène, chacun se retiroit dans sa loge pour jouer aux cartes et
prendre des glaces, tandis que le parterre bâilloit. » *Mémoires et Essais
sur la musique.* Paris, 1789, t. I, p. 114. Ce sans-gêne n'était pas nouveau, et le président de Brosses, trente ans auparavant, trouvait l'usage

Orfeo ed Euridice fut le résultat de l'entente, de l'association féconde des deux amis. Gluck put composer à son aise une musique sévère, sans ornement superflu, n'ayant d'autre parure que sa propre beauté, attendant le succès de l'expression saisissante des passions et non d'agréments étrangers et conventionnels. L'audace était grande et l'issue hasardeuse. Tout convaincu qu'il fût d'être dans la vraie voie, Calzabigi n'était pas rassuré sur le sort de leur œuvre commune : une vérité nouvelle ressemble fort à un paradoxe, et n'est le plus souvent accueillie par la foule qu'avec une défiance toujours difficile à dissiper. Et puis, il y avait aussi Métastase et son école, avec lesquels ils avaient à compter. Calzabigi crut qu'il était convenable et habile de soumettre l'ouvrage au maître. Cette démarche, si elle n'amenait pas l'illustre abbé à reconnaître la supériorité de la nouvelle poétique (ce qu'il eût été en définitive peu raisonnable d'attendre de son impartialité) devait produire un bon effet sur son esprit, sur l'esprit de ses amis et celui du public. Il va le trouver, lui fait lecture du poëme et le prie de ne pas se prononcer avant la première représentation, son avis étant suffisant pour décider préventivement la chute de l'œuvre qu'il eût condamnée. Le poëte lauréat l'accueillit avec politesse, et le rassura pleinement sur ses disposi-

parfaitement établi et finissait même par s'y conformer avec une facilité qui fait son éloge. « Je me suis avisé de jouer aux échecs, une fois que je me trouvai presque seul, dans une loge du théâtre Della Valle, avec Rochemont, à la charmante comédie de *la Liberté dangereuse*, qui n'est pas fort suivie et qui m'amuse beaucoup plus que leurs grandes tragédies. Les échecs sont inventés à merveille pour remplir le vide de ces longs récitatifs, et la musique pour interrompre la trop grande assiduité des échecs. » *Le Président de Brosses en Italie.* Didier, 1858, . II, p. 357, 358.

tions : il se bornait, en effet, à répondre évasivement.aux questions qui ne manquèrent pas de lui être adressées.

Ce fut le 5 octobre 1762 qu'*Orfeo ed Euridice* fit son apparition sur le théâtre impérial de Vienne. A part l'attrait de la curiosité et l'émotion ordinaire de semblables solennités, cette soirée allait avoir l'importance d'un de ces événements qui d'un seul coup bouleversent toutes les idées reçues et déchirent soudainement le voile derrière lequel se dérobaient des perspectives ignorées. Le rôle d'Orphée avait été confié à Guadagni, l'un des plus habiles soprani de son temps, qui, chose presque inouïe dans un chanteur italien, respecta religieusement la pensée du maître et lui conserva sa rigide simplicité. Génie patient, scrupuleux, mais n'exigeant pas moins des autres que de lui, Gluck amoncela les répétitions, usa et abusa de la longanimité des chanteurs et des instrumentistes. Il voulait la perfection ; la moindre faute, la moindre maladresse l'exaspéraient au point de ne se plus connaitre. Les anecdotes abondent sur ses emportements et ses violences. Aussi despote qu'Haendel, il s'inquiétait peu de lasser son monde, et on le vit faire répéter des morceaux vingt et trente fois. Il assurait à Burney qu'en dépit de la fatigue, de la satiété, des dégoûts, il n'avait point trouvé de rebelles[1]. C'était peut-être trop dire, et, plus d'une fois, son orchestre sur les dents l'eût planté là, si l'empereur n'eût étouffé ces velléités de révolte par un de ces mots paternes comme en avaient les princes de la maison de Lorraine à l'usage de ceux qui les appro-

---

[1] Burney, *The present state of music in Germany, the Netherlands and United Provinces*, London, 1773, vol. I, p. 340.

chaient. « Vous savez, mes enfants, comme il est. Mais
au fond c'est un bon homme[1]. » On se soumettait, en
définitive, et le côté patient, docile du caractère allemand
se manifeste dans ces longues et pénibles épreuves qui,
en France, seront, comme on le verra en leur temps,
autrement orageuses.

Tandis que Gluck conduisait l'orchestre et le chant,
Calzabigi dirigeait les acteurs et surveillait le jeu de
la scène. L'ouvrage, aussi bien monté que possible,
exécuté avec autant de talent que le maître pouvait
raisonnablement le souhaiter, produisit sur les auditeurs une impression profonde, moins, il est vrai,
une impression d'admiration que cette nature d'é-
tonnement qui désoriente et déroute. On sentait, toutefois, que l'on avait affaire à une œuvre magistrale.
L'impératrice-reine, pour sa part, quelque bonne
musicienne qu'elle fût, eut besoin d'une seconde audition ; mais alors le charme fut complet, et elle sut
payer son plaisir en reine et en dilettante, par l'envoi
d'une bague en diamants à Calzabigi et une bourse de
cent ducats au compositeur[2]. Peu à peu on s'effaroucha
moins, et bientôt ce qui avait le plus effrayé ou choqué
attira par son étrangeté, son originalité même. A la
cinquième représentation, il n'y avait plus qu'une voix
sur la valeur de la partition : Gluck était un novateur.
Avec *Orfeo ed Euridice*, la révolution était faite. Nous
aurons à insister plus tard, lors de son apparition en
France, sur cette œuvre splendide qui devait être la

[1] Anton Schmid, *Christoph Willibald Ritter von Gluck. Dessen Leben und tonkünstlerisches Wirken.* Leipzig, 1854, p. 419.
[2] Burney, *The present state of music in Germany, the Netherlands
and United Provinces.* London, 1775, vol. I, p. 287.

date d'une nouvelle ère musicale, et dont la renommée
allait si bien se répandre dans toute l'Italie, en dépit
des préjugés de race, qu'à Parme même, Traëtta, l'un
des plus grands maîtres d'alors, le plus pathétique, à
coup sûr, le plus « allemand » des compositeurs italiens, se remua inutilement pour faire jouer son *Armide*, le public ne voulut entendre que *Orfeo*.

Gluck appartenait à la cour par ses engagements et il
ne pouvait guère se soustraire à une chaîne que la reconnaissance, à défaut d'autres attaches, l'eût empêché de
rompre. Ces opéras-comiques, ces divertissements, ces
pièces de circonstance qui ne pouvaient rien pour sa
gloire, devaient être comme une distraction et un dé-
lassement à des travaux d'une tout autre portée attendant de la méditation et du temps leur complète ma-
turité. Il faut croire que le chevalier n'avait pas rompu
avec Métastase. Du moins, représentait-on, en 1763,
écrit sur des paroles du poëte lauréat, un nouvel ouvrage de sa composition, *Ezio*, dont on n'a retrouvé
que le second acte. L'année suivante, Dancourt, que
Favart appelle dans sa correspondance l'arlequin de
Berlin, et à qui il procura, après ses débuts à la Comédie-Française dans les rôles de valet [1], un engagement pour Vienne, transformait, par les ordres du
comte Durazzo, une farce de le Sage en un opéra-comique en trois actes, les *Pèlerins de la Mecque*, sur lequel
Gluck brocha de la musique italienne.

---

[1] Favart, *Mémoires et Correspondance littéraire*. Paris, 1808, t. I,
p. 165. Lettre de Favart à M. le comte Durazzo ; 3 août 1761. Dancourt,
qui n'est pas à confondre avec l'auteur du *Chevalier à la mode*, a
composé, lui aussi. plusieurs ouvrages, *les Deux Amis*, *le Mariage par
capitulation* et *Ésope à Cythère*.

J'en ai fait supprimer le licencieux, écrit Durazzo à son débonnaire correspondant, et n'en ai conservé que le noble et le comique qui a pu s'y allier; je ne doute pas que ce poëme, arrangé de cette sorte au goût actuel de la nation, ne fasse son effet, surtout étant appuyé d'une musique de la composition du sieur Gluck, homme sans contredit unique dans son genre. Je voudrois que les pièces que vous ferez accommoder fussent traitées dans cet esprit. Je crois vous avoir fait part déjà de mes idées à ce sujet dans mes précédentes; mais je ne me lasse pas de vous les renouveler par l'envie que j'aurois qu'elles pussent avoir leur effet. J'ai reçu une lettre de M. Billon [1] et une autre de M. de la Ribardière [2]. Je leur répondrai la semaine prochaine, et je vous enverrai les lettres. Adieu, mon cher Favart; dites-moi à quoi nous en sommes pour la gravure d'*Orphée* [3].

Si Gluck se laissait complaisamment exploiter par le directeur des plaisirs de la cour, en revanche, le comte Durazzo employait tout ce qu'il avait d'influence pour étendre la réputation du compositeur allemand. Ses rapports avec Favart lui donnèrent l'idée de se servir du poëte pour faire passer la frontière au chef-d'œuvre du maitre, et lui conquérir des admirateurs en France comme il en avait déjà en Italie et en Angleterre. Avant de s'adresser au public, il n'était pas mal de s'adresser à ceux qui font l'opinion, aux amateurs et aux gens du métier. Durazzo, en conséquence, dépêche la partition à son correspondant, le priant de lui dire ce que coûterait la gravure d'*Orphée*. Nous ne savons si l'admiration du bon Favart pour Gluck était fort éclairée; quoi

---

[1] Danseur, dont il est question, dans la *Correspondance de Favart*, t. II, p. 161.

[2] Auteur des *Amants indiscrets*, des *Sœurs rivales*, et des *Deux Cousines*. Durazzo le fait venir pour arranger des pièces et les jouer. Il fera à peu près la même besogne que Dancourt. Ibid., t. II, p. 147, 165, 173.

[3] Ibid., t. II, p. 169. Lettre du comte Durazzo à Favart; 19 novembre 1765.

qu'il en fût de sa compétence, nous le voyons entrer de tout cœur dans les projets du comte. Il communique le manuscrit à Mondonville, qui, dans une lecture rapide, découvrit assez de beautés pour estimer l'ouvrage une des plus belles choses qu'il eût vues. L'auteur des *Trois Sultanes*, après s'être enquis des prix, répondait que les frais pourraient aller à huit cents livres, en tenant compte des exagérations des graveurs et des imprimeurs. Il n'y avait plus qu'à se mettre à l'œuvre. Mais, quand on en arriva là, il se trouva que la copie envoyée par le comte Durazzo était si remplie de fautes que personne ne voulut se charger des corrections. Favart, en cela, comme il ne tarda pas à le reconnaître, était un peu la dupe du bonhomme Duni, qui outrait le mal pour faire rétribuer davantage un service qu'il n'était pas au fond si éloigné de vouloir rendre.

Duni m'avoit fait un monstre de la partition d'*Orphée et Eurydice;* il disoit qu'il ne voudroit pas se charger de corriger les fautes du copiste quand on lui donneroit 500 liv.[1]. J'ai fait voir

---

[1] Duni pouvait bien n'avoir pas si grand tort, et Berlioz nous donne sur l'inconcevable incurie de Gluck, à l'égard de ses manuscrits, les détails les plus étranges. « Ses partitions, raconte-t-il au sujet de la reprise d'*Alceste* à l'Opéra, furent toutes écrites avec un incroyable laisser-aller. Quand on en vint ensuite à les graver, le graveur ajouta ses fautes à celles du manuscrit, et il ne paraît pas que l'auteur ait daigné s'occuper alors de la correction des épreuves. Tantôt les premiers violons sont écrits sur la ligne des seconds, tantôt les altos devant être à l'unisson des basses, se trouvent, par suite d'un *col basso* négligemment jeté, écrits à la double octave haute de celles-ci, et font, en conséquence, entendre parfois les notes de la basse au-dessus de celles de la mélodie; l'auteur ici oublie d'indiquer le ton des cors; ailleurs, il a négligé d'indiquer l'instrument à vent qui doit exécuter une partie saillante; est-ce une flûte, un hautbois, une clarinette? On ne sait. Quelquefois il écrit sur la ligne des contre-basses quelques notes im-

cette partition à Philidor, qui n'est pas à beaucoup près si difficile ; il offre de corriger les fausses notes gratis, et d'avoir lui-
même inspection sur la gravure de l'ouvrage ; il ne demande à
Votre Excellence qu'un seul exemplaire. Il a examiné l'opéra avec
attention ; il trouve que les fautes du copiste se réduisent à un petit nombre ; il a été enchanté de la beauté de l'ouvrage ; en plusieurs endroits, il a versé des larmes de plaisir. Il a toujours eu
la plus grande estime pour les talens du chevalier Gluck ; mais
son estime se porte jusqu'à la vénération, depuis qu'il connoît l'*Orphée*. Ainsi, nous pouvons faire graver tout de suite, sans être
obligés d'attendre l'arrivée de M. Gluck [1]...

Le comte Durazzo, qui, tant que durèrent ses rapports avec Favart, sut exploiter l'extrême facilité et le
complet désintéressement du vaudevilliste, sans trop
prendre souci de l'indemniser de ses peines et du temps
employé à son service, semblait avoir oublié qu'il n'é-

---

portantes pour les bassons, puis il ne s'occupe plus d'eux et l'on ne
peut savoir ce qu'ils deviennent ensuite.
   « Dans la partition de l'*Alceste* italienne, imprimée à Vienne, et un
peu moins incorrecte que la partition française, on trouve des causes
d'erreurs pour les copistes et les exécutants, telles que celles-ci : le mot
bos s'y trouve fréquemment ; qu'est-ce que *bos ?* C'est une faute d'impression ; il fallait *pos*. Mais qu'est-ce que *pos ?* C'est l'abréviation du
mot allemand *posaunen*, qui signifie trombones ; et l'on est d'autant
plus pardonnable de ne pas le deviner, que partout ailleurs, dans la
même partition, il désigne les trombones par leur nom italien de *trom-
boni*. Je n'ai pu savoir exactement quel instrument il avait voulu désigner dans l'*Alceste* italienne par le mot bizarre de *chalumeau ;* est-ce
la clarinette employée dans le *chalumeau ?* Le doute est permis. Je n'en
finirais pas de décrire un tel désordre. Il y a même, dans la grande
partition française, par suite d'une faute de copie, une cacophonie d'instruments de cuivre digne de certaines partitions modernes. Gluck dit
dans une de ses lettres : « Ma présence aux répétitions de mes ouvrages
est aussi indispensable que le soleil à la création. » Je le crois bien,
mais elle l'eût été un peu moins s'il se fût donné la peine d'écrire avec
plus d'attention, et s'il n'eût pas laissé aux exécutants tant d'intentions
à deviner et tant d'erreurs à rectifier. » Hector Berlioz, *A travers
chants*. Paris, 1862, p. 201, 202.
   [1] Favart, *Mémoires et correspondance littéraire*. Paris, 1808, t. II,
p. 102. Lettre de Favart à Durazzo ; 19 avril 1765.

tait pas en état d'avancer les premiers fonds ; et l'auteur
des *Trois Sultanes* dut « tout naturellement » faire un
aveu d'impuissance qu'il eût été mieux de prévenir.
Ce ne fût encore qu'à une seconde sommation que
Durazzo s'exécuta et laissa à sa disposition quelque argent. On se mit dès lors en besogne. Philidor, loin de
se refroidir, s'était déclaré le patron de l'ouvrage, dont
il ambitionnait, disait-il, l'honneur d'être le parrain.
Mais tout ce zèle pouvait bien avoir un autre mobile
qu'une admiration sans alliage. Expliquons-nous. La
mélodie, *Objet de mon amour* [1], l'avait particulièrement
frappé, et il n'avait pas résisté longtemps à la tentation de se l'approprier ; en la modifiant et la gâtant un
peu, il en avait fait la romance de Bastien : *Nous étions
du même âge*, de son opéra-comique, *le Sorcier*. La coupe
des vers n'étant pas pareille, il avait dû changer le
commencement de l'air ; mais, à partir de ces paroles :

> Dans son cœur on ne sent éclore
> Que le seul désir de se voir...

sauf la transposition en *la*, c'était la mélodie inté-
grale d'*Orphée*, avec sa basse, son harmonie et les échos
de hautbois du petit orchestre dissimulé dans la coulisse. Berlioz constate le plagiat avec une indignation
d'honnête homme et d'honnête musicien, ce qui n'est
pas tout un [2]. L'auteur de *Benvenuto Cellini* n'était pas
un érudit ; ce qu'il découvrait là, par pur hasard, avait
été révélé depuis longtemps [3], notamment par M. de
Sevelinges, dans la *Biographie universelle*, des frères

---

[1] *Orphée*, acte I, n° 7.
[2] Berlioz, *A travers chants*. Paris, 1862, p. 125, 126.
[3] *Mémoires secrets*. Londres, John Adamson, t. VII, p. 198 ; 8 août 1774.

Michaud. Il était, toutefois, trop pénible d'admettre une semblable piraterie pour ne pas tenter la justification du coupable. De toute nécessité, pourtant, il y avait un coupable comme il y avait un spolié. C'était à choisir entre Philidor et Gluck. M. Fétis crut avoir trouvé une preuve décisive de la parfaite innocence du premier dans l'unique rapprochement des dates : *Le Sorcier* aurait été joué avant *Orphée*. Mais c'est là précisément où est l'erreur. *Le Sorcier* fut représenté, il est vrai, à Paris, le 2 janvier 1764, et la partition d'*Orphée*, à la correction de laquelle avait présidé Philidor, porte, elle aussi, le millésime de 1764 ; encore faudrait-il tenir compte, au profit de Gluck, de l'intervalle qui existe forcément entre la gravure plus ou moins hâtive et la publication de l'ouvrage. Mais ce qui clôt le débat, c'est la date de la lettre de Favart citée plus haut et où il parle des offres de Philidor, antérieures de près de neuf mois à la représentation du *Sorcier* : du 19 avril 1763 au 2 janvier suivant, le musicien français avait eu plus que le temps de faire sa petite moisson dans une partition étrangère qui n'avait guère chance alors de se produire parmi nous. Que cela ne surprenne ni n'indigne outre mesure. Ces procédés, entre musiciens, ne sont pas aussi rares qu'on se l'imagine, et nous serons à même de le constater en plus d'une rencontre.

Quoi qu'il en fût des assurances plus ou moins intéressées de Philidor, l'arrivée prochaine de Gluck rendait ses services moins nécessaires, le chevalier pouvant surveiller lui-même la gravure de son opéra.

Je le recommande à votre amitié. Il aura un mémoire de ce qu'il faut pour le service de la cour pour l'année prochaine, et je vous prie de vous le faire communiquer, au cas que je n'aye pas le temps de vous en envoyer un double. Le premier ordre que je lui donne est de vous expliquer à peu près le goût d'ici, et de s'en rapporter à tout ce que vous direz. Je vous enverrai aussi la lettre que je voudrois mettre à la tête de l'impression de l'*Orphée*, qu'il faudra faire corriger d'abord que Gluck sera arrivé, à quoi je vous prie de le forcer, parce qu'il est naturellement indolent et très-indifférent sur ses propres ouvrages [1]...

Favart répond avec empressement au comte qu'il le remercie de vouloir bien lui adresser le chevalier, qu'il l'attend avec impatience, et que sa maison sera celle de M. Gluck, s'il veut bien l'accepter [2]. Il écrit au musicien lui-même et renouvelle ses offres de la façon la plus engageante et la plus flatteuse.

Monseigneur le comte de Durazzo me marque que vous devez venir à Paris dans le courant de ce mois. Il n'est pas permis aux amateurs des talens d'ignorer votre réputation. Je n'ai pas l'honneur de vous connoître personnellement, mais j'ai toujours désiré cet avantage. Puis-je me flatter que vous répondrez à mon empressement? Oui, j'ose l'espérer, par la considération que j'ai toujours eue pour votre mérite; par cette raison, je compte que vous ne prendrez pas d'autre logement que chez moi. J'ai dans ma maison un appartement meublé à vous offrir; vous y trouver**ez** un bon clavecin, d'autres instrumens, un petit jardin, et toute liberté; c'est-à-dire que vous serez comme chez vous, et que vous ne verrez que qui bon vous semblera. Quoique dans un quartier des plus bruyans de Paris, notre maison, entre cour et jardin, est une espèce de solitude où l'on peut travailler tranquillement comme à la campagne. Si je suis assez heureux, monsieur, pour que vous acceptiez mes offres, je vous prie de m'avertir du jour de votre arrivée. Mon adresse est rue Monconseil, près la Comédie italienne, vis-à-vis la grande porte du cloître Saint-Jacques-de-l'Hôpital [3].

---

[1] Favart, *Mémoires et Correspondance littéraire.* Paris, 1808, t. II, p. 111. Lettre du comte Durazzo à Favart; Vienne, 6 mai 1763. — Cette dernière phrase est significative, et vient confirmer les énormités rapportées ci-dessus par Berlioz.

[2] Ibid., t. II, p 113. Lettre de Favart à Durazzo; 24 mai 1763.

[3] Ibid., t. II, p. 114. Lettre de Favart à Gluck. Sans date.

Le voyage de Gluck avait été ajourné. Mais la gravure
d'*Orphée* n'en marchait pas moins, et l'ouvrage serait
prêt à paraître à la fin de janvier, dans les premiers
jours de février 1764 au plus tard. Favart ne demandait d'autre rétribution que le droit de disposer de six
exemplaires, un pour Philidor, un pour Sodi[1], un pour
lui, les trois autres pour des journalistes. Le total des
frais pourrait aller à deux mille livres, approximative-
ment. Durazzo trouva-t-il la somme énorme[2] et éveilla-
t-il, par quelque appréhension sur le sort futur de l'entreprise, la susceptibilité de l'auteur de *la Chercheuse
d'esprit?* Dans une lettre postérieure, ce dernier lui écrivait avec une certaine fierté qu'il se chargerait, pour
peu que l'édition d'*Orphée* l'inquiétât, de tous les frais
« à ses risques, périls et fortune[3]. » Durazzo répondit par
l'autorisation de toucher un à-compte sur l'excédant
indéterminé d'une somme de trois mille francs affectée
au voyage de la Ribardière, cet acteur-auteur qui,
comme Dancourt, était appelé à Vienne pour accom-

---

[1] Il y avait deux frères Sodi, Charles et Pierre. Il s'agit ici de Charles,
bon musicien et bon compositeur, d'un grand secours à la comédie italienne, pour laquelle il faisait la musique de la plupart des parodies et
des divertissements qui se jouaient. Il devint subitement aveugle, et
vécut d'une pension que lui firent les comédiens italiens. *Histoire anec-
dotique et raisonnée du théâtre italien.* Paris, 1769, t. VII, p. 430, 431.
Favart s'employa pour lui avec le plus grand zèle, comme cela ressort
d'une lettre de celui-ci. Laverdet, *Catalogue d'autographes* du 31 janvier 1854, p. 45.

[2] Favart, « à vue de pays, » avait parlé, comme on l'a dit, de huit
cents livres, mais il était loin de comptes. En demandant deux mille
livres en dernier lieu, il diminuait plus qu'il n'exagérait le chiffre que
coûtait alors une partition; et dans cette estimation, n'entraient point
encore les frais de papier et d'impression. Archives nationales. Ancien
régime. Opéra 01.—630. *Mémoire relatif au privilége de la gravure et
de la musique.*

[3] Favart, *Mémoires et Correspondance littéraire.* Paris, 1808, t. II,
p. 187. Lettre de Favart à Durazzo ; 4 janvier 1764.

moder aux exigences de la cour et soutenir de son jeu
le répertoire de nos petits théâtres.

Il était toujours question de l'arrivée prochaine
de Gluck à Paris ; le comte donnait à espérer qu'il pourrait y faire lui-même une courte apparition, à la suite
du couronnement du roi des Romains à Francfort, où
sa charge l'obligeait de se transporter. Dans ces circonstances, puisque l'on en avait fait tant, mieux valait
retarder le bon à tirer de quelques jours, de façon à ce
que le maestro pût, avant le tirage définitif, revoir l'ouvrage en dernier ressort; et Favart fut prié d'attendre de
nouveaux ordres. Rien ne devait manquer à l'édition.
« Je fais faire à l'*Orphée* un frontispice de toute la hauteur de la page, afin de donner plus de grandeur, de
noblesse et d'expression aux figures, et plus de liberté
pour les accessoires. Je n'ai point confondu le titre de
l'opéra dans cette planche, parce que l'estampe, qui
deviendra, par le burin de M. Mire, un morceau précieux de gravure, pourra se détacher et s'encadrer sé-
parément; il m'a paru suffisant de mettre au bas, *Euridice, amor tirende*. Le dessin est de M. Monnet, connu
pour un des meilleurs élèves de M. Vanloo[1]. »

La correspondance du poëte avec Durazzo ne laisse
soupçonner aucunement la présence de Gluck à Paris.
Cependant, nous avons des preuves positives de l'apparition du chevalier en France. On lit dans le journal
du graveur Wille : « Le 9 (mars) m'est venu voir M. le
chevalier Gluck, ce fameux compositeur, si connu
par toute l'Europe, où la bonne musique est estimée;

---

[1] Favart, *Mémoires et Correspondance littéraire*. Paris, 1808, t. II,
p. 193. Lettre de Favart à Durazzo; 31 janvier 1764.

c'est un fort brave homme d'ailleurs, il a resté plusieurs
heures avec moi. Il est au service de l'impératrice. Il
était accompagné de M. Goldelini, poëte, aussi au service de la maison d'Autriche[1]. » Son séjour, après tout,
ne pouvait être long, car il avait été chargé de la partie
musicale des fêtes du couronnement qui eut lieu le
3 avril, et il dut regagner Vienne fort probablement
bien avant cette date. Il est à croire que l'on n'eut qu'à
se louer des efforts qu'il fit pour n'être pas au-dessous
d'une telle mission, puisque, neuf mois après, on avait
encore recours à lui pour semblable besogne, lors du
mariage de l'archiduc Joseph avec une princesse de Bavière. *Il Parnasso confuso*, dont Métastase avait fait le
poëme, fut représenté à Schœnbrunn, le 23 janvier 1765,
dans les appartements du château. Cet opéra fut exécuté
dans des conditions peu communes et par des artistes
comme un maestro n'en rencontre guère ; nous entendons la qualité plus que le mérite, bien que ces interprètes augustes fussent tous d'excellents musiciens.
L'archiduchesse Marianne-Amélie (la future duchesse
de Parme) chantait le rôle d'Apollon, les archiduchesses
Marie-Élisabeth, Marie-Josèphe (depuis reine des Deux-
Siciles) et Marie-Caroline (plus tard reine de Naples)
représentaient les trois Grâces. L'archiduc Léopold tenait le clavecin d'accompagnement[2]. Les archidu-

---

[1] *Mémoires et Journal de J. G. Wille, graveur du roi*. Paris, Renouard, 1857, t. I, p. 249; t. II, p. 182, 186, 592 ; mars 1764. Wille demeurait, depuis 1745, quai des Augustins, entre la rue Pavée et la rue
Git-le-Cœur, au nº 35.

[2] Anton Schmid, *Christoph Willibald Ritter von Gluck. Dessen Leben
und tonkünstlerisches Wirken*. Leipzig, 1854, p. 115. — Voy. ce que dit
aussi Burney, à propos de l'opéra d'*Egérie*, de Hasse, joué par quatre
archiduchesses. *The present state of music in Germany, the Netherlands and United Provinces*. London, 1773, t. I, p. 252, 253.

chesses y avaient sûrement pris goût; au moins, un
nouvel ouvrage, dans lequel elles eussent également
figuré, fut-il commandé à Gluck pour la fête de l'empereur; mais la mort du souverain, arrivée le 18 août
1765, devait changer les divertissements en deuil et
rendre impossible la représentation de *la Corona*, dont
l'abbé Métastase avait inévitablement fourni le poëme.

Le tirage d'*Orphée* se fit dans la première moitié
d'avril 1764, et la partition fut mise en vente aussitôt.
Malgré les espérances de Favart, le 14 janvier 1767,
c'est-à-dire après un intervalle d'un peu moins de trois
années, il s'en était acheté neuf exemplaires[1]. Cette
gravure d'*Orphée*, en dépit du soin et du luxe qu'on y
apporta, ne servit que bien peu la renommée de Gluck,
qui, lorsque des circonstances heureuses le produi-
sirent sur nôtre scène, était parfaitement ignoré, sauf
des gens du métier, des artistes de profession, et d'un
ou deux amateurs tels que l'abbé Arnaud, à qui le
comte Durazzo avait l'attention d'envoyer par Favart les
ouvrages du chevalier. L'auteur des *Trois Sultanes* avait
répondu de la vente; il eût été dur pourtant de lui
laisser le poids d'une dépense dont il s'était chargé par
pur dévouement et dont il n'avait à attendre aucun
profit. Durazzo le comprit, sans se trop presser de
régler définitivement avec lui, puisqu'il lui écrivait à
la date du 30 avril 1770 : « Mandez-moi si vous avez
pu tirer quelque parti de l'édition d'*Orphée*, car je ne
voudrois point que vous eussiez eu, comme on dit en
italien, *la pena e il melanno*. » Bien qu'il ne soit plus

---

[1] Lettre du 15 avril 1766. Favart ne parle plus, dans sa lettre du
4 janvier 1767, que de six exemplaires; mais trois exemplaires de plus
u de moins ne changent rien aux choses.

4

question dans le reste de la correspondance de la partition d'*Orphée*, nous aimons à croire que Favart fut remboursé et ne perdit, en cette affaire, que son temps et sa peine ; ce qui était encore beaucoup pour un homme qui ne vivait, lui et les siens, que de son travail[1].

Quatre années s'écouleront entre *Orphée* et *Alceste*. L'apparition de ce second ouvrage sur le théâtre de Vienne eut lieu le 16 décembre 1766. Le poëte et le musicien, l'un et l'autre séduits par le pathétique du sujet, n'en aperçurent peut-être pas les côtés défectueux ou crurent pouvoir en triompher. Quinault et Lulli, comme eux et avant eux, avaient abordé ce touchant épisode, mais sans s'astreindre à conserver à leur tragédie le caractère d'austérité et de simplicité qu'offre le poëme d'Euripide. Calzabigi, obéissant en cela aux convictions de Gluck autant qu'aux siennes, chercha à se rapprocher le plus possible de l'excessive sobriété du drame antique. L'émotion, en définitive, est plus dans les sentiments que dans les faits, et les passions en jeu valent, comme intérêt, tout un enchaînement d'événements et de surprises. C'était la nature, c'était le cœur, c'étaient les entrailles humaines que l'on prenait à partie, et qu'il s'agissait de faire bondir et frissonner. Nul ouvrage, jusque-là, n'avait dédaigné à ce point ces éléments vulgaires mais infaillibles, s'ils ne sont pas indispensables, de tout succès au théâtre. Tout tempéré, tout sévère que soit le drame d'*Orphée*, la part de l'imprévu s'y trouve encore ; elle est com-

---

[1] Le comte Durazzo ne jouissait pas d'une bonne renommée, et son administration, nous est-il dit, fut l'objet de recherches aussi sérieuses que compromettantes pour son honneur. Favart, *Mémoires et Correspondance littéraire.* Paris, 1808, t. II, p. 267, 268. Lettre de Dancourt à Favart ; Vienne, 13 mars 1763.

plétement absente dans *Alceste*. Chez les Grecs, cette simplicité n'était pas un défaut. Une tragédie grecque était plus qu'une œuvre d'art, c'était une conception qui touchait de si près à la religion, à l'histoire héroïque, que le spectateur le plus ignorant savait d'avance ce qui allait se consommer et ne venait que pour entendre, dans une langue céleste, des sentiments sublimes, des sentences de la morale la plus élevée, et assister à l'un des épisodes émouvants ou terribles d'un passé glorieux. Peu importait la partie d'invention. Une seule situation suffit pour défrayer une tragédie grecque : témoin *Alceste*, témoin *Philoctète*. Mais, chez les modernes, un drame n'est plus qu'un drame, c'est-à-dire une action soumise à des lois inexorables parce que, elles aussi, ont leur raison basée sur la nature même.

Le vice du sujet d'*Alceste*, c'est donc de ne reposer, jusqu'au dénoûment, que sur une situation, très-dramatique et très-touchante, mais unique. Dans ces conditions, quels que soient les efforts du poëte pour donner à cette idée constante des aspects qui la varient, il est bien difficile qu'à la longue l'émotion ne finisse point, au lieu de s'accroître, par s'attiédir et se glacer. Ces défauts du poëme ne devaient pas échapper. Chacun dit son mot, lança son lardon, décocha son épigramme plus ou moins spirituelle et plus ou moins amère. Toute une semaine avait été consacrée aux répétitions, le théâtre avait dû demeurer fermé. Comme c'est édifiant, s'écriaient ceux-ci, d'être sevrés de spectacle durant neuf jours, pour assister, le dixième, à une messe d'enterrement ! Ceux-là disaient qu'ils étaient venus pour verser des larmes d'attendrissement et non des larmes d'ennui. Un troisième eût voulu rattraper ses deux florins ; cet autre, plus cynique, se demandait quel plaisir on pouvait prendre aux jérémiades d'une idiote qui meurt pour son mari. Mais Gluck avait ses partisans tout aussi nombreux, qui le plaignaient d'avoir affaire à des gens sans goût, sans oreilles, sans âme, sans le moindre sentiment du beau, à des gens faits pour s'ébahir devant des fadaises à leur taille et foncièrement incapables d'éprouver, encore moins de comprendre, tout ce que la mélancolie et les larmes dont elle se noie ont de charmes et de mystérieuses délices pour les organisations poétiques et éprises de l'idéal[1].

Nous avons signalé les écueils de la conception ; c'était au compositeur à les éviter et, par ses ressources propres, à donner le change sur l'excessive pénurie d'invention. Il le fit en grand maître, en homme de génie. « Je suis dans le pays des merveilles, disait Sonnenfels, le lendemain de cette bataille, qui parut douteuse un jour ou deux ; un opéra sérieux sans castrats, une musique sans exercice de solfége, ou pour mieux dire sans gargouillades, un poëme italien sans bouffissure et sans jeux d'esprit, voilà le triple prodige par lequel le théâtre de la cour vient de se rouvrir ! » Après le premier moment d'indécision, le public ramené, subjugué par la beauté et le pathétique de la partition, et les qualités dramatiques du poëme, car il faut être juste pour tout le monde, se passionna pour *Alceste* comme il s'était passionné pour *Orphée*. Et tout aussi exclusif qu'il s'était montré hésitant, il ne voulut plus entendre autre chose.

---

[1] Anton Schmid, *Christoph Willibald Ritter von Gluck. Dessen Leben und tonkünstlerisches Wirken.* Leipzig, 1854, p. 125, 126.

Alceste ne fut gravée qu'en 1769. Gluck, qui jusque-
là avait laissé parler sa musique, dans son épître dédicatoire au grand-duc de Toscane, crut qu'il n'était pas
inutile d'exposer très-amplement en raison de quelles
idées il avait procédé à la composition de ses derniers ouvrages. C'est tout une théorie, tout un manifeste, qui demande à être intégralement reproduit.

Lorsque j'entrepris de mettre en musique l'opéra d'*Alceste*, je me
proposai d'éviter tous les abus que la vanité mal entendue des
chanteurs et l'excessive complaisance des compositeurs avoient introduits dans l'opéra italien, et qui, du plus pompeux et du plus
beau de tous les spectacles, en avoient fait le plus ennuyeux et le
plus ridicule ; je cherchai à réduire la musique à sa véritable fonc-
tion, celle de seconder la poésie, pour fortifier l'expression des sentiments et l'intérêt des situations, sans interrompre l'action et la
refroidir par des ornements superflus ; je crus que la musique devoit
ajouter à la poésie ce qu'ajoute à un dessin correct et bien composé,
la vivacité des couleurs et l'accord heureux des lumières et des
ombres, qui servent à animer les figures sans en altérer les con-
tours.

Je me suis donc bien gardé d'interrompre un acteur dans la chaleur du dialogue pour lui faire attendre une ennuyeuse ritournelle,
ou de l'arrêter au milieu de son discours sur une voyelle favorable,
soit pour déployer dans un long passage l'agilité de sa belle voix,
soit pour attendre que l'orchestre lui donnât le temps de reprendre
haleine pour faire un point d'orgue.

Je n'ai pas cru non plus devoir ni passer rapidement sur la seconde partie d'un air, lorsque cette seconde partie étoit la plus passionnée et la plus importante, afin de répéter régulièrement quatre
fois les paroles de l'air ; ni finir l'air où le sens ne finit pas, pour
donner au chanteur la facilité de faire voir qu'il peut varier à son
gré et de plusieurs manières un passage.

Enfin j'ai voulu proscrire tous ces abus contre lesquels, depuis
longtemps, se récrioient en vain le bon sens et le bon goût.

J'ai imaginé que l'ouverture devoit prévenir les spectateurs, sur
le caractère de l'action qu'on alloit mettre sous leurs yeux, et leur en
indiquer le sujet ; que les instruments ne devoient être mis en action
qu'en proportion du degré d'intérêts et de passions, et qu'il falloit

éviter surtout de laisser dans le dialogue une disparate trop tran-
chante entre l'air et le récitatif, afin de ne pas tronquer à contre-
sens la période, et de ne pas interrompre mal à propos le mouvement et la chaleur de la scène.

J'ai cru encore que la plus grande partie de mon travail devoit se
réduire à chercher une belle simplicité, et j'ai évité de faire parade
de difficultés aux dépens de la clarté ; je n'ai attaché aucun prix à
la découverte d'une nouveauté, à moins qu'elle ne fût naturellement
donnée par la situation et liée à l'expression; enfin il n'y a aucune
règle que je n'aie cru devoir sacrifier de bonne grâce en faveur de
l'effet.

Voilà mes principes; heureusement le poëme se prêtoit à merveille à mon dessein ; le célèbre auteur de l'*Alceste*, ayant conçu un
nouveau plan de drame lyrique, avoit substitué aux descriptions
fleuries, aux comparaisons inutiles, aux froides et sentencieuses
moralités, des passions fortes, des situations intéressantes, le langage du cœur et un spectacle toujours varié. Le succès a justifié nos
idées, et l'approbation universelle dans une ville aussi éclairée, m'a
démontré que la simplicité et la vérité sont les grands principes du
beau dans toutes les productions des arts[1].

Tout cela paraît si naturel, si logique, si simple,
qu'on se demande où est le merveilleux, où est le génie.
Ce n'est que par la réflexion et la comparaison, ce
n'est qu'en opposant cette poétique presque primitive
à la manière conventionnelle des maîtres italiens du
dix-huitième siècle, que l'on arrive à comprendre tout
l'effort, tout le mérite d'une révolution qui ramenait

---

[1] Une note de Brack, le traducteur de Burney, attribue la rédaction
de cette épître à l'abbé Coltellini : « Cette préface, dit-il, qui est un chef-
d'œuvre de goût, d'érudition et de raison musicale, a été écrite par l'abbé
Coltellini, poëte distingué qui se trouvait alors à *Vienne*. L'auteur anglais, qui l'attribue à *Gluck*, a sûrement ignoré cette circonstance,
comme l'avait fait en France l'auteur du *Mercure*, année 1769, qui
donna cette préface au compositeur allemand, dont, au surplus, le poëte
n'aura sans doute que rendu les idées et les conceptions dramatiques. »
Ch. Burney, *De l'état présent de la musique en Allemagne, dans les
Pays-Bas et les Provinces-Unies*, traduit de l'anglais par Ch. Brack.
Gênes, 1810, t. II, p. 251, 252. Cet abbé « Coltellini » ne serait-il point
le même que le poëte « Goldèlini » dont Wille nous parle plus haut ?

l'art à sa vraie mission. Rechercher la vérité dramatique
et s'y renfermer, se refuser à tout ornement étranger
ou superflu, faire de la musique une langue si précise
que, selon le terme de Gluck lui-même, ajouter ou
retrancher une note à tel air d'*Orphée*, ce n'était plus
qu'un air de marionnettes ; condamner enfin l'interprète à la même continence, à une sobriété d'expression si peu dans ses habitudes et dans sa volonté : toute
la réforme était là. Quoi de plus simple en apparence,
et de plus facile à concevoir ? Mais qu'on envisage l'engagement dans ses terribles conséquences. Il faut plaire,
tout en renonçant aux moyens de plaire les plus vulgaires, les plus sûrs, les seuls en usage jusqu'-là. Tous
ces gazouillements si propres à faire ressortir les
qualités de l'exécution ne vous sont plus permis. Une
note inutile, on ne vous la souffre plus : pas une, qui
ne doive avoir sa raison d'être, son but calculé. Que de
chances pour demeurer froid, sec, sans élan, sans chaleur, sans inspiration, si l'on est un esprit médiocre,
si l'on n'a pas en soi le feu sacré ; car, en restreignant
l'artiste à l'expression exclusive de la nature , vous
l'empêchez de se dérober par les petits sentiers, les
petites routes fleuries et émaillées qui étaient son
salut ! Que de gens vous tuez, aussitôt que la mélodie doit inexorablement reproduire un sentiment, une
situation de l'âme, être quelque chose de plus qu'un
vain son ! Et que devient, du même coup, le chanteur,
s'il n'est pas plus qu'un chanteur, s'il n'a que des notes
savantes, une voix splendide, un gosier miraculeux
et point d'entrailles !

On le voit, la tâche est moins aisée qu'elle ne l'avait
été jusqu'alors et pour le compositeur et pour l'inter-

prête, et pour l'auditoire, qui se demande où on le mène. Aussi n'est-ce pas dès l'abord que Gluck est compris. Il est profond, il est parfois ingénieux et trop ingénieux; il s'expose par là à laisser loin derrière lui le commun de son public; et nous aurons, à tout instant, à constater cette malentente qui sans doute est moins sa faute que le fait de l'intelligence bornée de ceux qui l'écoutent, bien qu'au théâtre la vérité doive éclater et non se dérober. Gluck s'était expliqué une première fois en toute franchise, il n'avait eu qu'à s'en féliciter; le procédé d'ailleurs était commode, et nous l'y verrons recourir bientôt, dans une autre épître dédicatoire, pour compléter sa pensée et aussi soulager son cœur. Ce second manifeste ne sera pas moins curieux et moins catégorique que son aîné et peint l'homme de la tête aux pieds, ce qui n'est guère moins important pour nous.

. Je ne me suis déterminé, dit-il, à publier la musique d'*Alceste*, que dans l'espérance de trouver des imitateurs; j'osois me flatter qu'en suivant la route que j'ai ouverte, on s'efforceroit de détruire les abus qui se sont introduits dans l'opéra italien, et qui le déshonorent; je l'avoue avec douleur, je l'ai tenté vainement jusqu'ici. Les demi-savans, les docteurs de goût [1], espèce malheureusement trop nombreuse, et de tous temps mille fois plus funeste au progrès des beaux-arts que celle des ignorans, se sont déchaînés contre une méthode, qui, en s'établissant, anéantiroit leurs prétentions.

On a cru pouvoir prononcer sur l'*Alceste* d'après des répétitions informes, mal dirigées et plus mal exécutées; on a calculé dans un appartement l'effet que cet opéra pourroit produire sur un théâtre; c'est avec la même sagacité que dans une ville de la Grèce on voulut juger autrefois à quelques pieds de distance, de l'effet de statues faites pour être placées sur de hautes colonnes. Un de ces délicats amateurs qui ont mis toute leur âme dans leurs oreilles, aura trouvé

---

[1] *I buongustai.*

un air trop âpre, un passage trop ressenti, ou mal *préparé*, sans songer que, dans la situation, cet air, ce passage étoit le sublime de l'expression, et formoit le plus heureux contraste. Un harmoniste pédant aura remarqué une négligence ingénieuse, ou une faute d'impression, et se sera empressé de dénoncer l'une et l'autre comme autant de péchés irrémissibles contre les mystères de l'harmonie ; bientôt après, une foule de voix se seront réunies pour condamner cette musique comme barbare, sauvage, extravagante.

Il est vrai que les autres arts ne sont guère plus heureux, et qu'on n'en juge ni avec plus de justice, ni avec plus de lumières, et VOTRE ALTESSE en devine aisément la raison ; plus on s'attache à chercher la perfection et la vérité, plus la précision et l'exactitude deviennent nécessaires... je n'en veux d'autre preuve que mon air d'*Orphée*, *Che farò senza Euridice?* Faites-y le moindre changement, soit dans le mouvement, soit dans la tournure de l'expression, et cet air deviendra un air de marionnettes ; dans un ouvrage de ce genre une note plus ou moins soutenue, un renforcement de ton ou de mesure négligé, un *appogiature*[1] hors de place, un trille, un passage, une roulade, peuvent détruire l'effet d'une scène tout entière. Aussi lorsqu'il s'agit d'exécuter une musique faite d'après les principes que j'ai établis, la présence du compositeur est-elle, pour ainsi dire, aussi nécessaire que le soleil l'est aux ouvrages de la nature, il en est l'âme et la vie ; sans lui tout reste dans la confusion et le chaos : mais il faut s'attendre à rencontrer ces obstacles tant qu'on rencontrera dans le monde de ces hommes qui, parce qu'ils ont une paire d'yeux et d'oreilles, n'importe de quelle espèce, se croient en droit de juger des beaux-arts[2].

Gluck s'irrite de l'opposition et de l'obstacle, et ne sait pas contenir le ressentiment que lui causent les petites menées, les accusations injustes, les critiques plus ou moins erronées de ses, Zoïles. Très-disposé à appeler les choses par leur nom, il procédera, le cas échéant, de la même façon avec les personnes, sans se

---

[1] *Appoggiatura*, d'*appoggiare*, s'appuyer. C'est une note d'agrément.

[2] Traduction de l'épître dédicatoire que M. le chevalier Gluck a mise à la tête de son opéra de *Paris et Hélène*. *Mémoires pour servir à l'histoire de la Révolution opérée dans la musique par M. le chevalier Gluck*. Naples, 1781, p. 18, 19, 20.

laisser imposer par le rang ou la valeur de quiconque
se fera l'adversaire de ses œuvres et de ses idées. Et
nous aurons dans la suite occasion de produire plus
d'un échantillon de sa polémique tant soit peu brutale.
Le morceau qu'on vient de lire est emprunté à l'épître
dédicatoire de *Paride ed Elena* au duc de Bragance. Ce
troisième ouvrage conçu et conduit dans le même
système que les précédents, ne vit le jour qu'en 1769,
trois ans après l'apparition d'*Alceste*. Il excita plutôt la
curiosité qu'un bien grand enthousiasme, et fut, loin,
en tous cas, d'obtenir le même succès, quoique renfermant, ce qui était inévitable, de réelles beautés. Gluck,
quelque peu disposé qu'il fût à plier sa conviction au
sentiment du public, pensa sans doute que celui-ci
n'avait pas toujours tort, et se le tint pour dit. Et, plus
tard, lors des triomphes d'*Orphée* et d'*Alceste* sur notre
première scène, il ne se laissera point tenter, et nous
n'aurons pas à nous prononcer sur *Pâris et Hélène*.

Soit parti pris, soit cette lenteur calculée qui discute
l'inspiration et ne se détermine qu'après un mûr et sévère examen, Gluck allait mettre encore un intervalle de
cinq années entre ce dernier ouvrage et *Iphigénie en
Aulide*. Il passa tout ce temps à Vienne, sauf quelques
absences nécessitées par sa position à la cour, dans une
abondance rare, surtout alors, chez les gens de son état,
honoré du souverain qui s'amusait de ses boutades,
respecté de ses ennemis, admiré du plus grand nombre,
et savourant avec recueillement, entre sa femme et sa
nièce, deux êtres également chers, une félicité dont
l'orgueil satisfait n'était pas le moindre élément. Fêté,
caressé, adulé par un monde heureux de le recevoir,
Gluck se voyait aussi l'objet des recherches et de l'em-

pressement le plus flatteur de la part des étrangers qui sollicitaient, sans l'obtenir toujours, la faveur de lui être présenté. Sa porte ne s'ouvrait pas au premier venu, et il ne fallait rien de moins parfois que tout une négociation pour vaincre la sauvagerie du fantasque maestro. Le docteur Burney, qui le vit en 1772, nous a laissé sur son intérieur, sa vie de famille, sa tyrannie et ses exigences d'artiste, les détails les plus piquants et les plus curieux.

Ce fut la comtesse de Thun qui se chargea d'obtenir de Gluck la permission pour le docteur de lui être présenté. L'Orphée allemand y consentit de la meilleure grâce par un billet « fort galant à sa manière, car il est d'un caractère aussi sauvage que l'était Haendel, dont on sait que tout le monde avoit peur [1]. » L'entrevue était accordée pour le jour même, et Burney se présenta dans l'après-midi (le mercredi 2 septembre 1772), escorté de l'ambassadeur de sa nation, lord Stormont. Gluck, déjà vieux, horriblement marqué de la petite vérole, l'œil dur, n'avait rien alors d'un Adonis [2]. Il était venu recevoir l'écrivain à la porte, accompagné de sa femme et de sa nièce. Cette dernière était une enfant

---

[1] Burney, *The present state of music in Germany, the Netherlands and United Provinces.* London, 1773, t. I, p. 255.

[2] Nous renverrons aux portraits de Gluck. D'abord celui de Duplessis, de grandeur naturelle, donné à la galerie impériale de Vienne, par madame Gluck, après la mort de son mari. Le beau portrait possédé par la maison Erard, et un troisième, de proportions plus modestes, mais d'une vérité saisissante, et qui était la propriété du regrettable Del Sarte. Nous avons également vu, chez le docteur Bamberg, consul de Prusse avant la guerre, un portrait qu'il croit être celui de Gluck, un Gluck plus jeune, qui eût été peint en France lors de son passage pour Londres en 1745 ; mais ces traits ne rappellent que bien faiblement ceux de l'auteur d'*Orphée*. Mentionnons encore le remarquable profil de Saint-Aubain, à la date de 1781.

de treize ans, maigre, chétive de corps, d'une constitu-
tion manifestement délicate, mais déjà une virtuose
hors ligne, unissant une sensibilité exquise à beaucoup
d'art et de goût. Elle avait une voix forte, vibrante, bien
timbrée, comme cela parfois se rencontre chez ces organisations condamnées à l'avance, que soutiennent
l'âme et l'inspiration. C'était son oncle qui l'avait commencée, l'homme le moins capable de suivre flegmati-
quement ces bégayements et ces tâtonnements des premières heures. Il se figura vite que la jeune fille ne serait jamais une artiste remarquable, et laissa là les leçons, se résignant plus aisément à la voir sans talent
qu'à faire d'elle un interprète vulgaire.

Heureusement pour tous deux, Millico venait à Vienne
vers ce temps. C'était un nouveau converti à la musique de Gluck. Appelé en 1769, à Parme, pour les fêtes
du mariage de l'infant don Ferdinand avec l'archiduchesse Marianne-Amélie, le compositeur avait écrit un
prologue, *le Feste d'Apollo*, suivi de trois actes sur des
sujets différents, l'*atto de Bauci e Filemone*, l'*atto d'A-
risteo*, ces deux premiers inédits, et l'acte d'*Orphée*,
formé de scènes éparses de son opéra. *Orfeo* n'était encore connu que par son succès en Allemagne, et ce n'é-
tait pas assez pour persuader des oreilles italiennes. Millico, auquel le rôle d'Orphée avait été réservé, s'écria
qu'on voulait le perdre de réputation[1]. Mais au dédain
allait bientôt succéder l'enthousiasme, et il en vint à une
telle admiration, qu'il résolut de passer quelques années
près de Gluck à Vienne. Millico était un artiste rare,

---

[1] *Correspondance des professeurs et amateurs de musique*, 11e année
n° 96, col. 764. Du samedi 15 décembre 1804 (24 frimaire an VIII).

un gosier de rossignol au service d'une intelligence et
d'une émotion incomparables, semant dans les âmes
l'agitation et la passion qui semblaient déborder en lui.

Est-ce que je ne vous aurois pas dit, écrivait plus tard une femme
d'esprit qui pourtant subordonnait tout à la passion, est-ce que je ne
vous aurois pas dit que j'ai entendu chanter *Milico?* c'est un Italien.
Jamais, non jamais, on n'a réuni la perfection du chant avec tant de
sensibilité et d'expression. Quelles larmes il fait verser ! quel trouble
il porte dans l'âme ! j'étois bouleversée : jamais rien ne m'a laissé
une impression plus profonde, plus sensible, plus déchirante même ;
mais j'aurois voulu l'entendre jusqu'à en mourir. Oh ! que cette
mort eût été préférable à la vie [1] !

Mademoiselle de Lespinasse ne pouvait ni sentir ni
traduire ce qu'elle ressentait comme une autre, et il
nous faut faire la part de l'exagération et de l'exaltation. Cette part faite, reste encore un admirable chanteur et un grand artiste. Millico trouva son ami dépité et
désolé. Mais le caractère impétueux du compositeur
allemand lui inspira quelques doutes ; il supplia l'oncle
de lui permettre d'essayer à son tour, et s'efforça
d'inoculer à cette organisation fine, intelligente,
pleine de sensibilité, et sa belle méthode et une partie
des rares qualités auxquelles il devait sa grande réputation. Il prouva bientôt qu'il avait eu raison contre
Gluck. Les progrès de son élève furent rapides, il se-
mait en terre féconde, et Marianne ne tardait pas
à devenir une artiste distinguée : deux ans après,
quand Burney la connut, c'était une virtuose de premier ordre.

Gluck, ce qui ne lui arrivait pas toujours, fut char-

---

[1] *Lettres de Mademoiselle de Lespinasse.* Amyot, p. 342. Lettre XLVIII.
Ce lundi 29 août 1774.

màmt à cette première audience ; il causa avec rondeur
et gaieté. Il se mit au piano et accompagna deux morceaux d'*Alceste*, que sa nièce chanta à ravir. Il la laissa
aborder ensuite plusieurs autres morceaux de maîtres
différents, de Traëtta, entre autres, circonstance qu'il
n'est pas inutile de constater chez un homme aussi
personnel, aussi plein de lui que l'était Gluck. Il prit
alors la place de la jeune fille et chanta d'une haleine presque tout l'opéra d'*Alceste*, des fragments de *Pâris et Hélène*, et, quelques airs d'*Iphigénie*, de mémoire [1]
et avec la même sûreté que s'il eût eu la partition sous
les yeux. « Quoi qu'il ait peu de voix, dit Burney, il
fit grand plaisir. Il joint à la richesse d'accompagnement une grande énergie, de la véhémence dans la manière de faire marcher l'allegro, et une expression aussi
judicieuse que possible dans les mouvements lents ; il
sait si bien dissimuler ce qui manque à sa voix, qu'on
oublie qu'il n'en a pas [2]. »

Deux jours après, le vendredi 4, le docteur se trouvait près de lui chez lord Stormont, à un dîner où
l'ambassadeur anglais avait réuni tout le dilettantisme
viennois, le prince Poniatowski, frère du roi de Pologne,
le duc de Bragance, bons juges tous deux en matière
d'art, le duc de Bresciano, le comte de Brühl, ministre
de Portugal, le comte et la comtesse de Thun (cette

---

[1] Burney ajoute qu'il n'avait pas alors écrit une note d'*Iphigénie*.
Burney se trompe étrangement. C'est en septembre qu'a lieu cette petite solennité intime, et, dès le 1er août, le bailli du Roullet adressait,
comme nous le disons plus loin, à Dauvergne, l'un des directeurs de
l'Opéra de Paris, une lettre où il parlait de l'*Iphigénie* de Gluck comme
d'une musique qui n'était plus à faire, ni même à écrire.

[2] Burney, *The present state of music in Germany, the Netherlands
and United Provinces*. London, 1773, t. I, p. 260.

dernière claveciniste distinguée), et l'abbé Costa, le paradoxe musical fait abbé. Il ne faut pas oublier la nièce de Gluck. Le dîner achevé, le concert commença. Ce fut d'abord un duo de violons par l'abbé Costa et le professeur Startzel, de la composition du premier, mais hérissé de difficultés telles, que ces messieurs, malgré leur grande habileté, ne purent l'exécuter d'une façon satisfaisante, bien qu'ils s'y reprissent à vingt fois différentes. On était impatient d'entendre Marianne, qui chanta accompagnée par son oncle ou par l'orchestre « et d'une manière si exquise, nous dit Burney, que je ne concevais pas comment il était possible à l'expression de la voix de porter la perfection aussi loin. » C'est plus qu'un amateur éclairé qui parle, c'est un homme qui a consacré sa vie à l'art et que l'habitude d'entendre, de comparer à dû rendre délicat et exigeant. Mais Gluck était autrement exigeant et délicat ; et ce qui arrachait des cris d'admiration à l'auditoire le plus gourmet ne le contentait pas toujours. En 1774, c'est-à-dire deux ans après le passage du docteur à Vienne, Gluck fit avec Marianne une brève apparition à la petite cour du margrave de Bade, où se trouvait aussi Klopstock. Le charme de cette voix céleste ne laissa pas une impression moindre dans tous les cœurs que la musique du maître ; ce qui n'empêchait pas parfois le terrible compositeur d'interrompre l'exécution avec violence : « Arrêtez! c'est faux, encore une fois! » On s'étonnait, on le questionnait. « Comment, vous n'entendez pas ! s'écriait-il en s'exaltant, je vous plains alors[1]! » Et

---

[1] Anton Schmid, *Christoph Willibald Ritter von Gluck. Dessen Leben und tonkünstlerisches Wirken.* Leipzig, 1854, p. 420, 421.

souvent ce n'était qu'une nuance qui devait échapper
à l'oreille la mieux exercée. Il n'eût pas permis à sa
nièce d'aborder certains morceaux qu'il estimait au-
dessus de ses moyens, car il voulait la perfection.
Klopstock désirait beaucoup lui entendre chanter *la
Nuit d'été*; Gluck lui répondit : « Elle n'est pas capable
de la chanter. » Et il se mit à la chanter lui-même d'une
voix rauque, mais avec une inimitable expression. Nous
le retrouverons avec cet inexorable besoin de la perfection, tourmentant, excédant les cantatrices qu'il avait
peine à maintenir, malgré l'effroi qu'il leur inspirait,
et le despotisme que la faveur du souverain lui permettait d'exercer.

Burney dit, à propos d'*Iphigénie* : « S'il était possible
aux partisans de la vieille musique française d'en entendre d'autre que de Lulli ou de Rameau avec quelque
plaisir, ce devrait être l'opéra d'*Iphigénie* de Gluck,
dans lequel le compositeur allemand s'est tellement
accommodé au goût national, à son style et à son
langage, qu'il a souvent imité les deux maîtres français
et presque adopté leur manière. » A cette date, les
visées de l'auteur d'*Orphée* n'étaient plus un secret pour
personne. Quelque boutade qui soit échappée à Gluck
dans ses moments d'humeur, depuis longtemps sa
pensée était tournée vers la France; dont la langue si
peu musicale au point de vue de la vocalisation et de la
virtuosité, réunissait les qualités qui convenaient le
plus à son talent vigoureux : l'énergie et la clarté. En
dehors de cette perspective d'un peuple de plus à conquérir, il mettait un prix infini à forcer notre frontière, pressentant qu'en dépit de l'ignorance des uns,
de la malveillance des autres, c'était encore à Paris

qu'il serait le plus apprécié, le plus admiré, le plus exalté. Mais bien des difficultés s'opposaient à la réalisation d'un pareil souhait. Il fallait préparer les voies, intéresser à ses desseins les personnages influents, trouver à cette distance un poëte qui voulût et sût se plier à ce qu'on exigerait de lui ; il fallait enfin un concours de circonstances et de hasards qui n'arrivent qu'aux prédestinés. Mais, comme tous les gens vraiment forts, Gluck croyait à son étoile, et il avait raison d'y croire.

Un M. de Sevelinge, raconte M. d'Escherny, me fut recommandé à Vienne en 1767. Ce M. de Sevelinge étoit un mélomane, et, sans être musicien [1], il étoit l'âme de la musique de Paris, et le président de tous les concerts à cette époque. Je crus faire honneur à la recommandation, et donner à M. de Sevelinge plus qu'un diner, en y invitant le chevalier Gluck. Si l'on parla musique à ce diner, c'est ce qu'on ne demande pas. Gluck se mit à faire le plus grand éloge de Lulli, éloge mérité à bien des égards sans doute, mais que M. de Sevelinge n'attendoit pas de la part d'un compositeur d'opéras italiens. Il louoit dans Lulli, une noble simplicité, un chant rapproché de la nature et des intentions dramatiques. Il avoit étudié, nous dit-il, les partitions de Lulli, et cette étude avoit été pour lui un coup de lumière ; il y avoit aperçu le fond d'une musique pathétique et théâtrale, et le vrai génie de l'opéra qui ne demandoit qu'à être développé, perfectionné : que s'il étoit appelé à travailler pour l'Opéra de Paris, il espéreroit, en conservant le genre de Lulli et la cantilène française, d'en tirer la véritable *tragédie lyrique*.

M. de Sevelinge, passionné pour la musique, prit feu sur les espérances conçues par le chevalier Gluck, et je n'eus pas besoin de le presser pour l'engager de parler à Paris du désir et des projets de M. Gluck. M. de Sevelinge, de retour à Paris, n'y manqua point,

[1] « Je le croyois quand j'ai imprimé les fragmens, n'ayant pas eu occasion de l'entendre ni chanter, ni jouer d'aucun instrument. On m'a dit, depuis, qu'il étoit fort bon musicien. » *Note d'Escherny.* — Il s'agit sans doute du père de l'auteur du *Rideau levé*, de Charles-Louis de Sevelinges, né l'année même qui suivit ce voyage, en 1768.

et s'en occupa en effet fort utilement pour M. Gluck. C'est au hasard
de cette réunion et à ce diner que Gluck a dû tout ce qu'il ambition-
noit le plus; savoir : de composer pour l'Opéra de Paris, et d'y obtenir des succès [1].

Si M. de Sevelinges mit au service de Gluck une
influence très-réelle, justifiée d'ailleurs par sa passion
et un goût éclairé pour la musique, nous croyons que
le comte d'Escherny exagère un peu en lui attribuant le
mérite exclusif de l'introduction en France de l'Orphée
allemand. Le chevalier avait plus d'une corde à son
arc, il fit jouer plus d'un ressort, et ce ne fut pas sans
peine, malgré tout, qu'il triompha d'obstacles de toute
nature qui eussent rebuté un moins convaincu, ou un
moins obstiné. Il eût été Français, il eût habité Paris,
qu'il lui eût encore été assez malaisé de mettre la main
sur un homme de lettres qui se fût aussi heureusement
initié à sa manière que l'avait fait Calzabigi. Le hasard,
cependant, sembla se prêter de la meilleure grâce à
ses plans et à ses desseins. Gluck retrouvait à Vienne,
à titre d'attaché d'ambassade, un chevalier de la Religion, le bailli du Roullet [2], dont il avait ébauché la connaissance à Rome. Cette liaison renouée devint des
plus étroites. Le bailli, fou de musique, se passionna
pour Gluck; sans être un écrivain hors ligne, c'était

---

[1] Le comte d'Escherny, *Mélanges de littérature, d'histoire, de morale et de philosophie.* Paris, 1811, t. II, p. 356, 357, 358.

[2] Toutes les biographies portent « du Rollet »; mais nous avons dû
de préférence orthographier son nom comme il l'orthographiait lui-
même et comme nous le trouvons écrit de sa main, notamment dans
l'acte passé entre Salieri et le bailli d'une part, et l'Académie royale de
musique de l'autre. touchant les honoraires d'auteurs de l'opéra des
Danaïdes. Archives nationales. Ancien régime, opéra 01-634. *Compte
que le comité rend au ministre de ce qui s'est passé en son assemblée
du lundi cinq janvier* 1784.

un homme de goût, cultivant les lettres, et ayant une grande habitude du théâtre. Il mit à sa disposition le peu de talent qu'il pouvait avoir. Le plan d'une tragédie fut tracé, débattu, adopté. Le seul mérite du poëte devait être d'arranger et de condenser en trois actes l'une des plus belles tragédies de notre répertoire, *Iphigénie en Aulide*, dont, entres autres modifications, il retrancha le rôle épisodique d'Ériphile, et mouvementa l'ancien dénoûment. Il s'était efforcé d'ailleurs de mutiler le moins possible sa victime, conservant de la poésie de Racine tout ce que les exigences d'un autre art ne le contraignaient pas de supprimer. Le drame avait incontestablement gagné à cet émondage et il se précipitait plus rapidement vers sa conclusion. Gluck, content, plein d'espoir, se mit à l'œuvre, et la partition dut être achevée au plus tard vers la fin de juillet 1772.

Du Roullet, non moins ardent que son ami (un mois juste avant cette audition d'*Iphigénie en Aulide* dont parle Burney), adressait à Dauvergne, le directeur de l'Académie royale de musique, une lettre très-étudiée où il ne ménageait ni les séductions ni les caresses. Dans la conviction de Gluck, le genre français était le véritable genre dramatique musical. La langue italienne, plus propre par la répétition fréquente des voyelles à se prêter à ce que les Italiens appellent des passages, n'avait ni la précision ni l'énergie de la nôtre. Cette facilité, cette souplesse qu'il fallait bien reconnaître à la première, devenaient un don funeste sur le terrain de la musique dramatique, où tout passage ne pouvait qu'affaiblir sinon dénaturer absolument l'expression. Le souvenir de la querelle des Bouffons n'était pas, non plus,

tellement effacé qu'il ne fût habile de le rappeler, pour
se ranger, bien entendu, du côté de notre musique nationale. Mais laissons parler le bailli du Roullet.

Ce grand homme, après avoir fait plus de quarante opéras italiens qui ont eu le plus grand succès sur tous les théâtres où cette
langue est admise, s'est convaincu, par une lecture réfléchie des
anciens et des modernes et par de profondes méditations sur son
art, que les Italiens s'étoient écartés de la véritable route dans leurs
compositions théâtrales ; que le genre françois étoit le véritable
genre dramatique musical ; que s'il n'étoit point parvenu jusqu'ici
à sa perfection, c'étoit moins aux talens des musiciens françois,
vraiment estimables, qu'il falloit s'en prendre, qu'aux auteurs des
poëmes, qui, ne connaissant point la portée de l'art musical, avoient,
dans leurs compositions, préféré l'esprit au sentiment, la galanterie aux passions, et la douceur et le coloris de la versification au
pathétique de style et de situation... D'après ces observations,
M. Gluck s'est indigné contre les assertions hardies de ceux de nos
écrivains fameux qui ont osé calomnier la langue françoise, en
soutenant qu'elle n'étoit pas susceptible de se prêter à la grande
composition musicale. Personne, sur cette matière, ne peut être
juge plus compétent que M. Gluck : il possède parfaitement les
deux langues ; et quoiqu'il parle la françoise avec difficulté, il la
sait à fond ; il en a fait une étude particulière ; il en connoît enfin
toutes les finesses, et surtout la prosodie, dont il est très-scrupu-
leux observateur.

On savait être courtisan et recouvrir de miel les
bords de la coupe. Et la conclusion se déduisait tout
naturellement de ces adroites prémisses. Le chevalier avait écrit une partition dans le goût et pour un
public français ; il ne souhaitait rien tant que de la soumettre à notre appréciation et à notre jugement.

Il est prêt, disait le bailli en finissant, à faire le voyage de France ;
mais il veut préalablement être assuré, et que son opéra sera représenté, et dans quel tems à peu près il pourra l'être. Si vous n'aviez
rien de fixé pour l'hiver, le carême ou la rentrée après Pâques, je

crois que vous ne pourriez mieux faire que de lui assigner une de ces époques. M. Glouch est demandé avec beaucoup d'empressement à Naples pour le mois de mai prochain; il n'a voulu prendre, de ce côté, aucun engagement, et il est déterminé à faire le sacrifice des avantages qu'on lui propose, s'il peut être assuré que son opéra sera agréé par votre Académie, à laquelle je vous prie de communiquer cette lettre et de me faire passer sa détermination qui fixera celle de M. Glouch.

L'abbé Le Blond, qui a recueilli, à la gloire du chevalier, la plupart des pièces de ce fameux procès, n'a pas manqué de citer cette curieuse lettre[1], au *post-scriptum* près, qui, en 1781, quand le caractère du musicien allemand fut mieux connu, n'eût pas laissé d'être quelque peu embarrassant. « J'oubliois de vous dire, monsieur, que M. Glouch, naturellement désintéressé, n'exige point pour son ouvrage au delà de ce que la direction a fixé pour les auteurs des opéras nouveaux[2]. » C'était sans doute alors le projet du maestro. Mais nous le verrons dans la suite se raviser et faire ses conditions particulières, des conditions tant soit peu dures, devant lesquelles, en dépit de certaines velléités de résistance, l'Opéra n'aura, en dernière analyse, qu'à s'incliner. Quoi qu'il en soit, cette épître était tout un programme, les termes en avaient été posés comme ceux d'un manifeste, et nous ne serions pas étonné que du Roullet eût prévu ce qu'il adviendrait de sa lettre. Dauvergne avait pensé, non sans apparence, qu'il ne pouvait y avoir d'indiscrétion à communiquer au public une démarche qui le

---

[1] *Mémoires pour servir à l'histoire de la révolution opérée dans la musique par M. le chevalier Gluck* (Naples, 1781), p. 1 à 7.

[2] *Mercure de France*, octobre 1772, p. 174. Lettre à M. D., un des directeurs de l'Opéra de Paris; à Vienne, en Autriche, le 1er août 1772.

concernait essentiellement, et il avait fait insérer la
lettre du bailli dans *le Mercure*. Gluck, toutefois, crut
devoir protester modestement contre tant d'éloges ou-
trés dispensés par un ami que son zèle, son attachement
avaient aveuglé. Tel est l'exorde d'une seconde lettre,
qui ne parut toutefois qu'en février 1773, signée, celle-
ci, du chevalier. Cela dit, il passait aux raisons qui le
faisaient pencher vers notre langue de préférence à
l'italienne et que l'on a déjà rencontrées dans l'épître
de du Rollet.

... Je ne crois pas, poursuivait-il avec une apparente bonhomie
qui ajoutait au prix de la flatterie, qu'il me soit permis d'apprécier
les nuances délicates qui peuvent faire donner la préférence à l'une
des deux, et je pense que tout étranger doit s'abstenir de juger
entre elles; mais ce que je crois qu'il m'est permis de dire, c'est
que celle qui me conviendra toujours le mieux, sera celle où le
poëte me fournira le plus de moyens variés d'exprimer les passions:
c'est l'avantage que j'ai cru trouver dans les paroles de l'opéra
d'*Iphigénie*, dont la poésie m'a paru avoir toute l'énergie propre à
m'inspirer de la bonne musique. Quoique je n'aie jamais été dans le
cas d'offrir mes ouvrages à aucun théâtre, je ne peux savoir mauvais gré à l'auteur de la lettre à un des directeurs, d'avoir proposé
mon *Iphigénie* à votre Académie de musique. J'avoue que je l'aurois
produite avec plaisir à Paris, parce que par son effet et avec l'aide
du fameux M. Rousseau de Genève, que je me proposois de consulter,
nous aurions peut-être ensemble, en cherchant une mélodie noble,
sensible et naturelle, avec une déclamation exacte selon la prosodie
de chaque langue et le caractère de chaque peuple, pû fixer le
moyen que j'envisage de produire une musique propre à toutes les
nations, et de faire disparoître la ridicule distinction des musiques
nationales. L'étude que j'ai faite des ouvrages de ce grand homme
sur la musique, la lettre entre autres dans laquelle il fait l'analyse
du monologue de l'*Armide* de Lully, prouvent la sublimité de ses
connaissances et la sûreté de son goût, et m'ont pénétré d'admiration. Il m'en est demeuré la persuasion intime que, s'il avoit voulu
donner son application à l'exercice de cet art, il auroit pu réaliser
les effets prodigieux que l'Antiquité attribue à la musique. Je suis

charmé de trouver ici l'occasion de lui rendre publiquement ce tribut d'éloges que je crois qu'il mérite[1].

Cette lettre était très-habile. Elle flattait l'amour-propre national, elle était pleine de caresses à l'égard d'un homme compétent et redoutable, la plume à la main. Le philosophe de Genève avait les meilleures raisons d'admirer la musique d'*Orphée*, et ces raisons, il les a trop bien déduites pour que nous soyons autorisé à le soupçonner de s'être laissé influencer par d'adroites flatteries. Mais son orgueil ne fut pas insensible au prix que l'on mettait à son jugement ; et il est à croire que ces avances ne gâtèrent rien. Gluck ne devait pas, du reste, s'en tenir là, et, une fois à Paris, il n'aura rien de plus pressé que d'établir des rapports affectueux avec le farouche et insociable Rousseau.

Le premier acte d'*Iphigénie* avait été envoyé à Dauvergne, qui répondit, après l'avoir examiné : « Si le chevalier Gluck veut s'engager à livrer six partitions de ce genre à l'Académie de musique, rien de mieux ; autrement, on ne la jouera point : un tel ouvrage est fait pour tuer tous les anciens opéras français[2]. » L'argument était très-sérieux, en somme ; car Gluck allait rendre impossible le vieux répertoire et écraser toute concurrence. Mais, au fond de tout cela, il y avait peu d'empressement à contracter avec cet étranger dont la réputation effrayait. La négociation s'éternisait sans faire un pas ; Gluck, qui avait été le professeur de musique de Marie-Antoinette, s'adresse à la jeune princesse et implore

---

[1] *Mercure de France*, février 1773, p. 183, 184. Lettre de M. le chevalier Gluck, sur la musique.

[2] Anton Schmid, *Christoph Willibald Ritter von Gluck. Dessen Leben und tonkünstlerisches Wirken*. Leipzig, 1854, p. 180.

son appui. La dauphine n'avait point oublié les leçons données à l'archiduchesse, elle fit dire à son ancien maître qu'il n'avait pas trop présumé de son amitié et qu'il n'avait qu'à venir. Fort de cette bonne parole, le compositeur part aussitôt accompagné de sa femme et de Marianne, et arrive à Paris avec son opéra, dans l'automne de 1773. La princesse l'accueille avec ce zèle si charmant dans celui qui protége, lui donne ses entrées près d'elle à toute heure, et lui promet d'user de tout son crédit pour amener l'Académie royale de musique à résipiscence [1].

---

[1] *Mémoires secrets*. Londres, John Adamson, t. VII, p. 110, 14 janvier 1774.

III

GLUCK EN FRANCE. — IPHIGÉNIE EN AULIDE. — ENTRETIENS AVEC
CORANCEZ. — ENTHOUSIASME POUR ORPHÉE.

Gluck s'attacha particulièrement à se concilier le
parti de notre ancienne musique. Mais les vénérables
piliers de l'Opéra, cantonnés depuis des lustres dans
leur routine, ne voyaient pas sans effroi leur sommeil
menacé par cet intrus[1]. Les tenants du genre italien
avaient également toutes les raisons de s'opposer au
succès d'un homme qui devait être, tôt ou tard, accepté
par les Lullistes et les Ramistes. La lutte était donc inévitable. Mais elle entrait dans les prévisions de l'auteur
d'*Alceste*, presque dans ses arrangements ; et elle ne
l'eût pas autrement alarmé, s'il n'avait pas su dans les
rangs des Bouffonistes un polémiste avec lequel il ne se
souciait pas d'entrer en lice. Aussi, son premier soin
fut-il de chercher à gagner à sa cause cet écrivain intraitable, qui à lui seul était tout une armée. Il avait
bien débuté avec lui; il ne lui avait point marchandé
la louange, et Rousseau, sous son stoïcisme feint,

[1] Grimm, *Correspondance littéraire.* Paris, Furne, t. VIII, p. 322,
323.

n'avait pas dû y être insensible. Gluck était bien décidé
à n'en point demeurer là. Mais le citoyen de Genève ne se
laissait pas aisément aborder, tout lui était suspect, et
il s'était retranché dans un isolement presque absolu
qu'il savait défendre avec un soin farouche.

Parmi le très-petit nombre de privilégiés reçus dans
l'étrange ménage de la rue Plâtrière, il faut citer l'im-
primeur Corancez, qui rédigea avec Sautereau le *Journal de Paris* de 1777 à 1790, et que connut Rousseau
par l'intermédiaire de Romilly, savant horloger de
Genève, beau-père de Corancez. Plus facile d'accès que
son ami, celui-ci se montra flatté des avances du maître
allemand qu'il reçut les bras ouverts. Il se prêta le
mieux du monde aux désirs de Gluck et lui ménagea
une entrevue avec l'auteur du *Devin du village*. Avant
l'arrivée du chevalier, Rousseau savait peu de choses
de sa musique; mais il ne lui fallut qu'y jeter les yeux
pour rendre justice au génie du compositeur et du penseur. Le dialogue suivant entre Jean-Jacques et Corancez
est trop caractéristique pour qu'il puisse être omis.

Rousseau me dit un jour (c'étoit avant la première représentation
du premier ouvrage de Gluck): « J'ai vu beaucoup de partitions italiennes, dans lesquelles il se trouve de beaux morceaux dramatiques. M. *Gluck* seul me paroît avoir l'intention de donner à chacun
de ses personnages le style qui peut leur convenir; mais ce que je
trouve de plus admirable, c'est que ce style une fois adopté ne se
dément plus. Son scrupule à cet égard lui a même fait commettre
un anachronisme dans son opéra de *Paris et Hélène*.» Étonné de l'expression je lui en demandai l'explication. « M. *Gluck*, continua-t-il,
a répandu dans le rôle de Pâris, avec la plus grande profusion, tout
le brillant et toute la mollesse dont la musique est susceptible; il
a mis au contraire dans celui d'Hélène une certaine austérité qui
ne l'abandonne pas, même dans l'expression de sa passion pour
Pâris. Cette différence vient sans doute de ce que Pâris étoit Phry-

gien et Hélène Spartiate; mais il n'a pas songé aux époques.
Sparte n'a dû la sévérité de ses mœurs et de son langage qu'aux
lois de Lycurgue, et Lycurgue est de beaucoup postérieur à Hélène. »
Je rendis cette observation à M. *Gluck.* Combien je serois heureux,
me dit-il, si un certain nombre de spectateurs pouvoient m'entendre
et me suivre dans cet esprit ; dites à M. Rousseau, je vous prie, que
je le remercie de l'attention qu'il veut bien donner à mes ouvrages ;
observez-lui cependant que je n'ai point commis l'anachronisme
dont il m'accuse. Si j'ai donné à Hélène un style sévère, ce n'est
point parce qu'elle étoit Spartiate, mais parce que Homère lui-même
lui donne ce caractère ; dites-lui enfin, pour terminer par un seul
mot, qu'elle étoit estimée d'Hector [1].

Ce mot est d'un penseur, d'un homme qui ne réflé-
chit pas seulement sur son art, qui a en vue la nature
et l'individu historique. A tout bout de champ, chez
l'Orphée allemand, l'idée musicale reposera sur des
raisons aussi ingénieuses d'histoire ou d'humanité.
Mais, si c'est être dans le vrai moral, dans le vrai historique, est-ce être tout autant dans le vrai de la perspective théâtrale ? Qu'importe qu'Hélène soit une Spartiate antérieure ou postérieure à Lycurgue ? qu'importe
même cette estime d'Hector pour sa belle-sœur, que
fait valoir si spirituellement Gluck et qui semble presque absoudre la femme de Ménélas ? Ces subtilités
échappent au spectateur trop ignorant le plus souvent
pour les pouvoir saisir, trop ouvert à l'émotion pour
être à même de procéder à une investigation d'érudit
qui ne ferait que le glacer ? Tout ce qui a besoin de
commentaires est funeste pour une œuvre dramatique,
pour une œuvre lyrique encore plus; et, sans doute,
la lutte eût eu pour Piccinni une autre issue, si les ou-

___
[1] *Journal de Paris,* n° 231, p. 598. Lundi 18 août 1788.

vrages de son rival n'eussent renfermé que ce genre de
beautés métaphysiques, qu'on ne découvre que les
chandelles éteintes et dans le silence du cabinet.

Les rapports entre Gluck et le philosophe ne tardèrent pas à être excellents. Le chevalier fit au sauvage
Rousseau toutes les avances et parvint à endormir ses
défiances. Il lui apporta un exemplaire de l'*Alceste* italienne, le suppliant de vouloir bien le parcourir et lui en
donner franchement son avis. « M. Gluck m'a si fort
pressé, dit en effet Jean-Jacques, que je n'ai pu lui refuser cette complaisance, quoique aussi fatigante pour
moi qu'inutile pour lui[1]. » Cette démarche était-elle sincère, ou n'était-ce qu'un petit manége pour achever la
conquête du misanthrope? On ne devine pas trop, en
tous cas, la raison qui le fait reprendre brusquement sa
partition avant que le juge eût eu le temps de donner
ses conclusions. Rousseau, malgré l'aridité d'un pareil
travail, s'était courageusement mis à l'œuvre : « J'avois
commencé cette besogne, raconte-t-il dans une lettre à
Burney, quand il me retira son opéra, sans me demander mes remarques, qui n'étoient que commen-
cées, et dont l'indéchiffrable brouillon n'étoit pas en
état de lui être remis[2]. » Si les choses se passèrent
ainsi, le procédé ne fut ni poli ni habile, et ce n'eût
pas été la peine de s'être donné tout ce mal pour
s'aliéner de la sorte celui que l'on désirait gagner. Nous
ne voyons pas, toutefois, que Jean-Jacques se soit for-
malisé outre mesure du retrait brusque de la partition

---

[1] Rousseau, *OEuvres complètes*. Pourrat, 1852, t. XII, p. 585. Fragments d'observations sur l'*Alceste* italien (*sic*) de M. le chevalier Gluck.
[2] *Ibid.*, t. XII, p. 583. Lettre à M. Burney.

d'*Alceste ;* et si, plus tard, toutes relations cessèrent, il faut en rechercher la cause ailleurs.

Pour comprendre l'énormité de la tâche que Gluck assumait sur sa tête, il est besoin de se reporter à ce qu'était cette lourde et multiple machine de l'Opéra, où le désordre, l'abus, le caprice, la routine, l'inertie trônaient despotiquement, sans que personne y trouvât à redire. Si la réforme était urgente, tant de gens étaient intéressés au *statu quo* qu'il n'y avait guère apparence d'obtenir de l'administration et de ce personnel ignare et encroûté la moindre amélioration même pratique. Au milieu de toute cette pompe, de toute cette dépense, c'était un sans-gêne, une anarchie, un désordre au delà de toute créance. Les acteurs et les actrices poussaient l'indécence jusqu'à se produire hors des coulisses, ceux-ci en camisoles blanches avec une culotte d'argent et un bandeau sur le front, celles-là en simple peignoir. Il n'était pas rare, tandis que le premier plan était occupé par Jupiter ou Thésée, d'apercevoir, au travers d'une décoration à jour, s'agitant, se trémoussant, les danseurs qui avaient choisi juste le fond du théâtre pour répéter leurs pas et faire des jetés-battus[1]. Cinq ou six ans avant l'époque où nous sommes, les masques étaient encore d'usage[2], et les chœurs venaient s'aligner en rang d'oignons sur le théâtre, les deux sexes soigneusement triés, impassibles, sans un geste, comme des grenadiers en faction. Le chansonnier Laujon nous donne à cet égard les détails les plus curieux : il s'agit de son opéra de *Sylvie*, à l'Académie royale de musique.

----

[1] *Journal de Paris*, n° 21, du mardi 21 janvier 1777.

[2] « Que nous ferions bien de les ôter à nos danseurs ! » s'écriait madame du Bocage, en juin 1757. *Œuvres* (Lyon, 1764), t. III, p. 171, *Lettres sur l'Italie*.

Ce ne fut cependant qu'en 1766 qu'elle le fit représenter sur son théâtre. L'époque en est assez singulière par les changemens que j'amenai sur ce théâtre ; j'exigeai, je dirai plus, j'obtins d'abord la suppression des *masques* (ce qui m'avoit été accordé dès le voyage de Fontainebleau), l'introduction des costumes nécessaires à *tous les personnages*, sans en excepter la *danse et les chœurs*. Antérieurement à cette époque, les chœurs arrivoient sur la scène en *marche réglée* ; les hommes d'un côté, les femmes de l'autre, se croisoient en arrivant, descendoient ainsi, en longeant les coulisses, et par ordre d'ancienneté, venoient repasser devant le théâtre, pour se mettre en file de chaque côté, chantant, les hommes les bras croisés, et les femmes un éventail à la main : tous enfin ne se permettant aucun geste. Les amener à faire ce qu'exigeoit la scène, obtenir d'eux tous, de prendre part à l'action, fut l'objet le plus difficile, mais j'en vins à bout. Les chœurs, qui n'avoient été jusque-là que des automates, ne se regardoient plus que comme des acteurs ; les danseurs donnèrent, à leurs situations différentes, l'expression que les masques ne leur permettoient pas d'indiquer ; et l'effet en fut si prompt, qu'un pas de deux, dansé par mademoiselle Allard et Dauberval, d'après l'impression qu'ils firent, fut gravé [1].

Au moins, Laujon nous assure que, quelque momifié qu'il fût, tout ce monde prenait la peine de donner de la voix, et peut-être même n'en donnait-il que trop. Toutefois, lors du sacre de Louis XV, la presque totalité des acteurs de l'Opéra ayant été emmenée à Villers-Cotterets et à Chantilly, force avait été de substituer aux chœurs habituels des chœurs postiches, figurant sans chanter, tandis que des musiciens « qui ne pouvaient ou ne voulaient pas paraître en public », chantaient dans les coulisses [2]. Il est vrai que ce bizarre expédient n'était qu'une mesure d'exception qui n'eut pas à se prolonger au delà des fêtes du sacre. A Vienne, à la représentation

---

[1] Laujon, *OEuvres choisies*. Paris, 1811, t. I, p. 176, 177. Note sur l'opéra de *Sylvie*

[2] *Histoire de l'Académie des sciences*, t. XXIII, p. 152.

de *Paride ed Elena*, Noverre avait imaginé de son côté,
pour donner plus d'apparence aux chœurs, de masquer
ce personnel chantant, mais qui n'était que chantant, par
un rang de danseurs, faisant les gestes que l'action récla-
mait, et qui s'en tirèrent si bien que nul ne soupçonna
la ruse[1]. Au moins à cet égard, Gluck ne se trouverait
donc qu'en présence d'obstacles qu'il avait mainte
fois rencontrés en Autriche et sur tous les théâtres
d'Italie ; mais sa patience était destinée à de bien autres
épreuves, et il n'aurait pas trop d'une volonté de fer
et d'une ténacité tout allemande pour dompter et réduire cette tourbe dont l'indocilité, la morgue éga-
laient la paresse et la crasse ignorance.

L'orchestre valait les chœurs, ce bon orchestre, où
tout se passait en famille, qui jouait en hiver avec des
gants de crainte de l'onglée, pour lequel le moment de
l'exécution était celui que l'on destinait à s'accorder,
quand on ne désertait pas sans plus de gêne le champ
de bataille pour des raisons qu'un symphoniste du
lieu pouvait seul avouer[2] ! L'auteur du *Tableau de Paris*,
Mercier compare irrévérencieusement l'orchestre de
l'Opéra à « un vieux coche traîné par des chevaux
étiques et conduit par un sourd de naissance[3], » que
Rousseau appelait le *bûcheron*, à cause des coups re-
doublés dont il accablait son pupitre avec son gros bâton

---

[1] Castil Blaze, l'*Académie impériale de musique*. Paris, 1855, t. I.
p. 528, 329.

[2] Rousseau, *Œuvres complètes*. Paris. Pourrat, 1831, t. XII, p. 325.
*Lettre d'un symphoniste de l'Académie royale de musique à ses cama-
rades de l'orchestre.*

[3] Mercier, *Tableau de Paris*. Voy. notre édition, avec une Étude sur
la vie et les ouvrages de Mercier. Lecou et Pagnerre, 1853, p. 167.

de bois « pour être entendu de loin[1]. » Tant de faits ont
été avancés, et de si étranges, que l'esprit les repousse
comme de grossières et grotesques inventions. Qu'on
lise certaine lettre de Saint-Preux à madame d'Orbe, et
l'on criera, ainsi que Julie, à l'exagération, à la satire[2].
Rien ne trouve grâce, en effet, aux yeux de celui-ci :
chœurs, orchestre, ballets. Et les premiers sujets !

> Je ne vous parlerai point de cette musique ; vous la connoissez,
> mais ce dont vous ne sauriez avoir l'idée, ce sont les cris affreux,
> les longs mugissements dont retentit le théâtre durant la représen-
> tation. On voit les actrices, presque en convulsion, arracher avec
> violence ces glapissements de leurs poumons, les poings fermés
> contre la poitrine, la tête en arrière, le visage enflammé, les vais-
> seaux gonflés, l'estomac pantelant, on ne sait lequel est le plus
> désagréablement affecté, de l'œil ou de l'oreille ; leurs efforts font
> autant souffrir ceux qui les regardent, que leurs chants ceux qui
> les écoutent ; et ce qu'il y a de plus inconcevable est que ces hur-
> lements sont presque la seule chose qu'applaudissent les specta-
> teurs. A leurs battements de mains, on les prendroit pour des sourds
> charmés de saisir par-ci par-là quelques sons perçants ; et qui
> veulent engager les acteurs à les redoubler[2].

Grâce à l'intervention de la dauphine, *Iphigénie en
Aulide*, avait été distribuée et mise à l'étude ; le reste

---

[1] Rousseau, *OEuvres complètes.* Paris, Pourrat, 1851, t. XIII, p. 125.
Dictionnaire de musique.

[2] *Ibid.*, Paris, Pourrat, 1851, t. VIII, p. 483, 484. *La Nouvelle Héloïse*, part. II, lettre xxiii. Lettre de l'amant de Julie à madame
d'Orbe. — Mozart ne sera pas plus bienveillant que Saint-Preux, et
il écrira à son père, en juillet 1778 : « Et les chanteurs donc, et les
cantatrices ! On ne devrait pas les dénommer ainsi, car elles ne chan-
tent pas, elles crient, elles hurlent, du nez, du gosier, de toute la
force des poumons. » *Mozart, Vie d'un artiste chrétien*, sa correspondance, traduite par Goschler. Paris, Douniol, 1857, p. 244. Mais ne
prenons ni l'un ni l'autre trop au sérieux. Mozart qui, en arrivant à
Paris, ne comptait pas sur l'obstacle, exhale son dépit en véritable enfant qu'il est. L'orchestre et les chœurs avaient d'ailleurs, à cette époque, été disciplinés par Gluck, et le portrait qu'il nous fait des chanteurs et des chanteuses n'est déjà plus ressemblant.

n'était plus qu'une question de temps. « Cet étranger, lisons-nous dans les Nouvelles à la main, est enchanté de nos acteurs et surtout de notre orchestre, qui exécute son ouvrage avec la plus grande perfection[1]. » C'est tout le contraire qui avait lieu. Il eut à faire l'éducation, (et quelle éducation !) de tout ce monde, à façonner le goût abrupt de ces chanteurs enlevés à nos maîtrises[2] et que cette musique précise et accentuée devait dérouter, à assouplir cet orchestre, si important désormais qu'on allait lui reprocher de se substituer à la voix et de tenir le premier rang dans les partitions du maître. Le Gros était un chanteur déplorable, gauche, lourd, inintelligent, avec un organe admirable, auquel Gluck, s'épuisait vainement à donner de la noblesse et de la dignité. Quant à Larrivée, il acceptait malaisément les observations. Il savait son métier ; d'ailleurs la représentation le transformait. Un jour, le compositeur lui fait remarquer qu'il n'était pas bien entré dans l'esprit de son rôle. « Laissez-moi seulement revêtir mon costume, répondit-il, et vous ne me reconnaitrez plus. » A la répétition générale, le chevalier se tenait dans une loge. L'acteur se met à chanter, revêtu de son costume ; c'était là tout le changement. Gluck de lui crier : « Mon ami, je vous reconnais très-bien[5]. »

---

[1] *Mémoires secrets.* Londres, John Adamson. t. VII, p. 147 ; 24 mars 1774.

[2] C'était un privilége de l'Académie royale de musique, et contre lequel il n'y avait pas à se roidir. Nous lisons dans des nouvelles à la main adressées au duc d'Harcourt, à la date du 20 juillet 1772 : « L'Opéra n'ayant point de hautes-contre, on est allé enlever à la Rochelle, par lettre de cachet, un chantre de cette ville, que l'on dit pourvu d'un très-bel organe.» Hippeau, *le Gouvernement de Normandie aux dix septième et dix-huitième siècles.* Caen, 1864, t. IV, p. 83. Nouvelles de Paris et de Versailles.

[5] Anton Schmid, *Christoph Willibald Ritter von Gluck. Dessen Leben und tonkünstlerisches Wirken.* Leipzig, 1854, p. 199, 200.

Les femmes gâtées par les adulations, soutenues par les plus grands seigneurs toujours alertes à épouser leurs querelles, étaient encore moins préparées aux critiques pointilleuses de ce terrible homme. Elles se traînaient en bâillant près du piano ou devant la rampe, et croyaient beaucoup faire que de chantonner languissamment leur rôle. Grétry a sténographié, comme on dirait de nos jours, un dialogue entre une actrice et le chef d'orchestre, durant une des répétitions de son opéra de *Céphale et Procris*, qui vaut son pesant d'or.

L'ACTRICE *sur le théâtre*. Que veut dire ceci, monsieur? il y a, je crois, de la rébellion dans votre orchestre?

LE BATTEUR DE MESURE *dans l'orchestre*. Comment, mademoiselle, de la rébellion? nous sommes tous ici pour le service du roi, et nous le servons avec zèle.

L'ACTRICE. Je voudrois le servir de même, mais votre orchestre m'interloque et m'empêche de chanter.

LE BATTEUR DE MESURE. Cependant, mademoiselle, nous allons de mesure.

L'ACTRICE. De mesure! quelle bête est-ce là? Suivez-moi, monsieur, et sachez que votre symphonie est la très-humble servante de l'actrice qui récite.

LE BATTEUR DE MESURE. Quand vous récitez, je vous suis, mademoiselle; mais vous chantez un air mesuré, très-mesuré.

L'ACTRICE. Allons, laissons toutes ces folies, et suivez-moi [1].

Le chevalier n'était pas d'humeur à se payer de mines et de grands airs, et force allait être de prendre les choses au sérieux. « Mademoiselle, il faut recommencer. » On se mordillait les lèvres, on boudait, l'on essayait d'entrer en lutte, de se révolter. Mais Gluck ne

---

[1] Grétry, *Mémoires et Essais sur la musique*. Paris, 1789, t. I, p. 280, 281.

se laissait pas entamer. « Voyez-vous, mademoiselle, je suis ici pour faire exécuter *Iphigénie*; si vous voulez chanter, rien de mieux; si vous ne le voulez pas, à votre aise. J'irai voir la reine et je lui dirai : Il m'est impossible de faire jouer mon opéra. Puis je monterai dans ma voiture, et je reprendrai la route de Vienne[1]. » Sans doute on lui eût souhaité bon voyage, et de grand cœur. Mais derrière lui il y avait la reine, et l'on ne voyait d'autre parti que de se soumettre, d'obéir, tout en enrageant[1].

Les répétitions particulières ne devaient être accessibles, en dehors des exécutants et des ayants droit, qu'à cinquante spectateurs au plus; mais on avait dérogé aux prescriptions draconiennes du règlement et admis une foule si considérable qu'on désespéra un instant de les poursuivre dans de telles conditions : l'on songea même à obtenir un ordre du duc de la Vrillière pour n'y recevoir personne. Et cela ne fit qu'accroître aux répétitions générales. A la dernière, une loge grillée avait été disposée de façon à abriter un curieux qui avait ses motifs de ne pas être vu, et tout le monde voulut que ce fût la comtesse Du Barri[2]. On se mourait d'envie de suivre, dans tout le vif de sa nature, cet homme extraordinaire sur lequel l'attention était éveillée presque exclusivement depuis quelques mois. Il se montra, du reste, ce qu'il était, plein de son œuvre, complétement occupé de ses acteurs et de son orchestre, s'agitant, se démenant comme un possédé à la

---

[1] Anton Schmid, *Christoph Willibald Ritter von Gluck. Dessen Leben und tonkünstlerisches Wirken.* Leipzig, 1854, p. 42.

[2] *Mémoires secrets*, Londres, John Adamson, t. XXVII, p. 205, 206 (additions de l'année 1774), 15 avril.

moindre note fausse qui venait affecter son oreille[1].

Le grand jour avait été fixé au 13 avril. Gluck apprend tout à coup que le premier chanteur est indisposé, et que son rôle était dévolu à un camarade. L'on conçoit l'effet d'une telle nouvelle. Il demande qu'on recule la représentation de quelques jours, afin de donner au malade le temps de se remettre. Pareille prétention, quand la dauphine, les princesses, la famille royale avaient décidé de leur soirée, était plus qu'une naïveté : la pièce serait un peu moins bien jouée, mais on ne congédiait pas ainsi la cour pour un rhume d'acteur. Gluck déclara qu'il jetterait plutôt son œuvre au feu que de l'exposer à une interprétation misérable ; et rien ne fut capable de le faire changer de résolution. Il fut plus facile à la cour de se résigner et de contremander le voyage. Mais le chevalier n'eût pas eu pour protectrice la future reine de France, que son esquif sombrait en vue du port. Ce n'était pas son coup d'essai en ce genre. Un jour, à Vienne, il accompagnait au piano un de ses opéras, lorsqu'à la fin du premier ballet, le feu se déclara dans la coulisse. Ce fut un sauve qui peut général. L'effroi avait été plus grand toutefois que le danger, et l'ordre put être donné presque aussitôt de continuer la représentation et de commencer le deuxième acte. Mais Gluck exigea que l'on reprît le ballet pour permettre aux esprits de se rasseoir et d'apporter à l'audition de sa musique tout le calme et le recueillement désirable. Les danseuses tremblaient de peur, les danseurs avaient quitté leurs

[1] *Mémoires secrets.* Londres, John Adamson, t. VII, p. 147. 10 avril 1774.

costumes ; le moyen de réunir ces éléments épars ?
Sourd aux exhortations et aux prières, l'inflexible
maestro monte sur une chaise et crie à haute voix, en
présence de toute la cour : « Si l'on ne recommence
pas le ballet, l'opéra est fini pour aujourd'hui. » Et l'on
retrouva des jambes, et le ballet fut repris à nouveau,
au milieu de l'enthousiasme général ; car le public,
quel qu'il soit, salue toujours la force, même celle qui
l'affronte : le public est comme la femme de Sganarelle
qui voulait être battue[1].

La représentation d'*Iphigénie* avait été remise au
mardi 19. Dès onze heures du matin, les grilles de distribution étaient assiégées par une foule immense, et
l'on dut doubler et tripler la garde, pour empêcher le
désordre[2]. On avait parlé de cabales ; la dauphine s'était
alarmée de ces rumeurs et avait fait avertir le lieutenant de police de prendre ses mesures pour couper
pied à toute manifestation hostile. A cinq heures et
demie, le dauphin, sa charmante moitié, le comte et la
comtesse de Provence arrivèrent ; les duchesses de
Chartres et de Bourbon, et la princesse de Lamballe les
avaient précédés. Princes, ministres, grands seigneurs,
toute la cour s'était rendu là, moins le roi et madame
Du Barri. C'était mademoiselle Arnould qui jouait le
rôle d'Iphigénie ; et elle le joua comme il ne l'avait peut-
être jamais été à la Comédie-Française, avec beaucoup
de sensibilité, et une grande justesse, ce qui lui était
moins ordinaire, nous dit Grimm[3]. Larrivée, qui faisait

[1] Anton Schmid, *Christoph Willibald Ritter von Gluck. Dessen Leben und tonkünstlerisches Wirken*. Leipzig, 1854, p. 422.

[2] *Mémoires secrets*. Londres, John Adamson, t. VII, p. 161, 162, 19 avril 1774.

[3] Grimm, *Correspondance littéraire*. Paris, Furne, t. VIII, p. 325.

Agamemnon, chanta avec autant d'expression, mais peut-être pas avec toute la dignité du roi des rois. Le Gros représentait le bouillant Achille, et compromettait à tout instant, par son inintelligence et sa gaucherie, l'instrument le plus splendide. Quant à Clytemnestre (mademoiselle Duplan), il y avait bien quelque chose à dire à la pureté et à la flexibilité de sa voix. En somme, si l'on n'avait pas atteint la perfection absolue, jamais public français n'avait assisté à une aussi remarquable exécution. L'ouverture fut bissée [1]. Mais l'ensemble de la partition fut reçu avec une sorte de froideur par l'auditoire peu préparé à ce genre de beautés. Heureusement, Marie-Antoinette était là pour stimuler les tièdes. « On peut même, disent les Nouvelles à la main, attribuer en grande partie les applaudissements qui lui ont été prodigués à l'envie du public de plaire à madame la dauphine. Cette princesse sembloit avoir fait cabale et ne cessoit de battre des mains ; ce qui obligeoit madame la comtesse de Provence, les princes et toutes les loges d'en faire autant [2]. » On reconnaît à ce trait cette nature d'entraînement, cet enfant terrible qui faisait le désespoir de la formaliste madame de Noailles. Elle écrivait quelques jours après, dans toute la joie de son cœur à sa sœur, Marie-Christine :

Enfin, ma chère Christine, voilà un grand triomphe : nous avons eu le 19 la première représentation de l'*Iphigénie* de Gluck, j'en

---

[1] L'un des motifs de l'introduction était un emprunt au *Telemacco.*

[2] *Mémoires secrets*, Londres, John Adamson, t. VII, p. 163 ; 26 avril 1774. — « Madame la dauphine, lisons-nous ailleurs, ne cessant de battre des mains pendant la représentation, a entraîné toutes les loges à suivre son exemple.» Hippeau, *le Gouvernement de Normandie aux dix-septième et dix-huitième siècles.* Caen 1864, t. IV, p. 89.

ai été transportée; on ne peut plus parler d'autre chose, il règne dans toutes les têtes une fermentation aussi extraordinaire sur cet événement que vous le puissiez imaginer, c'est incroyable; on se divise, on s'attaque comme s'il s'agissait d'une affaire de religion; à la cour, quoique je me sois prononcée publiquement en faveur de cette œuvre de génie, il y a des partis et des discussions d'une vivacité singulière. Il paraît que c'est bien pire encore à la ville. J'avais voulu voir M. Gluck avant l'épreuve de la représentation, et il m'avait développé lui-même le plan de ses idées, pour fixer, comme il l'appelle le vrai caractère de la musique théâtrale, et le faire rentrer dans le naturel. Si j'en juge par l'effet que j'ai éprouvé, il a réussi au delà de ses désirs. M. le Dauphin était sorti de son calme, et il a trouvé partout à applaudir; mais, comme je m'y attendais, à la représentation, s'il y a eu des morceaux qui ont transporté, on avait l'air en général d'hésiter : on a besoin de se faire à ce nouveau système, après avoir eu tant l'habitude du contraire ; aujourd'hui tout le monde veut entendre la pièce, ce qui est un bon signe, et Gluck se montre très-satisfait : je suis certaine que vous serez heureuse comme moi de cet événement [1].

Le public avait été pris à l'improviste, il demandait à se reconnaître ; mais on sentait que le succès n'était que suspendu. Malgré les jugements sinistres des Zoïles, la curiosité était éveillée au plus haut point, et l'affluence ne fut pas moins considérable, le vendredi. Des spéculateurs accaparèrent les billets de parterre et les revendirent six, douze, quinze livres. On dut placer des gardes à l'entrée pour contenir cette multitude houleuse et qui menaçait de rompre ses digues [2]. La partition, mieux comprise, fut accueillie avec enthousiasme. Il s'en fallait encore que le public fût complétement

---

[1] *Correspondance inédite de Marie-Antoinette*, publiée par le comte Paul Vogt d'Huolstein. 4ᵉ édit. Dentu, Paris, 1868, p. 60, 61, 62 Lettre de Marie-Antoinette à sa sœur Marie-Christine ; Versailles, ce 26 avril 1774.

[2] *Mémoires secrets*. Londres, John Adamson, t. VII, p. 163 ; 23 avril 1774.

transformé; mais il était sur le chemin, et son instinct lui tenait lieu d'un jugement plus éclairé. A la fin de l'opéra, Gluck fut demandé « un demi-quart d'heure » avec un emportement auquel il eut la dignité de ne pas céder : on répondit qu'il était souffrant et dans son lit[1]. A chaque représentation, le succès grandissait ; ce ne fut bientôt plus un goût mais une fureur. On porta des coiffures faites avec une couronne de fleurs noires surmontées du croissant de Diane, d'où s'échappait une espèce de voile qui couvrait le derrière de la tête des femmes ; et cela s'appela à l'*Iphigénie*[2].

Si le goût était à former, l'opinion à diriger, Gluck eut, dès l'origine, des zelanti, qui prirent sa cause en main et n'épargnèrent rien pour préparer et amener la victoire. Le bailli du Roullet, l'auteur du poëme n'avait dédaigné aucun de ces petits moyens dont il ne faut pas dire de mal, car souvent ce sont eux qui décident du succès. « Les Mémoires secrets de l'Académie royale de musique, raconte Grimm, assurent que M. le bailli avait mis un chapelier de ses amis à la tête de la cabale dont il crut avoir besoin le jour de la première représentation d'*Iphigénie*. » Un couplet de chanson troussé à l'occasion de sa *Lettre sur les Drames-Opéras* semble faire allusion à l'intervention du chapelier mélomane[3].

---

[1] *Mémoires secrets*, Londres, John Adamson, t. VII, p. 104; 24 avril 1774.

[2] *Correspondance secrète*. Londres, John Adamson, 1787, t. I. p. 64; 4 septembre 1774.

[3] Grimm, *Correspondance littéraire*. Paris, Furne, t. VIII, p 486. Voici ce couplet :

> Toi, chef de mes athlètes,
> Qui, dans ce pays-ci,
> Sais mesurer les têtes,
> Sois mon superbe appui ;

Heureusement, Gluck avait d'autres soutiens. L'abbé Arnaud publiait tout aussitôt, dans la *Gazette de littérature*, une longue lettre sur *Iphigénie en Aulide*, qu'il analysait presque scène par scène, avec l'autorité d'un critique spécial[1]. Corancez nous a laissé, de son côté, sur le même opéra, de précieux détails que nous n'hésitons pas à reproduire ici, malgré leur étendue. Le service qu'il avait rendu au chevalier en l'introduisant chez l'auteur du *Devin du village*, lui avait acquis l'affection du compositeur qui le visitait souvent. Corancez n'en savait pas aussi long que l'abbé Arnaud ; c'était un véritable ignorant en musique, mais fort accessible d'ailleurs à une beauté de sentiment. Il soumettait modestement ses impressions au maître, lui demandant le secret de certains effets dont il avait eu la sensation ; Gluck, flatté de cet hommage naïf rendu à la partie humaine de son œuvre, répondait complaisamment à toutes les questions, avec ce ton spécieux et métaphysique, dont nous avons donné un premier échantillon.

On chanta un jour chez moi le morceau d'*Iphigénie en Aulide: peuvent-ils ordonner qu'un père : je m'aperçus qu'il y avoit dans le vers, je n'obéirai point à cet ordre inhumain*, une longue sur le *je*, la première fois qu'il se prononce, et qu'il n'y a plus qu'une note brève sur ce même *je*, lorsqu'il est répété. J'observai à M. *Gluck* que cette note prolongée m'avoit été désagréable dans le chant et que

> Cours, cabale au parterre,
> Du fond je t'ai saisi,
> La forme est ton affaire.
> Oui, monsieur le bailli.

[1] *Gazette de littérature*, avril 1774. Lettre de M. l'abbé A** à madame D***. — Nous renverrons encore, comme expression de la critique moderne sur ce bel ouvrage de Gluck, à une étude de M. F. de Villars, aussi scène par scène, *les Iphigénies de Gluck*, où tout est mis en relief avec un soin consciencieux, une insistance passionnée. Paris, Liepmannssohn et Dufour, 1868.

j'étois d'autant plus étonné qu'il l'eût employée la première fois,
que la faisant disparaître ensuite, apparemment que lui-même n'y
tenoit pas beaucoup.

« Cette longue note, me dit-il, qui vous a si fort choqué chez
vous, vous a-t-elle également choqué au théâtre? je lui répondis
que non. Eh bien, ajouta-t-il, je pourrois me contenter de cette
réponse, et comme vous ne m'aurez pas toujours auprès de
vous, je vous prie de vous la faire toutes les fois que vous serez dans
un cas pareil ; quand j'ai réussi au théâtre, j'ai remporté le prix que
je me propose ; il doit m'importer peu, et je vous jure qu'il m'importe peu en effet, d'être trouvé agréable ou dans un salon, ou dans
un concert. Si vous avez été souvent dans le cas de vous apercevoir
qu'une bonne musique de concert n'a point d'effet au théâtre, il est
dans la nature des choses qu'une bonne musique de théâtre ne
réussisse souvent pas dans un concert. Votre question ressemble
à celle d'un homme qui seroit placé dans la galerie haute du dôme
des Invalides, et qui crieroit au peintre qui seroit en bas : Monsieur,
qu'avez-vous prétendu faire en cet endroit; est-ce un nez, est-ce
un bras? cela ne ressemble ni à l'un ni à l'autre. Le peintre lui
crieroit de son côté avec beaucoup plus de raison : Monsieur, des-
cendez, regardez et jugez vous-même.

« Je dois vous ajouter cependant que j'ai eu une forte raison
non-seulement de mettre une note longue sur le *je* la première fois
qu'Agamemnon le prononce mais aussi de la supprimer toutes les
fois qu'il le répète. Considérez que ce prince est entre les deux plus
fortes puissances opposées, la nature et la religion; la nature l'em-
porte enfin, mais avant d'articuler ce mot terrible de désobéissance
aux dieux, il doit hésiter ; ma longue forme l'hésitation ; mais une
fois ce mot lâché, qu'il le répète tant qu'il voudra, il n'y a plus lieu
à hésitation ; la note longue ne seroit donc plus qu'une faute de
prosodie. »

Je me suis plaint aussi à M. Gluck de ce que dans ce même opéra
d'*Iphigénie* le chœur des soldats qui s'avancent tant de fois pour
demander à haute voix que la victime soit livrée, non-seulement ne
présentoit rien de saillant, comme chant, mais aussi de ce qu'il étoit
répété chaque fois note pour note, quoique la variété soit pourtant
si nécessaire

« Ces soldats, me dit-il, ont quitté ce qu'ils ont de plus cher,
leur patrie, leurs femmes et leurs enfants dans la seule espérance
du pillage de Troye. Le calme les surprend à moitié chemin et les

force de rester dans le port de l'Aulide. Un vent contraire leur seroit moins funeste, puisqu'au moins ils pourroient retourner chez
eux; supposez, m'a-t-il ajouté, qu'une province étendue éprouve
une forte disette. Les citoyens, en grand nombre, se rassemblent
et vont trouver le chef de la province, qui se présente à eux sur le
balcon : Mes enfants, que demandez-vous? tous répondront à la
fois, *Du pain!* Mais est-ce ainsi que vous devez... *Du pain.* Mes
amis, on va pouvoir... *Du pain! Du pain!* A toutes les observations
ils répondront *du pain;* non-seulement ils ne prononceront que ce
mot laconique, mais ils le diront toujours du même ton, attendu
que les grandes passions n'ont qu'un accent; ici les soldats demandent la victime; toutes les circonstances sont nulles à leurs
yeux; ils ne voient que Troye ou le retour de leur patrie; ils ne
doivent proférer que les mêmes mots et toujours avec le même
accent. J'aurois pû sans doute faire un plus beau choix musical; et
surtout pour le plaisir de vos oreilles, le varier; mais je n'aurois
été que musicien et je serois sorti de la nature, que je ne dois jamais abandonner. N'allez pas croire cependant qu'au moins vous y
auriez gagné le plaisir d'entendre un beau morceau de musique;
soyez bien assuré au contraire que vous y auriez perdu; car une
beauté déplacée n'a pas seulement le désavantage de perdre une
grande partie de son effet, mais elle nuit, en égarant le spectateur,
qui ne se trouve plus dans la disposition nécessaire pour suivre
avec intérêt la marche dramatique. »

Mon ignorance absolue dans l'art musical ne rebutoit point
M. Gluck; je ne craignois pas de l'interroger, surtout quand il s'agis-
soit de relever quelques défauts apparents. Ses réponses avoient
toujours un caractère de simplicité et de vérité qui ne faisoit qu'augmenter de jour en jour mon estime pour sa personne.

Je le priai donc de m'expliquer pourquoi le morceau de la colère
d'Achille, dans le même opéra d'*Iphigénie*, me causoit un frisson
général et me mettoit, pour ainsi dire, dans la situation du héros
lui-même; tandis que si je le chantois seul, loin de trouver dans le
chant rien de terrible et de menaçant, je n'y voyois, au contraire,
qu'une marche d'une mélodie agréable à l'oreille.

« Il faut avant tout, me dit-il, que vous sachiez que la musique est
un art très-borné, et qui l'est surtout dans la partie que l'on appelle
mélodie. On chercheroit en vain dans la combinaison des notes qui
composent le chant, un caractère propre à certaines passions; il
n'en existe point. Le compositeur a la ressource de l'harmonie, mais

souvent elle-même est insuffisante. Dans le morceau dont vous me parlez, toute ma magie consiste dans la nature du chant qui précède et dans le choix des instruments qui l'accompagent. Vous n'entendez depuis longtemps que les tendres regrets d'Iphigénie et ses adieux à Achille ; les flûtes et le son lugubre des cors y jouent le plus grand rôle. Ce n'est pas merveille si vos oreilles ainsi reposées, frappées subitement du son aigu de tous les instruments militaires réunis, vous causent un mouvement extraordinaire, mouvement qu'il étoit, à la vérité, de mon devoir de vous faire éprouver, mais qui cependant ne tire pas moins sa force principale d'un effet purement physique.

Je ne pus m'empêcher, en retournant chez moi, de comparer cette réponse naïve avec celle que n'auroit pas manqué de me faire en pareil cas, un compositeur médiocre [1].

Les gens intéressés à rabattre le mérite de l'œuvre faisaient bien leurs réserves. Ceux-ci niaient le chant, parce qu'il n'était pas de chant pour eux sans ornement et sans passages, et qu'en effet rien, dans *Iphigénie*, ne ressemblait au chant comme ils l'entendaient ; ceux-là se plaignaient amèrement de la maigreur et de la faiblesse des airs de danse sans loures, sarabandes, menuets, passe-pieds, rigaudons et gavottes. Un opéra sans danses ! Voilà ce qui n'était pas admissible pour un public parisien. Il fallut bien que Gluck, tout en rechignant, sacrifiât à ce goût de la nation. Il s'exécuta, mais le moins qu'il put, et le plus sobrement. Il dut encore céder aux exigences d'un homme qui ne plaisantait pas sur son art qu'il portait fort haut ainsi que sa personne. Nos opéras finissaient invariablement alors par un morceau brillant, à prestige, appelé chaconne, où le danseur déployait à l'envi tout ce qu'il avait de grâce, d'agilité, de vigueur et d'adresse. Le *diou* de la danse, le grand Vestris, voyant qu'il avait été oublié

---

[1] *Journal de Paris*, n° 234, jeudi 21 aoust 1788, p. 1009, 1010.

par le compositeur, le va trouver, réclame sa chaconne ;
il la lui fallait de nécessité absolue. Le chevalier cherche
à lui faire comprendre que dans une action aussi rem-
brunie, aussi tragique, les sauts et les pirouettes n'é-
taient guère de mise. Mais le danseur d'insister, dé
presser, de harceler le musicien. « Une chaconne!
s'écrie ce dernier impatienté, est-ce que les Grecs dont
il faut peindre les mœurs, en avaient? — Ils n'en avaient
pas! dit le danseur stupéfait; ma foi, tant pis pour
eux[1]. »

La mort de Louis XV, qui fermait jusqu'au mercredi
15 juin les théâtres[2], suspendait du même coup les représentations d'*Iphigénie*. En revanche, elle posait un
sceptre dans les mains de la protectrice du chevalier.
Jeune, ardente, animée du désir de plaire, aimant ses
amis avec un dévouement absolu, Antoinette était bien
déterminée, malgré ce qu'en penserait et en dirait
l'envie, à n'obéir qu'aux généreuses inspirations de son
cœur. La personne privée est un non-sens dans les conditions royales ; la femme ne se comprend point sur le
trône, et malheur à la reine qui veut demeurer ou rede-
venir femme! Hélas ! ce fut le tort (certains lui en ont
fait un crime) de Marie-Antoinette, qui, se sentant une
âme tendre, ne se crut pas condamnée à végéter sans
affection et prétendit, comme la plus petite bourgeoise,
vivre de la vie intime. Quels bons moments que ceux
où elle oubliait, chez la princesse de Guéménée et, plus
tard, chez madame de Polignac, qu'elle était reine ! Mais
y avait-il un ami à assister, un ami à défendre, la reine

---

[1] *Correspondance secrète.* Londres, John Adamson, 1787. t. I, p. 220.

[2] Fermés le jour de la mort du roi, le 11 mai, les spectacles ne furent rouverts, en effet, que le 15 juin, trente-quatre jours après.

reparaissait avec cette volonté, cette intrépidité cheva-
leresque qui sont un des côtés glorieux de cette princesse si calomniée ; et l'ordre était donné, le service
rendu, sans que nulle considération fût capable d'en
arrêter l'exécution. L'auteur d'*Iphigénie*, précisément
vers ce temps, allait être à même de ressentir les effets
de cette bienveillance courageuse, dans un conflit où,
sans elle, il ne pouvait qu'avoir le dessous, et dont il
sortit, grâce à sa souveraine intervention, avec tous
les honneurs de la guerre.

Gluck, que nous avons vu se roidir contre l'insouciance, les grands airs, l'insubordination des premiers
sujets, inflexible, quant à l'interprétation de son œuvre,
se montrait plus accommodant pour le reste, et ne
faisait pas difficulté, à l'occasion, de répéter dans le
petit appartement que Sophie Arnould avait au Palais-
Royal, au fond de la grande allée, à deux pas de l'O-
péra[1]. Par malheur, mademoiselle Arnould avait de
nombreux amis que les fatigues de l'ascension ne re-
butaient pas (elle demeurait dans les combles), et
auxquels il était difficile de fermer sa porte ; un entre
autres, qu'on avait ses raisons de ménager. Sophie ne
nous appartient que par son talent, et nous n'avons à
nous occuper ni de ses mœurs ni de ses intrigues ; la
petite anecdote qui suit nous forcera toutefois de soulever un coin de ce voile délicat. La cantatrice avait
alors pour protecteur le prince d'Hennin dont le mérite
était médiocre. On sait la plaisante mystification du
comte de Lauraguais, qui, en dépit de toute son amabi-

---

[1] La maison portant aujourd'hui le n° 15 de la rue Neuve-des-Petits-
Champs.

lité s'était vu supplanter par ce rival indigne, quatre
mois avant la petite scène que nous racontons[1]. Le
prince ne quitta plus sa conquête, et souffrait malaisément qu'on vint rompre leurs tête-à-tête. Il entre,
un matin, voit Sophie au milieu d'un groupe de gens
tout à leur besogne et que son arrivée n'interrompt
point : c'était Gluck et quelques autres musiciens qui
étaient venus repéter chez leur camarade. M. d'Hennin
trouva mauvais qu'on eût assemblé tout ce monde
sans prendre son avis. Le chevalier était demeuré sur
sa chaise ; le survenant, furieux d'un tel manque d'é-
gard, dit en se tournant de son côté : « Mais il me
semble que l'usage en France, lorsque quelqu'un,
et surtout un homme de considération, entre, est qu'on
se lève. » Gluck quitta alors son siége, et, venant droit
à lui : « L'usage, en Allemagne, monsieur, repartit-il,
le regard en feu, est de ne se lever que pour les gens
qu'on estime. » Et, s'adressant à Sophie : « Puisque
vous n'êtes pas maîtresse chez vous, je vous quitte, et
je n'y reviens plus[2]. » De si mince valeur qu'il pût être,
le prince n'en était pas moins un personnage considérable par lui et les siens ; il avait du crédit, il en aura
assez pour faire enfermer Champcenetz et lui faire
perdre la survivance de gouverneur de Meudon pour un
malheureux quatrain crayonné sur lui et sa maîtresse
par le jeune étourdi[3]. Les amis du musicien avaient

---

[1] Comte de Ségur, *Mémoires et Souvenirs*. Didier, 1844, t. I, p. 98,
99. — Grimm, *Correspondance littéraire*. Paris, Furne, t. VIII, p. 289,
290 ; février 1774. — *Paris, Versailles et les provinces* au xviii⁰ siècle.
Paris, 1817. t. I, p. 154, 155, 156. — *Mémoires secrets*. Londres, John
Adamson, t. VII, p. 128 ; 13 février 1774.

[2] *Ibid.*, t. VII, p. 200 ; 12 août 1774.

[3] Encore Champcenetz n'eût-il fait qu'endosser ce quatrain qui,

donc lieu de craindre qu'il ne se fût attiré sur les bras
une méchante affaire ; il n'en fut rien, pourtant. Cette
sortie parvint aux oreilles de la reine, qui n'entendait
pas qu'on touchât au chevalier. Elle fit dire au prince
d'Hennin qu'elle n'ignorait point de quel côté étaient
les torts, et lui insinuer que son bon plaisir était
qu'il les réparât par une démarche polie. Il s'en fallut
de peu, toutefois, que les choses ne tournassent au
tragique. « L'intérêt que la reine prend au musicien,
lisons-nous dans une publication sous le manteau,
a engagé le duc de Nivernois, qui le protége d'ailleurs, à se déclarer son champion. L'affaire s'est ac-
commodée au moyen d'une visite que le prince est
allé faire au chevalier Gluck[1]. »

On répétait activement *Orphée et Eurydice*, que Molines
avait été chargé de traduire de l'italien. Aux trois répétitions générales qui précédèrent la représentation,
l'affluence fut plus considérable encore qu'elle ne l'avait
été pour *Iphigénie*. On fut obligé de renvoyer plusieurs
milliers de curieux, dit métaphoriquement une gazette
du temps. Redisons-le, Gluck était, à lui seul, un vrai
spectacle par ses boutades, ses emportements, son originalité tudesque[2]. Mais ce public de ducs et de marquis, encombrant la salle, donnait également la
comédie au très-petit nombre de gens froids que le
délire général n'avait pas affolés. Des grands seigneurs
et même des princes s'empressaient autour de lui, se

---

en réalité, était du marquis de Louvois. *Mémoires secrets.* Londres, John
Adamson, t. XIV, p. 188, 189, 190 ; 29 septembre 1779.

[1] *Correspondance secrète.* Londres, John Adamson, 1787, t. I, p. 43,
44 ; 7 août 1774.

Madame de Genlis, *Mémoires*, Paris, Ladvocat, 1825, t. II, p. 264,
265.

disputant à qui lui présenterait au départ, l'un son
surtout, l'autre sa perruque, car il s'allégeait d'autant
et se coiffait d'un bonnet de nuit avant·de commencer
les répétitions. Il eût été difficile, on en conviendra, de
pousser plus loin l'engouement.

Quoi qu'il en soit, Gluck avait compris, dès la première
heure, que le génie à lui seul ne suffit pas pour triompher
de l'ignorance ou de l'indifférence d'un public léger qui
veut qu'on le violente. Il savait que tout à Paris dépendait des entours, de la puissance et du crédit de ceux qui
faisaient l'opinion. Aussi se répandit-il, se montra-t-il
à la cour, chez les grands, chez les gens de lettres, les
artistes[1], voire dans ces salons bigarrés où l'on était
sûr de rencontrer toute sorte de monde, même des gens
considérables. Il était fort assidu chez madame de Genlis,
autant sans doute pour la situation qu'elle occupait
près du duc d'Orléans que pour son dilettantisme.
« Gluck venoit deux fois la semaine avec Monsigny,
M. de Monville et Jarnovitz, le célèbre violon, faire de
la musique chez moi ; il me faisoit chanter tous ses
beaux airs, et jouer sur la harpe ses ouvertures entre
autres celle d'*Iphigénie*, que j'aimois avec enthousiasme[2]. » Là, dans ce cercle de gens du monde et de
courtisans, il se faisait tout gracieux, tout aimable, et
particulièrement,.cela va de source, pour celle qui pré-
sidait à ces réunions et qui ne nous a pas caché tout ce
que ses louanges avaient d'enivrant. « Gluck, dit-elle
encore, y venoit régulièrement (au Palais-Royal) ; sa

---

[1] Madame Vigée le Brun nous dit qu'elle recevait à ses soirées le
chevalier, qui lui avait été amené par l'abbé Arnaud. *Souvenirs*. Paris,
Charpentier, 1869, t. I, p. 12, 13.

[2] Madame de Genlis, *Mémoires*. Paris, Ladvocat, 1824, t. II, p. 266.

conversation étoit aussi charmante que son talent étoit admirable ; je trouvois un grand plaisir à être applaudie par lui ; ses éloges portoient au comble ma passion pour la musique ; tous les artistes les plus célèbres de ce temps venoient à nos petits concerts avec un empressement qui ne s'est jamais ralenti. »

Nous le retrouvons, à quelques pas de là, mais dans un salon d'un tout autre ton, chez cette trop fameuse duchesse de Kingston dont les aventures et les scandales firent tant de bruit, et qui était venue se réfugier, à Paris, rue Coq-Héron, à l'hôtel du parlement d'Angleterre. « Elle faisoit un cas particulier, nous dit son historien (car elle a son histoire) du célèbre Gluck, qu'elle recevoit avec tous les égards dus à ses immortels talens. Ce grand homme, qui pensoit que les caractères extraordinaires proviennent d'une trempe d'âme plus fine, plus délicate que celle du commun des hommes, lui ayant un jour entendu dire que le génie annonçoit ordinairement une âme forte et libre, conçut dès lors pour elle la plus haute estime ; il ne cessa de la voir et de la cultiver ; et lorsque, à son départ pour Vienne, il prit congé de la duchesse, leurs regrets mutuels éclatèrent d'une manière qui n'honora pas moins la sensibilité de notre héroïne que celle de l'auteur d'*Alceste* et d'*Iphigénie*[1]. » Mais Gluck s'aban-

---

[1] *Histoire de la vie et des aventures de la duchesse de Kingston.* Londres, 1789, 2ᵉ partie, p. 116, 117. Cette duchesse de Kingston avait rencontré, dans ses pérégrinations, un personnage séduisant qui l'eût menée jusqu'au mariage si, dans l'intervalle, cet intrigant de haute volée, qui prétendait être le prince Castriotto d'Albanie et n'était, en réalité, que le fils d'un marchand de mules, du nom de Stéphano Zannowich, n'eût été enlevé et mis dans une forteresse. Cet aventurier, pris trop longtemps au sérieux dans toutes les cours d'Europe, est l'auteur de nombre de petits recueils de vers et de chansons, en italien et en

donne moins qu'il n'agit en vue d'un plan de conduite
arrêté. Il veut le succès, et rien ne sera épargné dans
ce but : visites, empressement, flatteries, concessions
de plus d'une sorte, dont il faut encore savoir gré à
cette nature si entière, si despotique, mais que la volonté et la réflexion rendront souple comme le roseau,
pour peu que le triomphe ne soit pas à un moindre
prix.

Ce fut le mardi 2 août, qu'eut lieu la première représentation d'*Orphée et Eurydice*. Le compositeur avait dû
apporter à la partition italienne de notables modifications. Le rôle avait été écrit pour contralto ; Gluck
le baissa d'une quarte. Il fut, du reste, indemnisé de
ces changements toujours regrettables par le talent
inespéré qu'y déploya Le Gros ; mais il avait fallu lui
seriner son rôle note pour note et lui inoculer, pour
ainsi parler, ce goût et cette âme qu'il n'avait pas en
lui. Quant à mademoiselle Arnould, elle fut moins admirée et sembla inférieure à ce qu'elle avait été dans
Iphigénie[1]. Quoi qu'il en soit, *Orphée* alla aux nues. Tout
céda au pathétique du sujet et à ces élans irrésistibles
de la passion et de la douleur. *Iphigénie en Aulide* pouvait paraître d'un genre plus noble, renfermer plus de
pompe et de spectacle ; *Orphée* l'emportait par les

français, fort rares à cette heure, et notamment celui ayant pour titre :
*Epîtres et Chansonnettes amoureuses d'un Oriental, né dans l'année
1751, le 18 février, écrites à Frédéric-Guillaume de Prusse, et à Ger-
trude de Pologne; avec les ouvrages du pacha de Caramanie et d'un
anonyme.* Dans la pyramide de Tholomie d'Égypte. 1779. In-8, avec le
portrait de l'auteur. Si nous mentionnons cet étrange opuscule, qui
n'a d'autre mérite que d'être introuvable, c'est que, au milieu de ce fa-
tras, se trouve une conversation de l'auteur avec Gluck sur la musique.

[1] Grimm, *Correspondance littéraire.* Paris, Furne, t. VIII, p. 391;
août 1774.

grands et sublimes mouvements. Le chant des Nymphes, l'air d'Orphée aux enfers, le duo d'Orphée et Eurydice arrachèrent des sanglots à toute la salle. Le contraste de ce désespoir et de toutes ces larmes avec le spectacle de la quiétude parfaite qu'on goûte au delà de la vie, ne fut pas moins admiré.

« Je ne connois rien de plus parfait, dans ce qu'on appelle la convenance que l'ensemble des Champs-Élysées de l'opéra d'*Orphée*. Partout on y voit la jouissance d'un bonheur pur et calme; mais avec un tel caractère d'égalité, qu'il n'y a pas un trait ni dans le chant ni dans les airs de danse, qui passe en rien la juste mesure. » Un éloge si bien mérité dans la bouche d'un homme tel que Rousseau me parut trop flatteur pour que je ne crusse pas devoir en faire part au chevalier *Gluck*. Ma leçon, me répondit ce dernier, est écrite dans la peinture que fait Euridice du séjour des Bienheureux :

Rien ici n'enflamme
l'âme,
Une douce ivresse
laisse
Un calme heureux dans tous les sens.

« Le bonheur des justes, ajouta-t-il, doit consister principalement dans sa continuité et conséquemment dans son égalité : c'est pour cela que ce que nous appelons le *plaisir* ne peut y entrer; car le plaisir est susceptible de degrés différens; il s'émousse d'ailleurs, et produit à la longue la satiété [1]. »

L'auteur du *Devin du village* ne manqua point une représentation d'*Orphée*, aux risques de s'y faire étouffer comme cela avait failli lui arriver à *Iphigénie*[2]. Si Corancez le fait parler, il n'exagère pas l'enthousiasme de Rousseau, qui nous a laissé huit pages admirables sur la fameuse scène du deuxième acte[3]. La musique

---

[1] *Journal de Paris*, n° 231, p. 998, lundi 18 août 1788.

[2] Bernardin de Saint-Pierre, Œuvres, t. XII, p. 41. Œuvres posthumes.

[3] Rousseau, Œuvres complètes. Pourrat, 1852, t. XII, p. 413 à 420.

de Gluck l'avait réconcilié avec l'existence. « Puisqu'on peut, disait-il, avoir un si grand plaisir pendant deux heures, je conçois que la vie peut être bonne à quelque chose [1]. » S'il entendait reprocher à Gluck de n'avoir pas de mélodie : « Je trouve, s'écriait-il, que le chant lui sort par tous les pores [2]. » On venait de donner l'*Azolan* de Floquet, qui avait, en tous cas, le grand tort de succéder à *Orphée*. Quelqu'un, après la première représentation, demandait à Jean-Jacques ce qu'il en pensait. « Ah! chantonna-t-il pour toute réponse, *j'ai perdu mon Euridice* [3]. » Le citoyen de Genève, à une autre époque, avait crié bien haut que jamais on ne ferait de bonne musique sur des paroles françaises; *Iphigénie* et *Orphée* étaient la démonstration la moins équivoque du peu de fondement d'une pareille assertion. Complétement sous le charme, il ne sembla pas se rendre compte de l'éclatant démenti que lui donnait le compositeur allemand, et longtemps il fit l'accueil le meilleur et le plus affectueux au chevalier.

Un jour cependant, raconte Corancez, sans que rien pût faire prévoir à Gluck cette boutade, il lui observa qu'il était fâché de lui voir monter, à son âge, quatre étages, et insista pour le prier de s'en dispenser à l'avenir. Ce pauvre Gluck en pleuroit encore le lendemain. Sous le prétexte que je devois me ressentir personnellement des procédés de M. Gluck, puisque je l'avois introduit chez lui, je lui demandai ses griefs. « Croyez-vous, me dit-il, que M. Gluck, qui a toujours travaillé sur la langue italienne, langue si favorable à la musique, l'ait abandonnée pour la langue française, qui en tout

---

Extrait d'une réponse du petit faiseur à son prête nom, sur un morceau de l'*Orphée* de M. le chevalier Gluck.

[1] La Harpe, *Correspondance littéraire.* Paris, Migneret, t. I, p. 25.

[2] *Journal de Paris,* lundi 18 août 1778, n° 231, p. 998.

[3] La Harpe, *Correspondance littéraire.* Paris, Migneret, t. I, p. 25, 1er décembre 1774.

point lui résiste, uniquement pour vaincre une difficulté? Ne voyez-vous pas que j'ai avancé qu'il étoit impossible de faire de bonne musique sur la langue française, et qu'il n'a pris ce parti que pour me donner un démenti? » C'est d'après ces observations, qu'il regardoit comme une démonstration, qu'il s'est permis de l'éloigner de chez lui.

Il ne devait plus être question que d'*Orphée*. Il fallut en rêver ou en médire. Paris tout entier fut pris, secoué ou révolté par cette musique qui dépassait de bien des coudées ce qu'on avait écouté et applaudi jusque-là. Mademoiselle de Lespinasse écrivait, après une représentation d'*Orphée* :

L'impression que j'ai reçue de la musique d'*Orphée* ne ressemble en rien à ce que j'ai éprouvé ce matin; elle a été si profonde, si sensible, si déchirante, si absorbante, qu'il m'étoit absolument impossible de parler de ce que je sentois : j'éprouvois le trouble, le bonheur de la passion; j'avois besoin de me recueillir : et ceux qui n'auroient pas partagé ce que je sentois, auroient pu croire que j'étois stupide. Cette musique, ces accens attachoient du charme à la douleur, et je me sentois poursuivie par ces sons déchirans : *j'ai perdu mon Euridice*. Et comment voudriez-vous, après cela que je pusse y comparer l'effet de *la Fausse Magie* [1]? comment pouvoir comparer ce qui ne fait que plaire et attacher, à ce qui remplit l'âme, à ce qui la pénètre, à ce qui la bouleverse? comment comparer l'esprit à la passion? comment comparer un plaisir vif et animé, à cette mélancolie douce qui fait presque de la douleur une jouissance? Oh! non, je ne compare rien, et je jouis de tout [2].

Si mademoiselle de Lespinasse s'enivrait aux accords de cette musique inspirée[3], il était tout naturel que madame du Deffand tînt pour la musique de sa jeunesse,

---

[1] Opéra-comique de Grétry.

[2] *Lettres de mademoiselle de Lespinasse*, Amyot, p. 148, 149.

[3] Enivrement est bien le mot. Elle ne dort pas, c'est son idée fixe; toutes ses lettres de cette époque sont pleines de ce véritable délire. « Je voudrois entendre dix fois par jour cet air qui me déchire, et qui me fait jouir de tout ce que je regrette : *J'ai perdu mon Eurydice*, etc. Je vais sans cesse à *Orphée*, et j'y suis seule : mardi encore j'ai dit à

pour *Armide* et *Issé* contre ce sabbat auquel elle eût su gré
de l'endormir. Elle avait assisté à *Iphigénie*, et en était
revenue énervée[1]. Voltaire, qui ne perdait pas de vue
Paris, avait été informé sur-le-champ de l'enthousiasme
dont le maestro était l'objet. Il se montra des mieux
disposés pour ces nouveautés musicales. « Nous sommes
tous Gluck à Ferney[2], » écrivait-il, à la date du 27 mai,
au chevalier de Lisle, un officier de dragons, homme
aimable, diseur de riens spirituels, fort ami de madame du Deffand. Mais il apprend par ce dernier que
la marquise s'est déclarée contre l'importation nouvelle, et tout aussitôt l'auteur de *la Henriade* de faire
amende honorable auprès de sa vieille et redoutable
amie : il ne veut pas être infidèle aux chefs-d'œuvre
qu'ils ont, en d'autres temps, applaudis, elle et lui[3].
D'Argental ne pense pas, du reste, autrement que
madame du Deffand et Voltaire, et s'exprime dans
les mêmes termes. Mais tant de gens disent que notre
musique est du plain-chant, tant de langues crient, de
Pétersbourg à Madrid, que nous n'avons pas de musique, que le poëte n'ose se battre contre toute l'Europe[4].

---

mes amis que j'allois faire des visites, et j'ai été m'enfermer dans une
loge. » 22 septembre. — « Mon ami, je sors d'*Orphée* : il a amolli, il
a calmé mon âme... » 14 octobre. — « Je vous quittai hier par ména-
gement pour vous, j'étois si triste! je venois d'*Orphée*. Cette musique
me rend foile : elle m'entraîne; je ne puis plus manquer un jour : mon
âme est avide de cette espèce de douleur. » 22 octobre. — « Il n'y a
qu'*Orphée* que je puisse soutenir... » 28 octobre.

[1] *Correspondance complète de la marquise du Deffand.* Paris, Plon,
1855, t. II, p. 477, 478. Lettre à Walpole, du samedi 11 mars 1775.

[2] Voltaire, *OEuvres complètes.* Beuchot, t. LXVIII, p. 497. Lettre de
Voltaire au chevalier de Lisle; 27 mai 1774.

[3] Ibid., t. LXVIII, p. 506. Lettre de Voltaire à madame du Deffand;
25 juin 1774.

[4] Ibid., t. LXIX, p. 35. Lettre de Voltaire à d'Argental; 12 auguste 1774.

Et puis madame Denis, « qui montre la musique à
l'arrière-petite-nièce de Corneille, » prétend que le chevalier Gluck module infiniment mieux que Lulli, que
Destouches et que Campra[1] ; et l'autorité de madame
Denis doit être d'un grand poids à ses yeux. Le chevalier avait le vent en poupe ; il se pouvait, en somme,
que Gluck valût Destouches. « Il me semble, écrivait
Voltaire à Marin (ce Marin que Beaumarchais ne devait
rendre bientôt que trop célèbre), que Louis XVI et
M. Gluck vont créer un nouveau siècle. C'est un Solon
sous lequel nous aurons un Orphée... » Mais il a beau
faire, il a peine à renoncer à ses admirations passées ;
sans compter que ce grand bruit fait autour de ce
nouveau venu est bien capable de lui inspirer quelque
humeur. Aussi finit-il cette même lettre par un point
d'interrogation, qui prouve que sa conviction propre
n'est rien moins qu'établie. « Je vous prié de me dire
si vous êtes idolâtre d'*Orphée*, et si vous avez abjuré
entièrement *Roland* et *Armide*[2]. »

A Paris tout le monde en est un peu logé là et ne
sait trop à quoi s'en tenir. Nous avons vu mademoiselle
de Lespinasse parler de *la Fausse magie* à propos d'*Orphée* ; et, bien qu'elle déclare que cela ne peut se
comparer, c'est l'émotion infiniment plus que la supériorité qui l'entraîne, et il n'est pas très-sûr qu'elle se
rende compte de l'immensité de l'abime qui se trouve
entre les deux partitions si inégales de genre et de
génie. Une autre femme d'esprit, qui était, elle aussi,

---

[1] Voltaire, *OEuvres complètes*. Beuchot, t. LXIX, p. 36. Lettre de
Voltaire à madame du Deffand ; 12 auguste 1774.

[2] Ibid., t. LXIX, p. 42. Lettre de Voltaire à M. Marin : 16 auguste
1774.

en possession de débiter des oracles, madame Necker,
dira de son côté, à l'égard d'*Orphée*, dont le succès à
son avis aurait été moindre que celui d'*Iphigénie* :
« On commence à revenir à Grétry, dont les airs semblent plus faits pour nos oreilles[1]. » Qu'ajouter à une
énormité de cette force, quelles que soient d'ailleurs les
qualités charmantes de verve, de naturel et de grâce de
l'auteur de tant de mignonnes compositions ?

Nous avons cité plus haut la réponse de Rousseau sur
l'opéra d'*Azolan*. Azolan, dont les mauvais plaisants
avaient fait *Désolant*, ne méritait pas le mal que se donnèrent les partisans de Gluck pour hâter son agonie.
S'il fallait en croire les Nouvelles à la main, ceux-ci
eussent remué des pieds et des mains auprès de l'orchestre pour que sa méchante exécution portât le dernier
coup à cet ouvrage éphémère, et les symphonistes ne se
fussent que trop prêtés, ainsi que les acteurs, à ces
tristes manœuvres[2]. Cette opposition déloyale aurait,
en tous cas, manqué son but ; et le compositeur dut une
apparence de vogue peut-être plus à ces menées qu'à
la pantomime de *Bacchus et Ariane*, du second acte,
exécutée d'une façon charmante par Vestris et mademoiselle Guimard. Certes, Floquet n'était pas de taille à
lutter avec Gluck, quoique l'idée lui en vienne plus
tard. Mais Gluck et les siens seront peu d'humeur désormais à souffrir notre première scène occupée par un
autre que lui. Floquet, d'ailleurs, avait un antécédent
inquiétant. L'année précédente, l'*Union de l'Amour et*

---

[1] *Mélanges extraits des manuscrits de madame Necker.* Paris, an VI,
1798, t. I, p. 540. Lettre de madame Necker à M. Grimm ; 1775.

[2] *Mémoires secrets.* Londres, John Adamson, t. VII, p. 240, 243, 245.
24 novembre, 1er et 4 décembre 1774.

des Arts avait obtenu quatre-vingts représentations consécutives, succès inouï, auquel, avec *Armide* et *Didon*,
n'atteindront ni Gluck, ni Piccinni [1].

L'Orphée allemand était à l'apogée de sa gloire. Il se
voyait caressé des grands, l'objet de l'enthousiasme
d'un public qui commençait, chaque jour davantage, à
sentir la supériorité de cette musique sur ce qu'on appelait la musique nationale. Pour lui faire oublier de
petits dégoûts [2] et le retenir en France, la jeune reine
lui fit assurer une pension de six mille livres, et six mille
livres, en outre, pour tout ouvrage nouveau que l'on
représenterait [3]. Cette générosité devait avoir pour effet
de piquer d'émulation Marie-Thérèse, qui le nomma
compositeur de la cour impériale, avec deux mille
florins d'appointements et la faculté de venir à Paris
tous les ans faire jouer ses opéras [4]. Si l'affection de
Marie-Antoinette pour son maitre de chant, « notre bon
Gluck, » comme elle l'appelait [5], était excessive, une
seule circonstance allait payer toutes ses bontés.

---

[1] *Correspondance des professeurs et amateurs de musique*, du samedi 26 janvier 1805 (6 pluviôse an XIII), n° 4.

[2] Ceux-ci, entre autres. « On parle d'une caricature représentant le
théâtre de l'Opéra enrichi de magnifiques décorations, et rempli de
dindons, que le chevalier Gluck semble conduire dans son costume allemand, c'est-à-dire grossièrement vêtu, le chapeau sur le côté, un
bâton à la main. Au bas on lit : *Glou, glou*, cri ordinaire de cette vola-
tile ignoble. » *Mémoires secrets*. Londres, John Adamson, t. XXVII,
p. 279; 11 août. Additions à l'année 1774.

[3] Hippeau, *le Gouvernement de Normandie aux dix-septième et dix-
huitième siècles*. Caen, 1864, t. IV, p. 93; 14 août 1774.

[4] *Mémoires secrets*. Londres, John Adamson, t. VII, p. 209, 232,
25 août; 3 novembre 1774. — Anton Schmid, *Christoph Willibald Ritter
von Gluck. Dessen Leben und tonkünstlerisches Wirken*. Leipzig, 1854,
p. 233. 18 octobre 1774.

[5] Feuillet de Conches, *Louis XV, Marie-Antoinette et Madame Eli-
sabeth*. Paris, Plon, 1864, t. I, p. 94. Lettre de Marie-Antoinette à sa
sœur Marie-Christine; le 3 mai 1777.

Iphigénie en Aulide fut reprise, le 10 janvier (1775),
avec quelques changements jugés nécessaires. La princesse voulut s'y trouver et y parut « en petite loge[1] »
accompagnée de Monsieur et de Madame, et du comte
d'Artois. A la troisième scène du second acte, Le Gros,
au lieu de dire avec le chœur : *Chantez, célébrez votre
reine*, se tournait vers sa souveraine et s'écriait avec
une intention à laquelle le chœur s'associait :

> Chantons, chantons notre reine,
> Et que l'hymen qui l'enchaîne
> Nous rende à jamais heureux!

L'allusion fut saisie avec transport, les yeux se dirigèrent sur la princesse que son trouble embellissait
encore. Le morceau fut bissé, l'enthousiasme s'accrut
de tout l'embarras, de toute l'émotion de celle qui était
l'objet de ces hommages aussi sincères qu'ils étaient
spontanés. Rien alors ne pouvait faire pressentir l'a-
venir ; elle apprenait de la façon la plus charmante les
sentiments pleins de confiance et d'espérance de ce
peuple en ses nouveaux maîtres : c'était une de ces
fêtes du cœur qui ne se répètent guère et dont elle était
redevable à l'*Iphigénie* de son protégé[2].

Louis XVI, qui ne s'était pas trouvé à cette manifestation enthousiaste, voulut assister, avec toute la cour,
à la représentation suivante dont il revint émerveillé.
« J'ai été ravi hier, écrivait-il le lendemain à M. de la
Vrillière, de l'opéra d'*Iphigénie en Aulide*, du chevalier

---

[1] *Gazette de France* du lundi 16 janvier 1775, p. 23.
[2] *Mémoires secrets*. Londres, John Adamson, t. VII, p. 264, 265 ;
14 janvier 1775.—Grimm, *Correspondance littéraire*. Paris. Furne, t. VII.
p. 428 ; janvier 1775. — Madame Campan, *Mémoires*. F. Barrière,
p. 105. — Weber, *Mémoires*. F. Barrière, p. 51, 52.

Gluck, que j'ai entendu à Paris. La reine, Madame et
mes deux frères en ont été enchantés comme moi.
C'est un ouvrage de la plus grande beauté. J'en ai
témoigné ma satisfaction à l'auteur après le spectacle[1],
je veux lui envoyer quelque présent qui montre le cas
que je fais de sa personne et de ses talents[2]. » A un
autre point de vue encore, Gluck dut se féliciter de
n'avoir pas cédé à sa mauvaise humeur devant les importunités sans nom des maîtres de ballets et des premiers sujets. « On sait, lisons-nous dans la *Correspondance secrète*, qu'à force de multiplier les danses, ils
détruisent l'intérêt de la pièce, et interrompent l'ensemble de la musique. M. *Vestris*, notre célèbre danseur a exigé qu'il y eût un air pour faire danser son
fils. M. *Gluck*, outré de toutes ces tracasseries, avoit
retiré son opéra, et ce n'a été qu'après les sollicitations
les plus fortes qu'il l'a rendu[3]... » Nous ne savons au
juste la part qui avait été faite originairement à la
chorégraphie. L'ouvrage, tel qu'il nous est resté, contient sept ballets petits et grands[4]. En tous cas, il
fut tenu compte au musicien de sa facilité par les connaisseurs, qui applaudirent surtout une danse de lut-
teurs dont la musique parut charmante[5].

---

[1] La reine l'avait déjà fait appeler après la représentation du 13,
pour lui témoigner toute sa satisfaction.

[2] Feuillet de Conches, *Louis XVI, Marie-Antoinette et Madame Élisabeth*. Paris, Plon, 1864, t. I, p. 60. Lettre du roi au duc de la Vrillière; Versailles, le 14 janvier 1775.

[3] *Correspondance secrète*. Londres, John Adamson, 1787, t. I, p. 178;
28 janvier 1775.

[4] Comme la partition était déjà publiée, ces nouveaux airs, assure
Castil-Blaze, n'y figurent pas, bien qu'on les ait exécutés au théâtre
depuis 1775 jusqu'aux dernières exhibitions de ce chef-d'œuvre en 1822.
L'Académie impériale de musique. Paris, 1855, t. I, p. 540.

[5] La Harpe, *Correspondance littéraire*. Paris, Migneret, t. I, p. 63.

L'arrivée du jeune archiduc Maximilien fut l'occasion, pour la coùr, de galas, de divertissements sans nombre. On commanda un petit opéra à Gluck. Nous avons vu le comte Durazzo se faire envoyer tous les opéras-comiques joués avec quelques succès à Paris, les faire accommoder à la mode de Vienne, et les livrer, ainsi expurgés, au chevalier. Ce fut un de ces opéras-comiques, *le Poirier ou l'Arbre enchanté*, que le chevalier arrangea pour Versailles. Molines, le traducteur d'*Orphée*, avait été chargé de le mettre en vers et de l'enrichir d'ariettes, et le nouveau travail du compositeur s'était borné à appliquer les airs sur les paroles françaises. Cela fut représenté dans *une foire* sur le terrain du Manége[1], devant Leurs Majestés, le lundi 27 février 1775, par la comédie italienne, sans grand succès, toutefois[2]. C'était Monsieur qui donnait la fête.

Le chevalier, qui partaît bientôt après pour Vienne, avait livré ou s'était laissé arracher un opéra-ballet, en trois actes, *Cythère assiégé*, que nous avons vu figurer, comme *l'Arbre enchanté*, parmi les petites

---

[1] « On lui avoit donné toute l'apparence d'une foire; et l'on y remarquoit sept rues couvertes, bordées de boutiques, de cafés, de différents spectacles, etc., etc. La salle que le sieur Nicolet fait construire à la foire de Saint-Ovide, y fut bâtie, et servit aux comédiens français et italiens réunis ensemble, qui représentèrent *la Nouvelle Troupe* et *le Poirier*, opéra-comique, ce dernier remis en musique par M. le chevalier Gluck... » *Spectacles des foires et des boulevards de Paris ou Calendrier historique et chronologique des théâtres forains*, pour l'année 1777, p. 185 à 190. Ces foires étaient fort à la mode alors, et Collé nous donne le scenario d'un divertissement de ce genre, représenté le 7 septembre 1750, à Etiolles, ayant pour titre : *la Foire du Parnasse*. Collé, *Journal*. Paris, 1805, t. I, p. 270 à 282.

[2] *Mémoires secrets*. Londres, John Adamson, t. XXIX, p. 295. —*Correspondance secrète*. Londres, John Adamson, 1787, t. I, p. 215, 216.

pièces gaies que Durazzo faisait approprier aux spectacles de la cour impériale. Quelques changements étaient indispensables pour qu'il pùt être joué à l'Opéra. Il est à croire que Gluck n'attachait point une importance extrême à cet ouvrage ; autrement, exigeant et soigneux comme il était, il en eût suivi avec assiduité les répétitions. L'idée que le maître avait donnée de lui ne pouvait que nuire à cette bluette dont le peu de succès fut un triomphe pour ses ennemis (11 août 1775). On prétendit que Ramistes, Grétristes, Philidoristes et Floquetistes s'étaient entendus pour couler le frêle esquif. Mais *Iphigénie* et *Orphée* s'étaient trouvés en présence des mêmes mauvais vouloirs et les avaient affrontés. « Ne croyez pas, disent les Nouvelles à la main, que cette chute soit l'effet d'une cabale des envieux que le mérite de M. Gluck lui a suscités ; il est tombé par son propre poids, par la lourdeur de son spectacle, le peu de saillant de sa musique, le peu d'expression de ses danses [1], et généralement ce qu'on appelle l'ensemble de la représentation [2]. » La pauvre *Cythère* ne fut pas à l'abri des quolibets. Les guerriers apportaient des échelles pour monter à l'assaut ; de mauvais plaisants dirent qu'elles n'étaient là que pour afficher le nouvel opéra [3]. Mieux eût valu sans doute attendre patiemment *Alceste* que de compromettre le nom du compositeur allemand, en exhumant de sa poussière une farce dont les ordures avaient fait tout

---

[1] La musique des ballets du dernier acte n'est pas de Gluck, elle est de Berton.

[2] *Correspondance secrète*. Londres, John Adamson, 1787, t. II, p. 110, 12 août 1775.

[3] *Mémoires secrets*. Londres, John Adamson, t. VIII, p. 144.

le succès à l'Opéra-Comique et qui, privée de ses gravelures, parut médiocrement réjouissante. « Il semble, dit la Harpe, que Gluck ait voulu descendre ; mais il ne descend pas de bonne grâce, il faut qu'il reste à sa hauteur, et qu'il prenne sa revanche dans *Alceste*[1]. » Ce fut aussi l'avis de l'abbé Arnaud, *le grand pontife des Gluckistes* : « Hercule, dit-il, était plus habile à manier la massue que les fuseaux. »

Indépendamment d'*Alceste*, qui devait, lui aussi, subir de notables modifications avant de paraître sur notre scène lyrique, Gluck était convenu d'écrire pour l'Opéra deux autres ouvrages, *Roland* et *Armide*. Les partisans de notre ancienne musique durent trouver assez irrévérencieuse cette sorte de parti pris de refaire les opéras de Lulli. En somme, le chevalier n'avait guère à redouter la comparaison et se sentait très-rassuré sur les conséquences d'une semblable témérité. Mais il n'en fut pas de même, quand il apprit que l'Académie royale s'était arrangée avec l'italien Piccinni pour un autre *Roland*. Il jeta feu et flammes, cria à la trahison, et anéantit ce qu'il y avait déjà de fait de sa partition[2]. On jugera de son exaspération par la lettre qu'il écrivait à ce sujet au bailli du Roullet, et qui fut reproduite dans l'*Année littéraire*. « Sans la participation de M. Gluck, y

---

[1] La Harpe, *Correspondance littéraire*. Paris, Migneret 1807, t. I, p. 224, 252.

[2] Gluck, en 1777, pour motiver sa demande d'une augmentation de pension à laquelle il ne pouvait avoir droit qu'après avoir donné au moins six ouvrages, fera valoir comme appoint cette partition détruite dans un moment de fureur. « ... Il ajoute à cela qu'il a aussi travaillé l'opéra de *Roland*. » Archives nationales. Ancien régime. Opéra, 01,634. *Bulletin de l'Opéra relatif à la lettre de M. le duc de la Vrillière, au sujet de M. Gluck et des engagements dudit S. avec l'administration de l'Opéra, le 12 février 1775. Du 25 novembre 1777.*

est-il dit, et de la personne à qui elle est adressée. »

Je viens de recevoir, mon ami, votre lettre du 15 janvier, par laquelle vous m'exhortez à continuer de travailler sur les paroles de l'opéra de *Roland*; cela n'est pas faisable; parce que, quand j'ai appris que l'administration de l'Opéra, qui n'ignoroit pas que je faisois *Roland*, avoit donné ce même ouvrage à faire à M. Piccini, j'ai brûlé tout ce que j'en avois déjà fait, qui peut-être ne valoit pas grand chose, et en ce cas, le public doit avoir obligation à M. Marmontel d'avoir empêché qu'on ne lui fit entendre une mauvaise musique[1]. D'ailleurs, je ne suis plus un homme fait pour entrer en concurrence. M. Piccini auroit trop d'avantage sur moi, car, outre son mérite personnel, qui est assurément très-grand, il auroit celui de la nouveauté, moi ayant donné à Paris quatre ouvrages bons ou mauvais n'importe; cela use la fantaisie, et puis je lui ai frayé le chemin, il n'a qu'à me suivre. Je ne vous parle pas de ses protections. Je suis sûr qu'un certain politique de ma connaissance donnera à dîner et à souper aux trois quarts de Paris, pour lui faire des prosélites, et que Marmontel, qui sait si bien faire des contes, contera à tout le royaume le mérite exclusif du seigneur *Piccini*. Je plains, en vérité, M. Hébert d'être tombé dans les griffes de tels personnages, l'un, amateur exclusif de musique italienne, l'autre, auteur dramatique d'opéras prétendus comiques. Ils lui feront voir la lune à midi. J'en suis vraiment fâché; car c'est un galant homme que ce M. Hébert, et c'est la raison pour laquelle je ne m'éloigne pas de lui donner mon *Armide*, aux conditions cependant que je vous ai marquées dans ma précédente lettre, et dont les essentielles, je vous le répète, sont qu'on me donnera au moins deux mois, quand je serai à Paris, pour former mes acteurs et mes actrices; que je serai le maître de faire faire autant de répétitions que je croirai nécessaire; qu'on ne laissera doubler aucun rôle; et qu'on tiendra un opéra tout prêt, au cas que quelque acteur ou actrice soit incommodé. Voilà mes conditions, sans lesquelles je garderai l'*Armide* pour mon plaisir. J'en ai fait la musique de manière qu'elle ne vieillira pas si tôt[2].

---

[1] *Année littéraire.* 1776, t. VIII, p. 522 à 527.

[2] Mais ce procédé n'était pas nouveau, et ce n'eût pas été la première fois que les deux maîtres se fussent essayés sur les mêmes poëmes. L'on peut citer au moins sept opéras de Métastase mis en musique par Gluck et Piccinni : *Alessandro nell'Indie*, *Artaserse* (Piccinni en a fait deux), *Demofoonte*, *Demetrio*, *Ipermenestra*, *Antigono*, et *Il re pastore*.

Ces dernières conditions relatives aux répétitions, aux acteurs malades, et aux doublures qu'on pouvait avoir l'idée de leur substituer (ce qui avait eu lieu en effet dans *Cythère assiégée*), Gluck était en droit de les imposer, et l'on s'étonne qu'il ne les eût pas dictées dès *Orphée*[1]. Bien que cette lettre soit sans date, elle n'a dû être écrite au plus tôt qu'à la fin d'avril (*Alceste* sera joué le 23), et tout fait supposer qu'elle ne le fut pas beaucoup avant sa publication *indiscrète* dans l'*Année littéraire*, c'est-à-dire en décembre, au moment de l'arrivée de Piccinni à Paris. C'était prendre son temps pour répondre à une lettre du 15 janvier, et l'on aura peine à croire que cette épître, adressée au bailli, ne s'adressât pas autant et plus au public. Ce n'est pas la première fois que ce correspondant de Gluck se laisse dérober les confidences de l'amitié et que des gazettes infidèles s'en emparent, sans trop de déplaisir au fond pour tous les deux : de cette façon l'on mettait le monde au fait de ses affaires avec une franchise et une rudesse dont on n'avait point à se défendre, puisque cela ne devait pas lui être communiqué. Mais il n'y avait guère moyen, ce semble, de prendre le change, et personne, en réalité, ne fut dupe de ce machiavélisme quelque peu grossier.

---

[1] « Tous les rôles sont doubles ou triples, écrit l'amant de Julie à madame d'Orbe, c'est-à-dire qu'il y a toujours un ou deux acteurs subalternes prêts à remplacer l'acteur principal, et payés pour ne rien faire jusqu'à ce qu'il lui plaise de ne rien faire à son tour; ce qui ne tarde jamais beaucoup d'arriver. Après quelques représentations, les premiers acteurs, qui sont d'importants personnages, n'honorent plus le public de leur présence; ils abandonnent la place à leurs substituts, et aux substituts de leurs substituts. On reçoit toujours le même argent à la porte, mais on ne donne plus le même spectacle. » J. J. Rousseau, *OEuvres complètes*. Pourrat, 1831, t. VIII, p. 482, 483. *Nouvelle Héloïse*, part. II, lettre XXIII.

Gluck était au fait depuis longtemps de tout le mal que se donnaient les Bouffonnistes pour préparer les voies au célèbre maestro napolitain. Voici ce qu'on lit dans un recueil anonyme, seize jours avant la représentation d'*Iphigénie en Aulide* : « Les partisans de madame la comtesse Du Barry lui ont fait entendre qu'elle ne pouvait mieux s'illustrer que par une protection éclatante envers les arts : ils l'ont excitée à se piquer de rivalité à cet égard envers madame la dauphine, et comme cette princesse protége hautement le Sr Gluck et a favorisé son arrivée en France, ils l'ont engagée à opposer un émule à ce dernier en la personne du sieur Piccini, qu'elle fait venir d'Italie. On connaît déjà un opéra-comique de cet auteur, intitulé *la Buona Figliola*, qui a eu beaucoup de succès à Paris[1]. » C'était pour ce dernier entrer par une mauvaise porte : il serait la créature de la maîtresse du roi comme le chevalier était celle de la future reine. En réalité, ses amis ne s'étaient adressés à la favorite que parce qu'elle seule était en position d'amener à bien une négociation qu'avaient à cœur les partisans très-ardents du goût italien. Marmontel donnerait, toutefois, à entendre que l'idée de s'adresser à Piccinni était pour le moins de date aussi ancienne que les démarches de Gluck, si elle ne leur était pas antérieure. Depuis longtemps l'Opéra se trouvait dans un état de pénurie et de décadence tel, qu'il ne se soutenait qu'aux dépens du trésor public. L'ambassadeur de Naples, le marquis Caraccioli, le même que Gluck avait en vue quand il parle « d'un ama-

---

[1] *Mémoires secrets*. Londres, John Adamson, t. VII, p. 153; 5 avril 1774.

teur exclusif de musique italienne, » essaya de faire comprendre que le seul moyen de le sauver de sa ruine était d'appeler d'au delà des monts une des célébrités alors en honneur sur les théâtres de Rome, de Venise ou de Naples. Le nom de Piccinni fut prononcé. Madame du Barri se montra très-favorable à ces ouvertures[1]; et notre ministre, le baron de Breteuil, eut ordre de s'aboucher avec celui-ci et de l'attirer en France avec la promesse d'une gratification annuelle de deux mille écus[2].

Mais la mort de Louis XV coupait naturellement court à ces pourparlers, et la négociation en demeura là. Ce n'était, en somme, que partie remise. Le marquis Caraccioli obtint en effet de la reine permission de renouer l'affaire; il écrivit au musicien qui, séduit,

[1] L'abbé Galiani, Napolitain comme Piccinni et Caraccioli, écrivait à Madame d'Epinay, en mai 1774 : « Piccini nous quittera, sans faute, pour aller vous trouver. Il est digne d'être connu personnellement de vous. Sa femme chante très-joliment; on me dit que M. de la Borde, à son retour d'Italie, ayant beaucoup parlé de lui à madame la comtesse du Barri, c'est elle qui l'a engagé à passer en France, avec des conditions fort lucratives pour lui; et il s'y est déterminé. » Galiani, Correspondance. Paris, 1818, t. II, p. 106. Naples, 14 mai 1774. Ginguené attribue également à l'auteur de l'Essai sur la musique les premières démarches relatives à ce projet d'attirer en France le maître napolitain. Notice sur la vie et les ouvrages de Nicolas Piccinni. Paris, an IX, p. 24. Le brevet de sortie accordé à M. de la Borde pour un voyage de trois mois en Italie est à la date du 19 juin 1773. Archives nationales, O-118. Registre du secrétariat de la maison du roi, de l'année 1773, p. 153.

[2] Marmontel, Mémoires. Paris, Ledoux, 1828, t. II, p. 108. — Ginguené, Notice sur la vie et les ouvrages de Nicolas Piccinni. Paris, an IX, p. 24. Nous ne savons où M. Nohl a pris que l'auteur futur d'Atys et de Didon avait été l'amant de madame du Barri. Lettres de Gluck et de Weber, publiées par M. Nohl, traduction de Guy de Charnacé. Plon, 1870, p. 44. Piccinni n'avait jamais quitté l'Italie, il ne pouvait connaître la favorite que par ses portraits. Ses mœurs, son caractère, les circonstances, tout concourt donc à démontrer surabondamment sa parfaite innocence.

comme Gluck, par la perspective de nouveaux triomphes, bien que la situation ne fût plus la même, ne devait pas hésiter à quitter son beau ciel napolitain pour notre ciel gris et pluvieux. Lequel de Gluck ou de Piccinni eut le premier la pensée de faire un *Roland?* Dans sa lettre, le chevalier dit que l'Académie n'ignorait point qu'il composait un opéra sur ce sujet ; mais alors déjà, s'il faut en croire Marmontel, Piccinni travaillait de son côté sur le poëme de Quinault retouché par lui. Les motifs qu'allègue l'Orphée allemand pour abandonner ce qu'il avait composé de *Roland*, nous paraissent peu sérieux. Il ne veut point entrer en concurrence avec Piccinni par la singulière raison qu'il aurait contre soi les quatre batailles qu'il a livrées et gagnées, sauf une peut-être ; c'est la première fois que l'on s'effraye de pareils résultats. Ces petites inconséquences sautent aux yeux et prouvent, entre autres choses, qu'il est bien malaisé d'être complétement sincère quand les intérêts et l'amour-propre sont de la partie.

IV

ALCESTE. — LA SOIRÉE PERDUE A L'OPÉRA. — LA HARPE
ET L'ANONYME DE VAUGIRARD.

Il avait fallu remanier *Alceste* pour l'approprier à
notre scène et à la voix de nos chanteurs. Ce travail de
retouche, auquel succédait une besogne non moins
sérieuse et cent fois plus ingrate (nous voulons parler
des répétitions), mena jusqu'au 23 avril (1776). L'affluence ne fut pas moins grande à *Alceste* qu'aux représentations d'*Iphigénie* et d'*Orphée*. Toute la cour
entourait sa jeune reine, qui, fidèle à l'amitié, n'eût
voulu pour rien au monde refuser au chevalier l'appui
moral de sa présence. Les deux premiers actes furent
écoutés favorablement; mais le dernier gâta tout,
et l'impression du public fut telle que le pouvaient souhaiter la haine et l'envie. Comment Gluck
supporta-t-il ce coup terrible? L'on a prétendu qu'il
erra désespéré dans les couloirs et se précipita dans
la rue pour prendre un peu l'air et se remettre. Il
rencontra l'abbé Arnaud, qui peut-être le cherchait,
et se jeta dans ses bras en pleurant : « *Alceste* est
tombée ! — Tombée du ciel ! » lui répond cet ami

chaud en l'embrassant. Mais si sa désolation eut cet
excès, il est à croire qu'il sut vite la maîtriser. Il
affecta même un flegme, un dédain supérieur au
malheur qui le frappait. Quelque dévoué que soit
Corancez, nous n'avons aucune raison de suspecter la
bonne foi de son récit ; il était tout simple que Gluck
ressentît vivement un pareil coup, et quelque attendrissement sur le sort de son œuvre ne compromettait d'aucune sorte, ce nous semble, la dignité de son
caractère.

Alceste n'eut aucun succès à la première représentation. Je joignis
M. Gluck dans les corridors, je le trouvai plus occupé à chercher la
cause d'un événement qui lui paroissoit si extraordinaire, qu'affecté
de ce peu de succès. Il seroit plaisant, me dit-il, que cette pièce
tombât ; cela feroit époque dans l'histoire du goût de votre nation.
Je conçois qu'une pièce composée purement dans le style musical
réussisse ou ne réussisse pas ; cela tient au goût très-variable des
spectateurs ; je conçois même qu'une pièce de ce genre réussisse
d'abord avec engouement, et qu'elle meure ensuite en présence et
pour ainsi dire du consentement de ses premiers admirateurs ; mais
que je voie tomber une pièce composée tout entière sur la vérité de
la nature, et dans laquelle toutes les passions ont leur véritable
accent, je vous avoue que cela m'embarrasse. *Alceste*, m'ajouta-t-il
fièrement, ne doit pas plaire seulement à présent et dans sa nouveauté ; il n'y a point de temps pour elle ; j'affirme qu'elle plaira
également dans deux cents ans, si la langue française ne change
point, et ma raison est que j'en ai posé tous les fondemens sur la
nature, qui n'est jamais soumise à la mode [1].

Une certaine crânerie devant l'insuccès ne messied
pas à l'artiste convaincu. Mais il y a dans les paroles
de Gluck une infatuation qui dépasse les bornes et qui
irrite, comme tout ce qui est surfait. Il ne pouvait oublier qu'à Vienne aussi, il y avait eu hésitation, et

[1] *Journal de Paris*, n° 237, p. 1022. Dimanche 24 août 1788.

qu'*Alceste* n'avait pas été acclamée à la première audition. Bien avant cette représentation, Rousseau écrivait de l'*Alceste* italienne les lignes qui suivent, et qui
eussent donné à réfléchir à Gluck, si, après avoir supplié celui-ci de transcrire en toute sincérité son sentiment sur la partition, il eût manifesté le même empressement à connaître le résultat de cette lecture[1].

Je ne connois point d'opéra où les passions soient moins variées
que dans l'*Alceste* : tout y roule, presque sur deux seuls sentiments,
l'affliction et l'effroi ; et ces deux sentiments, toujours prolongés,
ont dû coûter des peines incroyables au musicien, pour ne pas
tomber dans la plus lamentable monotonie. En général, plus y a de
chaleur dans les situations et dans les expressions, plus leur passage doit être prompt et rapide, sans quoi la force de l'émotion
se ralentit dans les auditeurs ; et, quand la mesure est passée,
l'acteur a beau continuer de se démener, le spectateur s'attiédit, se
glace, et finit par s'impatienter.

Il résulte de ce défaut que l'intérêt, au lieu de s'échauffer par
degrés dans la marche de la pièce, s'attiédit au contraire jusqu'au
dénouement, qui, n'en déplaise à Euripide lui-même, est froid,
plat, et presque risible à force de simplicité.

Si ces critiques s'adressent à l'auteur du poëme, le
maestro assume aussi sa part de responsabilité. C'est
un philosophe qui raisonne son art ; il aura discuté,
débattu la donnée avec Calzabigi, et leur erreur sera
commune. En somme, malgré ces défauts, l'œuvre devait se relever par sa propre force, comme ces plantes

---

[1] Il faut bien pourtant que Rousseau et Gluck aient discouru ensemble, si peu que ce soit, sur la partition d'*Alceste*, puisque l'auteur
du *Devin du village* dit, à propos du divertissement du second acte :
« J'ai donné, pour mieux encadrer cette fête, et la rendre touchante
et déchirante par sa gaîté même, une idée dont M. Gluck a profité dans
son *Alceste* français.. » Rousseau, *OEuvres complètes*. Pourrat, 1832,
t. XII. p. 589. Fragments d'observations sur l'*Alceste* italien de M. le
chevalier Gluck.

un instant courbées par une pluie torrentielle, et qu[i]
se redressent d'elles-mêmes. Mais nous devions ces réflexions à la décharge de notre goût que le chevalier
se hâtait un peu trop de frapper d'anathème, quand il
eût été aussi judicieux de chercher ailleurs les causes
de l'accueil hésitant de la première soirée.

Gluck avait manqué de reconnaissance envers mademoiselle Arnould, si belle, si passionnée dans *Iphigénie*, si pathétique encore, bien qu'un peu effacée par
Le Gros, dans *Orphée*. Au lieu de lui confier le rôle, il
l'avait donné à mademoiselle Levasseur[1], qui, il faut
le dire, y déploya beaucoup d'art et de sensibilité.
La pauvre Sophie n'avait donc pas démérité, et le motif qui l'avait fait exclure était d'une tout autre nature. Sa rivale avait l'honneur d'être fort dans les
bonnes grâces du comte Merci-Argenteau, l'ambassadeur d'Autriche à la cour de France, et l'amoureux
diplomate avait obtenu le rôle de l'amitié de l'Orphée
allemand. Si Gluck eut cette complaisance, c'est qu'il
savait qu'elle ne préjudicierait pas à l'ouvrage, et
l'événement prouva qu'il n'avait pas trop compté sur
le talent de l'actrice ; mais cette injustice fut ressentie
vivement par Sophie et ses nombreux amis, qui ne
s'employèrent pas fort chaudement, on le pense, au
succès de la partition[2].

---

[1] Elle se nommait Rosalie. Elle avait pris le nom de Levasseur depuis
la comédie des *Courtisanes*, de Palissot, où l'une des héroïnes s'appelle
Rosalie.

[2] Bien que jolie, Rosalie avait un extérieur peu distingué, ce qui fit
dire à Sophie, devant les applaudissements qu'obtenait sa belle voix :
« Ce n'est pas étonnant, elle a la voix du peuple. » On lui prête le même
mot à l'égard de mademoiselle Duranci jouant Clytemnestre dans *Iphigénie*. *Mémoires secrets.* Londres, Adamson, t. XIII, p. 525 ; 22 mars 1779.

Alceste, tombée à Paris comme à Vienne, devant
un public qui n'était pas complétement composé d'ennemis, qui, tout au contraire, réunissait des partisans
dévoués jusqu'au fanatisme, n'annonçait devoir vivre
que le temps juste de satisfaire à cette curiosité qu'é-
veille toute œuvre, même avortée d'un maître de
l'art. Son défaut capital, aux yeux du plus grand
nombre, c'était l'austérité, la monotonie d'un drame
larmoyant insuffisamment relevé par des ballets qui
n'avaient non plus « rien de gai » et dépourvus « d'airs
de violon », la chose regardée comme indispensable de
tout ballet. On fit contre le pauvre opéra l'épigramme
qu'on va lire. L'on était alors en plein jubilé :

> Pour Jubilé l'on représente *Alceste :*
> Les confesseurs disent aux pénitens
> Ne craignez rien, à ce drame funeste
> Pour station, allez tous, mes enfans :
> Par là bien mieux dans ce temps d'abstinence
> Mortifierez vos goûts et vos plaisirs ;
> Et si parfois vous avez des désirs,
> Demandez *Gluck* pour votre pénitence [1].

Mais, si dans l'opinion de bien des gens *Alceste* ne
devait point se relever de cette première impression,
les amis de Gluck ne l'entendaient pas ainsi ; ils tenaient
bon au théâtre, où ils s'efforçaient de convertir leurs
voisins, et dans les journaux, où ils engagèrent une
suite de combats de plume dont l'atticisme n'égala pas
toujours l'habileté d'argumentation et même l'excellence des raisons. Dans *la Soirée perdue à l'Opéra*, l'abbé
Arnaud établit un petit dialogue entre lui et plusieurs
auditeurs, dans la bouche desquels il a soin de placer

---

[1] *Mémoires secrets.* Londres, John Adamson, t. IX, p. 97 ; 29 mai 1776.

tout ce qu'on avait imaginé jusque-là contre la musique de Gluck ; et il en profite un peu pour faire dire
à ses interlocuteurs des inepties trop aisées à réfuter[1].
Cela est écrit avec esprit, avec un enthousiasme qui a
bonne grâce. Quant au fond des raisons, nous serions
bien surpris si elles n'eussent pas été fournies par
Gluck lui-même. De nos jours, Gluck eût créé un organe à lui, où se fussent surabondamment dévelop-
pées ses idées sur l'art, et où il eût sans doute aussi
un peu trop occupé le lecteur de sa personnalité.
On l'a vu profiter des moindres prétextes pour parler ou faire parler de lui dans les gazettes ; pour peu
qu'on lise attentivement la lettre du bailli du Roullet
au sujet d'*Iphigénie en Aulide* et celle que le chevalier
publia afin de décliner les éloges dont l'accablait un
ami trop zélé, on a de la peine à ne pas croire qu'il
n'ait eu une égale part à la première et à la seconde.
Nous sommes amené à en dire autant de cet article
de l'abbé Arnaud. Tout compétent qu'il soit, l'abbé
prend le mot d'ordre ; et, sans s'en rendre compte
peut-être, c'est sous la dictée du maître qu'il écrit.
Nous citerons ce passage, entre autres, qui nous paraît
significatif :

— Un moment ; un moment, monsieur l'admirateur éterne
(n'oublions pas que c'est un dialogue), s'écria avec emportement,
un homme qui pleuroit de rage, quand toutes les personnes sensibles pleuroient d'attendrissement : vous allez entendre un morceau
dont je vous invite à entreprendre l'éloge...Le voilà : eh bien, qu'en
dites-vous, messieurs : quatre vers entiers sur le même ton, sur la
même note ! y a-t-il rien de plus misérable, et n'est-ce pas là le
contraire de la musique ?— Il est vrai que le propre de la musique et

---

[1] Grimm, *Correspondance littéraire.* Paris, Furne, t. IX, p. 77.

surtout de la musique théâtrale, est de saisir l'accent des passions, de l'embellir, de le fortifier et de le rendre plus sensible; mais ce sont des *ombres*, qui sont sur la scène, et·il n'y a plus de passions au delà de la vie; ces vers ne sont point susceptibles d'une autre déclamation: et c'est en les privant même de leurs accens naturels et ordinaires, que le chevalier Gluck nous prouve à quel point il sent et respecte les convenances. Cependant, comme, il ne s'agit pas seulement d'imiter, et que l'imitation doit se faire en musique, réservez pour l'orchestre un bout de vos oreilles, et vous verrez qu'à cette déclamation monotone, le compositeur attache une harmonie très-variée, très-expressive et très–pittoresque, une harmonie faite pour émouvoir toutes les personnes sensibles, et pour pénétrer, tout à la fois, de terreur et d'admiration celles qui, à la sensibilité, joignent la connoissance de l'art [1]....

Les esprits spécieux, qui cherchent à se rendre compte, courent les risques quelquefois d'avoir plus d'esprit que le maitre et d'aller à côté ou au delà de sa pensée. Ici, l'abbé Arnaud est dans le vrai ; c'est bien là l'intention du compositeur, intention profonde sans doute, mais qui se raisonne plus qu'elle ne se sent et qui devait échapper à la généralité des spectateurs. Il se peut aussi que ·sa perspicacité, aidée par de longs entretiens avec le chevalier, ait eu moins d'efforts à faire, et, par conséquent, moins de mérite dans cette interprétation ingénieuse. Ainsi, ce que l'abbé Arnaud nous dit là, Corancez le répète de son côté, et il le tient de Gluck.

Le chœur des dieux infernaux m'avoit frappé de la plus grande terreur, mais je ne pouvois concevoir ce qui avoit amené M. *Gluck* à faire prononcer quatre vers sur une même note.

« Il n'est pas possible, me dit-il, d'imiter le langage des êtres

---

[1] *Mémoires pour servir à l'histoire de la révolution opérée dans la musique par le chevalier Gluck.* Naples, 1781, p. 53, 54. *La Soirée perdue à l'Opéra*, par M. L. A.

phantastiques, puisque nous ne les avons jamais entendus; mais il
faut tâcher de se rapprocher des idées que nous donnent d'eux les
fonctions dont ils sont chargés. Les diables, par exemple, ont un
caractère de convention bien connu et bien prononcé; l'excès de
la rage et de la fureur doit y dominer; mais les dieux infernaux
ne sont pas les diables; nous les regardons comme les ministres
du destin; ils n'agissent point par une passion qui leur soit propre; ils sont impassibles. *Alceste, Admète* leur sont indifférents; il
faut seulement qu'à leur égard le destin s'accomplisse. Pour montrer cette impassibilité qui les caractérise spécialement, je n'ai pas
cru pouvoir mieux faire que de les priver de tout accent, réservant
à mon orchestre le soin de peindre tout ce qu'il y a de terrible
dans ce qu'ils annoncent [1]. »

Il est curieux de voir Gluck expliquer ce qu'il a
voulu faire. Tout cela est fondé en raison, tout cela
est sage, et logique, et profond. Mais, encore une fois,
il est à craindre que ces beautés de réflexion n'échappent à l'auditeur le plus attentif dans la rapidité du
drame. Corancez, qui pouvait bien représenter cette
portion éclairée mais peu musicienne du public à
laquelle s'adressait Gluck, témoignait au maestro ses
étonnements, admirant toujours, bien qu'avouant que
son admiration était parfois confuse; de son côté,
Gluck était intarissable quand il s'agissait de ses œuvres, et le visible plaisir qu'on lui faisait en l'interro-
geant délivrait de toute appréhension d'importunité.
Mais c'est à cela que nous sommes redevables des précieux détails qui aident à connaître l'homme tout en
nous initiant à ses procédés et à sa métaphysique.

J'assistai à la première répétition de l'opéra d'*Alceste*, nous dit
encore Corancez; je me croyois seul à l'amphithéâtre, qui n'étoit
pas éclairé. L'exécution de la marche des prêtresses me fit donner
probablement quelque signe extérieur d'approbation. M. *Gluck* étoit

---

[1] *Journal de Paris*, n° 237, p. 1022. Dimanche 24 août 1788.

presque à mes côtés sans que je le visse. « Il me semble, dit-il, en
m'abordant, que cette marche vous fait plaisir? — N'en doutez
pas, lui dis-je, j'y trouve un caractère religieux qui, en même
temps qu'il m'est agréable, me cause de l'étonnement. — Je vais
vous l'expliquer, me dit-il. J'ai observé que tous les poëtes grecs
qui ont composé des hymnes pour les temples se sont tous assu-
jettis à faire dominer dans leurs odes un certain mètre ; j'ai pensé
que ce mètre avoit apparemment quelque chose en soi de sacré et
de religieux ; j'ai composé ma marche en observant la même succession de longues et de brèves ; je vois à présent que je n'ai pas
eu tort. C'étoit, ajoutoit-il en me frappant sur l'épaule, de fiers
hommes que ces Grecs !... »

Il n'était pas aisé de prendre en défaut un homme
aussi soigneux de la couleur, de la vérité de lieu, et
de temps, et de mœurs ; nous avons vu, une première
fois, Rousseau soulever à l'égard du personnage d'Hélène une objection à laquelle il fut répondu avec un
à-propos qui dénotait combien l'œuvre homérique était
familière au chevalier. Dans ces observations sur
l'*Alceste* italienne, l'auteur du *Dictionnaire de musique*
indique une nuance échappée au compositeur et qui
lui semble digne d'être signalée. Il s'agit, acte premier, du récitatif du grand-prêtre, que Jean-Jacques
considère comme un bel exemple de l'effet du récitatif
obligé. « On ne peut mieux, dit-il, annoncer l'oracle et la majesté de celui qui va le rendre. La seule
chose que j'y désirerois seroit une annonce qui fût plus
brillante que terrible ; car il me semble qu'Apollon
ne doit ni paroître ni parler comme Jupiter. Par la
même raison, je ne voudrois pas donner à ce dieu,
qu'on nous représente sous la figure d'un beau jeune
blondin, une voix de basse-taille[1]... » Ces remarques

---

[1] Rousseau, *OEuvres complètes.* Pourrat, 1832, t. XII, p. 410. Fragments d'observations sur l'*Alceste* italien de M. le chevalier Gluck.

nous paraissent plus subtiles que sérieuses. Qu'importe que ce soit Apollon ou Jupiter qui parle ; et ces paroles ne sont-elles pas les mêmes dans la bouche d'Apollon ou du père des dieux :

> Le roi doit mourir aujourd'hui,
> Si quelque autre ne se livre pour lui?

Ce que le compositeur a dû chercher, c'est l'effet d'épouvante, et cet effet, c'était incontestablement à une voix de basse-taille à le produire. Mais Apollon était un jeune blondin? Vraiment, qui y songe et s'en soucie? Apollon n'a pas de rôle dans *Alceste* ; il ne paraît que pour articuler cet oracle fatal ; c'est un éclair qui déchire la nue, après lequel tout retombe dans l'obscurité. Quoi qu'en dise Rousseau, l'annonce n'avait pas à être brillante, mais terrible, et elle l'est. Gluck a eu raison en s'oubliant par exception.

Corancez finit ses curieux commérages sur *Alceste* par une petite anecdote qui le touche dans sa tendresse paternelle.

Je dois dire, avant de quitter *Alceste*, que je conduisis un jour mon fils, encore enfant, à la vérité, mais cependant d'âge à pouvoir suivre la marche dramatique ; je l'avois d'ailleurs bien instruit sur le fond du sujet. Il ne cessa de pleurer, et comme souvent la manière dont il étoit affecté alloit jusqu'aux sanglots, il croyoit devoir s'excuser auprès de moi en m'assurant qu'il ne pouvoit s'en empêcher. Satisfait de cette marque d'intelligence et de sensibilité, j'en fis part à M. *Gluck* comme d'un effet assez extraordinaire ; il me répondit : « Mon ami, cela ne m'étonne pas, il se laisse faire[1]... »

On ne se laissait pas faire à l'Opéra. Non-seulement

---

[1] *Journal de Paris*, n° 257, p. 1021, 1022. Dimanche 24 août 1788.

on fermait l'oreille aux beautés de la partition, mais
encore on accusait Gluck de plagiat, de s'être appro-
prié, entre autres, un air de l'*Olympiade* de Sacchini.
L'abbé Arnaud, il est vrai, s'était empressé de retourner l'accusation contre Sacchini. « Oh! vous ne con-
noissez pas, s'écriait-il, tous les vols qui ont été faits à
ce pauvre chevalier Gluck : on trouvoit, avec raison,
qu'il étoit bien plus aisé de le piller que de l'imiter[1]... »
L'auteur de l'*Olympiade* avait aussi ses amis et ses admirateurs. Il avait, en outre, un collaborateur, qui
n'était pas disposé à laisser toucher à son idole. Le
sentiment était louable ; le tort de Framery fut de ne
pas se renseigner suffisamment. On objectait contre   .
l'*Olympiade* qu'elle était de quelques années plus ré-
cente qu'*Alceste*. Sans doute il y avait deux *Alceste* comme il y avait deux *Orphée ;* l'*Alceste* italienne, représentée le 16 décembre 1766, et l'*Alceste*
française que l'on venait de jouer : pour l'*Olympiade*,
elle datait de la fin de la saison de 1773. Mais Framery défiait qu'on lui montrât l'air incriminé dans
la première *Alceste*[2]. Ce fut Gluck qui se chargea de
répondre, et il le fit de façon à mettre fin à toute polémique, avec un mépris sauvage pour le pauvre Framery,
mais avec beaucoup de politesse pour Sacchini, « lequel seroit fort à plaindre s'il avoit besoin d'un tel défenseur pour soutenir sa réputation, » disait-il au
début de sa lettre.

---

[1] *Mémoires pour servir à l'histoire de la révolution opérée dans la
musique par le chevalier Gluck*. Naples. 1781, p. 47, 48. *La Soirée perdue*, par M. L. A.

[2] *Mercure de France*, septembre 1776, p. 181, 182, 183. Lettre de
M. Framery à l'auteur du *Mercure*.

A la reprise de cet opéra, le sieur Millico chanta dans le rôle
d'Admète. Il est vrai que M. Sacchini a inséré le passage contesté
dans son air : *Se cerca, se dice*; et cette phrase musicale se trouve
dans l'*Alceste* italienne de M. Gluck : *Ah! per questo già stanco mio
cuore*, imprimée à Vienne en 1769; nous dirons de plus qu'il y a
un autre passage sur la fin du même air, pris de *Paride ed Helena*,
de l'air : *Di scordami*, imprimé aussi à Vienne. M. Framery ne sait
pas qu'un compositeur italien est souvent forcé de s'accommoder
au caprice et à la voix du chanteur, et c'est le sieur Millico qui a
obligé M. Sacchini à insérer les susdites phrases dans son air ; c'est
ce que M. Gluck lui-même a reproché à son ami Millico; car alors
M. Gluck n'avoit pas encore donné son *Alceste* à Paris, mais il
avoit l'idée de l'y donner. M. Sacchini, génie comme il est, et
plein de belles idées, n'a besoin de piller les autres ; mais il a été
assez complaisant envers le chanteur pour emprunter ces passages,
où le chanteur croyoit qu'il brilleroit le plus. La réputation de
M. Sacchini est établie depuis longtemps : elle n'a nullement besoin
d'être sauvée[1]...

Un terrible malheur venait prendre Gluck au milieu
de tous ces soins et l'arracher à toute préoccupation
de succès et de gloire. Sa nièce chérie était morte la
veille même de la première représentation d'*Alceste*,
le 22 avril. Il l'avait amenée à Paris ; il l'avait produite
dans tous les salons. Madame Suard, qui avait entrevu
chez l'abbé Morellet « la Petite Muse », comme l'appelait l'abbé Arnaud, fut frappée à la fois de sa sveltesse
menaçante et de son admirable talent. « Elle étoit extrêmement délicate et presque aérienne, nous dit-elle,
mais les sons de sa voix pénétroient jusqu'à l'âme[2]. »
Le verbeux Garat, qui semble ne s'être imposé d'autre
tâche que de paraphraser les charmants *Essais* de la

---

[1] *Mercure de France*, novembre 1776, p. 184, 185. Réponse de M. le
chevalier Gluck à un écrit que le sieur Framery a fait paroître dans le
Mercure de France, du mois de septembre 1776.

[2] *Essais de Mémoires sur M. Suard.* Paris, Didot, 1820, p. 98.

femme de son ami, dit également de Marianne : « Sa
voix n'était qu'un souffle, mais celui de l'âme, et jamais cantatrice, jamais *prima donna*, avec toutes les
merveilles de leurs voix et de leurs talens, n'ont
donné aux âmes de si touchantes et de si profondes
émotions[1]. »

Ce n'avait été qu'une vision pour Paris. Gluck quittait
la grande ville vers la fin de février (1775). Il s'arrêtait à
Strasbourg et s'y rencontrait, le 9 mars, avec l'auteur
de la *Messiade*, auquel l'oncle et la nièce chantèrent
plusieurs morceaux de son *Hermannsschlacht*[2]. Klopstock, dans le ravissement, leur donnait rendez-vous à
Rastadt, huit jours plus tard. Il appelait Marianne
« l'enchanteresse du saint-empire romain, comme aussi
du profane royaume gallican[3]. » « Profane » sans qu'il
y paraisse, est là en opposition à « saint » empire romain ; c'est un gros mot du poëte contre la France, pour
laquelle il ressentait un éloignement de bon Allemand.
Mais Marianne emportait un souvenir reconnaissant
des sympathies, de la bienveillance, de l'enthousiasme qu'elle avait excités chez ce peuple si facile à
s'éprendre, si accueillant aux étrangers. A un dîner
chez M. d'Edelsheim, Klopstock et la Petite Muse se
prennent de querelle au sujet de la France, celui-ci
l'attaquant aigrement, la jeune fille la défendant avec
chaleur. L'auteur de l'intéressant récit qu'on va lire

---

[1] Garat, *Mémoires historiques sur le dix-huitième siècle.* Paris, 1829,
t. I, p. 361.

[2] La bataille d'Hermann.

[3] Anton Schmid, *Christoph Willibald Ritter von Gluck. Dessen Leben
und tonkünstlerisches Wirken.* Leipzig, 1854, p. 238, 239 ; 17 mars
1775.

n'avait pu se trouver au dîner et n'arriva que tard. Sa
place lui fut assignée auprès de mademoiselle Gluck.

« Vous arrivez à propos, me dit la gracieuse jeune fille, et vous
allez décider entre M. Klopstock et moi. — *Et de quoi s'agit-il?*[1]
demandai-je. — De décider si la nation française est, oui ou non,
une aimable nation ; Klopstock soutient la négative et ne veut pas
céder, quoique M. de P... et M. de M... soient d'un avis différent.
— *Et vous, mademoiselle?* — Ah ! je ne puis assez vous dire combien j'ai été comblée par tout Paris, par les plus grands personnages comme par les plus humbles, de toutes sortes de faveurs, de
prévenances et de présents. — La question est donc résolue répondis-je, et celui qui connaît cette nation la trouve avec vous et nous
fort aimable, et cela *malgré la haine du Nord.* Vient-elle à dédaigner celui qui ne la connaît pas, il en est assez puni. »
La jeune fille se leva, m'embrassa sur les deux joues : « Cher
X..., me dit-elle, vous êtes mon homme. » Elle jeta un regard de
compassion sur Klopstock ; tous m'applaudirent, et m'adressant à
lui : « *Apprenez, cher poëte,* lui dis-je, *à mieux juger les nations et
à faire le complaisant vis-à-vis le sexe.* — Oh ! pour cela j'y pen-
sais, » fut sa seule réponse, et il resta aussi entêté qu'auparavant[2].

Gluck était reparti seul pour Paris sans se douter
qu'il ne devait plus revoir Marianne. La pauvre enfant
paraissait menacée de phthisie ; mais la petite vérole
ne devait pas laisser au mal le temps de porter ses
derniers coups. Madame Gluck s'enfuit de Vienne et se
rendit près de son époux pour pleurer avec lui. La
douleur de l'Orphée allemand fut sans bornes, il aimait sa nièce avec passion, il éclata en plaintes déchi-
rantes et effraya ses amis par la violence de son chagrin[3]. Soit que ses affaires le rappelassent en Autriche,

---

[1] Tout ce qui est italique est en français dans l'original.
[2] *Lettres de Gluck et de Weber*, publiées par M. Nohl. Traduction de
M. Guy de Charnacé. Paris, Plon, 1870, p. 41, 42.
[3] Anton Schmid, *Christoph Willibald Ritter von Gluck. Dessen Leben
und tonkünstlerisches Wirken*, Leipzig, 1854, p. 267 à 270.

soit qu'il voulût chercher une dernière trace de l'ange
envolée dans les lieux qu'elle animait de sa présence,
il reprenait avec sa femme le chemin de Vienne, où il
allait demeurer jusqu'à la moitié de septembre, sans
paraître se soucier autrement du sort d'*Alceste* [1].

La pierre d'achoppement était toujours le troisième
acte. L'on chercha en conséquence à le renforcer par
quelque apport, et l'on imagina de faire intervenir Alcide au dénoûment. En l'absence du compositeur, on
eut recours à Gossec, « musicien renommé dans l'harmonie d'église, genre triste et lugubre, analogue à celui du nouvel opéra [2] ; » et l'air chanté par Hercule est
de lui. Mais la fortune de l'ouvrage était désormais
plus qu'établie, et s'il avait toujours ses contradicteurs
acharnés, c'était en dehors du public, qui s'était laissé
convaincre par cette grande et belle musique. A la dernière représentation, *Alceste* fut redemandée avec des
cris, des acclamations réitérées, malgré les traditions
de l'Opéra, où le parterre ne se manifestait jamais aussi
énergiquement [3].

Le dévouement de la tendre Alceste, qui rappelait
un peu trop celui de *la Veuve du Malabar*, prêtait étrangement à la parodie ; il en parut une en deux actes
aux Italiens, sous le titre de *la Bonne femme ou le
Phénix* [4]. La plaisanterie tombait dru sur les paroles,

---

[1] *Mémoires secrets.* Londres, John Adamson, t. IX, p. 114 ; 19 mai 1776.
[2] *Ibid.*, t. IX, p. 107, 125 ; 12 mai et 5 juin 1776.
[3] *Ibid.*, t. IX, p. 176 ; 31 juillet 1776.
[4] *La Bonne Femme*, par Auguste (Piis), Desprès et Grenier. Dimanche
7 juillet 1776, l'Ambigu-Comique donna une pantomime sous le même
titre, en un acte, par un M. Arnould (François-Massot), auteur du *Meu-
nier gaulois*, parodie de l'*Iphigénie en Aulide*. *Spectacles des foires
et des boulevards de Paris, ou Calendrier historique et chronologique
des théâtres forains.* Année 1776, p. 109, 110, 111 ; année 1777, p. 89.

et, si elle effleurait la partition, c'était d'une façon qui
ne pouvait atteindre Gluck. Il fallait bien qu'il en fût
ainsi pour que la reine eût l'idée de la faire jouer, à
Trianon, devant son royal époux, et ce vaudeville, versifié légèrement, mêlé de couplets pleins de gaieté
et de folles saillies, amusa la débonnaire majesté
comme il avait amusé tout Paris[1]. Qu'ils le veuillent ou
non, ces petits lardons ne peuvent que concourir au
succès de l'œuvre à laquelle ils s'attaquent, et c'est
même là leur moralité.

Aussi les amis du chevalier se préoccupèrent moins
de la vogue inoffensive de *la Bonne femme* que de celle
du ballet de l'*Union de l'Amour et des Arts*. Depuis
l'*Iphigénie*, les ballets étaient le seul spectacle qui eût
trouvé grâce devant le public pour lequel les ronds de
jambe des danseurs, les prouesses des Vestris valaient toute la musique du monde. *Alceste* ne prenant point, disait-on dans les Nouvelles à la main, à
la date du 29 mai 1776, les directeurs de l'Opéra re-
viennent au goût de la nation et font répéter actuellement l'*Union de l'Amour et des Arts* du sieur Floquet[2], »
de ce même Floquet si durement écarté, on l'a vu,
pour que l'Orphée allemand ne rencontrât ni grands,
ni petits sur sa route. En somme, il y a de la musique dans un ballet, et celle de l'*Union de l'Amour et
des Arts*, qu'on venait de reprendre, sembla aussi
charmante qu'en sa nouveauté.

Mais ce que le chevalier avait prédit était arrivé : la
lumière s'était faite sur *Alceste*. On ne voulut bientôt

---

[1] *Mémoires secrets*. Londres, John Adamson, t. IX, p. 155; 8 juillet 1776.

[2] Ibid., t. IX, p. 121 ; 29 mai 1776.

plus assister à d'autre spectacle, et lorsque la direction s'avisa d'exhumer le ballet des *Romans*, les spectateurs dépités ne firent qu'un froid accueil à cette
fastueuse et fastidieuse reprise d'un ouvrage suranné,
quant au poëme, mais dont toutefois la musique était
nouvelle ; et l'on redemanda *Alceste*. Enchanté, transporté, le chevalier, de Vienne où il était encore, prend
la plume pour rendre grâce à ses interprètes de leur
dévouement et de leur attachement à sa personne.

On m'écrit que vous exécutez avec une perfection surprenante
l'opéra d'*Alceste*, en y mettant un zèle extraordinaire ; je ne saurois
vous exprimer le plaisir que me fait ce témoignage de votre amitié
pour moi à cette occasion ; je vous prie d'être persuadés que je
n'en laisserai échapper aucune pour vous prouver ma reconnaissance ; en attendant, mes chers amis et compagnons, recevez mes
plus vifs remercîmens, et si j'ose vous prier encore d'une nouvelle
marque d'amitié, mettez tout le soin possible pour faire réussir
l'opéra de M. Cambini, car on me dit qu'outre ses talens, il est
très-honnête homme, chose très-rare parmi nos confrères dans le
siècle où nous vivons [1]...

La recommandation sans doute venait un peu tard,
car la lettre de Gluck, datée du 14 août, ne parvint
guère à Paris avant la fin de ce mois ; et le ballet des
Romans de Cambini, joué le 30 juillet et dont on a dit
la fortune, était rentré depuis longtemps dans sa poussière. Quant aux termes de la lettre, ils choquèrent, et
l'on trouva fort déplacé qu'un musicien prétendît que la
probité fût une vertu peu compatible avec la profession
de musicien. Laissons ce que cette requête officieuse

---

[1] *Correspondance secrète*. Londres, John Adamson, 1787, t. III, p. 280.
281 ; 31 août 1776. Lettre de M. le chevalier Gluck aux musiciens composant l'orchestre de l'Opéra ; Vienne, le 14 août 1776.

avait d'étrange; on serait curieux de savoir la cause de l'intérêt que le chevalier portait à Cambini. S'il fallait en croire un Piccinniste à outrance, ce dernier en eût été redevable à un procédé peu louable, mais qui révèle la sorte de terreur qu'inspirait l'auteur d'*Orphée* à tout ce monde de la musique, qu'il écrasait de sa puissance aussi bien que de son génie. « Qu'est devenu, s'écrie l'architecte Coquéau à propos de Cambini, cet empressement qu'il avait jadis à se faire passer pour l'élève de M. Piccinni, et pourquoi depuis l'arrivée de son prétendu maître en France, s'est-il jeté dans le parti contraire? Je le sais bien, pourquoi; mais ce n'est pas la peine de m'expliquer plus clairement[1]. » Malgré la réticence, on devine ce que veut dire Coquéau. Comme tous les faibles, Cambini s'abritait derrière le plus fort; et, même avant l'épreuve, on se doutait bien que le plus fort ne serait pas Piccinni. Aussi, de quels respects serviles son rival est l'objet! Il ne s'agissait plus de savoir si telle démarche serait bonne ou mauvaise, mais ce qu'en penserait le Jupiter de l'Académie royale de musique. Et rien ne démontre plus cette absolue domination qu'une démarche de Cambini lui-même auprès de ce redoutable protecteur. Celui-ci, longtemps avant l'*Armide* de Gluck, avait composé une scène d'*Armide* qui, depuis janvier 1777, figurait avec un succès constant sur le programme du Concert des Amateurs[2]. Mais il s'inquiéta, la peur le prit : de quel œil le chevalier envi-

---

[1] *Suite des Entretiens sur l'état actuel de l'Opéra de Paris,* ou lettres à M. S***, auteur de l'extrait de cet ouvrage dans le *Mercure;* p. 58. Paris, ce 1er septembre 1779.

[2] Cette scène d'*Armide* avait été exécutée pour la première fois au

sageait-il cette rivalité de hasard qui n'existait, en définitive, que de son fait? Pour plus de sûreté, il pria la
société de ne plus exécuter sa partition. Nos dilettantes
s'étaient passionnés pour ce morceau, et ne crurent pas
devoir acquiescer à sa demande. Dans leur embarras,
ils s'adressèrent à Gluck, qui, cela va sans dire, donna
fort civilement son octroi [1]; il n'en est pas moins piquant qu'on l'eût jugé indispensable. Nous antici-
pons ici sur les événements, puisque l'*Armide* de
Gluck ne sera jouée qu'en septembre de la même année, mais il y a là tout un trait de caractère et de mœurs,
qui était à noter et qui, en somme, sera mieux placé
ici qu'à sa date.

L'engouement du reste est à son comble. C'est à qui
témoignera avec le plus d'éclat et son zèle et son admiration. Des acteurs, des musiciens, des gens de lettres,
des gens du monde, en tête desquels nous citerons
Berton, Le Gros, Gélin, Larrivée, Gossec, Leduc, Langlé,
Rollan s'engagent par acte privé, devant un notaire de
Paris, Mᵉ Lemoine, le 17 juillet 1776, à faire tous les
frais d'un buste en marbre du compositeur allemand,
dont l'exécution fut confiée à Houdon. L'on traitait
l'auteur d'*Orphée* comme, six ans auparavant, l'auteur

Concert des Amateurs, le 27 janvier 1777. *Journal de Paris*, n. 29,
p. 3. Mercredi 29 janvier 1777.

[1] Voici la réponse du chevalier : « M. Gluck est très-sensible à l'honnêteté de MM. les amateurs et de M. Cambini; il a l'honneur d'assurer ces messieurs qu'il aura grand plaisir d'entendre exécuter la
scène d'*Armide* de M. Cambini. Cela seroit une tyrannie en musique que de vouloir prétendre que les auteurs ne puissent pas faire
exécuter leurs productions. M. Gluck n'entre en aucune concurrence
avec personne, et il aura toujours plaisir d'entendre de la musique
meilleure que la sienne. Il faut avoir seulement pour but la progres-
sion de l'art. » *Journal de Paris*, n° 12, p. 47, 48. Mardi 12 janvier 1778.

de *Zaïre*; et c'est ce buste, qui après avoir été exposé
au Salon de 1777, sera par ordre du roi placé au grand
foyer de l'Opéra, à côté de celui de Rameau[1]. De retour
à Paris, en septembre, Gluck assistait à la trente-huitième représentation d'*Alceste* et savourait sa laborieuse
victoire sur ce public ignorant ou prévenu qui n'avait
cédé qu'à l'autorité et à l'invincible entrainement de
son génie[2].

Inutile de dire que les quolibets, les vaudevilles, les
calembours allaient leur train et mêlaient quelque
gaieté à des débats qui s'envenimaient chaque jour
un peu plus. Après avoir un instant cédé le rôle à sa
camarade mademoiselle La Guerre, mademoiselle Levasseur était rentrée dans l'exercice de ses droits et
recueillait sa large part des applaudissements. Un
soir, à la fin du second acte, à ce vers d'un accent si
dramatique et qu'elle chantait avec une grande puissance :

> Il me déchire et m'arrache le cœur !

quelqu'un de dire : « Ah ! mademoiselle, vous m'arra-
chez les oreilles ! » et un voisin de riposter : « Ah !
monsieur, quelle fortune, si c'est pour vous en donner
d'autres[3] ! » Mais c'étaient là de vaines rumeurs, qui
ne pouvaient rien contre un succès désormais plus
grand que ceux d'*Iphigénie* et d'*Orphée*. Une tentative,
qui eût pu être défavorable à l'ouvrage, tournait encore

---

[1] *Mémoires secrets*. Londres, John Adamson, t. IX, p. 191, 192;
18 août 1776.

[2] Ibid., t. IX, p. 214; 15 septembre 1776.

[3] *Journal de Paris*, n° 21, p. 3. Mardi 21 janvier 1777. — *Mémoires
secrets*. Londres, John Adamson, t. X, p. 22; 27 janvier 1777.— Les deux
interlocuteurs, a-t-on dit, étaient Marmontel et l'abbé Arnaud.

à sa gloire. Ce qu'on ne cessait de reprocher à Gluck, c'était cette parcimonie de danses, de ballets, les pièces capitales d'un opéra français. L'on s'avisa d'introduire, entre le second et le troisième acte d'*Alceste*, un divertissement très-joli et très-réussi, qui n'en fut pas moins sifflé, hué à outrance, « avec un tumulte que tout le talent des Vestris et des Guimard n'a pu apaiser. » nous dit Grimm[1]. Gluck avait donc raison, même sur ce point, et l'on comprenait l'inconvenance et le ridicule de ces hors-d'œuvre chorégraphiques traversant, coupant une action austère, presque religieuse, où l'on ne pouvait les intercaler sans offenser tout à la fois la vraisemblance, la logique et le bon sens.

Lorsque le succès d'*Orphée*, avait été épuisé, on avait repris *Iphigénie en Aulide*; l'on usa du même procédé après *Alceste*, et Sophie Arnould reparut dans le rôle qu'elle avait créé si brillamment, mais avec une voix qui était loin d'avoir conservé son éclat et toute sa justesse[2]. Cette reprise de la première œuvre de Gluck jouée à Paris et dont Paris avait eu les prémices, ne semblait pas devoir être l'occasion d'incidents nouveaux ; elle fut pourtant le point de départ et le signal d'une guerre de plume qui n'allait plus laisser ni repos ni trêve. La Harpe, en l'annonçant dans le *Journal de politique et de littérature*, avait accompagné cet avis des lignes suivantes :

Ceux qui reprochent à M. Gluck de manquer souvent de mélodie, remarquent à l'avantage des compositeurs italiens que leurs airs

---

[1] Grimm, *Correspondance littéraire*. Paris, Furne, t. IX, p. 285, 286 ; janvier 1777.

[2] La Harpe, *Correspondance littéraire*. Paris, Migneret, t. II, p. 76.

séparés de l'accompagnement sont encore d'une grande beauté.
Mais on ne peut nier du moins qu'il ne répare autant qu'il est possible ce défaut de chant par sa profonde connoissance de l'harmonie,
et des effets qu'on en peut tirer.

On a fait une autre observation à propos du *duo* d'Achille et
d'Agamemnon au second acte. C'est qu'il n'est nullement convenable
à la dignité de deux héros de parler tous les deux ensemble, comme
il arrive dans les querelles du vulgaire ; et en effet ce conflit de menaces et de cris qui s'entre-choquent, manque absolument de la
noblesse qui doit caractériser cette scène, et n'inspire point la terreur que l'on doit ressentir lorsqu'on voit en présence deux hommes
tels qu'Achille et Agamemnon. On pourroit aller plus loin, et
observer que la musique paroît se prêter avec peine à l'expression
principale de toute cette scène. L'accent de l'orgueil est dur et anti-
harmonique ; et ce dialogue d'Achille et d'Agamemnon est d'un
genre de récitatif dont l'oreille est au moins étonnée. Il est fort au-
dessous de la déclamation dont cependant on s'est efforcé de le
rapprocher ; et peut-être Achille et Agamemnon ne peuvent pas se
braver en musique. Ce qui est certain, c'est que l'effet de cette
scène chantée est très-inférieur à celui de la même scène décla-
mée ; et quoi qu'il soit généralement vrai que la musique peut tout
rendre, peut-être est-ce une partie de l'art de ne pas l'employer
aux objets où il ne sauroit l'appliquer heureusement [1].

Trois jours après, le *Journal de Paris* publiait une
lettre datée de Vaugirard, qui relevait toutes ces hérésies avec un esprit, une habileté d'argumentation, une
urbanité mêlée d'impertinence dont le succès fut général. M. de La Harpe trouvait pour Achille et pour Agamemnon peu de convenance et de dignité à parler tous
les deux à la fois. «Voilà, lui répond l'anonyme, les trois
quarts de tous les opéras du monde proscrits d'un trait
de plume. » L'accent de l'orgueil est dur et anti-harmo-
nique, avait dit M. de La Harpe ; on lui répliquait assez
irrévérencieusement que, s'il voulait traduire cette

---

[1] *Journal de politique et de littérature*, t. I, p. 326. 5 mars 1777.

phrase en termes précis à un homme de l'art, ce dernier aurait de la peine à y donner un sens. Achille et
Agamemnon ne peuvent pas se braver en musique ;
« ni en vers français non plus, » ripostait l'anonyme,
qui finissait par une réflexion aussi sensée qu'acca-
blante : « Ces objections, disait-il en se résumant, ne
méritent d'être relevées, que parce qu'elles sont adop-
tées par un homme de lettres d'un mérite distingué.
Tout ce qu'on entend dire dans le monde sur la musique dramatique, prouve bien que le public n'a pas
encore les éléments de la poétique musicale. Le moment de la faire est venu.[1]. » La Harpe ne laissa pas de
répondre. On l'avait mal compris, on avait torturé le
sens de ses phrases, on lui avait fait dire ce qu'il n'a-
vait voulu ni pu dire. Sous le prétexte qu'il ne sait pas
la musique, on prétend lui ôter tout droit de donner
son avis ; et alors, sur ce terrain, il déploie tout ce
qu'il a de subtilité et d'éloquence pour percer à jour
cet éternel argument des artistes méconnus et incom-
pris.

Il y a dans les arts deux parties, l'une élémentaire et mécanique ;
elle n'est connue que des artistes ; eux seuls ont le droit d'en
parler : l'autre est le résultat des opérations d'un art : elle a pour
juge quiconque a un sens droit et des organes sensibles. Je ne crois
pas que l'anonyme me conteste ce principe. Si on le rejetoit, il
faudroit que les artistes n'eussent plus de juges que leurs confrères :
je doute qu'ils admissent cette conséquence... Un homme qui ne
sait pas la composition, ne dira pas si telle musique est correcte,
savante ; il ne raisonnera pas sur les combinaisons harmoniques, ni
sur les procédés d'une phrase musicale : aussi n'ai-je pas dit un mot
de tout cela. Voilà *les moyens de l'art ;* je ne m'en mêle pas. Mais cet

[1] *Journal de Paris.* N° 67, p. 2 ; 8 mars 1777. Lettre aux auteurs du
Journal de Paris ; Vaugirard, le 17 mars 1777.

air, dans cette situation, a-t-il l'expression suffisante? Ce chant est-il varié ou monotone? est-il pauvre ou riche? réunit-il les modulations qui doivent porter dans mon âme tel sentiment? Ce *duo* est-il bien placé? est-il naturel, produit-il un effet analogue à la scène? Voilà ce que peut examiner tout homme qui a de l'oreille et du bon sens. On peut donc sans savoir la musique, parler des beautés ou des défauts d'un drame musical, sans s'exposer à entendre cette phrase si orgueilleusement et si gratuitement répétée par ceux qui ont appris à solfer: vous ne savez pas la musique; n'en parlez pas.

L'abbé Dubos ne savoit pas un mot de musique; n'avoit jamais su faire un vers, et n'avoit pas un tableau. Il a pourtant fait un fort bon livre sur la poésie, sur la peinture et la musique [1].

La Harpe est moins heureux, quand il arrive à sa défense personnelle, sa gêne est évidente, et il réfute péniblement son adversaire. Celui-ci, qui sent sa force, n'est pas disposé à le lâcher de sitôt. On l'a d'ailleurs accusé de mauvaise foi, et il ne peut garder le silence sous le coup d'une pareille inculpation. Quant au privilége du public de juger toute œuvre d'art, qui s'est avisé de le lui contester?

Qui a jamais disputé ce droit à un homme de lettres? Le public est le juge naturel de tous les arts, à plus forte raison cette portion du public qui, joignant à un esprit naturellement plus délié, plus droit, plus vigoureux que celui du commun des hommes, a perfectionné ses facultés naturelles par l'exercice, par la réflexion, par l'analyse et la comparaison des différents objets qui appartiennent au goût, à l'imagination et à l'entendement.

On l'a dit et on ne sauroit trop le répéter: malheur aux productions des arts qui ne seront estimées que des artistes! Les meilleurs ouvrages qu'il y ait sur les arts, ont été faits par des hommes de lettres initiés aux principes des arts et accoutumés à en analyser les productions.

M. de La Harpe dit que *l'abbé Dubos ne savoit pas un mot de mu-*

_____

[1] *Journal de politique et de littérature*, t. I, p. 421, 422. 25 mars 1777, Réponse de M. de La Harpe.

sique, n'avoit jamais su faire un vers et n'avoit pas un tableau. Cela se peut. M. de Voltaire l'avoit déjà dit ; mais M. de Voltaire ajoute que l'abbé Dubos *avoit beaucoup lu, vu, entendu et réfléchi.* En effet, on sait qu'il avoit fait deux fois le voyage d'Italie, et qu'il passoit les dernières années de sa vie à l'Opéra et dans les ateliers des artistes.

A la manière dont M. de La Harpe parle de la musique et de la déclamation, il est bien aisé de juger qu'il n'a jamais été en Italie, qu'il n'a guère perdu son temps à l'Opéra ni dans les concerts, mais qu'il a beaucoup fréquenté le théâtre françois. Loin de tirer avantage du peu de connoissances qu'il a sur la musique, il faut s'en féliciter. L'étude de cet art auroit dérobé des moments plus utilement employés pour notre instruction et notre plaisir : n'eût-il fait qu'une jolie chanson de plus, cela vaut mieux que de savoir les règles du contre-point.

Qu'il lui soit donc échappé quelques méprises en parlant d'Opéra, cela ne compromettra point sa réputation ; mais si ces méprises attaquent les vrais principes d'un art intéressant, et si sa réputation même peut donner quelque poids à ses méprises, il est important de les relever.

C'est là le seul motif de ma première lettre ; celle-ci est déjà trop longue : je remets à demain à prouver dans une autre lettre. que M. de La Harpe n'a pas bien entendu toutes mes critiques, et n'a pas bien répondu à aucune [1].

Suivait, en effet, une troisième lettre de l'anonyme. Ces lettres, que Garat compare un peu fastueusement aux *petites lettres* de Pascal, eurent un succès d'autant plus grand que l'on en ignorait l'auteur. Elles étaient, à coup sûr, d'un homme expert dans la matière ou merveilleusement seriné. Elles avaient un autre mérite, qui n'aidait pas moins à leur fortune, celui de houspiller un écrivain peu aimé, que l'on était enchanté de voir traiter sur ce ton de supériorité, dont il n'usait que trop envers

[1] *Journal de Paris*, n° 87, p. 3 ; 28 mars 1777. Seconde lettre de l'anonyme de Vaugirard aux auteurs du *Journal de Paris ;* à Vaugirard, le 25 mars 1777.

les autres. Ceux-ci les attribuèrent à Diderot, ceux-là à Jean-Jacques : elles avaient presque pris l'importance d'un événement. « On courait de toutes parts, raconte un ami de l'auteur, au café de Foi et du Caveau, et l'on en faisait des lectures publiques ; on se pressait, on s'étouffait pour mieux entendre : on battait des mains avec transport et avec des *bravos* comme on applaudissait Gluck et sa musique[1]. » Tout en cédant à la démangeaison de ramener sur le terrain de la défensive un assaillant qui n'avait pas l'excuse d'une conviction bien réfléchie, l'anonyme n'était pas, au fond, sans quelque remords de servir d'instrument actif à la discorde que cette malheureuse guerre commençait à introduire dans le meilleur monde, entre ceux même que d'anciens liens d'habitude, de convenance et d'affection unissaient plus ou moins étroitement. « Vous allez voir, pour des chansons, les amis se refroidir, les sociétés se diviser, les haines s'allumer. Le public y gagnera peut-être, car les querelles l'amusent, et tout ce qui porte son attention et excite sa curiosité sur un objet, sert à l'éclairer ; mais les acteurs de ces querelles y perdent la décence, la paix et le fruit qu'ils auroient pu retirer de leur union[2]. »

---

[1] Garat, *Mémoires historiques sur le dix-huitième siècle*. Paris, 1829, t. II, p. 252.

[2] *Journal de Paris*; n° 97, p. 2, 7 avril 1777. Cinquième lettre de l'Anonyme de Vaugirard aux auteurs du *Journal de Paris*. — La Harpe disait, de son côté : « J'ai fort désapprouvé, je l'avoue, les invectives journalières que tous deux (Suard et Arnaud) y faisoient insérer (dans le *Journal de Paris*) contre un de leurs confrères, et il n'en a pas fallu davantage pour me brouiller avec tous les deux, ce qui m'a fait d'autant plus de peine qu'ils m'avoient donné jusque-là toutes sortes de marques d'amitié. Mais ils n'ont pu me pardonner d'avoir pris le parti de Marmontel, avec qui je n'étois point lié ; comme si dans les discussions si indifférentes en elles-mêmes, ou qui du moins devroient l'être

C'était fait déjà ; et, dans l'un des salons où l'anonyme était accueilli et aimé, une scène déplorable avait signalé cette disposition des esprits à toutes les passions violentes. Nous avons cité plus haut la fameuse lettre de Gluck au bailli du Roullet publiée par l'*Année littéraire* de décembre 1776, et qui prenait si violemment à partie un ambassadeur, un compositeur dont le talent et la réputation étaient à respecter, un académicien, qu'il traitait en faiseurs de contes. Peu de temps après, comme corollaire de cette bourrade passablement tudesque, on lisait dans le *Journal de Paris,* sous forme de nouvelle, ces quelques lignes qui allaient mettre le feu aux poudres.

Savez-vous, dit hier quelqu'un à l'amphithéâtre de l'Opéra que le chevalier Gluck arrive incessamment avec la musique d'*Armide* et de *Roland* dans son portefeuille? — de *Roland* ? dit un de ses voisins ; *mais M. Piccini, travaille actuellement à le mettre en musique.* — Eh bien! répliqua l'autre, tant mieux : nous aurons un *Orlando* et un *Orlandino.*

On sait que ces deux poëmes sont très-estimés en Italie [1].

Cette phrase finale, qui n'est pas si niaise que le prétend Ginguené, comblait la mesure. *L'Orlandino* du poëte macaronique Teofilo Folingo, était un poëme burlesque en douze chants, et qui avait sa célébrité. Mais opposer cette conception bizarre au chef-d'œuvre d'Arioste, c'était comparer la *Batrachomyomachie* à

il falloit se faire un devoir de penser comme ses amis. Il a fallu toute l'intolérance de leur despotisme pour me forcer à m'éloigner d'eux, après avoir vécu longtemps dans leur société que j'aimois, et dont je n'avois qu'à me louer. » La Harpe, *Correspondance littéraire.* Paris, Migneret, t. II, p. 153, 154.

[1] *Journal de Paris,* n° 50. p. 3. 19 février 1777. Lettre aux auteurs du *Journal de Paris.* — La Harpe, *Correspondance littéraire.* Paris, Migneret, t. II, p. 74, 75.

l'*Iliade*. Le titre des deux poëmes italiens, d'ailleurs si
inégaux de taille,.était la seule parenté qu'ils pussent
avoir ; mais elle prêtait à une équivoque non moins in-
jurieuse qu'injuste[1]. Le *Journal de Paris* appartenait à
Suard et à l'abbé Arnaud ; l'un des deux était l'auteur
de cette attaque d'autant plus gratuite qu'ils savaient
mieux que personne que le chevalier avait détruit ce
qu'il avait écrit de son *Roland*. Déjà meurtri par la
boutade de Gluck, l'auteur des *Incas*, que le trait
atteignait par ricochet, ressentit vivement l'outrage ; et,
sans se donner le temps de la réflexion, il courut là où
il savait trouver le coupable. Il avait besoin d'une scène
et il la fit avec une violence embarrassante pour les
amis communs chez lesquels se réunissaient depuis
longtemps les deux camps.

Il venoit, raconte l'abbé Morellet, d'apprendre l'épigramme dont
il étoit blessé, un jour où nous nous rassemblions chez madame Necker[2]. Nous arrivons et nous trouvons Suard. Marmontel
n'en fait pas à deux fois, et s'adressant à madame Necker : Que
dites-vous, madame, de la sotte et mauvaise plaisanterie qu'on
a eu la lâcheté de répandre contre Piccini ; contre un homme
dont on décrie l'ouvrage sans le connoître, à qui on cherche à
nuire lorsqu'il fait tout pour nous plaire ; contre un étranger,
père de famille, qui a besoin de son travail pour nourrir ses enfants ? il n'y a que des marauds qui puissent... Madame Necker,
qui, connoissoit les coupables, et moi-même, nous cherchâmes en
vain à le calmer ; il ne s'en échauffa que mieux, et répéta d'autant
le mot maraud que personne ne témoigna prendre pour lui.
M. Suard seulement voulut dire quelques paroles ; il attisa la
flamme. Enfin, le dîner fit diversion ; mais la guerre étoit dès lors
déclarée, et ce fut une guerre à outrance[3].

---

[1] Ginguené, *Notice sur la vie et les ouvrages de Nicolas Piccinni.*
Paris, an IX, p. 35, 118.

[2] L'abbé Morellet, *Mémoires*, Paris, 1821, t. I, p. 247.

[3] Grimm raconte cette scène de la même façon et avec les mêmes

C'était, en réalité, à l'abbé Arnaud que revenait l'épithète de maraud. Piqué au vif par le trait à son adresse dans la lettre de Gluck au bailli du Roullet, aiguillonné par les lardons dont il était l'objet, Marmontel, qui d'ailleurs avait épousé la cause de Piccinni, comptait bien faire payer à ses adversaires leurs empiétements et leurs excès. L'*Essai sur les révolutions de la musique en France*, qui parut alors, fit grand bruit et eut un grand débit. Il n'était pas irréfutable, mais il avait un côté raisonnable et raisonné qui devait séduire cette portion du public qui entend demeurer indépendante et n'applaudir qu'à bon escient. Après avoir fait l'histoire de notre musique, Marmontel arrivait à la personnalité de Gluck. Il reconnaissait la valeur considérable du chevalier, afin d'être mieux venu à faire ressortir ce qui manquait à celui-ci pour répondre aux légitimes exigences des organisations délicates et bien douées. Que M. Gluck fût un harmoniste consommé, initié à toutes les ressources de son art, qui disait le contraire? Mais était-ce là tout? Mais était-ce même la partie importante, le point capital? Est-ce qu'il n'y avait pas le chant aussi, le chant qui doit primer tout, auquel tout doit se reporter, que rien ne saurait remplacer? «Avec un orchestre bruyant ou gémissant, avec des sons de voix déchirants ou terribles, croirons-nous posséder la musique théâtrale par excellence? L'Opéra sera-t-il privé des charmes de la mélodie?» Mar-

---

détails (*Correspondance littéraire*, t. IX, p. 355, 356); il ne diffère que sur le lieu où elle se passa. Selon lui, c'eût été chez madame de Vaines, la femme de l'ancien commis des finances, avec qui Marmontel et Suard étaient des plus liés. Mais Grimm ne cite que par ouï-dire, et l'abbé Morellet fut un des spectateurs de ce maussade incident.

montel avait bien raison ; le chant, la mélodie étaient
obligatoires, et un ouvrage lyrique ne se compren-
drait pas sans eux. Mais était-il aussi complétement dans
le vrai en refusant le don du chant à ce même homme
à l'égard duquel Jean-Jacques avait dit : « Le chant lui
sort par tous les pores? » Évidemment, pour Marmontel,
le chant c'était exclusivement la forme italienne avec sa
grâce, sa morbidesse quelque peu efféminée, que ne
déparaient que trop souvent les ornements parasites et
étrangers à la situation. Ce qui semblait mieux démontré,
ce que les Gluckistes eux-mêmes avaient maladroi-
tement donné à penser par leurs manœuvres, leurs
menées prématurées envers un compositeur inoffensif
qui n'eût demandé que sa part de soleil, c'était l'appréhension d'une rivalité dont on n'avait point à s'in-
quiéter, si l'on était si confiant en sa force.

On diroit qu'ils ont peur que nous n'ayons trop de plaisirs, ou
que d'autres musiciens que M. Gluck, ne réussissent à nous plaire.
Ils ont ouï dire qu'un des plus fameux compositeurs d'Italie travaille à mettre en musique les chefs-d'œuvre de *Quinault;* ils
soupçonnent avec frayeur, que si M. Piccini a du succès, bientôt
ses condisciples et ses émules, MM. Sacchini et Traietta, vont arriver,
et jaloux des suffrages d'une nation éclairée et sensible, entrer
dans la même carrière. Dès lors, si, par malheur, ce chant mélodieux, qui nous ravit dans nos concerts, est goûté sur notre
théâtre, si nos oreilles s'accoutument à une modulation facile et
naturelle, à une harmonie aussi claire dans sa force que dans sa
douceur, à ces accens qui ne sont pas les cris de la douleur physique, mais la voix de l'âme elle-même, à ces dessins élégans et purs
de la période musicale, dont les Italiens possèdent le secret, il
semble que tout soit perdu.

On a voulu poser M. Gluck en novateur et en réformateur. Au fond, qu'a-t-il créé, en quoi diffère-t-il des
Italiens? A l'accent près, son récitatif est le même qu'en

Italie. Toute la différence consiste dans la brutalité et l'exagération de l'expression. Ses chœurs ne sont pas plus dramatiques que ceux de Rameau ;. ses duos s'efforcent de ressembler à ceux des maîtres qu'il a pu entendre à Milan et à Rome, et du dessin desquels les siens n'approchent point. Où est, dans tout'cela, la nouveauté, l'invention ? Le caractère distinctif de sa musique, c'est une harmonie *escarpée* et *raboteuse*, c'est la modulation rompue et incohérente des airs, les traits mutilés et disparates qui les composent, la négligence, volontaire ou non, qu'il met à choisir ses motifs, sur lesquels il a voulu donner le change par le tumulte de son orchestre et les poumons de ses chanteurs.

Il faut avouer que jamais personne n'a fait bruire les trompes, ronfler les cordes, et mugir les voix comme lui. Mais qui sait si la mélodie et l'harmonie italienne n'ont pas aussi dans leur simplicité quelque force, avec moins d'effort? Sur tous les théâtres de l'Europe, on a éprouvé les effets de mille morceaux pathétiques, dont le chant n'étoit pas du bruit ; et quand les impressions du chant ne seroient pas aussi violentes que celles du bruit et des cris, l'oreille ou l'âme des François est-elle donc si peu sensible,' que pour être émue, elle ait besoin de ces ébranlemens profonds? pour qui ne voudroit qu'être remué, *Shakespear* seroit préférable à Racine : aussi, par la même raison qui fait donner à la musique de M. Gluck une préférence exclusive sur la musique italienne, a-t-on mis le tragique anglais au-dessus de tous nos tragiques ; mais cette nouvelle école de goût n'a pas eu de vogue à Paris. En faisant donc au musicien allemand un honneur excessif, et qui du côté du génie doit le flatter infiniment,' je veux dire, en le regardant comme le *Shakespear* de la musique, il n'est pas dit qu'en sa faveur on doive exclure du théâtre les *Racines* de l'Italie.

En le mettant sur la même ligne que Shakespeare, Marmontel croyait dire un gros mot à Gluck, qui, probablement, ne fut pas flatté, lui non plus, du rapproche-

ment. Ses partisans, du moins, se trouvèrent singulièrement choqués d'une telle assimilation. « L'auteur des
chants d'*Orphée*, d'*Armide*, d'*Alceste*, d'*Iphigénie en Tauride*, d'*Iphigénie en Aulide*, comparé à un poëte, à la vérité
souvent sublime, mais bien plus souvent encore sauvage ! un compositeur qui le premier a fait un ensemble
en musique, comparé à Shakespear qui ne fit jamais
un ensemble ! cela est curieux[1]. » Ce qui semblera plus
curieux de nos jours, c'est l'intention du compliment
et la façon dont il fut reçu. A l'heure qu'il est, qui
s'aviserait de trouver irrévérencieux un rapprochement
entre l'Orphée allemand et celui qui, selon l'expression
d'un moderne, a le plus créé après Dieu ? Disons que
nous ne voyons que peu de rapports entre le poëte
d'*Hamlet* et le chantre d'*Alceste*, qui, sauf certaines
différences d'accent, s'éloignerait infiniment moins de
Corneille, de sa sobriété grandiose et de sa passion
toujours logique dans ses plus vifs élans. Mais Burney
avait trouvé à quelle famille intellectuelle appartenait
ce génie ferme, net, étendu, fait de bon sens et d'audace. « C'est le *Michel-Ange de la musique*, avait-il dit ;
aussi habile en peignant les attitudes difficiles et les
situations de l'âme et de l'esprit, que ce grand peintre
l'a été en reproduisant celles du corps[2]. »

Mais poursuivons. Gluck répudier le chant italien
comme antipathique à toute vérité d'expression ! Qui
ose prétendre cela ? encore une fois, qu'a-t-il fait autre,
tant qu'il l'a pu, que du chant italien ?

---

[1] *Mémoires pour servir à l'histoire de la révolution opérée dans la
musique par le chevalier Gluck.* Naples, 1781, p. 180. Note de l'abbé
Le Blond.

[2] Burney, *The present state of music in Germany, the Netherland
and United Provinces.* London, 1773, t. I, p. 289, 549.

Et qu'est-ce donc que chante *Iphigénie* impatiente de voir *Achille*, en lui faisant ses adieux? Qu'est-ce que chante *Achille* furieux contre *Agamemnon*, ou se plaignant d'*Iphigénie?* Qu'est-ce que chante *Agamemnon* prêt à sacrifier sâ fille, ou *Clytemnestre* aux genoux d'*Achille*, implorant son appui contre un père? Qu'est-ce que chante *Orphée* après les funérailles d'*Euridice,* ou au désespoir de l'avoir perdue une seconde fois? Qu'est-ce que chante *Alceste*, lorsqu'elle se dévoue, lorsqu'elle exprime à son époux l'amour qui l'a fait s'immoler pour lui? Qu'est-ce que chante *Admète* lorsqu'il s'oppose au dévouement d'*Alceste?* Ne sont-ce pas des airs coupés, mesurés à l'italienne? Et si le chant en est commun, la modulation pénible, la marche contrainte et forcée, le dessin mal suivi, en sont-ils pour cela plus vrais, plus expressifs?...

Lorsqu'on veut citer quelque chose des opéras de M. *Gluck*, on se rappelle sur-le-champ les adieux d'*Alceste* et ceux d'*Iphigénie*, parce qu'en effet ces deux airs, quoique foibles et trop semblables l'un à l'autre, ont une expression sensible, que la modulation en est facile, et le cercle bien arrondi. Si M. *Gluck*, dans tous les autres airs, avoit été aussi heureux, il daigneroit peut-être regarder le chant comme un charme de plus dans l'expression musicale ; mais un beau motif de chant est une belle pensée en musique : or rien de plus rare que de belles pensées pour qui n'a pas éminemment le génie de l'invention ; et il est plus facile de mépriser ce talent que de l'acquérir. Les Italiens prétendent que le secret de M. *Gluck* est révélé dans la fable du Renard et les Raisins[1].

L'auteur de l'*Essai* donnait ses conclusions. L'opéra français offrait un plan de spectacle magnifique, auquel il n'y avait rien à ajouter, rien à changer, auquel il ne manquait que de la musique. On laisserait aux Italiens leur plan défectueux d'opéra ; mais on leur prendrait leur musique, en mettant de côté une certaine afféterie et cette tyrannie de l'*air de bravoure*, dont ils faisaient bon marché les premiers, et que repousserait notre langue à défaut de notre goût. Ce qu'on leur em-

---

[1] *Mémoires pour servir à l'histoire de la révolution opérée dans la musique par le chevalier Gluck,* Naples, 1781, p. 186.

prunterait, ce seraient leurs récitatifs obligés, où
« sans le secours d'un orchestre bruyant » une voix,
même une voix faible, soutenue de quelques accords,
porte à l'âme tous les sentiments qu'elle exprime ; des
airs d'un caractère noble et simple, d'un dessin pur et
correct, redevables de tout leur effet à la parfaite logique
des motifs et à l'alliance non moins parfaite de la mélodie et de l'harmonie ; des duos, des trios dans ces
mêmes conditions de mouvement, d'expression et de
rhythme. Était-ce à dire que l'on voulût être aussi
exclusif que les amis de M. Gluck ? L'on entendait
mieux, grâce au ciel, les intérêts de l'art et ses propres
jouissances. M. Gluck était un homme d'un grand mérite, qu'on avait bien fait d'accueillir ; on ne méconnaîtra
pas ses services. La déclamation musicale lui aura dû
plus de rapidité, de force, d'énergie ; s'il a exagéré,
s'il a porté les choses à l'excès, on saura prendre un
milieu équitable entre les deux extrêmes, et il aura
sorti l'art français d'une ornière où il était peut-être destiné à croupir longtemps encore.

Donnons-lui des rivaux dignes de l'égaler dans la partie où il se
distingue, et dignes de le surpasser dans celle où il n'excelle pas.
Qu'il se soutienne, s'il le peut, par la force de son orchestre et par
la véhémence de sa déclamation ; que les concurrens se signalent
par une mélodie aussi passionnée et plus touchante que la sienne,
par une harmonie aussi expressive, mais plus pure et plus trans-
parente ; et que la nation, après avoir balancé à loisir le caractère
des deux musiques et les effets qu'elles auront produits, se consulte, et juge elle-même la grande affaire de ses plaisirs.

... Les priviléges exclusifs, qui sont la mort de l'industrie, sont
aussi la mort des talens et du génie dans les beaux-arts. Nous ne
serons pas assez ennemis de nous-mêmes, pour adopter ce fanatisme intolérant qui veut condamner la musique à ne jamais sortir
du cercle qu'un artiste lui aura tracé. La liberté, mère de l'émula-

tion, régnera sur la scène lyrique; et alors il ne manquera plus rien à notre Opéra pour devenir, comme le théâtre de la tragédie et de la comédie française, l'objet de la curiosité et de l'admiration de l'Europe.

On comprend que l'*Essai* ne passa pas sans conteste, sans beaucoup d'épigrammes qui consolèrent les amis de Gluck, mais ne détruisirent pas tout l'effet de la brochure de Marmontel. Le *Journal de Paris*, très-favorable à ces sortes de petits écrits polémiques, parce qu'il paraissait tous les jours, et qu'un coup n'attendait pas l'autre[1], ne fut rempli durant quelque temps que de répliques qui amusèrent les oisifs et la galerie. Nous citerons, pour mémoire, sans nous embarrasser dans l'analyse de pièces inconsistantes, si elles n'étaient pas toutes sans esprit, la *Lettre d'un gentilhomme allemand à qui l'on avoit prêté l'Essai sur les révolutions de la musique; La Brochure et M. Jérôme, petit conte moral;* la *Lettre d'un hermite de la forêt de Sénart;* la *Lettre d'un véritable Allemand à un autre qui fait semblant de l'être;* le *Goutteux, maître de danse, conte à l'usage de plus d'un auteur*[2]. Ces facéties, tout en éraillant l'auteur de l'*Essai,* le laissèrent, pour cette fois, maître du terrain. Sa brochure, extérieurement bienveillante, témoignait des préférences, sans prétendre exclure l'autre musique. Il est vrai que l'on comptait bien, à tort ou raison, sur le goût du public, une fois à même d'apprécier les deux genres, pour bannir de notre scène cette musique « en prose, » sans chant comme sans poésie[3]. C'était peut-

[1] La Harpe, *Correspondance littéraire.* Paris, Migneret, t. II, p. 117.
[2] *Journal de Paris* du 3 juin au 17 juillet 1777.
[3] La Harpe, *Correspondance littéraire,* Paris, Migneret, t. I, p. 560. On a dit de celle d'*Alceste* un mot que je trouve assez juste : *C'est de*

être beaucoup d'illusions. Au moins était-il habile de
sembler en remettre le tout au jugement souverain de
la nation. Ce fut là le secret du succès de l'*Essai*. Mais,
avant d'aller plus loin, il semble à propos d'entrer
dans les détails de la vie et d'énumérer les titres de
gloire du maître que les partisans de l'école italienne
songeaint à opposer à l'Orphée germanique.

la musique en prose. C'est qu'en effet il n'y a pas assez de poésie, assez
d'invention, de richesse... » Une note de l'abbé Le Blond revendique le
mot au profit du *grand pontife des Gluckistes.* « Ce mot, qui a paru si
heureux aux adversaires du chevalier, dit-il, est volé à M. l'abbé Arnaud; c'est lui qui a dit le premier que la musique française était à la
musique italienne, ce que la prose est aux vers... » *Mémoires pour
servir à l'histoire de la révolution opérée dans la musique par le chevalier Gluck.* Naples, 1781, p. 166.

V

Nicolas Piccinni naquit à Bari, dans le royaume de Naples, en 1728, d'un père qui, quoique musicien, avait, par sa propre expérience, été amené à désirer pour son fils une existence plus facile et moins précaire. Il y avait pourtant, dans la famille, l'exemple d'une belle fortune d'artiste. Latilla, auteur d'un grand nombre d'opéras-comiques exécutés à Londres; entre autres, *la Commedia in Commedia* et *Don Calasciane*, et que Burney retrouva à Venise, en 1770, était oncle de Piccinni[1]. Quand nous parlons d'une belle fortune d'artiste, cela ne peut s'entendre qu'au seul point de vue des œuvres et du renom ; car, sous tous autres rapports, Latilla était un parfait lazzarone, pauvre, insouciant, et que son plat de macaroni rendait heureux comme un roi. On nous a transmis le chiffre des divers honoraires qu'il prélevait sur ses élèves : un carlin (cinq sous) par leçon pour un Napolitain, deux carlins pour les étrangers. Il n'était

---

[1] *The present state of music in France and Italy.* London, 1771, p. 147.

fait exception que pour les Anglais qui payaient trois
carlins; mais à tout seigneur tout honneur[1].Ces détails
rendent plus explicables les mesures que prit le père de
Piccinni pour sauver à son fils les misères inhérentes à
l'état. Non-seulement on ne lui enseigna point à solfier,
mais encore eût-on le soin de ne laisser aucun instrument à sa portée : il avait été résolu qu'il entrerait dans
les ordres, quand il serait d'âge, et l'on fit tout pour
qu'il grandit dans ces idées, écartant persévéramment
tout ce qui eût pu l'en détourner. Inutiles et bien vaines
précautions ! Le pauvre enfant n'apercevait point un
clavecin sans palpiter de la tête aux pieds. Entendait-il
un air d'opéra, cet air se logeait dans sa petite cervelle
pour n'en plus sortir ; et toutes les fois qu'il pouvait
échapper à la malencontreuse surveillance dont il était
l'objet, il n'avait pas de plus grand bonheur que de
s'exercer en cachette à jouer toutes les bribes de mélodies
qu'il avait retenues. C'est aussi là l'histoire de l'anglais
Arne. « Presque tous ceux qui se sont fait un nom dans
les beaux-arts, a dit Voltaire, les ont cultivés malgré
leurs parents, et la nature a toujours été en eux plus
forte que l'éducation. »

Un jour, le père de Piccinni, ayant à parler à l'évêque
de Bari, l'emmène avec lui et le laisse dans une pièce
voisine du cabinet du prélat. Il y avait un clavecin dans
cette salle d'attente où Nicolas se supposait plus isolé
qu'il n'était réellement. L'aspect de l'instrument lui
donna des éblouissements ; il se sentait attiré vers lui
comme l'acier vers l'aimant. Il voulut lutter contre cette

---

[1] *Aneddota piacevoli e interessinti occorsi nella vita di Giacomo
Golifredo Ferrari*, Londra, 1830, vol. I, p. 156.

sorte de fascination ; mais ses pieds se dirigèrent d'eux-
mêmes vers le merveilleux clavecin, et ses dix doigts
s'abattirent sur le clavier comme des moineaux en
pleine récolte. Les notes sonores qui s'en échappèrent
aussitôt le firent frissonner d'ivresse et d'épouvante à
la fois. Mais l'ivresse eut en moins de rien étouffé ce
premier effroi ; et il s'en donnait à cœur joie quand il
fut interrompu par les encouragements et les bravos :
il aperçut alors, à quelques pas de lui, Monseigneur,
les bras en l'air, les traits jubilants, dans la pose la
moins équivoque de l'ébahissement et de l'admiration.
Il dut répéter, à plusieurs reprises, le morceau qu'il
était en train d'exécuter, et s'en tira chaque fois avec
une justesse, une bravoure incroyables. Cette audition
surprise et de tous points imprévue décida du sort du
petit maestro. L'évêque se montra si convaincu du
talent et du génie naissant de Nicolas qu'il réussit à
vaincre les dernières répugnances du père et à le déterminer à mettre son fils au conservatoire de Saint-Onuphre, que dirigeait le célèbre Léo (mai 1742[1]).

Tombé dans les mains d'un maître assistant[2] routi-
nier plutôt fait pour glacer que pour développer les
meilleures dispositions, le jeune Piccinni s'enferma,
évitant professeurs et camarades, et se mit à composer
avec furie, sans autre direction que son génie, des psau-

---

[1] Il y avait trois conservatoires à Naples, celui de S. Onophrio, la
Pietà et Santa Maria di Loreto. Le premier composé d'environ quatre-
vingt-dix écoliers en uniforme blanc, le second de cent vingt vêtus de
bleu, le troisième de deux cents avec uniforme blanc et ceinture d'é-
toffe noire.

[2] Chaque conservatoire était dirigé par deux maîtres de chapelle,
l'un corrigeant les compositions, l'autre professant et donnant des leçons. Sous eux, un certain nombre de maîtres assistants, *maestri seco-
lari*, enseignaient les divers instruments.

mes, des oratorio, des airs d'opéras, puis enfin une messe entière. Cette audace inqualifiable dans un écolier s'ébruita en dépit des mystères dont on s'était entouré, et il ne fut bientôt plus question que de la messe de Piccinni. Léo en fut informé : il manda l'enfant. Son visage était froid et glacial. « Vous avez fait une messe; montrez-la-moi. » Tant que dura l'examen, Nicolas n'eut pas une goutte de sang dans les veines; ce fut alors qu'il sentit son inexpérience, presque son impiété; car l'art ne doit être abordé qu'après un mûr et consciencieux noviciat, de patientes et religieuses études. Quelques minutes s'écoulèrent dans ces angoisses. Léo agita sa sonnette. C'était le signal des répétitions. Aussitôt la salle fut envahie par les chanteurs et les instrumentistes. Piccinni comprit tout : c'était sa messe que le maître se disposait à faire répéter. Il se jeta, éperdu, à ses genoux, pour implorer sa pitié, pour le désarmer et le fléchir. Mais Léo se tourna gravement vers lui et, pour toute réponse, lui tendit le rouleau avec lequel le chef dirige son orchestre. Ce fut le coup de grâce; le pauvre garçon crut qu'il allait mourir. Toutefois, quand Léo voulait une chose il n'y avait plus qu'à obéir. Piccinni réunit donc tout ce qui lui restait de forces pour présider à la terrible mystification, et agite d'une main frissonnante le bâton du maître. C'en est fait, voix et instruments font leur partie dans cet ensemble qui gronde aux oreilles du timide artiste comme la trompette du jugement dernier. Mais cette impossibilité même d'échapper à l'humiliation qu'on lui prépare, le surexcite; le désespoir lui tient lieu de courage, il s'anime, il s'exalte, il n'a plus peur. Et puis, cette première panique essuyée, la confiance lui revient, non pas à cause des murmures louangeurs qu'il entend de tous côtés, mais parce que quelque chose lui dit que, malgré tous ses défauts, ses inexpériences, il y a dans cette ébauche informe, de grandes promesses pour l'avenir. Il avait commencé avec la pâleur de la mort ; quelques mesures suffirent pour le transformer : Léo avait disparu et l'inquiétude de l'arrêt qu'il allait prononcer.

Celui-ci ne disait mot. Lorsque les dernières notes se furent éteintes, et que tout fut retombé dans un silence absolu, causé surtout par l'avidité avec laquelle son jugement était attendu, le maître s'adressa au pauvre enfant, qui ne savait trop s'il devait, à l'accueil qu'avait soulevé cet essai, trembler ou prendre courage. « Je vous pardonne pour cette fois, lui dit-il enfin ; mais si vous y retombez jamais, je vous châtierai de manière que vous vous en souviendrez toute votre vie. Quoi ! vous avez reçu de la nature un si beau présent et vous abusez ainsi du don qu'elle vous a fait ! Au lieu d'étudier les principes de l'art, vous vous livrez à toutes les saillies de votre imagination, et lorsqu'à force d'idées sans ordre et sans règles, vous êtes parvenu à faire ce que vous appelez votre partition, vous croyez avoir fait un chef-d'œuvre[1]. » A cette sévère et dure réprimande, l'infortuné ne put retenir ses larmes, son cœur se fondit, il éclata en sanglots. Dès qu'il lui fut possible d'articuler un son, il avoua tout, les mauvais traitements, les dégoûts que lui avait fait essuyer le maître subalterne entre les mains duquel il était tombé, et qui

[1] Ginguené, *Notice sur la vie et les ouvrages de Nicolas Piccinni* Paris, an IX, p. 6, 7.

l'avaient poussé à s'abandonner sans mesure à ses propres et seules forces. Ce récit et ses pleurs avaient plus que suffi pour apaiser le courroux peu sincère du maître. La leçon avait été de nature à se graver profondément ; Léo ne songea plus qu'à apposer sur la plaie saignante le baume souverain qui la devait cicatriser aussitôt. Il lui tendit les bras, le serra sur son cœur et lui promit que désormais il n'aurait d'autre maître que lui. Piccinni avait quinze ans à peine, quand cette petite scène eut lieu au conservatoire de Saint-Onuphre ; mais, quelques mois après, la mort lui enlevait son protecteur. Cette perte fut sentie de tous, et il devait la sentir plus vivement que les autres. Léo était une de ces organisations puissantes, consciencieuses, infatigables qui ne laissent jamais l'art où elles l'ont trouvé. Un seul homme après lui était capable d'occuper un pareil poste, celui même qui l'avait précédé, le célèbre Durante. Sa réputation avait dépassé les monts et l'on savait d'ailleurs que Pergolèse, Terraglidas et Jomelli étaient ses élèves. Rousseau a dit : « Durante est le plus grand harmoniste de l'Italie, c'est-à-dire du monde[1]. » Il revenait de Saxe où il avait résidé quelques années et ne crut pas devoir décliner une tâche qu'il avait déjà si glorieusement remplie. C'est de cette seconde école que devaient sortir Traëtta, Guglielmi, Sacchini et Piccinni, ces quatre merveilleux joyaux de la couronne de l'Italie musicale.

Durante avait trop de pénétration pour ne pas distinguer tout d'abord le futur auteur d'*Atys* et de *Didon*.

---

[1] Rousseau, *OEuvres complètes*. Pourrat, 1851, t. XIII, p. 449. *Dictionnaire de Musique*.

Le pauvre enfant s'était cru orphelin en perdant
Léo ; il retrouva dans son successeur un maître aussi
éclairé, aussi savant, un ami, un protecteur également
passionné et plus passionné même. « Les autres sont
mes écoliers, disait Durante, mais celui-ci est mon fils. »
Avec un tel maître, de tels soins, un génie si heureusement doué, tout se réduisait à une question de temps
pour Piccinni. En 1754, le jeune Nicolas sortait du
conservatoire de Naples, sachant tout ce qu'il était
humainement possible de savoir. Il y avait douze ans
qu'il y était entré. Désormais, il s'agissait d'aborder
le théâtre. Si l'accès en est difficile, Piccinni avait
la science, l'inspiration et l'ardeur de la jeunesse, ce
triple bélier avec lequel on enfonce les portes les plus
rebelles.

Il avait pour protecteur le prince de Vintimille qui
avait pris à cœur de le pousser et le fit agréer au directeur du théâtre des Florentins. Niccolo Logroscino était
alors à Naples le seul compositeur qui eût acquis, dans
le genre comique, une grande réputation, et c'était, effectivement un musicien vraiment original. On s'était
habitué à n'entendre que lui, on ne connaissait, on
n'aimait que sa musique. Aussitôt qu'il fut question de
monter un ouvrage qui ne serait pas de lui, une brigue
si puissante se forma que les affaires de l'infortuné
Piccinni semblèrent un instant désespérées ; et elles
l'eussent été sans la fermeté et le zèle que déploya Vintimille pour neutraliser cette injuste levée de boucliers.
Gagné par les amis de Niccolo, le directeur insinua
qu'il ne pouvait hasarder la représentation, en présence
de tant de mauvais vouloirs, qu'à la condition d'être indemnisé de dépenses fort aventurées. Le prince, pour

couper court à ces prétextes, versa dans ses mains une somme de huit mille livres afin de couvrir les frais à tout événement. Mais, malgré la cabale, *le Donne dispestose* fut accueilli avec enthousiasme. L'Italien, par cela même qu'il est plus passionné que le Français, est plus sincère et plus équitable : il ne s'amuse pas à disserter ; on l'émeut et il bat des mains. Nous n'attachons, nous autres, de prix qu'aux arguties, mettant de l'esprit où il en faudrait le moins : toute cette lutte, dont nous nous sommes constitué l'historien, ne le démontrera que trop.

Piccinni demeura deux ans à Naples, durant lesquels il fit successivement représenter *le Gelose, il Curioso del proprio danno*, et, au grand théâtre de Saint-Charles, sa première composition dans le genre sérieux, *Zenobia*, dont le succès eut un retentissement inespéré. Il ne la quitta qu'en 1758. Bien que déchue de son antique splendeur, Rome, sous le rapport de l'art au moins, était restée la capitale de l'Italie, et un artiste ultramontain n'estimait son nom fait qu'après sa consécration dans la ville éternelle. « Il y a à Rome, dit Grétry, un nombre d'amateurs, de vieux abbés qui, par leurs sages critiques, retiennent le jeune compositeur qui se laisse emporter hors des limites raisonnables de son art. Aussi lorsqu'un compositeur a réussi à Naples, à Venise, même à Bologne, on se dit : « Il faut le voir à Rome[1]. » — « Rome, dit de son côté Burney, est le poste d'honneur pour les compositeurs, les Romains étant regardés comme les juges les plus sévères de la musique en

---

[1] Grétry, *Mémoires ou Essais sur la musique*, Paris, 1796, t. III, p. 315.

Italie... On suppose en général qu'un compositeur ou un artiste qui a du succès à Rome, n'a rien à craindre de la sévérité des critiques dans les autres villes[1]... » Rome devait naturellement être le but des désirs et de l'ambition de Piccinni. Mais il n'eut pas besoin de faire des coquetteries à la montagne, ce fut la montagne qui alla à lui. Il fut appelé par les Romains, pour lesquels il composa l'*Alessandri nell'Indie*. Ce début ne fut pas au-dessous de l'opinion qu'on s'était faite du maître napolitain : l'ouverture surtout de cet opéra parut supérieure à tout ce que l'on avait entendu dans ce genre.

Il ne devait donner que deux ans plus tard la *Cecchina*, qui fit de Piccinni le compositeur le plus populaire de l'Italie. On ne chanta, on ne fredonna plus à Rome que la *Cecchina*. Les grands et les petits théâtres s'en emparèrent, jusqu'aux comédiens de bois, les Burattini, qui jouèrent la *Bonne fille* et attirèrent en foule la meilleure société. Tout fut à la *Cecchina*, les auberges, les maisons de campagne, les vêtements ; et le jour de Saint-Pierre, durant plusieurs années, le feu d'artifice représentait invariablement des scènes de la *Cecchina*, tandis que la musique en jouait l'ouverture.

Voici, raconte Ginguené, un fait qui paraît sortir des bornes de la vraisemblance, et qui cependant m'a été certifié par un homme digne de foi. En 1778, les jésuites chassés de la Chine étant revenus en Italie, le père Amoretti, l'un d'eux, de retour à Gênes, y publia que quelques jésuites avoient apporté à Pékin, parmi plusieurs productions des arts de l'Europe, la partition de la *Bonne fille*, qu'ils l'avoient fait exécuter devant l'empereur de la Chine ; que ce prince en avoit été si délicieusement ému, qu'il avoit établi une troupe

---

[1] Burney. *The present state of music in France and Italy.* London, 1771. p. 382, 383.

de musiciens chargés seulement de jouer la musique de cette
pièce; qu'enfin il avoit fait bâtir par d'habiles ouvriers du pays un
espèce de théâtre, et que sur les murailles il avoit fait peindre
toutes les scènes de la *Cecchina*, afin de pouvoir la voir et l'entendre
à la fois [1].

Sans doute, plus tard, Piccinni eut des triomphes aussi
glorieux et non moins mérités, mais jamais aussi incon-
testés et aussi exempts des piqûres de l'envie. La *Bonne
fille* n'avait coûté que dix jours de travail au fécond musicien. Jomelli revenait alors de Stuttgart et passait par
Rome pour regagner Naples. Il savait l'exaltation naturelle à ses compatriotes et la facilité avec laquelle ils s'en-
gouent; tout le bien qu'il entendait dire de l'ouvrage le
mit en défiance, et ce fut en juge sévère et très-voisin
d'être hostile qu'il se dirigea vers le théâtre. Mais il était
trop supérieur pour ne pas revenir de ses préventions
et ne pas confesser loyalement l'étonnement, le ravissement que cette musique lui avait causés. « Écoutez, dit-
il avec une gravité solennelle aux amateurs qui s'étaient
groupés autour de lui, à la sortie du théâtre, écoutez le
jugement de Jomelli : celui-ci est un inventeur. »

Durant quinze années, Piccinni régna dans Rome
sans rivaux, sans jaloux, ne comptant que des amis et
des admirateurs; et c'est bien long que quinze ans
pour un peuple pétulant, trop ardent pour n'être pas
inconstant et mobile. Pascal Anfossi, qui devait le supplanter dans l'amour des Romains, eut, lui aussi, longtemps à lutter; et peut-être ne fût-il parvenu à se frayer
un chemin, si Piccinni n'eût pas tout employé pour le lui
faciliter. Anfossi avait commencé par être instrumentiste.

[1] Ginguené, *Notice sur la vie et les ouvrages de Nicolas Piccinni*
Paris, an IX, p. 10, 11.

Il jouait du violon d'une façon remarquable, et passa dix années de sa vie dans les orchestres de Naples. Au bout de ce temps, il eut une vague révélation de sa force, il crut qu'il était fait pour servir l'art d'une manière moins stérile et se mit à étudier la composition. Il s'adressa à tour de rôle à Sacchini et à Piccinni. Piccinni, la nature bienveillante par excellence, frappé de ses rares facultés, se passionna pour son élève et remua ciel et terre pour lui ouvrir les portes du théâtre *della Dame*. Mais sa première œuvre n'eut aucun succès. Piccinni le consola et insista si bien auprès de la direction qu'il la décida à un nouvel essai, dont l'issue ne fut pas plus heureuse. Une amitié moins solide s'en fût tenue à cette double épreuve ; mais l'auteur de la *Cecchina* ne se rebuta point. Anfossi avait échoué, cela ne pouvait, à ses yeux, lui ôter les qualités brillantes qu'il n'était plus à reconnaître en lui ; il releva son énergie, en lui affirmant avec l'onction de la sincérité, que l'avenir réparerait au centuple les petits déboires du présent. Ce dernier, réconforté par les encouragements du maître, oublia ses deux échecs et se prépara à une troisième bataille, qu'il fallait gagner. Mais le triomphe fut complet. L'*Inconnue persécutée* obtint un succès comme il ne s'en était pas produit depuis la *Cecchina* (1773). L'Italien ne fait jamais les choses à demi ; Anfossi, du jour au lendemain, devint le compositeur le plus populaire et le plus aimé.

Piccinni fut le premier à se réjouir de cet enthousiasme mérité, qu'il avait prédit. Il était bien loin de prévoir ce que pour lui tout cela avait de menaçant ; il ne fallait rien de moins que les plus odieux procédés pour lui ouvrir les yeux, mais ils furent tels, qu'il ne put

se donner longtemps le change sur leur indignité. Anfossi faisait ensuite représenter, et avec un succès toujours croissant, *la Finta giurdiniera*, et *il Gelose in ci-
mento* (1775). On a dit plus haut qu'il s'était également
adressé au début de sa carrière à Sacchini ; ce dernier,
s'était de son côté passionné pour Anfossi ; et, depuis la
vogue de l'*Inconnue persécutée*, avait mis à sa diposition
la cabale nombreuse de ses amis. Sacchini était l'émule
de Piccinni, et ils étaient habitués à se voir opposer
l'un à l'autre ; peut-être se glissa-t-il un peu de malveillance pour un rival dans cet étalage de sympathie
à l'endroit d'Anfossi. On se fût contenté d'applaudir ce
nouveau favori que l'auteur de la *Cecchina*, loin de le
trouver mauvais, eût joui du succès de son élève comme
des siens propres. Mais, chose incroyable, ces mêmes
hommes qui, quinze années durant, avaient été ses
admirateurs fervents, ne reculèrent pas devant l'acte
le plus monstrueux d'ingratitude et de cruauté. Piccinni
allait faire représenter un nouvel opéra ; avant qu'ils
en connussent une note, l'ouvrage fut condamné, et ils
eurent la triste intrépidité de siffler sans pitié un artiste
consacré par tant de triomphes et de le forcer par leurs
menées à retirer sa pièce. Anfossi avait alors un opéra
en répétition au même théâtre ; tous ces cris, toutes
ces clameurs n'avaient eu d'autre but que d'avancer de
quelques jours sa propre représentation et d'éviter une
comparaison redoutable. Ce fut un coup de foudre pour
la nature sensible, généreuse, impressionnable de Piccinni. Rome, dès lors, lui parut odieuse. Il la quitta pré-
cipitamment comme on déserte un repaire de pestiférés,
faisant le serment de ne remettre les pieds de sa vie
dans cette ingrate et oublieuse cité. Mais la secousse

avait été terrible; en arrivant à Naples, il se mit au lit,
d'où il ne devait sortir qu'après une grave et longue
maladie[1]. Toutefois, le succès prodigieux, pendant quatre saisons pleines, de son opéra bouffon, les *Voyageurs*,
(1775), était fait pour effacer le pénible souvenir d'ava-
nies auxquelles rien n'avàit dû le préparer, si de pareils
outrages peuvent jamais s'oublier.

Piccinni avait épousé, en 1756, son élève Vincenza
Sibilla, d'une figure charmante, qu'il aimait éperd-
ment et qui le chérissait avec une égale passion. Elle
avait une voix remarquable, les qualités les plus émi-
nentes de l'artiste ; les plus éclatants succès lui étaient
réservés, si elle eût couru la carrière du théâtre. Mais
soit jalousie, soit crainte des épreuves dont les gloires les
moins contestées, il ne le savait que trop, ne sont pas à
l'abri, Piccinni ne le permit pas. Ce n'était que dans le
particulier qu'on pouvait entendre ce talent exquis, et
dans ce qu'on appelait les académies (des concerts compo-

---

[1] Il est difficile de concilier les dates données par Ginguené avec celles,
toutes différentes, du docteur Burney. D'après le premier, Piccinni ne
quitta Rome qu'en 1775 ; le docteur, de son côté, parle d'une visite qu'il
lui fit à Naples, le mardi 18 octobre 1770. Cela ne peut s'expliquer que
d'une façon. Bien que travaillant particulièrement pour le théâtre de
Rome, Piccinni ne se refusait pas à d'autres triomphes, puisque Burney
raconte encore que l'auteur de la *Cecchina* avait passé le carnaval de la
même année à Milan, où il avait composé un opéra sérieux, puis un
opéra buffa, *Il Regno nella Luna*, et qu'il ne l'avait, lui Burney, manqué que de quelques jours (en juillet). Lors de l'arrivée de l'Anglais à
Naples, le théâtre de Fiorentini donnait l'opéra-comique *Gelosia per
Gelosia*, du même maestro. Ce dernier s'était marié à Naples, il y avait
conservé sa maison, et peut-être y avait-il laissé les siens. Cela est d'autant plus acceptable que Piccinni, qui partit en 1758 pour Rome, où on
joua l'*Allessandri nell'Indie*, recevait, au dire même de Ginguené, en
1759, le prince héréditaire de Brunswick dans son domicile napolitain.
Burney, *The present state of music in France and Italy*. London, 1771,
p. 79, 298.

sés d'amateurs et d'artistes [1]). Elle ne chantait que la musique de son mari, et nulle, au dire de celui-ci, ne l'interprétait avec un art, un charme plus pénétrant. L'installation du maestro, à Naples, était celle d'un homme aisé, riche même. Il avait une bonne maison, nous dit Burney, des domestiques et un personnel assez nombreux. Mais c'était une vie toute intime, la vie d'intérieur et de famille dans ce qu'elle a de plus sincère et de plus complet. Le jeune frère du prince héréditaire de Brunswick, attiré par sa réputation, l'étant un jour allé voir sans l'en faire prévenir, le surprit berçant un de ses enfants, tandis que le plus âgé le tenait et le tirait par son habit. La mère, accoudée à la fenêtre, les regardait doucement et jouissait de ce spectacle avec la double volupté de l'amour conjugal et de l'amour maternel : on eût dit un tableau de Greuze. A la vue de l'étranger, la femme se sauva en désordre. Le prince se nomma. « Je suis charmé, dit-il tout attendri à Piccinni, de voir qu'un si grand homme ait autant de simplicité, et que l'auteur de la *Cecchina* soit un aussi bon père. » (1775.)

L'univers pour Piccinni c'était en effet la distance comprise entre le berceau de son dernier-né et son clavecin, et il était besoin de tout un siège pour l'en tirer un instant. Grétry, venu en Italie pour s'initier à tous les secrets de l'art divin auquel il allait consacrer sa vie, ardent, enthousiaste comme l'est la jeunesse, plein d'admiration pour Piccinni dont les ouvrages avaient transporté Rome, eût donné tout au monde pour

---

[1] Burney, *The present state of music in France and Italy.* London, 1771, p. 91.

pénétrer dans son intérieur et le voir à l'œuvre. Ce
bonheur inespéré lui fut accordé. Un abbé Nicolo, avec
lequel il était lié, se chargea d'être son introducteur
près du maestro, qu'ils ne pouvaient que déranger,
car celui-ci passait peu de moments sans écrire et
composer.

Je mourois d'envie de voir Piccini, dont la réputation étoit
méritée. Il avoit donné depuis deux ans au théâtre d'Aliberti *la
Bonne fille,* et chose rare dans ce pays, depuis deux ans l'on chan-
toit sans cesse cette belle production [1]. Un abbé de mes amis
m'offrit de me conduire chez lui; il me présenta comme un jeune
homme qui donnoit des espérances. Piccini fit peu d'attention à moi;
et c'est, à dire vrai, ce que je méritois; je n'avois heureusement
pas besoin d'émulation; mais que le moindre encouragement de
sa part m'eût fait de plaisir! Je contemplois ses traits avec un sentiment de respect qui eût dû le flatter, si ma timidité naturelle avoit
pu lui laisser voir ce qui se passoit au fond de mon cœur.

Piccini se remit au travail, qu'il avoit quitté un instant pour nous
recevoir. J'osai lui demander ce qu'il composoit; il me répondit:
un *oratorio.* Nous demeurâmes une heure auprès de lui. Mon ami
me fit signe, et nous partîmes sans être aperçu.

Je rentrai sur le-champ dans mon collége [2]; et, après avoir fermé
ma porte, je voulus faire tout ce que j'avois vu chez Piccini. La petite
table à côté du clavecin, un cahier de papier rayé, un *oratorio* imprimé, lire les paroles, porter les mains sur le clavecin, tirer de
grandes barres de partition, écrire de suite sans rature, passer les-
tement d'une partie à l'autre; tout cela me paroissoit charmant, et
mon délire dura deux ou trois heures; jamais je n'avois été plus
heureux; je me croyois Piccini. Cependant mon air étoit fait; je le
mis sur le clavecin et l'exécutai... ô douleur! il étoit détestable;
je me mis à pleurer à chaudes larmes, et le lendemain je repris en
soupirant mon cahier de fugues [3].

---

[1] La *Cecchina* fut jouée en 1760. Cette visite de Grétry à Piccinni eut
donc lieu en 1762.

[2] Le collége de Liége.

[3] Grétry, *Mémoires ou Essais sur la musique.* Paris, 1796, t. I, p. 88,
89, 90.

Piccinni était le compositeur napolitain par excellence. Nul, comme lui, ne possédait le dialecte et n'était entré dans le génie particulier de ce peuple original qui ne ressemble pas plus à celui de Rome qu'au peuple de Venise. Burney a dit : « Le langage napolitain, qui est aussi différent du bon italien que le gallois l'est de l'anglais. » On sait du reste que c'est à Florence, que c'est à Sienne et non à Naples qu'il faut aller entendre cette langue divine que Tasse, Arioste et Pétrarque ont parlée. Mais que faisait cela aux Napolitains, pourvu que Piccinni fût, de tous, celui qui sût le mieux manier, assouplir cet idiome étrange, accentué, s'il n'est ni le plus mélodieux ni le plus pur, et lui donner le vêtement le plus assortissant à son allure et à sa taille?

Je vous répète, écrivait l'abbé Galiani à une de ses amies de Paris, qu'il vous seroit impossible de rien comprendre à ce chef-d'œuvre de perfection auquel Piccini a poussé l'opéra-comique chez nous. Ne craignez pas que les opéras napolitains passent en France: cela n'est jamais arrivé; ils ne vont pas même à Rome. Vous aurez ses opéras-comiques italiens, tels que *la Buona figliola,* mais aucun des napolitains. Pour achever de vous persuader, je vous enverrai un ou deux morceaux, avec une explication italienne ou française; et vous verrez qu'il faut absolument venir à Naples pour entendre cela [1].

Quand il existe une telle affinité, une telle entente entre le génie d'un artiste et le génie du public qu'il charme, l'on ne devrait pas rêver d'autres horizons. Mais le moyen aussi de ne point se laisser éblouir par tant de magiques espérances? L'auteur de la *Cecchina* n'était pas trop effrayé de la lutte; pourquoi serait-il moins

[1] Grimm, *Correspondance littéraire.* Paris, Furne, t. VIII, p. 97, Lettre de Galiani à madame d'Épinay; Naples, 19 novembre 1771.

heureux à Paris qu'à Naples. « Piccini, écrit Galiani à son amie, vient de donner à notre grand théâtre un opéra qui a surpassé tout ce qu'on avait entendu de bonne musique jusqu'ici. L'*Orphée* de Gluck, qu'on a donné en même temps à la cour, en a été furieusement éclipsé[1]. » Son parti pris, il n'y avait plus qu'à lui préparer les voies, et bien disposer ce petit nombre de gens qui font l'opinion à Paris. « Nous vous enverrons dans quinze jours Piccini et sa femme, qui est une bonne personne, aimable, douce, chantant parfaitement bien, et qui vous plaira. Pour lui, c'est une espèce de M. Duni. Sa conversation ne vaut pas ses pièces. Mais c'est un très-honnête homme, et je vous le recommande très-fort, en vous priant de le recommander aussi au baron d'Holbach, à d'Alembert, à d'Albaret, La Briche, à votre mari, *et omni generi musicorum*[2]. » S'il avait toutes les apparences de la richesse, ce que lui rapportaient ses pensions et ses opéras suffisait tout au plus, semble-t-on dire, au courant de la vie, et ce ne pouvait être assez pour le père de famille qui songe à l'avenir. « Tout le monde est fâché ici de son départ, écrit l'abbé, dès les premiers bruits; mais personne ne lui a offert dix sous pour rester[3]. » Il dit ailleurs, et quand le pauvre artiste s'est déjà heurté à plus d'un caillou, avant même d'avoir pu faire ses preuves : « Piccini est bien à plaindre, puisque ses amis lui font encore plus de mal que ses ennemis; mais pourvu qu'il soit payé! Enfin il

---

[1] L'abbé Galiani, *Correspondance*. Paris, 1818, t. II, p. 96. Lettre à madame d'Epinay; Naples, 15 février 1774.

[2] Ibid., t. II, p. 225. Lettre à madame d'Epinay; Naples, 2 novembre 1776.

[3] Ibid., t. II, p. 106. Lettre à madame d'Epinay; Naples, 14 mai 1774.

n'est pas allé jusqu'à Paris chercher la gloire ; il en avait
assez ; il y est allé-chercher l'argent dont il avait
amassé fort peu dans sa vie [1]. » Mais alors ses ressources à Naples, ses moyens d'existence, quels étaient-
ils au juste ?

Au moment où Caraccioli lui faisait passer son engagement pour venir en France [2], il était maître de chapelle en second du dôme de Naples, ce qui lui valait
six mille francs de pension, avec l'expectative de la première maîtrise à la mort de Nanna, qui expirait peu de
temps après l'arrivée de l'auteur de *la Cecchina* à Paris. Il
était en outre organiste du roi et maître de chapelle de
plusieurs couvents ; et ces divers emplois, sans y comprendre le produit de ses ouvrages, représentaient un
revenu de quinze mille livres. Ces chiffres, que Piccinni
nous donne lui-même, ne laissaient pas d'être considérables pour le temps, et n'en déplaise à Galiani, il y avait
possibilité, tout en vivant bien, de pourvoir à l'avenir ;
mais disons aussi qu'ils pouvaient bien être quelque
peu grossis, comme l'assurait Dauvergne [3], parce qu'il
les opposait alors, pour les besoins de la cause, à une
situation qui, à l'entendre, n'était pas à comparer à
celle qu'il avait laissée [4].

---

[1] L'abbé Galiani, *Correspondance* Paris, 1818, t. II, p. 259. Lettre
à madame d'Epinay ; Naples, 17 juillet 1777.

[2] Cet engagement était pour trois années. Le traitement de la cour
s'élevait à 6,000 livres.

[3] Archives nationales. Ancien régime. Opéra. 01—634. *Compte que le
Comité rend au ministre de ce qui s'est passé en son assemblée du samedi 30 décembre* 1780. « Le comité est certain, disait le rapport, que
le traitement de M. Piccinni, en France, est au moins de moitié supérieur
à tout ce qu'il pouvoit espérer à Naples. » Convenons que ce que dit
l'abbé Galiani est de nature à confirmer cette assertion du comité.

[4] Ibid., 01 — 629, *Mémoire de Piccinni adressé au ministre.* —

Piccinni quitta Naples, le 16 novembre 1776 et arriva à Paris, le 31 décembre. Depuis bien longtemps, l'on n'avait eu un hiver aussi rigoureux. Le pauvre Italien se sentit glacé au moral comme au physique. « Mais, mon cher monsieur, disait-il après quinze jours d'une pluie continuelle à Ginguené, en ce pays n'y a-t-il donc jamais de soleil[1]? » Ce ciel désolé le frappa comme un présage. Il avait emmené sa femme, son fils aîné alors âgé de dix-huit ans, et un jeune Anglais qui s'était attaché à lui, et il était allé descendre à l'hôtel de Lancastre rue Saint-Thomas-du-Louvre, en attendant qu'on lui eût arrangé et meublé un petit appartement rue Saint-Honoré; Marmontel demeurait précisément en face, et il n'était pas indifférent pour lui d'être le plus près possible de l'homme dont il aurait besoin à tous les moments. Il avait été convenu avec le marquis Caraccioli qu'il aurait le logement et la table à l'ambassade; mais, lorsqu'il arriva, il se trouva que l'hôtel était trop exigu pour qu'on pût l'y garder, comme il y comptait. Piccinni avait quarante-huit ans. C'était un homme petit, maigre, pâle, le visage fatigué, plein de politesse et d'une aménité à laquelle se mêlait une teinte de gravité assez peu commune chez un Napolitain[2]; une

---

L'année 1783 n'eût pas rapporté au compositeur moins de dix-huit mille livres, sans compter la vente de ses trois partitions de *Didon*, du *Dormeur éveillé* et du *Faux lord*, et la pension de dix à douze mille livres qu'il touchait de M. de la Borde pour l'éducation de ses filles. *Réflexions relatives au traitement de M. Piccinni*. Ibid., 61—634.

[1] Ginguené, *Notice sur la vie et les ouvrages de Nicolas Piccinni*. Paris, an IX, p. 25.

[2] Burney, *The present state of music in France and Italy*. London, 1771, p. 298. — *Mémoires secrets*. Londres, Adamson, t. X, p. 5, 6, 8; janvier 1777. — Hippeau, *le Gouvernement de Normandie aux dix-septième et dix-huitième siècles*. Caen, 1864, t. IV, p. 114. Nouvelles de Paris et de Versailles, 8 janvier 1777. Cathelin a gravé son portrait

de ces organisations tendres, impressionnables à l'excès, sur lesquelles le ciel se réflète en beau comme en laid, qu'un rien affecte, énerve, assombrit. Gluck était autrement charpenté pour la lutte.

L'arrivée de Piccinni donna l'idée aux Italiens. de monter sa *Buona figliola*, traduite et arrangée par Cailhava. L'auteur, absorbé par les embarras et les tracas d'une installation, n'avait pu assister aux premières répétitions, il s'en excusa auprès des comédiens, à la disposition desquels toutefois il se mettait entièrement, « non pour corriger des acteurs dont il avoit entendu faire l'éloge; mais pour diriger ou changer le mouvement de quelques endroits, si on le jugeoit à propos[1].» Ceux-ci acceptèrent, et, dès le lendemain, Piccinni se rendait à leur théâtre. Mais ces messieurs avaient beaucoup à faire pour arriver à une interprétation qui pût contenter des oreilles habituées au chant italien, et *la Buona figliola*, qui devait être représentée le soir même, dût être ajournée. Il y en avait là plus qu'il ne fallait pour piquer ces braves gens, dont l'amour-propre égalait l'ignorance; et l'on ne pardonna point au maître napotain ses vétilleuses exigences. L'ouvrage ne parut qu'à de longs intervalles et fut joué deux ou trois fois au plus. En revanche, le Concert des Amateurs, dont les séances avaient lieu dans la grande salle de l'hôtel de Soubise, avait saisi avidement ce nouvel élément d'intérêt et s'était empressé de placer Piccinni en tête de son programme. A l'un des concerts, après l'audition de toute une scène, la salle enthousiasmée menaça de crou-

peint par Robineau; nous avons pu voir l'original chez un violoncelliste de talent, M. Le Bouc, le gendre du chanteur Nourrit.

[1] *Journal de Paris*. N° 21, p. 5. Mardi 21 janvier 1777.

ler sous les applaudissements. L'auteur était présent, il
n'eût pas demandé mieux de s'esquiver ; mais, entraîné
jusqu'à la balustrade de l'orchestre, il perdit terre, soulevé, porté par ceux qui l'entouraient et ne put lutter
davantage contre cette furie bien française[1]. Cette ovation ne fut pas la seule ; et nous le voyons au concert
du 10 mars, l'objet des mêmes acclamations et des
mêmes bravos.

Ces succès furent pour les Gluckistes le prétexte
d'appréciations perfides, qui ne laisseront pas de
s'accréditer à force d'être répétées. N'étaient-il pas naturels et prévus ? Là, Piccinni était sur son véritable
terrain. Sa musique, comme toute la musique italienne,
n'était que de la musique de concert, pleine de mélodie,
d'élégance, de charme, réunissant toutes les qualités,
sauf la force et la forme dramatiques. La conséquence
de ces prémisses, on la devine. M. Gluck et M. Piccinni
devaient rester, chacun chez soi, le premier à l'Opéra,
où il avait déjà fait représenter des chefs-d'œuvre
tels qu'*Iphigénie en Aulide, Orphée, Alceste*; M. Piccinni
à l'hôtel de Soubise et aux Tuileries, où l'on serait toujours enchanté de l'entendre et de l'applaudir. Cette
dénomination dédaigneuse de « musique de concert, »
on la retrouvera à tout bout de champ ; ce sera le plus
grand argument, le projectile le plus formidable de
l'ennemi, qui savait bien qu'il ne pouvait frapper
plus cruellement et plus iniquement un maître dont les
œuvres dramatiques ne s'élevaient pas alors à moins de
cent trente et quelques[2].

---

[1] *Journal de Paris*, n° 7, p. 4. Mardi 7 janvier 1777.

[2] « ... J'ai eu depuis entre les mains, nous dit Ginguené, la liste chronologique de ses opéras italiens. J'en ai compté cent trente-trois, tant

Mais tout cela reposait sur une appréciation des plus inexactes, et qui dénotait la parfaite ignorance dans laquelle on était en France sur la musique dramatique des Italiens. Les défauts, on les connaît, et ils étaient en quelque sorte commandés par les habitudes du public des loges, ce qui n'empêchait pas leurs ouvrages d'abonder en situations d'un pathétique très-caractérisé et qui, génie à part, n'étaient pas plus de la musique de concert que les scènes les plus pathétiques d'*Orphée* et d'*Alceste*. Le père Mersenne, qui visita l'Italie sans trop s'enthousiasmer pour elle, disait, cent quarante ans plus tôt, en son *Harmonie Vniuerselle* : «... Les Italiens représentent tant qu'ils peuuent les passions et les affections de l'âme et de l'esprit ; par exemple, la cholere, la fureur, le dépit, les rages, les défaillances du cœur, et plusieurs autres passions avec une violence si estrange que l'on ingeroit quasi qu'ils sont touchez des mesmes affections qu'ils représentent en chantant[1]. » A la même époque, Maugars, dans sa *Réponse faite à un Curieux*, convenait de leur supériorité au point de vue de l'expression et du drame : « Il faut avouer, dit-il, avec vérité qu'ils sont incomparables, inimitables, en cette musique scénique, non-seulement pour le chant, mais encore pour l'expression des paroles, des postures et

sérieux que bouffons, composés dans cet espace de temps... » *Notice sur la vie et les ouvrages de Nicolas Piccinni.* Paris, an IX, p. 25. Le chiffre est déjà notable, et nous nous y tenons, bien que d'autres affirmations, respectables aussi, aillent jusqu'à le doubler, à peu de chose près. « Sacchini m'assura, dit à son tour Burney, qu'en 1776 Piccinni avait composé au moins trois cents opéras, desquels treize furent écrits en sept mois. »

[1] Le père Mersenne, *Harmonie Vniuerselle, contenant · la théorie et la pratique de la musique.* Paris, Cramoisy, 1636, p. 356. De l'art d'embellir la voix, les récits, les airs ov les chants. — Gustave Bertrand, *les Nationalités musicales.* Paris, Didier, 1872, p. 55.

des personnages qu'ils représentent. Pour leur façon de chanter, elle est bien plus animée que la nôtre[1]... » L'Italie avait donné, de bonne heure, une notable preuve de virilité lyrique et dramatique. Nous pourrions citer, comme monuments, la *Dafné* de Gagliano, représentée à Milan, en 1608, l'*Orfeo* de Monteverde, la même année, œuvre considérable pour le temps et qui n'opéra pas une révolution moindre dans cette période de bégayements et de tâtonnements que l'*Orfeo* de Gluck, cent soixante ans après. Mentionnons encore son *Arianna*, jouée à Venise, où elle fit fureur et exalta toutes les têtes.

Mais, sans nous éloigner autant de l'heure présente, nous trouvons dans un juge très-autorisé, très-dilettante, des témoignages qui viennent confirmer le sentiment de l'ami de Descartes et du prieur de Saint-Pierre-Eynac et infirmer ces arrêts que la malveillance n'était pas seule à dicter. « Les Italiens sont bien éloignés de dédaigner l'expression, comme on se le figure en France, où mille gens croient que leur musique ne s'occupe jamais qu'à badiner sur des voyelles, et qu'elle a si peu de rapport aux paroles qu'elle pourroit s'en passer. Mais ces morceaux d'expression ne peuvent sortir du théâtre sans perdre les trois quarts de leur prix...» On le voit, tout n'était pas, même alors, musique de concert dans les opéras italiens, et la part de l'effroi, de la pitié, de la passion y était faite, en dépit des exigences d'une virtuosité implacable. De Brosses, auquel nous empruntons ces lignes, cite à ce propos un ouvrage de Latilla, l'oncle de Piccinni, repré-

---

[1] *Réponse faite à un Curieux sur le sentiment de la musique d'Italie, écrite à Rome*, le 1er octobre 1639. Paris, 1639, p. 19, 20.

senté au théâtre d'Alberti, dans lequel se trouvait un morceau « d'expression » dont il parle avec un reste de terreur dans le souvenir. « Il y en a un, ajoute-t-il, dans l'opéra de *Siroës*, qu'on joue à cette heure, qui me fit quasi dresser les cheveux à la tête, la première fois que je l'entendis. Chosroës, au moment qu'il vient de faire mourir son fils, découvre qu'il est innocent ; il tombe dans une frénésie où il lui semble voir l'ombre de son fils qui le poursuit. Au milieu de l'air, sur un demi-temps de la mesure, s'élève une trompette qui accompagne seule et représente le spectre poursuivant Chosroës. On ne peut rien de plus lamentable ni de plus effrayant ; c'est la trompette du jugement dernier[1]. » Cet air, qui glace d'effroi l'aimable président, n'aurait pas sans doute le même pouvoir sur nos oreilles modernes. Mais ne voyons que l'intention : c'est là un effet à la Verdi, qui révèle que tout n'était pas mignardises dans ces opéras dont on fait si bon marché au point de vue des grands mouvements de la scène.

Piccinni, en arrivant, avait un poëte tout trouvé, homme d'esprit, littérateur distingué, d'un goût sûr, et qui offrait encore l'avantage d'avoir de belles relations et de nombreux amis. Marmontel avait écrit déjà quelques livrets d'opéra-comique pour Grétry[2], qui tout en s'acclimatant, tout en se francisant, était demeuré Italien par la prosodie et le rhythme. Le succès lui avait fait prendre goût à ces petits ouvrages. La muse de Grétry était une muse court-vêtue, peu faite pour chausser le

[1] *Le Président de Brosses en Italie.* Paris, Didier, 1869, t. II, p. 326, 327.
[2] *Le Huron, Lucile, Sylvain, l'Ami de la maison, Zémire et Azor.*

cothurne; mais on est toujours attiré par les tâches impossibles, et vers celles dont notre nature nous éloigne le plus. Le charmant auteur de *Zémire et Azor* avait été tenté de courir la carrière du haut lyrique, et Marmontel, qui le poussa peut-être à cette témérité, composa pour lui *Céphale et Procris*, représenté à la cour vers la fin de 1773 et à Paris, le 2 mai 1775. On ne pouvait d'ailleurs plus mal choisir son moment, et cette musique plus agréable qu'énergique, venant après l'*Iphigénie en Aulide* et la puissante conception d'*Orphée*[1], n'avait guère de chances de succès et de durée. Grétry en convient lui-même avec candeur : « Gluck a failli m'étouffer. »

Marmontel croyait avoir fait quelque chose d'intéressant et de dramatique, et fut assez décontenancé par ce résultat inattendu. Fallait-il en accuser la musique ou les paroles? En s'attribuant une moitié de leur commune disgrâce, il trouvait là de bonnes raisons à l'avenir de se défier de lui-même, et c'est ce qui le décidait plus tard, quand il dut travailler pour Piccinni, à reprendre les opéras de Quinault, qu'il se contentait d'approprier aux exigences et aux besoins d'un art moins primitif que la psalmodie de Lulli. « Ce fut, nous

---

[1] *Iphigénie* et *Orphée* ne furent joués qu'après la représentation de *Céphale* à la cour, mais le précédèrent à l'Académie royale de musique, comme l'indiquent les dates que nous donnons plus haut; cette distinction était indispensable pour comprendre ce qui suit. « Gluck assista à deux de mes répétitions, à Versailles, raconte Grétry. La musique du troisième acte dut lui paroître aussi dramatique qu'elle l'est, en effet. Si Gluck n'eût été qu'amateur désintéressé, il m'eût dit sans doute ce qu'un artiste consommé a le droit de dire à un jeune homme de trente ans... Mais Gluck préparoit *Iphigénie en Aulide*, et il étoit plus naturel qu'il profitât de mes erreurs que de m'en tirer. » *Mémoires ou Essais sur la musique* Paris, 1796, t. I, p. 284.

dit-il, dans cet esprit que fut composé l'opéra de *Roland*.
Dès que j'eus mis ce poëme dans l'état où je voulois,
j'éprouvai une joie aussi vive que si je l'avois fait moi-
même. Je vis l'ouvrage de Quinault dans sa beauté naïve
et simple ; je vis l'idée que je m'étois faite d'un poëme
lyrique français, réalisée ou sur le point de l'être par un
habile musicien[1]. » Marmontel, dans ce travail délicat,
avait apporté un goût qu'il faut reconnaitre. Mais ce
n'était pas un motif suffisant d'oublier Quinault si
absolument parfois, qu'on lût ces retouches dans les
sociétés comme on aurait lu son propre ouvrage, petit
ridicule qui ne pouvait manquer de sauter aux yeux,
et que l'abbé Arnaud relève durement dans une épigramme assez plaisante :

Certain conteur, d'amour propre gonflé,
Quoique aux *Incas* tout lecteur ait ronflé,
Se croit pétri d'une divine pâte,
Ce monsieur-là, dont pour peu que l'on tâte
On a bientôt plus que satiété,
Ce lourd fléau de la société,
Dont les mardi de Vaînes nous embâte,
Refait Quinault, joint le mort au vivant,
Le lit partout, et puis tout bonnement.
Croit qu'il a fait les opéras qu'il gâte[2].

Quand il arriva à Paris, Piccinni ne savait pas un mot
de français ; et, tout en l'écrivant et le parlant plus que
médiocrement[3], Gluck avait sur lui l'inappréciable

---

[1] Marmontel, *Mémoires*. Paris, Ledoux, 1828, t. II, p. 112, 113. Liv. IX.

[2] La Harpe, *Correspondance littéraire*. Paris, Migneret, t. II, p. 45,
46, 75, 76.

[3] Mais il aimait à le parler, et, dans la visite d'adieu que lui faisait
Burney, Gluck s'étant trouvé au lit, et voulant expliquer ou excuser sa
paresse, ne le fit ni en allemand, ni en anglais, mais en français. « *Je
suis un peu* poltron, ce matin » lui dit-il. *The present state of music
in Germany the Netherlands, and United Provinces.* London, 1775, t. I.
p. 539.

avantage de posséder suffisamment notre langue pour
s'assimiler son génie. Au surplus, Piccinni était
l'homme patient et laborieux par excellence, et les difficultés de cette nature ne l'eussent point rebuté. Il eut
au moins le bonheur de tomber entre les mains d'un
écrivain froid, peu inventif, il est vrai, mais correct,
élégant, très-propre à cette tâche de restauration qu'il
s'était imposée. Marmontel se constitua son maître de
langue. « Quand serai-je en état de travailler à cet ouvrage? » demandait, dès le premier jour, le musicien
avec une sorte de découragement. « Demain, » répondit
le poëte. Ce dernier se rendait tous les matins dans son
petit appartement, où il le trouvait invariablement au
lit « fidèle au goût des Italiens pour ce qu'ils appellent
il sacrosanto far niente[1]; » ils se mettaient en besogne
aussitôt. Sous chaque mot français, Marmontel plaçait
le mot italien, marquant, avec un soin scrupuleux, la
quantité de chaque syllabe. Dès lors, le compositeur y
voyait un peu plus clair et pouvait se livrer à sa verve
facile. En cas d'obstacle, il n'avait qu'à tourner la tête,
l'explication ne se faisait pas attendre[2].

Figurez-vous quel fut pour moi le travail de son instruction :
vers par vers, presque mot pour mot, il falloit lui tout expliquer ;
et lorsqu'il avoit bien saisi le sens d'un morceau, je le lui décla-
mois, en marquant bien l'accent, la prosodie, la cadence des vers,
les repos, les demi-repos, les articulations de la phrase ; il m'écou-
toit avidement, et j'avois le plaisir de voir que ce qu'il avoit entendu
étoit fidèlement noté. L'accent de la langue et le nombre frappoient
si juste cette excellente oreille, que presque jamais, dans sa musique, ni l'un ni l'autre n'étoient altérés. Il avoit pour saisir les plus

[1] L'abbé Morellet, *Mémoires*. Paris, 1821, t. I, p. 145, 146.
[2] Ginguené, *Notice sur la vie et les ouvrages de Piccinni*. Paris,
an IX, p. 27, 28.

délicates inflexions de la voix, une sensibilité si prompte, qu'il ex-
primoit jusqu'aux nuances les plus fines du sentiment.

C'étoit pour moi un plaisir inexprimable de voir s'exercer sous
mes yeux un art, ou plutôt un génie, dont jusque-là je n'avois eu
aucune idée. Son harmonie étoit dans sa tête. Son orchestre et tous
les effets qu'il produisoit lui étoient présents. Il écrivoit son chant
d'un trait de plume, et lorsque le dessin en étoit tracé, il remplissoit
toutes les parties des instruments ou de la voix, distribuant les
traits de mélodie et d'harmonie, ainsi qu'un peintre habile auroit
distribué sur la toile les couleurs et les ombres pour en composer
son tableau. Ce travail achevé, il ouvroit son clavecin, qui jusque-
là lui avoit servi de table, et j'entendois alors un air, un duo, un
chœur complet dans toutes ses parties, avec une vérité d'expression,
une intelligence, un ensemble, une magie dans les accords qui ra-
vissoient l'oreille et l'âme.

Ce fut là que je reconnus l'homme que je cherchois, l'homme qui
possédoit son art et le maîtrisoit à son gré ; et c'est ainsi que fut
composée cette musique de *Roland*, qui, en dépit de la cabale, eut
le plus éclatant succès [1].

Piccinni n'était pas sans protecteurs. Si Gluck était
chaudement appuyé par son ambassadeur, son rival en
comptait deux parmi ses patrons, l'ambassadeur de
Naples, cela va sans dire, et celui de Suède, le comte de
Creutz[2]. Nous pourrions en compter jusqu'à trois, car

---

[1] Marmontel, *Mémoires*. Paris, Ledoux, 1828, t. II, p. 113, 114.

[2] Caraccioli était un bel esprit charmant, assez frivole au fond, malgré
son air épais, et payant son monde en argent comptant. Ses mots se
répétaient, et il n'était pas indifférent d'être son ami ou son ennemi
dans un pays où un coup de langue pouvait être aussi mortel qu'un
coup de stylet. Il disait du comte d'Aranda, l'ambassadeur d'Espagne :
« Son caractère est à cheval sur son esprit. » Il disait, encore, que le
soleil d'Angleterre ressemblait à la lune de Naples, et qu'il n'avait jamais mangé à Londres d'autres fruits mûrs que des pommes cuites.
Le roi lui parlait de Naples et lui disait un jour qu'il y avait beaucoup
d'insectes et de volcans. « Oui, sire, cela est vrai, répondit-il, et en Angleterre, il n'y a ni insectes, ni volcans, ni *loups*, ni *moines*. » Il disait tout ce qui lui passait par la tête, et tout cela était fort à la mode.
Charles Pougens, *Lettres philosophiques*. Paris, 1826, p. 45. — *Paris,
Versailles et les provinces au dix-huitième siècle* Paris, 1817, t. II,

c'était un ancien ambassadeur de Catherine à la cour
de Turin, que ce prince de Belowelsky, un grand seigneur
lettré comme tous les Russes d'alors, le correspondant
de Voltaire, l'ami et la dupe de Beaumarchais, surtout un
adorateur frénétique de musique, non de celle de Gluck,
qu'il taxe de « défaut de verve, » mais de la musique
du maëstro napolitain, qu'il compare à « une source
qui se répand sans cesse dans la plaine en nouvelles
nappes d'argent et qui ne s'épuise jamais[1]. »

Les amis de Marmontel furent vite les amis de Piccini ; sa douceur, sa bonhomie, et tout autant l'animosité
qui lui était préventivement témoignée, n'avaient pas
manqué de lui gagner les gens sans passion que sa personne intéressait et que révoltaient les manœuvres des
Gluckistes. Le marquis Caraccioli l'avait introduit chez
l'abbé Morellet, qui donnait à déjeuner, le premier dimanche de chaque mois, à toute l'élite de la littérature.
Le repas était bon, « il n'en abandonnait le soin à personne ; tout y était de son invention et de son ordonnance[2], nous dit Garat. » La causerie était à l'unisson.

---

p. 240. — Madame Du Deffand, *Correspondance complète*. Plon, 1855,
t. II, p. 348. 3 octobre 1775. *OEuvres de madame du Bocage*. Lyon,
1764, t. III, p. 137. 25 avril 1757. Marmontel nous dit, de son côté, qu'il
avait de l'esprit jusqu'au bout des ongles. Creutz, tout l'opposé de son
original confrère en ambassade, brillait par la sensibilité, la chaleur,
la passion, des connaissances presque générales, parlant français comme
s'il fût né à Paris. L'auteur des *Incas* nous a laissé de lui le portrait le
plus attrayant. Grétry se répand également en éloges sur le compte de
ce grand seigneur plein de cœur et de dévouement pour ses amis. *Mémoires ou Essais sur la musique*. Paris, 1796, t. I, p. 191 à 196.

[1] *De la Musique en Italie*, par le prince de Beloselsky (*sic*) de
l'Institut de Bologne. A la Haye. 1778, p. 27, 28. — Voltaire, *OEuvres
complètes* (Beuchot), t. XIV, p. 479 et t LXIX, p. 239. — Bibliothèque
nationale. Manuscrits. Marais. *Journal de police*, t. I, p. 661.

[2] Garat, *Mémoires sur le dix-huitième siècle*. Paris, 1829, t. I,
p. 357, 358.

Les tenants étaient Delille, La Harpe, l'abbé Arnaud, le chevalier de Chastelux, d'Alembert, Saurin et Suard, qui y menaient, ces deux derniers, leurs femmes, auxquelles d'autres femmes se joignaient. Les heures se passaient, dans la vaste bibliothèque qui donnait sur les Tuileries, en causeries et en lectures; puis on faisait de la musique. Grétry, Philidor, Hullmandel, Capperon, Traversa, Caillot, Millico, Duport, flattés de se mêler à cette société de littérateurs et de journalistes qui font et dirigent l'opinion, n'étaient ni les moins empressés ni les moins ponctuels. Il paraîtrait que ce fut à l'un de ces déjeuners que Gluck fit entendre pour la première fois son *Orphée*. Millico, qui avait suivi le chevalier et la jeune Marianne à Paris, y popularisait cette grande et belle musique. « ... C'est là aussi que nous entendîmes Mélico, adorateur passionné de Gluck, et presque son élève, dans le rôle d'Orphée, suppliant les Furies de se laisser toucher par ses pleurs, et qu'il nous en fit répandre dès que les premiers sons sortirent de sa bouche. Gluck y représentoit, à lui seul, la troupe inexorable des démons, par ses *non* terribles[1]. » Morellet, dans ses *Mémoires*, ne fait pourtant nulle allusion à semblable circonstance et ne parle point du maëstro comme l'ayant reçu à ses réunions, ce qui valait bien la peine d'être mentionné. C'eût été, en tous cas, antérieurement à l'arrivée de Piccinni, dont il épousa chaudement la cause, mais sans casser les vitres comme Marmontel.

Tous les amis de Morellet ne partageaient pas d'ailleurs ses préférences pour la musique italienne. L'abbé,

---

[1] *Essais de Mémoires sur M. Suard*, Didot, 1820, p. 98.

homme froid, qui tenait plus aux arrangements de sa
vie qu'au triomphe exclusif de ses idées en pareille
matière, souffrait sans peine ces divergences d'opinion, et n'eût pas rompu pour si peu avec le moindre
d'entre eux. Mais il s'en fallait que tout le monde eût
sa modération et son égoïsme placide, et quoi qu'il en
eût, son salon, dont il eût volontiers fait un terrain
neutre, subit le contre-coup de ces divisions intestines.
Marmontel crut devoir éviter tout contact avec des adversaires qu'il n'eût pu voir de sang-froid, et renonça
de lui-même à assister aux réunions du dimanche.
La difficulté n'était pourtant qu'ajournée ; et Morellet [1],
en donnant sa nièce à l'auteur de *Bélisaire*, avec lequel
du reste il allait habiter, ne pouvait espérer de réunir
des gens si violemment séparés : tout ce qu'on put faire
pour lui, ce fut, nous dit-il, de lui pardonner de demeurer neutre.

Marmontel, quand il se maria, avait cinquante-quatre
ans ; mademoiselle de Montigny était fort jeune [2] ; cette
union, qui pouvait être une folie, devait tourner le
plus heureusement. La noce fut pleine de cordialité et
d'entrain. Après le dîner, les convives passèrent dans
la riche bibliothèque de l'abbé. Un clavecin et des
pupitres disaient assez quelle nature de divertissement
on leur ménageait. Les pupitres étaient occupés par les
chanteurs (Le Gros et Richer en tête) et par l'orchestre
de l'Opéra ; le clavecin par Piccinni, qui voulait donner à

---

[1] L'abbé Morellet, *Mémoires*. Paris, 1821, t. I, p. 248.
[2] La *Correspondance secrète*, t. V, p. 220, dit que mademoiselle de
Montigny avait vingt et un an et que le mariage se fit le 11 octobre
1777, et elle a au moins raison sur ce dernier point contre Morellet,
qui se trompe manifestement en reportant cette union à l'année précédente, Piccinni n'ayant quitté Naples que le 16 novembre 1776.

ce petit troupeau d'élus, auquel étaient venus se joindre
les ambassadeurs de Suède et de Naples et le maréchal
de Beauvau, un avant-goût de son *Roland*. La Harpe,
qui était là, écrivait, en sortant de cette fête de famille :
« Le succès de cet ouvrage, qui me paraît infaillible, doit
terminer la querelle, et quand on aura entendu *Roland*,
ceux qui ont dit que des airs ne pouvaient pas être
dramatiques, et que le chant ne pouvait pas s'accorder
avec la scène, seront un peu embarrassés de ces étranges
assertions [1]. »

La reine avait manifesté le désir, elle aussi, d'avoir les
prémices de l'opéra du maître napolitain; et il avait dû
répéter les deux premiers actes devant elle. L'aimable
princesse l'accabla d'éloges. Elle voulut chanter ensuite,
et le fit asseoir au piano. Y eut-il un peu de malice dans
son choix, ou fut-ce étourderie pure, mais ce fut le morceau d'*Alceste : Divinités du Styx !* qu'elle désigna.
« Ainsi, remarque l'auteur de *Warwick*, la première
chose qu'ait faite Piccinni en arrivant à Versailles, c'est
d'accompagner un air de Gluck [2] ! »

---

[1] La Harpe, *Correspondance littéraire*. Paris, Migneret, t. II, p. 177,
178.

[2] Ibid., t. II, p. 84, 85.

V l

L'ABBÉ ARNAUD ET MARMONTEL.—GUERRE A OUTRANCE.—ARMIDE. TENTATIVES DE RAPPROCHEMENT. — ROLAND.

Avant la lutte il s'agissait de manier l'opinion, de l'attirer à soi, et toutes armes étaient bonnes pour y arriver, l'arme du ridicule surtout, la plus terrible, la plus décisive, en France. « On s'arrache les yeux ici pour ou contre Gluck, mandait madame Riccoboni à Garrick. Suard écrit sous le nom d'un *Anonyme de Vaugirard*, il met La Harpe en pièces. La Harpe le lui rend. Les parens, les amis se disputent et se brouillent au sujet de la musique. Marmontel prêche, l'abbé Arnaud lance des épigrammes : on ne songe plus à l'Amérique; la mélodie, l'harmonie, voilà le sujet de tous les écrits[1]. » L'abbé Arnaud, la paresse incarnée, était sorti de son indolence pour harceler de lardons l'auteur de *Bélisaire*, qui le payait en même monnaie et avec une verve égale[2].Ces petites joutes, où l'on ne

---

[1] *The private correspondance of Garrick*. London, 1832, t. II, p.634. Lettre de madame Riccoboni à Garrick ; dimanche 9 octobre 1777.

[2] Grimm, *Correspondance littéraire*. Paris, Furne, t. IX, p. 358, 359, 360. — La Harpe, *Correspondance littéraire*. Paris, Migneret, t. II, p. 84, 102, 150.

se ménageait guère, si elles amusaient cette classe considérable de gens qui rient de tout, devaient profondément attrister ceux qui ne séparent pas la considération
due aux lettres de celle que s'acquiert l'écrivain ; car
c'est le prêtre souvent qui fait le dieu. En ce sens, de
pareilles mêlées où l'épigramme avait cessé d'être légère pour être grossière, parfois ordurière, étaient des
plus regrettables, et il était à souhaiter que ces scandales ne se prolongeassent pas davantage[1]. Madame
Suard, avec sa finesse de femme, dans l'impossibilité
d'innocenter l'abbé Arnaud, s'efforce d'atténuer la part
de son mari dans ce conflit sans miséricorde, dont on
avait banni jusqu'à la politesse, tort bien grave en un
siècle qui n'avait pour lui que sa politesse. Laissons-la
plaider les circonstances atténuantes ; mais ses réserves
comme ses aveux en disent plus qu'elle ne veut et
ne croit dire.

L'abbé Arnaud, dont les opinions se confondoient presque toujours avec celles de M. Suard, tant l'amitié qui les unissoit étoit
étroite, s'étoit passionné pour Gluck, comme il l'avoit été autrefois
pour les Grecs. Habituellement plein de douceur et de politesse
dans les discussions littéraires, il parut, lorsqu'il entendit la musique si dramatique de Gluck, sortir de son caractère de modération, et son admiration fut exclusive pour le compositeur allemand.

---

[1] On ne saurait se faire une idée de la violence et du ton exécrable
dans lesquels on avait fini par tomber des deux côtés. Marmontel s'appellera *le savetier de Quinault*; l'abbé Arnaud, *le galopin de Gluck*.
Correspondance secrète, t. X, p. 52, 55, 261. Joignez aux outrages rée's
tout ce que l'on prêtait à ces gens déjà si riches. Marmontel, s'était fait
peindre. L'artiste l'avait gratifié d'yeux énormes ; Marmontel, qui se
trouve affreux, refuse de payer. « Et de quoi se plaint-il ? eût dit l'abbé
Arnaud, il a voulu qu'on lui fît des yeux de génie, il fallait bien les lui
faire hors la tête. » *Paris, Versailles et les provinces au dix-huitième
siècle*. Paris, 1817, t. I, p. 175. Au moins cela est plaisant sans être
grossier, que ce soit ou non de pure invention. Mais l'on n'en pourrait
citer qu'un bien petit nombre de ce genre.

Il se montra injuste envers Piccini, et intolérant pour tous ceux qui n'étoient pas aux pieds de son idole. Il ne parloit d'eux qu'avec le dernier mépris. Il se permit donc des épigrammes contre Marmontel, qui faisoit mettre en musique, par Piccini, son opéra de *Roland*. *Eh bien*, dit-il, *nous aurons un Orlando et un Orlandino*. Marmontel fut furieux et fit partager son humeur à Saint-Lambert et à d'autres amis communs : et M. Suard, qui n'avoit jamais été injuste envers Piccini, qui estimoit son talent, comme on peut s'en assurer par les lettres de l'anonyme de Vaugirard ; M. Suard, à qui on prêtoit tous les sentiments de l'abbé Arnaud, porta la peine de son exagération. Saint-Lambert et madame d'Houdetot, très-liés alors avec Marmontel, nous firent un accueil si différent de celui auquel nous étions accoutumés, que nous cessâmes absolument de les voir [1].

Le prince de Beauvau, confrère des belligérants à l'Académie, fort intime avec Suard et l'abbé Arnaud, et plus encore avec Marmontel, s'était imposé la louable mission d'arrêter ce torrent d'injures. Il s'était adressé d'abord à celui-ci, qui donna sa parole de ne pas publier les épigrammes, quelques-unes très-gaies et très-bien tournées, nous dit La Harpe, qu'il avait rimées contre l'abbé Arnaud ; même promesse avait été exigée de Suard et de son *fidus Achates*, qui promirent de ne plus rien glisser d'hostile dans le *Journal de Paris*. Mais Marmontel, s'apercevant que les épigrammes ne diminuaient point, s'était cru complétement dégagé ; et, pour combler l'arriéré et rendre sa vengeance plus durable, il s'était mis à composer à l'imitation de *la Guerre de Genève*, de son maître Voltaire [2], un poëme sur la musique en vers de dix syllabes, écrit avec esprit et élégance, et où il drapait Gluck et les siens d'une façon

---

[1] *Essais de Mémoires sur M. Suard*. Paris, Didot, 1820, p. 129, 130.

[2] Il devait même porter originairement le titre de *la Guerre musi-*

souvent très-plaisante. « Ils imprimoient leur prose ;
je récitois mes vers ; et tous les jours c'étoit à qui feroit
le mieux rire son monde[1]. » Veut-on savoir par quels
exploits l'Orphée allemand se révèla tout d'abord à
cette agglomération de badauds qui s'appelle Paris ?

> Il arriva le jongleur de Bohême,
> Il arriva précédé de son nom,
> Sur les débris d'un superbe poëme,
> Il fit beugler Achille, Agamemnon,
> Il fit hurler la reine Clytemnestre,
> Il fit ronfler l'infatigable orchestre.
> *Du coin du roi* les antiques dormeurs
> Se sont émus à ces longues clameurs,
> Et le parterre éveillé d'un long somme,
> Dans un grand bruit crut voir l'art d'un grand homme[2].

Animé des mêmes sentiments de conciliation que
le prince de Beauvau, le prince Louis, coadjuteur de
Strasbourg, alla trouver le poëte et le conjura de ne
pas faire imprimer cette diatribe rimée. Ils s'étaient
connus aux petits soupers de madame Geoffrin, où le
mondain prélat courtisait concuremment alors la comtesse de Brionne, la marquise de Duras et la comtesse
d'Egmont. L'auteur des *Incas* parut céder ; mais ce fut à

---

cale. Marmontel en faisait déjà des lectures dans le courant d'août 1777,
comme le porte l'épigramme suivante, qui est à cette date.

> Déjà, dans les maisons, en prose bien rimée,
>   Il hurle un poëme charmant,
> Et de l'auteur d'*Alceste* abattant le trophée,
> A nos Béotiens il prouve savamment
>   Que, pour charmer ainsi qu'Orphée,
>   Gluck n'en est pas moins Allemand.

(*Courrier de l'Europe*, t. I, p. 84. 146. 8 juillet et 5 août 1777.)

[1] Marmontel, *Mémoires*. Ledoux, 1828, t. II, p. 145, 146.
[2] Marmontel, *Œuvres posthumes*. Paris, Verdière, 1820, p. 278, *Polymnie*, ch. VI.

l'amour, à l'amour seul que revint tout le mérite d'un renoncement qui dut coûter. « Ma nièce, qui savait mes dispositions sur ce point difficile, et mon attachement pour l'adversaire de Marmontel, lui demanda en se mariant de ne point publier son ouvrage[1] ; il le lui promit, et il a tenu parole, sorte de sacrifice qui avait aussi son prix, et dont je dois faire honneur à sa mémoire[2]. » Il est vrai que s'il passait condamnation sur ce point, Marmontel ne renonçait pas à le terminer occultement, et ne se refusait pas davantage à en faire des lectures qui l'indemnisaient de la privation d'une publicité moins circonscrite[3].

Piccinni avait pour lui la majorité des gens de lettres. L'abbé Arnaud et Suard étaient les seuls écrivains connus qui tinssent pour l'auteur d'*Orphée*; mais, comme l'avoue La Harpe, ils faisaient du bruit pour dix. Ils savaient, en outre, ce qu'ils disaient, ils parlaient en connaissance de cause, et les âneries de leurs adversaires étaient par eux prestement et vertement redressées. Perrault a dit quelque part des orateurs, qu'ils font souvent, dans les questions trop nombreuses qu'ils abordent en parfaite ignorance, « de grandes incongruités quand ils en parlent, et presque toujours à proportion de leur éloquence et de leur grande habileté en autre chose[4]. » Cela est excellemment pensé. Au lieu

---

[1] « Je savois le mariage de Marmontel, écrivait aussi l'abbé de Vauxcelles à Suard ; la suppression du poëme sur la musique est une des clauses du contrat, et cela est très-honnête de la part de la future... » Charles Nisard, *Mémoires et correspondances historiques et littéraires*. Paris, 1858, p. 144.

[2] L'abbé Morellet, *Mémoires*. Paris, 1821, t. 1, p. 249.

[3] *Polymnie* n'a été publiée qu'en 1820, plus de vingt ans après la mort de Marmontel.

[4] Perrault, *les Hommes illustres qui ont paru en France pendant ce siècle*. Paris, 1696, préface, p. V.

d'orateurs, mettez journalistes, et jamais axiome n'aura
été plus directement applicable aux personnages qui
se sont réparti les rôles dans cette guerre de plume.
L'auteur de *Warwick*, quelque bien affilée d'ordinaire
que fût la sienne, est un exemple du péril que l'on
court à parler de ce que l'on sait le moins. Il n'était
pourtant pas le plus ignorant de la bande, comme ne le
démontre que trop cette plaisante anecdote.

Je m'afflige, écrivait madame de Genlis dans ses *Souvenirs de
Félicie*, de voir le chevalier de Chastelux, qui n'a pas la moindre
notion de musique, déclamer d'une manière si extravagante contre
Alceste et *Iphigénie*, et soutenir que Gluck est un barbare. L'autre
jour en présence de beaucoup de témoins, il voulut engager une
dispute sur ce sujet avec le marquis de Clermont, qui est très-bon
musicien. « Mon ami, lui répondit M. de Clermont, je vais te
chanter un air, et si tu peux en battre juste la mesure, je disputerai ensuite avec toi tant que tu voudras sur Gluck et sur Piccini. »
Le chevalier eut la prudence de se défier assez de son oreille pour
ne pas accepter cette embarrassante proposition, et c'est cette oreille
si délicate qui ne peut supporter la musique baroque d'*Iphigénie* [1] !

Les communications alors n'étaient point rapides
comme elles le sont aujourd'hui, et la province était
instruite tardivement sur les agissements de Paris et de
Versailles. Les feuilles publiques y pénétraient sans doute
mais après de longs délais; le *Journal de Paris*, le seul
quotidien, n'existait que depuis quelques mois; les
autres étaient périodiques et n'avaient pas une grande
publicité : le *Mercure* était encore le recueil le plus en

---

[1] Madame de Genlis, *Souvenirs de Félicie L****, p. 71, 72. — Le chevalier, du reste, était bien connu à cet égard; et mademoiselle de Lespinasse disait dans une de ses lettres : « Ah ! pourquoi ne parlai-je pas d'*Orphée* au chevalier? Mon ami, par la raison qu'il seroit barbare de parler de couleurs aux quinze-vingts. » *Lettres de mademoiselle de Lespinasse*. Amyot, p. 407. Lettre LXVIII ; ce dimanche 30 octobre 1774.

crédit, et l'on sait qu'il ne paraissait que mensuelle-
ment[1]. Cela explique qu'au moment où l'Orphée allemand rapportait de Vienne son *Armide* achevée, à
l'autre bout de la France, dans la petite ville d'Agen,
un jeune adolescent se trouvât aux prises avec le poëme
de Quinault sur lequel il écrivait une partition qui n'é-
tait pas, il s'en fallait, l'œuvre d'un écolier, sans soupçonner aucunement qu'il allât sur les brisées du plus
beau génie musical de son temps. Bien né, élevé dans
un milieu intelligent et artiste, le jeune Lacépède (ce
même Lacépède qui devait tant mériter de la science),
avait été bercé par la musique : son père, son précep-
teur, nous dit-on, presque tous ses parents étaient musiciens et avaient fatalement inspiré à cet· enfant pré-
coce un véritable amour pour cet art si charmant dans
le bonheur, si réconfortant dans la souffrance. « Je ne
sais, disait-il, quelle peine je ne me serais pas donnée
pour entendre de la musique. » Il jouait avec agrément
du piano et de l'orgue ; et sa ville natale applaudit à un
motet qu'on l'avait prié de composer pour une solennité
religieuse. La nouvelle que lui apportait bien tard une
feuille parisienne était atterrante, et le jeune virtuose
eut besoin de tout son bon sens et de tout son courage
pour en prendre son parti. Le mal était sans remède,
et Lacépède ne pouvait songer à entrer en lutte avec
l'auteur d'*Iphigénie* et d'*Alceste*. Au moins fallait-il qu'il
retirât quelque profit de ses veilles et de ses peines. Il
écrit au chevalier, lui raconte en toute ingénuité ce qui
lui arrivait et parvient si bien à exciter sa curiosité et son

---

[1] *La Gazette de France* paraissait le lundi et le vendredi ; *le Courrier
de l'Europe*, le mardi et le vendredi ; *le Journal de politique et de littérature*, les 5, 15 et 25 de chaque mois.

intérêt, qu'il recevait tout aussitôt une belle lettre
dans laquelle on lui témoignait le vif désir de connaître
son *Armide*. C'était plus qu'il n'était besoin pour décider
le jeune savant ; car la physique marchait de front tout
au moins avec la musique, et Lacépède, qui avait tout
un cabinet, avait déjà à son actif bon nombre d'expériences sur l'électricité. Il part, débordant de joie à la
seule idée de cheminer vers cette capitale où tous ses
instincts, où sa noble passion de la science et de l'art ne
pouvaient manquer de trouver une satisfaction et des
jouissances qu'on ne rencontre que là. Mais son imagination était loin de rêver une journée comme celle qui
inaugura ce premier séjour à Paris, et dont nous allons
laisser raconter à Cuvier les curieux incidents.

Plein d'espérance et de feu, il accourt à Paris avec ses partitions
et ses registres d'expériences; il arrive dans la nuit, et le matin de
bonne heure il est au Jardin du roi. Buffon, le voyant si jeune,
fait semblant de croire qu'il est le fils de celui qui lui avait écrit,
et le comble d'éloges. Une heure après chez Gluck, il en est embrassé avec tendresse. Il s'entend dire qu'il a mieux réussi que
Gluck lui-même dans le récitatif : *Il est enfin dans ma puissance,*
que Jean-Jacques Rousseau a rendu si célèbre. Le même jour M. de
Montazet, archevêque de Lyon, son parent, membre de l'Académie
française, le garde à un dîner où se devait trouver l'élite des aca-
démiciens. On y lit des morceaux de poésie et d'éloquence: il y
prend part à une de ces conversations vives et nourries, si rares
ailleurs que dans une grande capitale. Enfin il passe le soir dans
la loge de Gluck à entendre une représentation d'*Alceste*. Cette
journée ressembla à un enchantement continuel ; il était transporté,
et ce fut au milieu de ce bonheur qu'il fit le vœu de se consacrer
désormais à la double carrière de la science et de l'art musical [1].

Pour admettre ce que dit Cuvier, il eût fallu que La-

_____

[1] Lacépède, *OEuvres*. Paris, Ladrange, 1826, t. I, p. VII. *Éloge his-*
torique du comte de Lacépède, par M. le baron Cuvier.

cépède eût antérieurement dépêché sa partition au
maëstro, ce que semblent contredire les notes qu'il a
laissées sur sa vie. Il était effectivement allé chez Gluck,
qui lui avait tendu les bras, mais n'avait pu porter de
jugement sur une œuvre dont il n'avait point eu encore
communication. Rendez-vous fut pris pour le lendemain, et l'on pense bien que Lacépède fut ponctuel.
« Votre ouvrage, lui dit le chevalier après une conscien-
cieuse lecture, ressemble entièrement au mien pour le
plan, le mouvement, le ton des airs, des duos, des
chœurs ou des morceaux d'ensemble. Vous savez très-
bien faire de la musique, et vous avez mieux réussi que
moi dans le récitatif :

> Il est enfin en ma puissance
> Ce fatal ennemi, ce superbe vainqueur...

Si l'on songe que c'est un des endroits les plus dramatiques de l'ouvrage, qu'à ce passage, dans l'*Armide*
du vieux Lulli, mademoiselle Le Rochois donnait le
frisson, au dire de Freneuse, et que Gluck, pour sa part,
avait dû déployer dans cette scène tout ce qu'il avait de
ressources et d'art, on a lieu d'admirer un aveu de
cette importance, à moins de ne l'envisager que comme
une louange sans conséquence allant à un enfant de
vingt ans ; car, né en décembre 1756, il n'avait guère
plus. Un homme comme Lacépède ne saurait inventer
une telle fable, et nous n'avons pas le moindre droit
de révoquer en doute son récit. Mais convenons que
bien piquante eût été la comparaison des deux partitions, à ce passage tout particulièrement ; et l'on a de la
peine à pardonner à l'illustre continuateur de Buffon
d'avoir livré au feu un ouvrage jugé si favorablement

par un maitre comme Gluck[1]. Il est vrai qu'après
l'éloge, vinrent la critique et les conseils. « Vous ne
connaissez pas encore le théâtre, reprit le chevalier, et
vous devez étudier avec soin tout ce qui tient à la partie dramatique proprement dite[2]. » L'ouvrage n'était
pas jouable, et il l'engagea à faire choix d'un autre
poëme : il lui désigna *Omphale* et finit, comme il avait
commencé, par des caresses et les offres de services les
plus chaleureuses. Lacépède eut tout le loisir d'en
constater la sincérité : lorsque Gluck était à Paris, il
ne se passait guère de semaine sans qu'il allât dîner
avec lui. Et l'on conçoit que cette intimité était bien faite
pour centupler l'ardeur du jeune maëstro, qui demanda
des leçons à Gossec et s'attela au poëme de la Motte,
sans se préoccuper autrement de la musique de Destouches.

On étudiait *Armide* depuis le mois de juillet. La première répétition générale eut lieu le 5 septembre 1777.
Elle avait réuni les amis du chevalier, qui sortirent
émerveillés, bien qu'ils n'eussent assisté qu'à l'audition sèche de la partition, sans danses, sans la moindre
mise en scène. Gluck, qui n'avait pas Marmontel pour
lui accommoder le poëme de Quinault, n'y avait rien
changé; il se substituait tout simplement à Lulli[3]. Cela

---

[1] Lacépède a parlé, quoique brièvement, de cette belle scène de l'*Armide* de Gluck et de ce contraste d'une admirable hardiesse produit
par l'apparition soudaine de la magicienne, un poignard à la main, ne
respirant que vengeance, au milieu des enchantements et des voluptés
qui enveloppent et enlacent son amant. *La Poétique de la musique.*
Paris, 1785, t. I, p. 166, 167.

[2] G.-T. Villenave, *Éloge historique de M. le comte de Lacépède.*
Paris, Fournier-Favreux, 1826, p. 18, 19.

[3] Voici les raisons que le *Journal de Paris* en donnait, en annonçant le nouvel opéra du maître : « La coupe des poëmes de Qui-

parut des plus graves aux partisans de la musique nationale. Le chevalier avait fait une *Alceste*, mais qui ne
ressemblait d'aucune façon à l'*Alceste* de Baptiste ; il
n'y avait donc pas eu lieu à comparaison. Mais s'at-
taquer au chef-d'œuvre du Florentin, et chercher un
succès qui ne pouvait être qu'au détriment de sa gloire,
c'était ce qu'on ne saurait tolérer. Les Lullistes s'étaient
trouvés, eux aussi, aux répétitions de la nouvelle *Armide*, et, naturellement, ils estimaient que celle-ci, en
quantité d'endroits, n'approchait pas de l'*Armide* de
Baptiste. « Ce n'étoit ni ce chant noble, ni ces beautés
simples du récitatif de l'ancien opéra, ni ces airs gais
et agréables, dont l'autre fourmilloit[1]. » Les Gluckistes
n'étaient pas, au fond, sans appréhender pour le maître
une épreuve où il semblait se produire avec moins de
chances de succès. Quant à Gluck, il avait cette foi qui
déplace les montagnes. La reine le questionnait, un
jour, sur son opéra et lui demandait s'il en était satisfait. « Madame, lui répondit-il, il est bientôt fini, et
vraiment ce sera superbe[2]. »

Armide fut représentée, le mardi 23 septembre 1777.
La chambrée était complète, houleuse comme les

nault n'est pas la plus favorable aux procédés de la musique dramatique : M. Gluck auroit pu éluder une partie des difficultés en suppri-
mant d'*Armide* plusieurs détails languissants ou disparates, comme on
l'a fait aux dernières remises de l'opéra de Lulli. Il a voulu conserver
dans son entier ce chef-d'œuvre de notre théâtre lyrique, et a jugé
qu'il y avoit dans son art des ressources suffisantes non-seulement pour
en rendre les beautés admirables, mais encore pour couvrir ou même
embellir les défauts. Le temps nous apprendra jusqu'à quel point il a
réussi dans cette tentative, qui mérite du moins la reconnaissance des
admirateurs de Quinault. » *Journal de Paris.* N° 267, p. 3, 4. 24 septembre, 1777. Annonce d'*Armide.*

[1] *Mémoires secrets.* Londres, John Adamson, t. X, p. 227, 228.

[2] Madame Campan. *Mémoires.* F. Barrière. p. 151, 152.

foules où sont en présence les partis et les sentiments
lés plus opposés. Il advint, cette fois encore, ce qui était
arrivé aux précédents ouvrages de l'Orphée allemand ;
la première impression, si elle ne fut pas d'entier dés-
enchantement, ne fut rien moins que favorable. Sauf
un chœur du premier acte, et le chœur de *la Haine*
au troisième, quelques airs du quatrième, et le duo de
la belle scène d'Armide et Renaud, qui ouvrent le cinquième acte, tout fut reçu avec une froideur de glace.
Les Lullistes triomphaient : sans la présence de la reine,
ils eussent demandé à grands cris la musique de Lulli.
Une bêtise du décorateur ne devait pas contribuer à ramener le spectateur déjà mal disposé. Au quatrième
acte, apparaissent, dans les jardins d'Armide, les deux
chevaliers danois armés de la baguette enchantée : ils
venaient chercher Renaud, qui oubliait sa gloire aux
genoux de la magicienne. Des démons déguisés en bergères, des paniers à la main, s'efforcent de les retenir.
Le décorateur n'avait rien imaginé de mieux que de
faire sortir de terre des nuages, dans lesquels il avait
pratiqué une porte carrée pour le plus commode
évanouissement des démons et de leurs paniers, au premier signal de la baguette. Il va sans dire qu'à la seconde représentation, l'on songea moins à la commo-
dité de ces bergères de contrebande qu'à l'illusion du
spectateur ; mais on conçoit les chuchotements, les
murmures, les ricanements de tout ce qui n'était pas
Gluckiste, manifestations qui, sans doute, eussent été
moins contenues, si la reine n'eût pas été là[1].

---

[1] La Harpe, *Correspondance littéraire*. Paris, Migneret, t. II, p. 169.
— *Journal de Paris*, n° 268, p. 4, Mercredi 24 septembre 1777,

Discutée au théâtre, au Palais-Royal, dans les cafés, *Armide* le devait être, à plus forte raison, dans les journaux. L'annonce de La Harpe, dans le *Journal de politique et de littérature*, souleva l'indignation des Gluckistes. L'auteur de *Warwick* formulait son jugement avec cette suffisance qui ne l'abandonnait guère. Il n'y avait ni mélodie, ni chant dans le nouvel ouvrage, tout se passait en récitatifs. Le rôle d'Armide était presque d'un bout à l'autre une criaillerie monotone et fatigante; le musicien avait fait de son héroïne une Médée, il avait oublié que c'était une enchanteresse et non une sorcière. Dans *Orphée*, la mélodie était sensible, on l'y rencontrait traitée avec une supériorité que l'on aurait mauvaise grâce de méconnaître; mais c'était là une exception dans laquelle l'auteur n'avait eu garde de retomber : M. Gluck semblait avoir pris à tâche de bannir le chant du drame lyrique, et paraissait persuadé, comme le répétaient ses partisans, que le chant est contraire à la nature du dialogue, à la marche des scènes et à l'ensemble de l'action.

Je dirai donc à M. Gluck, pour conclusion : Je m'en tiens à votre *Orphée*. Il vous a plu depuis ce temps de ne plus faire de chant que le moins que vous avez pu. Vous avez laissé là ce plan vraiment lyrique d'un drame coupé par des airs, que vous nous avez enseigné vous-même. Vous êtes revenu à *Armide*, qui est un fort beau poëme, et un mauvais opéra, pour établir le règne de votre *mélopée*, soutenue de vos chœurs et de votre orchestre. J'admire vos chœurs, les ressources de votre harmonie. Je voudrois que votre *mélopée* fût plus prodigue et plus adaptée à la phrase française; qu'elle fût moins hachée et moins bruyante, et surtout je voudrois des airs. Car j'aime la musique que l'on chante et les vers qu'on retient.

Je n'ignore pas que cette opinion est fort opposée à celle de plusieurs de vos amis, que j'aime et que j'estime infiniment. Mais

comme il n'est pas absolument nécessaire de penser de même en
musique pour s'aimer et pour s'estimer, j'espère qu'ils pardonne-
ront à mon ignorance, et qu'ils se contenteront de me regarder
comme un errant qui, étant de bonne foi, ne pourra jamais faire
secte, et dont l'hérésie n'est pas dangereuse [1].

De quel côté et à quelque heure qu'elle vînt, la critique était malaisément soufferte par Gluck dont l'orgueil
était au niveau de son génie. Lulli avouait qu'il se sentait capable de tuer quiconque lui eût dit que sa
musique ne valait rien; sans aller jusqu'au meur-
tre, l'Orphée allemand n'était pas homme à endurer
passivement de telles atteintes. Il ne put se contenir et répondit *ab irato* par une lettre que publia le
Journal de Paris, et qui, d'un bout à l'autre, est d'une
amertume qui va jusqu'à l'insulte.

J'ai été confondu, écrit-il à La Harpe, en voyant que vous en aviez
plus appris sur mon art en quelques heures de réflexion, que moi
après l'avoir pratiqué pendant quarante ans. Vous me prouvez, monsieur, qu'il suffit d'être homme de lettres pour parler de tout...
je conviens avec vous que de toutes mes compositions *Orphée* est
la seule qui soit supportable ; je demande bien sincèrement pardon
au dieu du goût d'avoir *assourdi* mes auditeurs par mes autres
opéras; le nombre de leurs représentations et les applaudissemens
que le public a bien voulu leur donner ne m'empêchent pas de
voir qu'ils sont pitoyables; j'en suis si convaincu que je veux les
refaire de nouveau ; et comme je vois que vous êtes pour la musique tendre, je veux mettre dans la bouche d'Achille furieux un
chant si touchant et si doux, que tous les spectateurs en seront
attendris jusqu'aux larmes...
    Alors le rôle d'*Armide* ne sera plus une criaillerie *monotone et
fatigante*, ce ne sera plus une *Médée*, une *sorcière*, mais une *enchanteresse ;* je veux que dans son désespoir elle vous chante un air si

_____
[1] *Journal de politique et de littérature,* t. III, p. 169, 170. Octobre 1777.

régulier, si *périodique*, et en même temps si tendre, que la petite maîtresse la plus vaporeuse puisse l'entendre sans le moindre aga_cement de nerfs.

Si quelque mauvais esprit s'avisoit de me dire : Monsieur, prenez donc garde qu'*Armide* furieuse ne doit pas s'exprimer comme *Armide* enivrée d'amour. — Monsieur, lui répondrois-je, je ne veux point *effrayer l'oreille* de M. de La Harpe, je ne veux point *contrefaire la nature*, je veux *l'embellir ;* au lieu de faire *crier Armide,* je veux qu'elle vous *enchante.* S'il insistoit, et s'il m'obser_voit que Sophocle, dans la plus belle de ses tragédies, osoit bien présenter aux Athéniens Œdipe les yeux ensanglantés, et que le récitatif ou l'espèce de déclamation notée par laquelle étoient ex_primées les plaintes éloquentes de cet infortuné roi devoit sans doute faire entendre l'accent de la douleur la plus vive, je lui ré_pondrois encore que M. de La Harpe ne veut pas entendre *le cri d'un homme qui souffre.* N'ai-je pas bien, saisi, monsieur, l'esprit de la doctrine répandue dans vos observations[1]?

Ce n'était pas assez de cette réplique, et le critique n'en devait pas être quitte pour cette aigre algarade; il fallait qu'il passât par toutes les juridictions et qu'on lui fît expier en toute rigueur ses appréciations irrévé_rencieuses et l'impertinence de ses jugements. Le cheva_lier s'était trop bien trouvé de l'aide qui lui était venu de Vaugirard pour qu'il ne tournât pas les yeux et ne tendît point les bras de ce côté. La même feuille pu_bliait, quelques jours après cette première lettre, une seconde adressée à l'*Anonyme,* dans laquelle, tout en implorant l'appui de sa plume habile, il déversait le fiel dont il était plein contre l'académicien journaliste : La Harpe ne s'était pas douté à quel homme il s'atta_quait.

Il y a apparence, disait-il à propos des journalistes, que ces

---

[1] *Journal de Paris,* n° 285, p. 2, 3. 12 octobre 1777. Lettre de M. le chevalier Gluck à M. de La Harpe.

messieurs sont plus heureux lorsqu'ils écrivent sur d'autres ma-
tières; car si je dois juger par l'accueil que le public a eu la bonté
de faire à mes ouvrages, ce public ne tient pas un grand compte
de leurs phrases et de leur opinion. Mais que pensez-vous, monsieur, de la nouvelle sortie qu'un d'eux, M. de La Harpe, vient de
faire contre moi? C'est un plaisant docteur que ce M. de La Harpe;
il parle de la musique d'une manière à faire hausser les épaules à
tous les enfants de chœur de l'Europe, et il dit : Je veux, et il dit :
ma *doctrine.*

> *Et pueri nasum rhinocerotis habent.*

Est-ce que vous ne lui dites pas un petit mot, monsieur, vous qui
m'avez défendu contre lui avec un avantage si grand? Ah ! je vous
en prie, si ma musique vous a fait quelque peu de plaisir, mettez-
moi en état de prouver à mes amis connaisseurs en Allemagne et
en Italie que, parmi les gens de lettres en France, il y en a qui, en
parlant des arts, savent du moins ce qu'ils disent [1].

L'Anonyme ne fut pas sourd à un pareil appel. Il in-
séra aussitôt, dans le *Journal de Paris,* une réponse où,
sous une forme extérieurement polie, il épluchait
cruellement chacune des phrases de l'annonce d'*Ar-
·mide,* démontrant à son auteur qu'il ignorait jusqu'à la
signification des termes les plus familiers de l'art; qu'il
confondait continuellement le chant avec la mélodie,
les airs avec le chant mesuré , qu'il appelait *harmonie et accompagnement* toute musique de l'orchestre,
méprise assez générale, il est vrai, mais qui n'était pas
excusable chez un critique qui discute les principes
d'un art contre un maître de l'art. M. de La Harpe s'était
cru obligé, en qualité de journaliste, de rendre compte
des ouvrages du chevalier comme faisant date dans
notre histoire ; à la bonne heure ! Mais il devait se borner

---

[1] *Journal de Paris,* n° 294, p. 2, 521. Octobre 1777. Lettre de M. le
chevalier Gluck à *l'Anonyme de Vaugirard.*

à signaler sommairement le bruit fait à leur sujet, les discussions orageuses qu'ils avaient soulevées, ou se mettre en état d'en parler en homme compétent. Si M. d'Alembert publiait aujourd'hui, pour la première fois, ses découvertes sur la précession des équinoxes ou sur la théorie des fluides, M. de La Harpe, comme journaliste, ferait bien de les annoncer, mais il est probable que ses lecteurs le tiendraient quitte de son sentiment : on n'est jamais obligé de juger ce qu'on n'entend pas[1].

La Harpe ne pouvait demeurer sous le coup d'une pareille attaque. Il répondit en homme façonné de longue date à toutes les mille rubriques de la dialectique ; il se montra mesuré, adroit, logique, d'une argumentation serrée et repoussa toute accusation d'ignorance, le *Dictionnaire de musique* de Rousseau à la main. Les vingt-cinq pages que contient sa réplique à l'Anonyme sont exclusivement employées à démontrer qu'il n'est rien moins qu'un âne[2]. Mais voilà notre citoyen de Vaugirard qui refait vingt autres pages pour soutenir son dire, embrouillant comme à plaisir la question qui semblait devoir n'être pas vidée de sitôt, et mettant finalement les rieurs de son côté, ce qui était bien le point capital[3]. Outrecuidant, plein de morgue, La Harpe avait trouvé le moyen de s'attirer force ennemis qui saisirent avidement l'occasion de prendre leur revanche. Des milliers d'écrits, de diatribes, d'épigrammes en prose et en vers à son adresse se colportèrent dans tous les coins de Paris. Il y eut des *Lettres d'un ignorant en musique* à

[1] *Journal de Paris.* N° 296, p. 3, 4, 5. 23 octobre 1777.

[2] *Journal de politique et de littérature*, t. III, p. 260 à 265. Novembre 1777.

[3] Grimm, *Correspondance littéraire.* Paris, Furne, t. IX, p. 429. Septembre 1777.

M. de La Harpe, des *Lettres écrites à M. de La Harpe par le sieur Thibaudois de Gobemouche*, des *Lettres d'un serpent de paroisse à M. de La Harpe*, des *Lettres d'une dame à M. de La Harpe*, des *Vers d'un homme qui aime la musique et tous les instruments excepté la harpe*[1]: enfin il devint le bouc émissaire du parti.

Gluck n'avait pas lieu de se plaindre de la tiédeur de son monde. Mais cela n'empêchait pas les opposants de lui faire, de leur côté, une guerre d'escarmouches qui ne laissait pas d'irriter sa bile. Dans un parodie d'*Armide*, au Théâtre-Italien, *l'Opéra de province*, on remarquait ce couplet :

> Acteurs en chef, sans nul remord,
> Bravez les lois de Polymnie ;
> Le goût sans doute a toujours tort,
> Puisque le goût défend qu'on crie.
> Voici le mot, songez-y bien :
> Crier est tout, chanter n'est rien.

c'était là le grand reproche, que La Harpe n'était pas le seul à faire à Gluck, comme aussi de manquer de chant. C'est pourtant dans cet opéra que se trouve, à la première scène du cinquième acte, ce beau duo entre Renaud et sa maîtresse, si rempli de grâce tendre, de sensibilité :

> Armide, vous m'aller quitter[2].

---

[1] *Mémoires pour servir à l'histoire de la révolution opérée dans la musique par le chevalier Gluck*. Naples, 1781, p. 347, 377, 384, 387. 392.

[2] Ce morceau est resté admirable malgré l'âge, malgré la marche et les transformations de l'art, comme tout ce qui part du cœur, comme tout ce qui est un cri de l'âme. «... Je me rappelai, écrit Mendelssohn de Milan, à la date du 14 juillet 1831, je me rappelai tout à coup le : « *Vous m'allez quitter* » de Gluck, le passage où Renaud s'endort et où il est transporté dans les airs, et je fus presque sur le point de pleurer ! Voilà de vraie musique ; c'est ainsi que les hommes ont parlé

Le chevalier disait, en faisait allusion à ce morceau
passionné : « Si je suis damné, ce sera pour avoir fait
la scène d'*Armide*. » Le rôle d'Armide, qui eût exigé
une actrice d'une beauté et d'un talent incomparable,
avait été confié à mademoiselle Rosalie, si justement
applaudie dans *Alceste*. Mais elle n'avait rien, dans sa
physionomie chiffonnée[1], qui rappelât même de fort loin
l'idéal du Tasse, et les partisans du chevalier s'en prirent
à elle du peu de succès des premiers jours. Le seul
coupable était Gluck, qui avait cru devoir cette condescendance au comte Merci-Argenteau ; il avait même
poussé la facilité jusqu'à accepter un logement chez la
maîtresse de l'ambassadeur, où il était descendu, en
mai, à son retour de Vienne[2]. En revanche, une chose
qui peint l'homme et l'autorité qu'il savait exercer sur
ses artistes : il avait destiné le rôle de chevalier danois à
Larrivée, qui aurait eu le droit d'être plus exigeant.
« J'attends, lui avait-il dit, de votre complaisance que
vous vous chargerez d'un rôle qui, par son peu d'étendue, est au-dessous de vos talens ; mais il y a un vers qui,

___

et senti, c'est ainsi qu'ils parleront et sentiront éternellement... »
Lettres inédites de Mendelssohn. Hetzel, Paris, p. 196. Lettre XXXV.

[1]   De beaux yeux noirs, une taille, une mine
            Fière et friponne, imposante et mutine.
Marmontel, *OEuvres posthumes* (Paris, Verdière, 1820), p. 559. *Polymnie,*
chant X.

[2] Le *Journal de Paris* portait cette annonce à la date du 31 mai 1777 :
«M. le chevalier Gluck, auteur des opéras d'*Orphée*, *Iphigénie* et *Alceste*, est
arrivé avant-hier soir (jeudi 29 mai) ; sa demeure est rue des Fossoyeurs,
l'avant-dernière porte cochère, à gauche, en entrant par Saint-Sulpice. »
L'on ne nomme pas mademoiselle Rosalie, comme de raison. Mais ce
que ne dit pas le *Journal de Paris*, le cahier d'adresse de Vernet nous
l'apprendra. « M. Gluck, rue des Fossoyeurs, chez mademoiselle Levasseur. » Gluck était précédemment descendu rue de Grenelle-Saint-
Honoré, à l'hôtel de l'Empereur. Léon Lagrange, *Joseph Vernet et la
peinture au dix-huitième siècle.* Paris, Didier, 1864, p. 447, 449.

seul, à ce que j'espère, vous dédommagera. Ce vers est :
« *Notre général vous rappelle*[1]. » Ce qui était vrai. Ce
vers, supérieurement dit par Larrivée était du plus
grand effet.

Quoi qu'il en soit, et malgré la guerre que lui faisaient les Lullistes et les Piccinnistes, *Armide* avait fini,
comme *Alceste*, par se faire accepter et admirer. Gluck
avait eu raison de ne point désespérer et d'en appeler
au lendemain ; son génie, plus puissant que l'obstacle,
s'imposait avec une souveraineté dont il n'y avait pas
eu jusque-là d'exemple. La volonté, développée à ce
point, est un don aussi rare que le génie, et le don le
plus précieux après lui. Cette lutte des premiers jours,
l'auteur d'*Armide* l'a racontée dans une lettre pleine
d'originalité adressée à madame de Frise, et où se grou-
pent les détails les plus piquants.

Madame, on m'a si tracassé sur la musique, et j'en suis si dégoûté, qu'à présent je n'écrirois pas seulement une notte pour
un louis ; concevez par là, Madame, le degré de mon dévouement
pour vous, puisque j'ai pu me résoudre à vous arranger pour la
Harpe les deux chansons que j'ai l'honneur de vous envoyer. Jamais on a livré une battaglie plus terrible et plus disputée de celle
que j'ai donné avec mon opéra d'*Armide;* les cabales contre *Iphigénie, Orfée* et *Alceste* n'étoint que des petites rencontres entre
les trouppes legères, en comparaison. L'ambassadeur de Naples, pour
assurer un grand succès à l'opéra de Piccini, est infaticable pour
cabaler contre moi, tant à la cour que parmi la noblesse ; il a gagné
Marmontel, la Harpe et quelques accadémiciens pour écrire contre
mon sisteme de musique, et ma manière de composer ; M. l'abbé
Arnaud, M. Suard et quelques autres, ont pris ma defence, et la
querelle s'est échauffé au point, qu'après des injures ils seroint
venus aux faites, si les amis communes n'auroint pas mis l'ordre

----

[1] *Journal de Paris.* Nº 234, p. 1010. Jeudi 21 août 1788. Lettre de
Corancez. Il s'agit ici de la scène III du Vᵉ acte, entre Renaud et
Ubalde.

entre eux ; le Journal de Paris qu'on debite tous les jours en est
plein, cette dispute fait la fortune du rédacteur, qui a déjà au-delà
de 2500 abbonnes dans Paris. Voilà donc la révolution de la musique
en France, avec la pompe la plus éclatante. Les entousiastes me
disent : monsieur, vous etes heureux de jouir des honneurs de la
persecution, tous les grandes génies ont passè par-là. Je les envoyerai
volontier au diable avec leur beaux discours. Le fait est, que
l'opera qu'on disoit d'être tombè a produit en 7 représentations
37,200 livres, sans compter les loges louez par l'année, et sans les
abonnees. Hier, 8ᵉ représentation, on a fait 5767 livres[1], jamais on a vu une plaine si terrible, et un silence si soutenu ; le
parterre étoit si serrè, qu'un homme qu'avoit le chapeau sur la
tête, et à que la sentinelle disoit de l'oter, lui a repondu : *Venez
donc vous-même à me l'oter, car je ne puis pas faire usage de mes
bras.* Cela a fait rire. J'ai vu des gens en sortant, les cheveux dé-
labrè, et les abits baignès, comme s'ils étoint tombez dans une
riviere ; il faut être francais pour accheter un plaisir à ce prix là,
il y a 6 endroits dans l'opéra, qui forcent le public à perdre la
contenance et de s'enporter.

Venez-y, Madame, à voir tout ce tumulte, il vous amusera autant
que l'opéra meme. Je suis au desespoir de ne pouvoir pas encore
partir à cause du mauvais chemin, ma femme a trop de frayeur[2].

Après s'être plaint et avec raison des mesquines manœuvres de la médiocrité qui, autant qu'elle l'avait pu,
s'était opposée à són impatronisation en France, Gluck
ne procédait pas autrement, mais sans se commettre,
souterrainement, par l'intermédiaire de ses obligés et de
ses amis. On a vu, en son temps, ce qui avait eu lieu

[1] *Armide* fut jouée de suite vingt-sept fois. La recette de ces vingt-
sept représentations s'éleva au chiffre de 106,000 livres.
[2] Le comte d'Escherny, *Œuvres philosophiques, littéraires, historiques et morales.* Paris, Bossange, 1814, t. II, p. 367, 368. Lettre de
Gluck à madame... ; 16 novembre 1777. Cette dame que d'Escherny dit
être une de ses parentes est sa sœur, la comtesse de Frise, comme nous
avons pu le voir sur l'adresse de la lettre autographe, que M. Feuillet de
Conches a bien voulu nous communiquer avec sa grâce et sa bienveillance ordinaires.

15

pour l'*Azolan* de Floquet. Nous allons avoir à signaler un abus d'influence non moins criant, plus concevable, si l'on se reporte à la valeur du maître qu'il fallait écarter de la scène française, où ses admirateurs le voulaient produire. Framery, dont nous avons eu occasion de raconter la campagne malheureuse, venait de traduire l'*Olympiade* de Sacchini, et l'ouvrage avait même été mis à l'étude. Mais les mauvais vouloirs des directeurs[1] et des artistes, de Larrivée, entre autres, qui, passionné pour l'Orphée allemand, refusa le rôle qu'on lui destinait[2], ne permirent pas de pousser plus loin les répétitions. L'ouvrage, faute de mieux, fut porté aux Italiens, bien qu'il ne fût ni dans leur genre ni dans leurs moyens, et qu'il fallût se soumettre à la nécessité de retrancher le récitatif et de faire parler les scènes. Ainsi émondée, ainsi mutilée, l'*Olympiade* fut représentée le 2 octobre devant une salle comble, et eut un succès éclatant[3] ; les airs, les duos, les récitatifs, obligés

---

[1] Framery justifie pleinement Berton, qui, tout au contraire, se fût employé auprès du ministre pour que l'on remît l'*Olympiade,* avec les améliorations qu'on y pouvait apporter, en respectant les droits léonins de l'Académie royale de musique. *Courrier de l'Europe,* t. III, p. 95. N° XII ; du mardi 10 février 1778.

[2] *Journal de Paris.* N° XXXVI, p. 141, 142. 5 février 1778. Lettre de Larrivée aux auteurs du *Journal de Paris*; réponse de M. Larrivée à l'épître de M. de Framery.

[3] Deux années auparavant, les Italiens avaient donné (1775) un autre opéra non moins célèbre de Sacchini, *La Colonie.* « S'il m'est permis, écrivait La Harpe au comte de Schowalow, de rendre compte de ce que j'ai éprouvé, j'avoue que jamais musique ne m'a fait autant de plaisir ; jamais je n'ai senti si vivement la magie de cet art ; c'est toute l'expression de Gluck, avec bien plus de richesses et de mélodie. Il y a surtout un air d'une amante abandonnée, *Oui, je pars au désespoir,* qu'on ne peut entendre qu'avec transport. Le fameux air d'Orphée *J'ai perdu mon Euridice,* tout beau qu'il est, ne peut être comparé à ce morceau, à qui l'on ne peut comparer rien... » *Correspondance littéraire.* Paris Migneret, t. I, p. 56.

furent applaudis à outrance. Il y eut des gens qui la
comparèrent ainsi démantelée à *Armide* et la déclarèrent supérieure à cette dernière.

Mais cette manifestation des plus honorables pour
Sacchini devait être fatale à l'œuvre, qui se vit arrêtée
tout court, à la requête de l'Académie royale de musique. La Comédie Italienne n'avait pas le droit de représenter des pièces où plus de sept chanteurs se trou-
vassent en scène, et le grand opéra fondait ses
réclamations sur une clause très-réelle de son privilége.
Mais était-il bien venu à en requérir la stricte obser-
vance après avoir lui-même repoussé l'*Olympiade?* Au
moins était-ce autoriser les plus méchants bruits sur
Gluck qui y régnait en maître. On se répétait qu'on
avait laissé représenter la pièce, comptant sur une
chute, et que, les choses ayant tourné tout autrement,
l'on n'avait pas hésité à se couvrir de tout l'odieux d'une
mesure tyrannique pour arrêter un succès qui déso-
lait[1]. « Cette indignité, disaient les Nouvelles à la main,
révolte tout Paris ; l'injustice est d'autant plus criante,
que ce drame lyrique n'a été adopté par le dernier spectacle que lorsque les directeurs du théâtre lyrique,
après l'avoir fait mettre à l'étude et répéter, l'ont abandonné, de peur de déplaire au chevalier Gluck et aux
Gluckistes. Il en résulte une grande défaveur sur l'Allemand, dont les manœuvres basses se sont manifestées
en cette occasion[2]. » Ceux qui avaient paru les plus

---

[1] La Harpe. *Correspondance littéraire.* Paris, Migneret, t. II, p. 174,
175, 176. — *Journal de politique et de littérature,* t. III, p. 441,
Novembre, 1777. — *Courrier de l'Europe,* t. II, p. 317, 325 ; 17 et 27
octobre 1777.

[2] *Mémoires secrets.* Londres; John Adamson, t. X; p. 245. 12 octobre
1777.

froids à l'exhibition tronquée de l'œuvre italienne furent
unanimes à protester contre un abus aussi révoltant,
aussi absurde qu'inique[1]. L'*Olympiade* trouva en haut
lieu des protecteurs et des patrons, qui obtinrent qu'elle
figurât sur la liste des spectacles de la cour au voyage
de Fontainebleau[2], en attendant sa reprise à la Comédie Italienne[3], qu'on arrachait, après trois mois d'interdiction (15 janvier 1778).

Depuis son arrivée en France, quelque foi qu'il eût
en lui, le pauvre Piccinni se repaissait bien plus d'angoisses que d'espérances. Il se voyait aux prises avec
une de ces organisations indomptables que rien n'épouvante et qui s'était fait des amis à son image, ardents,
passionnés, fanatiques. Il sentait la force d'un tel adversaire en même temps que sa propre faiblesse. Sa
correspondance avec ses compatriotes n'était pas de
nature à les rassurer sur son compte ; et la lettre qu'on
va lire nous initiera sur sa position mieux que ce que
nous pourrions dire. Elle est de l'abbé Galiani, cet
aimable Napolitain qui a sa place marquée parmi les
beaux et spirituels diseurs de la société française au
dix-huitième siècle. Elle aura le mérite pour nous de
préciser encore l'époque d'une tentative de conciliation
entre les deux rivaux, sur laquelle nous avions besoin
d'être fixés. Elle est d'ailleurs, comme on en va juger,
un échantillon piquant de style humoristique. C'est à
Marmontel qu'elle est adressée.

---

[1] *Correspondance secrète.* Londres, John Adamson, 1787, t. V,
p. 220 ; 18 octobre 1777.

[2] *Mémoires secrets.* Londres, John Adamson, t. X, p. 293. 26 novembre
1777.

[3] On suppléa aux chœurs par des septuors, qui reçurent du public le
meilleur accueil : on ne pouvait pas plus, en se maintenant dans les
limites des franchises très-restreintes octroyées aux Italiens.

Je ne reçois pas une lettre de notre bon *Nicolò* qu'elle ne me
fende l'âme ; on dit que Paris est le paradis des femmes : j'y consens ; mais on dit aussi qu'il est l'enfer des chevaux, et j'y consens
encore, pourvu qu'on me donne la permission d'y ajouter les musiciens ; mon pauvre compatriote n'y tiendra pas : le marquis de
Carraccioli a osé dire que les vôtres avaient les oreilles doublées de
maroquin ; mais il n'en est pas de même de leur cœur, et il faut
que vous preniez l'honorable peine de les intéresser en faveur d'un
homme qui a fait 400 lieues pour aller les amuser.

Je n'ignore pas combien de petites passions honteuses vous aurez
à ménager ; et peut-être sais-je déjà mieux que vous combien de
déboires ont troublé la joie qu'éprouvait notre illustre ami de se
voir dans la capitale de la France. Je ne veux pas cependant être
injuste envers vos artistes français. Tous sont allés rendre hommage
à l'auteur de tant de chefs-d'œuvre qu'ils connaissent, au moins de
nom ; un seul musicien a affecté de ne point se présenter chez lui ;
et le fait a dû d'autant plus frapper que cet homme se vantait,
mais à tort, il est vrai, d'être l'élève de notre grand Piccini. Dépê-
chez-vous de me rappeler qu'il n'est point français ; et s'il m'arrivait encore, comme jadis, de l'appeler le *bon Liégeois* [1], rayez vite
l'épithète, ce sera un *lapsus calami*. Mais, me direz-vous, qu'avait
fait Piccini à ce Liégeois ? Je vais vous l'apprendre, moi ; il a fait
la Bonne fille, qui a charmé l'Europe, et les Parisiens eux-mêmes.

Mais le bon Nicolò va avoir bien d'autres assauts à soutenir.
Savez-vous, *padrone mio reverito*, que je ne puis penser sans frémir
à ce terrible chevalier Gluck, dont, malgré moi, je substitue toujours le nom à celui de *Ferraù*, quand je lis l'Arioste. Vos brochures
musicales ou antimusicales m'affirment que le Teuton est armé de
la massue d'Hercule. Qu'il assomme donc, s'il lui plaît, votre vieille
musique française ; mais, au nom du ciel, qu'il laisse vivre et pros-
pérer notre illustre ami. Ne croyez pas, au reste, que ce Gluck soit
aussi méchant que les diables qu'il fait chanter dans son *Orphée* et
dans son *Alceste*. Piccini m'a mandé lui-même que se trouvant
à table chez le directeur Berton, à côté de son rival, le brave Alle-

---

[1] Il s'agit de Grétry. On lit également dans la *Correspondance de
Grimm*, t. IV, p. 8, qu'il fut le seul qui ne rendit point de visite à Piccinni. Dans l'annonce de l'arrivée de Piccinni, le *Journal de Paris*,
3 janvier 1777, ajoute : « Il est l'auteur de *la Buona figliola*. M. Grétry,
l'un de nos compositeurs les plus distingués, s'honore du titre de son
élève. »

mand, tout en lui-versant rasade, lui avait dit, *mezza voce :* « Les Français sont de bonnes gens ; mais il me font rire: ils veulent qu'on leur fasse du chant, et ils ne savent pas chanter... »

Quant à l'anonyme de Vaugirard, à qui j'ai trouvé beaucoup plus d'esprit et de goût, jusqu'à ce qu'il se soit avisé de vouloir vous couper la figure, tâchez de lui faire comprendre qu'un visage balafré ne saurait jamais jeter un grand jour sur une discussion musicale...

Mais pendant que je vous inonde ici de ce flux de paroles, je lis dans vingt lettres de Paris que votre jeune et belle reine ne manque pas une représentation d'*Armide*, et que ses augustes mains ne dédaignent pas d'exprimer le plaisir qu'elle éprouve. Ah! *carissimo padrone*, toute la France va devenir Gluckiste [1] !

Berton, alors directeur de l'Opéra, avait conçu le louable projet de rapprocher des rivaux faits pour s'estimer, et qui, sans doute, ne se haïssaient que faute de se connaître. La table a été de tout temps le lieu où se sont encore le mieux vidées, *inter poculas*, de pareilles querelles. Ç'avait été à table, chez Valincourt, que madame Dacier et La Motte s'étaient embrassés, et que l'on avait bu à la santé d'Homère [2]; ce fut à table, dans un grand souper, que Berton tenta une non moins difficile fusion. Aussitôt que l'on parvenait à mettre Gluck et Piccinni en présence, le reste allait de soi-même. On les fit s'embrasser, et ils prirent place l'un près de l'autre. Tout le repas, ils causèrent avec une touchante cordialité. L'Orphée allemand, moins sobre que son émule, arrivé au fruit, se trouva dans cet état d'épa-

---

[1] L'abbé Galiani, *Correspondance*. Paris, 1818, t. II, p. 291 à 296. Lettre de Galiani à Marmontel ; Naples, 30 novembre 1778. Cette lettre est évidemment de novembre 1777. Il y est question des récentes représentations d'*Armide*, jouée, pour la première fois, le 23 septembre 1777, sous l'administration de Berton, qui ne tardera pas à se retirer devant Devismes.

[2] Madame de Staal, *Mémoires*. Michaud et Poujoulat, t. XXXIV, p. 752.

nouissement, de tendresse universelle, où l'on est tout
miel, tout amour. « Les Français, dit-il à son voisin,
sont de bonnes gens, mais il me font rire; ils veulent
qu'on leur fasse du chant, et ils ne savent pas chanter.
Mon cher ami, vous êtes un homme célèbre dans toute
l'Europe. Vous ne pensez qu'à soutenir votre gloire :
vous leur faites de la belle musique, en êtes-vous plus
avancé? Croyez-moi, c'est à gagner de l'argent qu'il
faut songer ici, et non à autre chose. » Piccinni, qui
avait conservé tout son calme, répondit à Gluck « qu'il
prouvait par son exemple, qu'on pouvait s'occuper en
même temps de sa gloire et de sa fortune[1]. » La fortune
que laissa le maître allemand démontre en effet qu'il
sut tirer quelque profit de l'admirable talent qui lui était
échu en partage ; mais il se calomniait lui-même, en
donnant à entendre qu'il n'avait travaillé que pour acquérir et non pour obéir à la vocation. On peut avoir du
talent sans conscience, mais sans conscience il n'est
point de génie.

Marmontel, qui n'avait pas été épargné dans la mêlée, fait le récit de l'entrevue dans l'un des chants de
son poëme de *Polymnie*.

> A ce souper l'Allemand politique
> Crut devoir taire et cacher son dépit.
> Il serait mort comme Caton d'Utique,
> Mais dans le vin sa douleur s'assoupit.
>
> Par les Plaisirs la table était servie,
> Le vin coulait, et bientôt la gaieté
> Donna l'essor à la sincérité.

---

[1] Ginguené, *Notice sur la vie et les ouvrages de Nicolas Piccinni*.
Paris, an IX, p. 45, 46. Ce sont les mots de Gluck rapportés par Galiani ;
disons que Ginguené et Galiani tenaient du même narrateur, de Piccinni, le récit de cette mémorable soirée.

C'est le moment le plus doux de la vie ;
Et Piccinni par sa simplicité,
Semblait charmer les serpents de l'envie.
Il verse à Gluck, le flatte, lui sourit.
Gluck, qui s'enivre, en buvant s'attendrit.

Mon doux rival, lui dit-il, dans le verre
Noyons tous deux la discorde et la guerre [1];
Comme tes chants mon bruit a réussi :
Je suis content ; mon secret le voici :
J'ai fait semblant d'estimer la louange ;
Mais c'est de l'or qu'il faut gagner ici ;
Et notre gloire est en lettres de change.

On t'aura dit que je suis charlatan,
Que pour du beau j'ai donné de l'étrange ;
Mais la musique est de l'orviétan ;
Suis mon exemple, et fais-toi sans scrupule
Un parti fort de prôneurs aguerris.
Avec des mots, l'impudence à Paris
Mène à son gré la sottise crédule, .
Ce peuple est vain, suffisant, ridicule :
A son oreille il ne faut que des cris.

Tu dois trouver mon chant plat ou baroque,
Le tien est beau ; mais pour qui le fais-tu ?

---

[1] L'on trouve une allusion à ce raccommodement dans une petite comédie de Sauvigny où Gluck figure sous le nom de *Durson*. C'est lui qui parle.

> Nous rendons enfin la liberté
> Au monde musical. J'ai signé le traité.
> De deux brillants rivaux la puissance harmonique
> Se dispute l'honneur de l'empire lyrique.
> On vient de rassembler leurs principaux sujets,
> Qui, le verre à la main, se sont jurés la paix.

Les Après-Soupés de société. Petit théâtre lyrique et moral sur les aventures du jour. A Sybaris et à Paris chez l'auteur, maison de M. Brunot conseiller du roi, agent de change, rue des Bons-Enfants, vis-à-vis la cour des Fontaines, t. II, p. 16. *Les Piccinnistes et les Gluckistes*, aventure V, scène IV.—Mais, puisque nous citons cette esquisse plus que rare de Sauvigny, indiquons, en passant, une autre comédie non jouée, faite par un poète très-compétent en matière de musique, et qui a laissé sur la reprise de *Castor* une lettre justement recherchée des bibliophiles et des dilettantes, Chabanon ; cette comédie est intitulée *L'Esprit de parti ou les Querelles à la mode.* Gluck y est appelé *Tudomèle* et Piccinni *Aletha.* Voir les scènes II et XII du troisième acte.

Pour quelques gens délicats? je m'en moque,
Ce succès-là ne vaut pas un fétu;
Et qu'on me donne un sujet bien atroce,
Quelque tyran, quelque peuple féroce,
Un bon enfer: alors je te promets
De revenir plus bruyant que j amais [1].

Le poëme, pour n'être pas publié n'en était pas moins
connu de tout Paris. L'auteur le lisait à qui voulait
l'entendre. On prétendit, et la lettre de Galiani que
nous venons de citer confirmerait ce bruit, que Suard
lui avait fait dire, avec beaucoup de douceur, que s'il
s'avisait jamais de le faire paraître, il lui couperait le
visage [2]. Il est vrai que Marmontel n'en continua ses
lectures qu'avec plus d'acharnement, sans publier toutefois sa *Polymnie;* mais on sait les considérations qui
l'en empêchèrent. Suard, dans sa jeunesse, remportait
tous les prix de salle d'armes, nous dit Garat; il avait
eu quelques affaires, et de malheureuses, qu'il avait
expiées par un emprisonnement aussi arbitraire que
rigoureux [3]; mais il ne faut pas moins que la confirmation d'une pareille menace pour admettre qu'il se soit
exprimé avec si peu de convenance à l'égard d'un homme
qui ne faisait que se défendre et qui lui avait, à ses
débuts, rendu d'importants services [4].

Revenons à cette fête de conciliation qui, semblait-il,
avait atteint le but qu'on s'était proposé. La politesse,
la cordialité furent parfaites. On s'était entretenu, on

---

[1] Marmontel, *OEuvres posthumes* (Paris, Verdière, 1820), p. 303,
304. *Polymnie.* Chant vii.
[2] Grimm, *Correspondance littéraire.* Paris, Furne, t. X, p. 283;
mai 1780.
[3] Garat. *Mémoires.* Paris, 1839, t. I, p. 249.
[4] L'auteur des *Incas* se l'était associé avec Coste, dans la publication
des anciens *Mercures*, à une époque ou la bourse de Suard était peu
garnie. Marmontel, *Mémoires.* Ledoux, 1828, t. 1, p. 374.

s'était apprécié ; n'était-ce pas autant qu'il en fallait pour mettre fin à tout jamais à de stériles rivalités?

« Ils se séparèrent, dit Ginguené, comme ils s'étaient accueillis, et il n'y a nul doute que leurs démonstrations ne fussent sincères ; mais la guerre dont ils étaient le sujet n'en continua pas moins ; et l'on put bien dire d'eux, à certains égards, ce qu'on a dit d'un célèbre chef de faction politique : les deux hommes qui paraissaient être le moins de leur parti, c'étaient eux-mêmes[1]. »

Roland était achevé, les répétitions allaient commencer. Nous avons vu Gluck se débattant avec l'ignorance et la routine de notre orchestre et de nos artistes, et n'arrivant à dompter et à discipliner tout son monde qu'à force de ténacité et d'énergie. Le compositeur napolitain ne devait pas rencontrer moins d'obstacles. Il en devait rencontrer de plus sérieux même, car cet orchestre, désormais conquis et façonné, ne parlait et ne jurait plus que par le maître ; et lorsqu'il en vint à aborder la partition italienne, il lui sembla être aux prises avec une langue inconnue. S'il eût été bienveillant encore ! Mais la majeure partie était livrée à l'ennemi. Timide et inoffensif, le pauvre Piccinni, au lieu de se

---

[1] Ginguené, *Notice sur la vie et les ouvrages de Nicolas Piccinni.* Paris, an IX, p. 46. Ils ne se revirent point, et l'anecdote suivante ne nous paraît rien moins que sérieuse. « Gluck, raconte son biographe allemand, qui, pendant son dernier séjour à Paris, était âgé de 65 ans, rencontra un jour dans un salon Piccinni son rival, qui était moins âgé de 14 ans ; la conversation tomba sur les compositions d'opéra, et quelqu'un de la société demanda à Gluck combien il en avait fait. « Pas « beaucoup, répondit-il, à peu près une vingtaine, je crois. Et même ce « petit nombre, je ne l'ai pas composé sans beaucoup d'étude et d'efforts. » Piccinni, qui se trouvait auprès de lui, sans être questionné, dit alors : « Moi, j'en ai fait plus de cent, et ils ne m'ont pas coûté grand'peine. » Gluck alors lui dit bas à l'oreille : « Vous avez tort de l'avouer, mon « cher ami. » Anton Schmid, *Christoph Willibald Ritter von Gluck. Dessen Leben und tonkünstlerisches Wirken.* Leipzig, 1854, p. 434.

roidir contre les mauvais vouloirs, perdait courage et passait le temps à se désoler. Marmontel, naturellement présent aux répétitions, bouillait d'impatience et avait peine à se contenir. « Eh! montrez-leur donc le vrai mouvement de cet air, criait-il à son ami; vous voyez qu'ils ne s'en doutent pas ! » L'auteur de *Roland* se contentait de soupirer dans un coin du théâtre, en levant les mains au ciel : « *Ah! toutte va mal, toutte*[1]. » Cette mollesse faillit avoir les conséquences les plus graves pour l'ouvrage. La conscience de ce que l'on pouvait oser donna l'idée de substituer des doubles aux chefs d'emploi ; sans Marmontel, il se laissait faire. Mais le poëte, d'humeur moins accommodante, devant un pareil sans-gêne, jeta feu et flammes et arracha le rôle des mains de Tirot[2], déclarant qu'il ne souffrirait point que l'opéra de son ami fût joué par les doubles. Cette vivacité froissa profondément messieurs et mesdames de la doublure ; mademoiselle Bourgeois osa dire au poëte qu'il convenait peu à un homme qui n'était, en définitive, que le *double de Quinault*, de traiter ainsi les doubles de l'Opéra[3]. Un certain Campbell eut l'audace de s'écrier qu'il n'avait pas l'honneur d'être double, mais que si M. Marmontel lui avait parlé de ce ton, il l'aurait attendu à la sortie de l'Opéra pour lui donner cent coups de bâton. « Si cet insolent propos

---

[1] Grimm, *Correspondance littéraire*. Paris, Furne, t. IX, p. 499, février 1778.

[2] Haute-contre; il doublait Lainez. *État actuel de la musique du roi et des trois spectacles de Paris*. Année 1774, p. 50.

[3] Mademoiselle Bourgeois figure effectivement à cette date parmi les doubles. *Les spectacles de Paris ou Calendrier historique et chronologique des théâtres* pour l'année 1772. p. 11. Quant à Campbell, dont il est question plus bas, il fallait qu'il fût un bien petit personnage ; nous ne le trouvons dans aucune des catégories du service de l'Opéra.

était vrai, dit Grimm, il y a lieu de croire que M. le choriste eût été passer au moins une quinzaine de jours à Bicêtre. » Les Nouvelles à la main prétendent, au contraire, que, pour éviter les suites de cette mésintelligence du poëte avec les artistes, M. Amelot lui avait enjoint de la part du roi de s'absenter désormais des répétitions. « Cet ordre du ministre, ajoutent-elles, n'est pas approuvé. On le regarde comme fort injuste et fort indécent[1].» L'observation est judicieuse, et nous nous en autoriserons même pour révoquer en doute cet ordre prétendu.

Tout cela prêtait à rire, et l'on ne laissa pas échapper cette occasion de persifler Marmontel. Il n'était question alors que du dévouement, de l'héroïque intrépidité d'un pilote de Dieppe, appelé Boussard, qui, au péril de sa vie et après mille efforts, était parvenu à sauver de l'abîme huit malheureux sur un équipage de dix naufragés[2]. Necker, par ordre du roi, avait écrit au courageux matelot une lettre de félicitations qui eut beaucoup de succès et qui commençait par ces mots : « Brave homme. » De mauvais plaisants s'avisèrent de faire écrire à Campbell par Devismes, le nouveau directeur général de l'opéra, une lettre qui n'était que la parodie grotesque du billet du directeur général des finances à Boussard, et où il le félicitait de la fermeté avec laquelle il avait châtié l'insolence du *savetier de*

---

[1] *Mémoires secrets.* Londres, John Adamson, t. XI, p. 67. 19 janvier 1778.

[2] Voir le récit de cet acte héroïque dans un extrait d'une lettre de M. de Crosne intendant de Rouen, Grimm, *Correspondance littéraire.* Paris. Furne. t. IX. p. 479 à 485. — *Correspondance secrète.* Londres, John Adamson, 1787, t. V, p. 406 à 409. 21 janvier 1778.

Quinault[1]. Quoi qu'il en soit, pour prévenir toute collision et tout scandale, on dut, à la dernière répétition, faire défense de la part du roi de laisser entrer personne. Mais tout cela était d'un triste présage pour l'infortuné Piccinni qui n'attendait, du reste, rien de bon de l'avenir.

Je suis bien décidé à mon sort, écrivait-il à Ginguené au sortir de cette dernière répétition. Il ne me reste d'autre moyen que de suivre la résolution que j'ai dans ma tête, et que le diable ne m'ôterait pas (c'était de repartir le lendemain pour Naples). Je vous remercie beaucoup de l'intérêt que vous voulez bien prendre à mon succès, et je vous serai obligé tout le temps de ma vie ; mais il est inutile, mon cher ami, que vous vouliez bien vous chagriner à tel point et combattre avec tant d'ennemis. Ils auront la victoire, et nous succomberons. Tranquillisez-vous, je vous en prie : pour moi, je suis bien tranquille, et bien sûr de ma chute affreuse[2].

Le jour de la représentation[3], quelques instants avant de se rendre au théâtre, son petit salon était rempli de ses amis, qui s'efforçaient de lui inspirer bon espoir. Il était calme ; toute sa résolution, tout son sang-froid lui étaient revenus. Sa femme, dont il était si tendrement aimé, et son fils pleuraient à chaudes larmes ; ses

---

[1] Au surplus, voici cette facétie qui donne une fois de plus la mesure de l'aménité avec laquelle les deux partis se traitaient : « Brave homme, je n'ai appris qu'hier au soir, par l'acclamation publique, avec quel courage et quelle fermeté vous avez châtié l'insolence du *Savetier de Quinault*. Vous ne devez pas douter que je ne vous accorde, au mois d'avril prochain, la gratification et la pension dues à votre zèle Continuez à être le défenseur des *doubles*, si utiles à l'Opéra, à secourir les autres quand vous le pourrez, et faites des vœux pour la gloire et la prospérité de votre nouveau directeur général, qui aime et récompense les braves gens. » *Mémoires secrets.* Londres, John Adamson, t. XI, p. 69, 70. 22 janvier 1778.

[2] Ginguené, *Notice sur la vie et les ouvrages de Nicolas Piccinni.* Paris, an IX, p. 36, 37.

[3] 27 janvier 1778.

domestiques ne pleuraient guère moins. Lorsqu'il prit son chapeau, les sanglots redoublèrent. La pauvre Vincenza se précipita dans ses bras, et ce ne fut pas pour lui une mince tâche de consoler un peu toute une famille éplorée, qu'aucun raisonnement ne pouvait réconforter. « Mes enfants, leur dit-il dans leur langue, pensez donc qu'enfin nous ne sommes pas parmi des barbares. Nous sommes chez le peuple le plus poli, le plus doux de l'Europe. S'ils ne veulent pas de moi comme musicien, ils me respecteront comme homme et comme étranger. Adieu, rassurez-vous, ayez bonne espérance. Je pars tranquillement, et je reviendrai de même, quel que soit le succès. »

Il fut grand. Cette musique facile, plus élégante que dramatique, charma tout ce public qu'elle sortait de la beauté sévère d'*Iphigénie*, d'*Orphée* d'*Alceste* et d'*Armide*. La cour était là comme aux représentations de Gluck. La reine s'y trouvait avec madame Élisabeth. On remarqua qu'elle s'abstint d'applaudir; elle ne voulait pas avoir ce tort sans doute à l'égard de son musicien[1]. L'opéra fut médiocrement interprété. Mademoiselle Rosalie n'était pas l'actrice du rôle; sa voix peu flexible, qui s'était fait admirer dans *Alceste*, n'avait pas cette souplesse qu'exigeait la musique italienne. Le Gros n'était pas taillé en Médor, et son physique se prêtait peu à cette transformation. Chose curieuse, celui dont Piccinni eut le plus à se louer, fut Larrivée[2]. Il se

---

[1] *Mémoires secrets*. Londres, John Adamson, t. XI, p. 79. 30 janvier 1778.

[2] On lisait dans le *Courrier de l'Europe*, à la date du 27 novembre : « On espère que le *Roland* de M. Piccini paraîtra dans le mois de janvier, si toutefois les difficultés qu'on éprouve à ce théâtre, permettent qu'il soit prêt pour ce temps-là; déjà le principal acteur (celui qui a été

surpassa dans le rôle de Roland, surtout dans le monologue du troisième acte : *Ah ! j'attendrai longtemps, la nuit est loin encore.* Quant à l'orchestre, il accompagna constamment trop fort et couvrit souvent les voix ; mais cela était inévitable, après la rude éducation à laquelle Gluck l'avait soumis. Piccinni, en Italie, surtout pour les opéras-comiques interprétés presque toujours par de mauvaises voix, avait la réputation de charger outre mesure son orchestration et d'employer les instruments avec une telle profusion, que les copistes ne consentaient à mettre au net ses partitions qu'à la condition d'avoir un sequin de plus que pour les opéras de tout autre maestro [1]. Mais c'était le reproche tout contraire qui devait lui être fait, et cette musique trop bruyante pour des oreilles napolitaines allait être flagellée du titre dédaigneux de musique de concert. Aussi le compatriote, le protecteur et l'ami du chantre de *Roland*, Caraccioli avait-il coutume de dire, comme Galiani nous l'apprend plus haut : « Les oreilles des Italiens ne sont qu'un simple cartilage ; mais celles des Français sont doublées de maroquin [2]. » Et s'écriait-il encore, en entendant l'*Iphigénie* de Gluck : « Musique du diable [3] ! »

Avec son caractère doux et passif, l'Italien n'avait pu

cause qu'on a rejeté *l'Olympiade* ; celui qui dit qu'il n'y a qu'une vérité, et, Mr Gluck l'a *attrapée*) trouve sa dignité compromise en allant chez le maître *Piccini* ; il exige qu'il vienne chez lui, à ses genoux apparemment, pour implorer sa clémence. » T. II, p. 434. N° 415. Vendredi 5 décembre 1777.

[1] Burney, *The present state of music in France and Italy*. London, 1777, p. 306.

[2] La Harpe, *Correspondance littéraire*. Paris, Migneret, t. II, p. 282.
— L'abbé Morellet. *Mémoires*. Paris, 1821, t. I, p. 67.

[3] *Correspondance secrète*. Londres, John Adamson, 1787, t. VII, p. 30.

obtenir que très-imparfaitement de l'exécution de s'assouplir et de se faire moins bruyante. Il lui avait été, par contre, plus facile de se plier à tout ce qu'on exigeait de lui, avec une docilité dont l'ouvrage ne se trouva pas mieux[1]. Tel quel, *Roland* fut écouté et salué avec transports. Ce fut pour Piccinni une véritable ovation. Il fut ramené chez lui en triomphe. Une des choses qui ne contribuèrent pas le moins au succès, ce fut la grâce, le charme des airs de ballet. Piccinni n'en avait jamais fait et ne se sentait, pas plus que Gluck, un grand attrait pour cette partie épisodique d'un opéra tel que nous l'entendons. Ce n'était qu'obsédé par Vestris et Dauberval, qu'il se résignait à écrire, tantôt une entrée, tantôt une gavotte, un menuet, une chaconne. Le soir de la répétition générale, il se croyait quitte de tout, quand Vestris, après cette laborieuse séance, vint demander un air à intercaler dans la fête villageoise du troisième acte, pour sa camarade, mademoiselle Guimard. « Mon cher ami, vous voulez donc me tuer ! lui dit-il en poussant un soupir. Il faut bien m'y résoudre, et vous faire encore de la bergerie puisque c'est pour une si aimable bergère. » Et, debout, sur sa cheminée, sans le secours d'aucun instrument, il nota, au vol de la plume, une charmante gavotte, le plus joli air peut-être de *Roland*[2].

Mais la fête chinoise du second acte, dans laquelle Noverre avait prodigué et son originalité et son incomparable verve, n'eut pas le bonheur de plaire : l'on

---

[1] Grimm, *Correspondance littéraire*. Paris, Furne, t. IX, p. 500. Février 1778.

[2] Ginguené, *Notice sur la vie et les ouvrages de Nicolas Piccinni*. Paris, an IX, p. 58, 59.

décida qu'elle eût été indécente même à la foire[1]. L'auteur des *Lettres sur la danse et les ballets*, qui était un inventeur comme Gluck en son genre, blessé au cœur, retirait aussitôt son divertissement, sans se refuser toutefois la satisfaction de dire son fait à ce public dont l'ignorance seule égalait l'ineptie.

Je ne veux pas disputer avec quelques personnes malintentionnées, qui ont affecté de ne pas entendre qu'Angélique, reine de Cathai, c'est-à-dire, d'une province de la Chine, devoit avoir une suite chinoise, et que mon ballet n'étoit pas aussi étranger au sujet, qu'elles faisoient semblant de le croire. Jaloux, autant qu'il est en moi, de me concilier tous les suffrages, je vais retrancher ce ballet, que peut-être on me redemandera ; et je me propose de passer la nuit pour en faire un nouveau, mais toujours sur la musique de M. Piccinni, qui n'a pas pu changer ses airs d'un moment à l'autre, comme j'ai pu réformer les attitudes de mes danseurs. Je prie d'observer seulement que ce nouveau ballet, nécessairement composé à la hâte, ne sera pas aussi piquant que celui que j'avois médité avec plus de loisir ; mais j'aurai du moins la satisfaction de prouver à toutes les classes du public, le désir que j'ai de leur plaire[2]. Assurément ce n'est la faute de Quinault ni la mienne, s'il a plu à l'Arioste de faire Angélique, reine de Cathai, et de m'autoriser par conséquent à lui donner des matelots de son pays[3].

Nous disions que Noverre était une sorte de Gluck. On voit qu'il y a analogie dans le tempérament et les procédés de composition ; et cette lettre eût aussi bien paru à l'occasion d'un des opéras du maître, qu'on eût

---

[1] *Courrier de l'Europe*, du vendredi 6 février 1778. N° XI, t. III, p. 84. Paris, 29 janvier.

[2] Mais ce second divertissement ne trouva pas plus grâce devant la critique hargneuse : « On a ôté le ballet chinois, comme nous l'avions prévu, mais on lui en a substitué un autre, qui, s'il n'est pas aussi bouffon, n'est pas pour cela moins mauvais. » *Courrier de l'Europe*, t. II, p. 91. N° XII. Du mardi 10 février 1778.

[3] *Les Spectacles de Paris ou Calendrier historique et chronologique des théâtres*. Paris, Duchesne.

pu la croire dictée par lui : elle est rude, âpre, cassante, et ces déclarations de soumission envers le public assez impertinentes, en fin de compte.

Loin de décroître, le succès alla se consolidant. Gluck avait dit avec peu de modestie que, si *Roland* réussissait, il le referait ; c'était le cas de se mettre à l'œuvre. Les douze premières représentations avaient produit soixante et un mille neuf cent vingt livres quinze sous. C'était quatre-vingt six livres dix sous de plus que les douze premières d'*Iphigénie*. Les Piccinnistes ne manquèrent pas de constater cette différence toute à leur avantage, et qui, en effet, avait bien son importance. Les Gluckistes, sentant la force de l'argument, ne le laissèrent pas sans réplique. Ils ne niaient pas; ils ne pouvaient nier des chiffres. Ce fut par des chiffres qu'ils prétendirent répondre. Oui, jusqu'à la douzième représentation, l'avantage du chiffre est du côté de *Roland;* mais à partir de cette dernière, la supériorité n'est plus pour *Roland*, qui, à la quatorzième, ne rend qu'un total de soixante-neuf mille quatre cent cinq livres cinq sous, quand *Iphigénie en Aulide* réalise soixante-dix mille huit cent dix-huit livres cinq sous (quatorze cent treize livres d'excédant). Les conséquences de ce revirement imprévu, les amis du chevalier les trouvent dans l'essence même du talent du maître. Plus on les entend, plus on découvre de beautés dans ces ouvrages qui n'ont rien de convenu et qui sont l'expression la plus vraie comme la plus éloquente des passions. *Alceste* et *Armide* n'étaient-elles pas tombées le premier jour; et ne leur avait-il pas fallu plus d'un soir pour se faire comprendre et apprécier ? Mais c'était là le sort des œuvres destinées à l'immortalité, de n'être acceptées ni sans hésitation ni sans hostilité.

Le succès de *Roland*, qui devait être plus grand à la reprise, mit le compositeur italien sur le meilleur pied à la cour. Il est vrai que, si ce bon accueil devait doucecement chatouiller son amour-propre, ce fut de ce côté le plus réel de ses bénéfices. Il allait, deux fois chaque semaine, à Versailles donner des leçons de chant à la reine. Il eût accepté un carrosse de la cour pour ses allées et venues ; cela lui eût épargné des frais de voiture que l'on ne songea pas même à lui rembourser. Il dut se trouver trop heureux d'offrir à la reine, au roi, aux frères du roi et aux princesses de la famille royale la partition de son *Roland* magnifiquement reliée. Mais il paya encore cet honneur assez cher ; car l'on ne s'avisa pas davantage de s'enquérir du prix de ces luxueuses reliures. La reine, pourtant, était plutôt prodigue qu'intéressée ; les princes ne passaient pas pour être avares et récompensaient largement la moindre dédicace. Mais il est des hommes pour lesquels rien n'arrive à point, qui échouent là où les autres réussissent, sans qu'on puisse l'expliquer différemment que par l'influence maussade d'une étoile ennemie. Piccinni, malgré une fécondité prodigieuse, était destiné à mourir pauvre, quand son rival devait laisser une fortune égale à celle de Voltaire.

Dans le temps qu'il travaillait à *Roland*, vers le mois d'août 1777, l'empereur Joseph II venait rendre visite à sa sœur Antoinette. On parlait beaucoup de Piccinni à Versailles, non pas sans doute pour le mettre au-dessus de Gluck ; le comte de Falkenstein manifesta le désir de connaître l'émule de l'Orphée allemand et pria la reine

de lui ménager une entrevue avec le compositeur napolitain. Ce dernier fut mandé avec ordre de se munir
de sa musique tant italienne que française. Il attendait
déjà depuis quelques instants, quand la souveraine
sortit de chez le roi accompagnée de son frère. Elle
l'aperçut et le désigna à celui-ci, qui la quitta et alla
droit à l'artiste avec lequel il conversa plusieurs minutes, lui citant avec obligeance les morceaux les plus
saillants de ses opéras italiens. Piccinni avait déposé
sur un meuble sa musique, il se disposait à la reprendre
pour aller chez la reine ; Joseph le prévint, s'en empara
avec une affectueuse brusquerie. « Je veux, lui dit-il,
pouvoir me vanter toute ma vie d'avoir porté les productions d'un si grand maître. » La reine chanta ; puis
ce fut au tour de Piccinni. *Roland* n'avait encore que
deux actes de terminés ; il en fit entendre divers mor-   .
ceaux que l'empereur applaudit avec chaleur. « Ma foi,
messieurs, s'écria le comte de Falkenstein en s'adressant au petit nombre de personnes présentes à cette
scène, si cette musique-là ne réveille pas vos oreilles,
elles sont endormies pour toujours. » Malgré cette
grande manifestation d'enthousiasme, ce fut tout le
profit que tira Piccinni de l'entrevue.

On connaît les desseins de Marmontel à l'égard des
opéras de Quinault, qu'il comptait bien accommoder,
les uns après les autres, au génie abondant et facile de
son musicien. *Atys* devait succéder à *Roland* ; le poëme
retouché avait été livré à Piccinni qui se mit tout aussitôt à l'œuvre avec son ardeur habituelle. Tout le système administratif de l'Académie royale de musique
venait d'être transformé. La ville de Paris et les inten-
dants des Menus cessaient d'en avoir la haute direc-

tion ; la lourde machine devenait par arrêt du Conseil, en date du 8 novembre, l'entreprise d'un simple particulier, qui s'en constituait l'exploitateur à ses risques et périls. La négociation s'était faite, grâce à Campan, valet de chambre de la reine, et au crédit de La Borde, ancien valet de chambre du roi, beau-frère de Devismes, le nouvel administrateur. Devismes promettait mons et merveilles ; ç'allait être l'âge d'or de cet empire qui, jusque-là, avait passé par bien des vicissitudes. Il arrivait avec les meilleures intentions, avec des projets de réforme et d'amélioration, qui n'en devaient pas moins soulever contre lui tout le personnel de ses nouveaux États, s'ils lui valurent un instant le titre flatteur du *Turgot de l'Opéra.*

Le théâtre fut raccourci, l'orchestre diminué, le nombre des loges à l'année augmenté, l'ancien éclairage modifié[1], les lucarnes des loges élargies et garnies de glaces[2]. Jusque-là, tout est au mieux. Mais il taille, il coupe, il rogne en tous sens et sur toutes choses, comme si l'on eût dû se laisser écorcher sans crier. On sait quelles proportions avaient alors les coiffures des femmes; Devismes fit un règlement par lequel les femmes à hautes coiffures ne seraient plus admises à l'amphithéâtre. Il était rare alors que les vêtements, les coiffures surtout ne portassent pas de désignations satiriques. Lorsque Linguet fut effacé de l'ordre des avocats, l'on vendit des bonnets *à la Linguet* faits avec des

---

[1] *Mémoires secrets.* Londres, John Adamson, t. XII, p. 114, 120. 19 et 28 septembre 1778. — *Correspondance secrète.* Londres, John Adamson, 1787, t. VIII, p. 34, 35 22 mai 1779.

[2] Grimm, *Correspondance littéraire.* Paris, Furne, t. X, p. 57, 38. mai 1778.

étoffes rayées[1]. Plus tard, à la création de la Caisse d'Escompte, l'on fera des coiffures de ce nom qui n'auront pas
de fonds[2]. Les plaisants voulurent que mademoiselle
Saint-Quentin, la modiste en vogue, fît des coiffures *à
la Devismes,* qui fussent plates[3]. En somme, les femmes
que frappaient ces lois répressives étaient ou des actrices
ou, comme on disait alors, des demoiselles du monde ;
le règlement n'atteignait point les loges. Mais c'était
s'attirer sur les bras toute cette jeunesse dorée et à
plumets, qui devait prendre fait et cause pour les jo-
lies évincées.

Devismes ne s'arrêta pas en si beau chemin, et nous
le voyons dans le même moment rompre bruyamment
avec un homme qui se croyait, trop peut-être, indispensable. Nous avons laissé Marmontel se mirant dans son
travail de révision et de refonte, et lisant dans les sociétés le poëme retouché et « ressemelé » de Quinault, comme sa propre œuvre. Il allait être loin de
compte avec le nouvel administrateur. Un arrêt du Conseil, rendu le 10 avril, concernant les honoraires des
auteurs qui travaillaient pour l'Académie royale de
musique, et remettant en vigueur celui du 30 mars 1776,
contenait entre autres articles, une clause restrictive
menaçante pour le poëte académicien et à l'endroit de
laquelle il n'était que prudent de prendre ses sûretés.
« A l'égard des anciens poëmes, dont les paroles appartiennent à la dite Académie, et qu'on remettra au

---

[1] La Harpe, *Correspondance littéraire.* Paris, Migneret, t. I, p. 108.

[2] Cette épigramme des coiffures *à la Caisse d'Escompte* rappelle ces
culottes sans poches ni goussets qu'on nommait *culottes à la Régence,*
du temps du Système.

[3] *Mémoires secrets.* Londres, John Adamson, t. XII. p. 58, 59,
154. 12 juillet, 6 novembre 1778.

théâtre avec des réductions, additions ou autres changements, n'entend Sa Majesté que les auteurs desdits
changements puissent se prévaloir de la fixation portée
par le présent arrêt, sauf à eux de traiter, pour les honoraires, de gré à gré avec l'entrepreneur[1]. » Tout
accommodement à l'amiable n'était donc pas interdit,
et l'on semblait prévoir le cas fréquent où l'administrateur et le poëte consentiraient à se placer sur un autre
terrain. Marmontel, pour sa part, entendait jouir des bénéfices de l'exception ; et ce fut dans ce sens qu'il écrivit
à Devismes une longue lettre, motivée comme ne l'eût
pas mieux fait l'homme d'affaires le plus retors.

J'ai lu, monsieur, le nouvel arrêt du Conseil, qui rétablit à l'Opéra
les honoraires des auteurs sur le pied de 1776 ; rien de plus juste
en général que la distinction qu'on y fait des poëmes absolument
neufs, d'avec les poëmes retouchés. Mais cette règle est susceptible
d'exceptions comme toutes les règles ; et puisqu'on laisse la liberté
de faire de gré à gré des conventions particulières, je crois devoir,
monsieur, faire avec vous les miennes, avant que d'aller plus avant.

J'ai rendu, si je ne me trompe, un service essentiel au théâtre de
l'Opéra, en accommodant au goût de la musique italienne les plus
beaux poëmes de Quinault : et si l'on vous dit que, sans cela, ces
poëmes étoient susceptibles d'une musique nouvelle, soyez bien
sûr que ce ne seroit pas celle de Pergolèse, de Jomelli, de Sacchini,
de Piccini lui-même. Il leur seroit aussi impossible de faire du chant
sur les vers de Quinault que sur la prose de Fénelon. Ces vers ont
été faits pour du récitatif ; et le chant mesuré, régulier et suivi
exige des formes qui lui soient analogues. C'est au poëte à dessiner
ce que le musicien doit peindre.

L'opéra de *Roland* a pu vous donner une idée de mon travail ;
celui d'*Atys* dont vous avez, monsieur, entendu la lecture, vous en a
instruit encore mieux. J'ose vous dire cependant que vous êtes encore loin d'imaginer les difficultés infinies que j'ai à vaincre, et les
recherches continuelles qu'exige de moi notre langue pour la rendre

---

[1] *Journal de Paris.* N° 119, p. 473. Mercredi 29 avril 1778.

souple et docile aux modulations du chant. C'est un détail inexplicable. Le musicien lui-même ne s'en aperçoit pas ; et plus les paroles que je lui présente sont favorables à la musique, moins il
sent ce qu'il m'en a coûté pour leur donner, avec le nombre et
le mouvement qui convient, un tour facile et naturel. Je vous en
parle sans vanité ; car il s'agit d'une *industrie* et non pas d'un
talent ; mais cette industrie exige une étude et des soins qui ne sont
bien connus que de celui qui s'en donne la peine.

C'est avec cette connaissance intime des difficultés et de l'utilité
de mon travail, que j'ose vous dire, monsieur, que si le service que
je rends à l'Opéra, en accommodant les poëmes de Quinault à la
manière italienne, ne peut s'assimiler avec le mérite de les avoir
faits (ce que je sens mieux que personne), au moins peut-il entrer
en comparaison avec le mérite moins rare de produire des poëmes
d'un ordre inférieur, tel que vous en aurez souvent. Je conclus
donc, monsieur, par vous demander une assurance expresse et po-
sitive, *qu'en considération des peines que je me donne pour rendre
les meilleurs opéras français susceptibles des beautés de la musique
italienne, je jouirai sans restriction de tous les avantages accordés
aux auteurs de poëmes nouveaux, par l'arrêt du Conseil de 1776,
et que, tant pour les honoraires que pour la pension progressive,
chacun de ces poëmes me tiendra lieu d'un poëme que j'aurois fait
à neuf* (bien entendu que le poëme dans l'état où je l'aurai mis
appartiendra à l'Académie royale, et qu'il vous sera libre de le faire
remettre en musique, tant qu'il vous plaira, dès qu'il aura eu
ses quarante premières représentations, et que j'en aurai retiré
les avantages attachés à la première mise). J'attends votre réponse
pour laisser faire *Atys* et achever *Persée,* si ma demande vous paroît juste ; ou pour épargner aux musiciens un travail inutile, si
elle ne vous convient pas.

Cette lettre est datée du 4 mai. Quatre jours après,
Devismes adressait sa réponse au collaborateur de Piccinni.

J'ai reçu, monsieur, la lettre que vous m'avez fait l'honneur de
m'écrire à l'occasion du nouvel arrêt que le Conseil vient de rendre
pour régler les honoraires des auteurs qui travaillent pour l'Académie royale de musique.

Vous me marquez que la juste distinction qu'on fait des poëmes absolument neufs d'avec les poëmes retouchés ne sauroient vous regarder, parce qu'il n'y a que vous qui puissiez apprécier la peine inexplicable que vous vous donnez pour rendre notre langue souple et docile aux modulations du chant.

Je sais, monsieur, combien ce travail doit vous être pénible, et je crois qu'il ne s'agit pas seulement de l'*industrie*, ainsi que votre modestie vous le fait dire, mais qu'il faut au contraire tout le *talent* que le public vous connoit pour lever les difficultés infinies que vous avez à vaincre. L'opéra de *Roland* en est la preuve la plus convaincante, mais il ne m'est pas possible de m'écarter de l'esprit de l'arrêt.

Je suis bien fâché, monsieur, que convenant vous-même que cet arrêt laisse la liberté de faire de gré à gré des conventions particulières, vous insistiez à me faire des propositions aussi dures que celles que vous avez sous-lignées dans votre lettre.

Je conclus donc à renoncer au plaisir de donner *Atys* tel que vous l'avez arrangé, et tel que vous avez bien voulu m'en faire entendre la lecture ; c'est un sacrifice que je suis obligé de faire aux termes de la loi [1].

Évidemment, il y a là plus qu'un administrateur qui recule devant une prétention excessive ; il y a un esprit hostile qui saisit avidemment le prétexte qu'on lui fournit de rompre toutes relations, sans se soucier des intérêts engagés. Ce qui distinguait Devismes, c'était l'audace un peu étourdie, une activité sans trop de mesure et de prévoyance, tout aussi capable de se créer des entraves que de les surmonter. Mais il avait des idées, des vues, et son passage à l'Académie royale de musique ne fut pas sans gloire. La lutte des Gluckistes et

---

[1] *Journal de Paris*. N° 137, p. 546, 547. Dimanche 17 mai 1778. Lettre de M. Devismes, entrepreneur de l'Opéra, aux auteurs du journal ; lettre de M. de Marmontel, du 4 mai 1778 ; réponse de M. Devismes à la lettre ci-dessus, du 8 mai 1778. — Le manuscrit de Beffara, englouti dans l'incendie de l'Hôtel de Ville, contenait, à la date du 29 juin 1776, un *Mémoire sur l'Administration actuelle de l'Opéra ou plutôt sur la discussion entre MM. Devismes et Marmontel, au sujet du poëme d'Atys et sur le payement des honoraires dus à M. de Marmontel pour le poëme et autres.* Vol. VIII, n° 11.

des Piccinnistes était un élément de fortune pour l'Opéra si longtemps désert et qui eût été tout à fait délaissé sans ses ballets. Le souvenir de la grande querelle de la Musique française et des Bouffons était loin d'être effacé ; on en pouvait juger par l'animosité que montraient à l'égard de Piccinni certains dilettantes, qui ne s'étaient ralliés à Gluck que par répulsion pour toute musique italienne. Devismes crut faire un coup de partie en rassemblant une troupe de bouffonnistes, dont la direction musicale serait confiée à Piccinni. Ce dernier devait tenir le clavecin aux premières représentations, diriger les répétitions, composer à l'occasion de nouveaux airs, et donner même des leçons à celles des « signore » dont le talent avait besoin d'être guidé. Mais c'était bien le cas d'exposer ses motifs et de dire où l'on tendait. « Le début des *opéras-buffe* va décider cette grande question débattue depuis si longtemps par nos plus habiles amateurs : « La musique ita- « lienne doit-elle être admise sur notre théâtre ou « reléguée dans nos concerts ? » Beaucoup de gens prétendent que ce genre nouveau et bizarre *va blesser la majesté de l'Opéra* ; cette fatale maxime a été jusqu'à ce moment une barrière insurmontable. Mais osons la franchir, et si le public paraît content de nos efforts, il nous sera facile alors d'étendre et de varier à l'infini la chaîne de ses plaisirs[1]. »

---

[1] *Journal de Paris*. N° 157, p. 627. Samedi 6 juin 1778. Lettre de l'Administration de l'Opéra aux auteurs du *Journal de Paris*.

VII

LES BOUFFONS. — DEVISMES. — IPHIGÉNIE EN TAURIDE DE GLUCK.
L'ARCHITECTE COQUÉAU. — ECHO ET NARCISSE,

Ce fut le 11 juin, que les Bouffons se montrèrent
pour la première fois sur la scène de l'Opéra, dans *le
Finte gemelle*, de Piccinni. La salle était comble. La
charmante musique du maître fut admirée, mais le
poëme, réduit par la disette d'acteurs de trois à deux
actes, et de sept personnages à quatre, parut insipide[1].
En somme, la curiosité était éveillée, et c'était aux
Bouffons à faire de leur mieux. Ils ne réussirent que
médiocrement à la cour. Le roi déclara qu'il ne s'était
jamais autant ennuyé de sa vie. La reine bâilla un peu,
mais elle trouva la musique charmante. On donna ensuite *la Finta gardiniera*, d'Anfossi, dont la partition
fut vivement applaudie ; mais le public montra, cette
fois encore, son peu d'attrait et de goût pour les livrets
italiens, qui, malheureusement, n'étaient tous rien
moins que des chefs-d'œuvre.

[1] Grimm, *Correspondance littéraire*. Paris, Furne, t. X, p. 53, 54 ;
juin 1778. — La Harpe, *Correspondance littéraire*. Paris, Migneret,
t. II, p. 249, 250. — *Mémoires secrets*. Londres, John Adamson, t. XII,
p. 9, 12, 13, 17. 9, 12, 13 et 17 juin 1778.

Dès le premier jour, Devismes avait rencontré une
opposition systématique et des plus violentes. Il s'était
annoncé en réformateur, c'est-à-dire en ennemi, et tout
le monde fut d'accord pour lui faire une rude guerre.
Ses débuts lui avaient donné une idée disproportionnée
de son omnipotence. Il pensait que l'important était
d'attirer le public, de faire de belles recettes ; et il faut
convenir qu'il y était fort habilement parvenu. Devismes
était un éclectique, qui avait ouvert les portes de son
théâtre à tous les partis et à toutes les musiques, aux
Piccinnistes comme aux Gluckistes, aux idolâtres du
genre italien comme aux amateurs de notre musique
nationale. En flattant tous les goûts il se croyait sûr de
peupler la salle et de battre monnaie. Il y avait encore
des admirateurs de Rameau, d'ardents et de nombreux ;
pour ceux-là il reprenait *Castor ;* il y avait même des
Lullistes, et à ces derniers il promettait de leur rendre
Thésée. L'Académie royale de musique, sortant de son
calme et de son apathie, allait se changer en fournaise :
dans la même semaine, le public verrait défiler devant
lui tour à tour les opéras-bouffes d'Anfossi, de Paisiello,
de Sacchini, et les grandes partitions françaises de
Gluck, de Piccinni, de Rameau, et de Floquet, sans
détriment des charmants et savants ballets de Noverre
et de Gardel[1]. Mais, pour réaliser ces merveilles, encore
fallait-il être secondé. Malheureusement, Devismes n'a-
vait ménagé ni les amours-propres ni les personnes, et
il s'aperçut un beau jour qu'il s'était aliéné des esprits
très-remuants, très-décidés à ne pas fléchir. Mademoiselle Guimard, la plus irritée de toutes, déchirait ses

[1] Grimm. *Correspondance littéraire.* Paris, Furne, t. X, p. 112; octobre 1778.

habits pour en avoir de neufs et en envoyait les lambeaux au directeur trop économe ; ou bien elle refusait tout service. Devismes menaçait-il du ministre : « Le ministre veut que je danse, s'écriait la déesse Terpsichore, eh bien! qu'il y prenne garde, moi je pourrois bien le faire sauter. » Vestris n'était ni plus modéré ni moins audacieux. Un jour, qu'il avait répondu avec insolence, Devismes lui dit : « Mais, monsieur Vestris, savez-vous à qui vous parlez? — A qui je parle? au fermier de mon talent... » Ce mot est du genre sublime : Vestris n'en disait jamais d'autres. Après tout, c'étaient les dieux de l'Olympe chorégraphique, et les dieux ne se mènent pas comme de simples mortels. Mais que dire de figurantes qui refusaient d'obéir, parce qu'on parlait de les mettre au fond du théâtre et qu'elles prétendaient que c'était leur faire affront? « Monsieur, nous sommes les anciennes, et nous avons droit d'être sur le devant. — Mais mon ballet? — Votre ballet deviendra ce qu'il pourra ; il faut que le public nous voie ; c'est notre droit [1]. »

Jusque-là, on avait laissé l'administration se débattre avec ses artistes. Le fils de Vestris, Vestr'allard, et Dauberval, avaient positivement refusé de jouer. L'autorité sentit l'urgence de procéder énergiquement contre ces mutins. Ils reçurent l'un et l'autre, à une fête que donnait mademoiselle Guimard en son hôtel de la chaussée d'Antin, l'ordre de se rendre au For-l'Évêque. On comprend l'émotion de tout ce monde. Vestris le père garda seul le sang-froid, la dignité d'un grand homme. « Allez, mon fils, dit-il au digne héritier de

---

[1] La Harpe, *Correspondance littéraire*. Paris, Migneret, t. II, p. 28, 29.

ses talents, voilà le plus beau jour de ma vie. Prenez
mon carrosse, et demandez l'appartement de mon ami
le roi de Pologne[1]; je paierai tout[2]... » Mademoiselle
Guimard, exaspérée que l'on eût choisi son palais pour
une telle exécution, jura qu'elle ne reparaîtrait point sur
la scène, tant que Devismes n'aurait pas été honteuse-
ment chassé. Elle voulut bien faire exception en faveur
de la reine, de Madame et de la comtesse d'Artois qui
étaient venues à l'Opéra. La Guimard était une favorite
de la reine qui la faisait venir à son théâtre de Trianon
où elle recevait de ses leçons; mais cette fois, Marie-
Antoinette, édifiée par Campan, l'*alter ego* de Devismes,
resta froide et immobile devant ses prodiges chorégraphiques[3]. Il fallait bien s'avouer qu'il était impossible
que les choses allassent longtemps de ce train. L'on
parla de la retraite de Devismes, qui ne pouvait être
que volontaire, puisqu'il y avait un contrat. Enfin, l'on
apprenait qu'après bien des pourpalers, son bail était
résilié, et que l'Opéra rentrait sous l'inspection de la
ville, mais demeurait sous son bâton directorial. Cette
apparente inconséquence a besoin d'une explication,

---

[1] Stanislas-Auguste, alors comte Poniatowski, dans un séjour à
Paris, ayant fait des dépenses au delà de ses ressources, fut mis par
ses créanciers au For-l'Évêque, d'où le tira madame Geoffrin. Le roi de
Pologne n'oublia jamais ce service. Il n'appelait jamais celle-ci que
« maman, » et il obtint d'elle, quand il fut sur le trône qu'elle le vînt
voir à Varsovie. *Mémoires secrets*. Londres, John Adamson, t. III, p. 26,
27. 4 mai 1766.

[2] Cette scène et ces adieux auraient eu lieu, au foyer même de l'Opéra,
d'après le récit de Grimm, *Correspondance littéraire*. Paris, Furne,
t. X, p. 166. Les *Mémoires secrets* (t. XIII, p. 285, 14 février 1779) les
font passer, comme nous le racontons, chez la Guimard. Seulement,
ils disent Vestris, sans désigner lequel, de façon même à faire croire
que c'est le *Dieu de la danse*, qui reçut la lettre de cachet.

[3] *Mémoires secrets*. Londres, John Adamson, t. XIII, p. 290. 21 janvier 1779.

qu'on ne prit pas la peine de donner au public. Malgré d'incontestables efforts, loin d'être au-dessus de ses affaires, Devismes se trouvait endetté, pour ces deux années 1778 et 1779, d'environ sept cent mille livres. L'on jugea que l'unique moyen de le tirer d'embarras était d'annuler son bail et de laisser tout le poids des charges à la ville, tout en lui conservant sa situation, à la condition que Buffaut, trésorier de Paris, surveillerait ses opérations et ses dépenses[1]. C'était ainsi que se tranchaient alors les difficultés. Les mutins n'avaient donc rien gagné à ces transformations, qui furent le signal même de rigueurs excessives.

Les Bouffons poursuivaient le cours de leurs représentations, applaudis pour leur musique, hués pour leurs poëmes. Afin de donner satisfaction à l'ancien goût français, *Castor et Pollux*, on l'a dit déjà, avait été repris, et cela avec un concours prodigieux. A la douzième représentation, la salle était aussi remplie que le premier jour. Trois cents spectateurs étouffaient dans les corridors ; et, à la porte, on avait refusé du monde. C'était, avouons-le, bien plus une manifestation de l'amour-propre national qu'un enthousiasme véritable à l'égard d'une musique que la musique de Gluck avait rendue surannée. « Le contraste de la fureur pour aller à ce spectacle, lisons-nous dans les mêmes publications sous le manteau, avec le froid et l'ennui qui règnent dans l'assemblée est étonnant, et il faut voir par ses yeux cette merveille[2]. »

---

[1] Archives nationales. Ancien régime. Opéra 01 — 626. Réponse au mémoire de M. Devismes.

[2] *Mémoires secrets*. Londres, John Adamson, t. XII, p. 168, 169 ; 22 novembre 1778.

Vienne était le cabinet de travail de Gluck, mais Paris était l'unique champ de bataille qu'il ambitionnât désormais. Sa patrie artistique était si bien la France que, malgré son âge, des habitudes invétérées, une installation somptueuse et bien définitive en apparence, malgré les prétendus dégoûts qu'il avait essuyés, il ne demandait qu'un prétexte pour fausser compagnie à la cour impériale dont il était le pensionnaire et l'obligé. Ces vues secrètes nous sont révélées dans une curieuse lettre à Guillard, l'auteur du poëme d'*Iphigénie en Tauride*.

Je ne vous réponds pas, lui mande-t-il, sur l'affaire de mon établissement à Paris. J'attendrai cette première lettre, avec les propositions qui me sont faites, pour vous dire mon opinion ; en attendant, faites en sorte que la reine me demande *seulement pour un temps indéterminé*, pour quelques années afin de me débarrasser d'ici avec bienséance : mais que la reine fasse cela d'abord sans perdre de temps, parce que je ne veux plus voyager en hiver. Je partirai au commencement de septembre. Mais il faut que je le sache un couple de mois d'avance, pour vendre mes meubles et arranger mes affaires [1].

Cette lettre était du 17 juin; le 15 juillet, Gluck écrivait à l'abbé Arnaud une épître pleine d'intérêt où il recommandait à ce condottiere officieux de déblayer le terrain, de préparer les voies, de bien recruter des amis et de maintenir les enthousiastes dans leur passion pour une cause qui était celle de l'art. A cette date encore, il en était au même point avec la cour impériale, et cette incertitude ne laissait pas de le tracasser.

---

[1] Lettre de Gluck à M. Guillard « rue Guénégaud, la deuxième porte-cochère à gauche, en entrant par le quai, n° 13, maison de M. Prévost. » Vienne, le 17 juin 1778. *Journal des Débats.* Lundi 23 janvier 1869 ; reproduite par M. Jules Janin.

Vous avez bien raison, monsieur, je ne pourrai finir mes deux
opéras à Vienne; il faut que je me rapproche aux poëtes, car nous ne
nous comprenons pas bien de loing. Je compte de partir d'icy au
mois de settembre, si M. de Vismes me peut procurer de l'impératrice la permission de me rendre à Paris. Sauf d'elle, je ne pourrois pas partir, M. le Bailly [1] vous dira les raisons ; aussi j'aurai
probablement de rechef besoin de votre redoutable bras pour atterrer
mes ennemis cet hiver prochain ; sans vous je n'ai pas le courage
de hazarder encore une bataille. En attendant, rassemblez vos
troupes, cajolez bien nos alliés, surtout madame de Vaisnes, à qui
je vous supplie de présenter mes hommages, ainsi qu'à toute sa
illustre société. Conserve-t-elle encore cette belle tête circassienne ?
Je me la présente souvent à mon imagination, quand en travaillant
je ne me sent pas assez échauffé. Elle doit contribuer beaucoup au
succès de mes opéras[2].

L'opéra de Bologne a été très-courru. Le duc et la duchesse de
Parme, l'archiduc et l'archiduchesse de Milan y sont allés à le voir.
Généralement les Italiens l'ont appelé le grand opéra de Bologne.
Un de mes amis, qui l'a vu représenter à Vienne, m'écrit que la
de Amici qui faisoit le rôle d'Alceste étoit aux nues[3], que celui qui
faisoit le rôle d'Admète étoit déjà trop vieux ; que les ballets étoient
tous à contre sens ; ils ont dansé jusque dans le chœur : *Pleure, ô
patrie, ô Thessalie!* et imaginez-vous après cela le reste. L'ami

---

[1] Le Bailli du Roullet.

[2] « Pour madame de Vaisnes, écrit Diderot à mademoiselle Voland,
en octobre 1769, c'est une des femmes ou plutôt des enfans les plus ai-
mables qu'il soit possible de voir ; de la raison, de la vivacité, de la
gaieté, de la naïveté avec un peu de réflexion, une figure assez agréable,
tout plein de talens... » *Mémoires, Correspondances et ouvrages inédits.*
Garnier, 1841, t. II, p 172. Il y avait alors un an qu'elle était mariée ;
elle était fille de M. Salverte, administrateur des domaines.

[3] Née à Naples vers 1740, Anne Deamicis, après s'être fait connaître
dans le genre bouffe, se révéla d'une façon brillante, en 1762, à Londres, dans un opéra sérieux écrit pour elle par Chrétien Bach Ce fut
la première cantatrice, nous dit Burney, qui exécuta des gammes as-
cendantes *staccato*, et, dans un mouvement rapide, montant sans effort jusqu'au contre-*mi* aigu. On s'étonne un peu de trouver la Deamicis jouant sur le théâtre de Bologne ; dès 1771, s'étant mariée
à un secrétaire du roi de Naples, elle avait renoncé à paraître sur la
scène, et ne chantait plus que dans les concerts de la cour. Fétis,
Biographie universelle des musiciens (2ᵉ éd. Paris, Didot, 1861), t. II,
p. 446.

m'écrit après un proverbe italien, où il fait comparaison de l'opéra d'Alceste avec le monde, en disant : *il mondo va da se, e non casca, perchè non hà dove cascare.* Je vous ajouterai que l'autre jour, étant chez le prince de Kaunitz, l'envoyé de Naples m'a prié de lui faire venir tous les opéras que j'ai fait en France ; on les lui demande à Naples, où ils veulent avoir tout ce que j'ai fait. Voilà une anecdote qui ne plaira pas trop à monsieur l'ambassadeur [1] que le bon Dieu bénisse. Ma femme vous fait mille compliments, et moi je reste toujours avec la plus grande admiration pour votre génie... etc. [2].

Gluck n'était pas homme à accepter sans débat un livret d'opéra. Il fallait que l'ensemble du poëme lui convînt et aussi les détails. Dans ces conditions, comme il le mande à l'abbé Arnaud, il ne pouvait achever à Vienne sa partition, loin de l'auteur des paroles. Sa lettre à Guillard, dont nous avons déjà cité un passage relatif à ses vues d'établissement définitif parmi nous, est curieuse au plus haut point par les explications qu'il donne à celui-ci sur les modifications, les remaniements ou les suppressions dont il a décidé. Là, Gluck n'écrit pas pour la galerie, comme quelquefois, il discute avec une logique, un bon sens, auxquels il faut bien se rendre : Guillard n'aura qu'à biffer ce qu'il aura condamné.

... Voulez-vous que je réponde aux points essentiels ? Je suis tout prêt. D'abord, je vous dirai que les changemens que vous avez faits à votre quatrième acte seront en pure perte, parce que j'ai déjà achevé le duo entre Oreste et Pylade, et l'air qui finit l'acte : *Divinité des grandes âmes!* et je n'y veux rien changer. Dans ce que vous appelez le *cinquième acte,* il faudra retrancher la troisième strophe de l'hymne ou en faire une plus intéressante ; on ne com-

---

[1] Le marquis Caroccioli.
[2] Charavay, *L'Amateur d'autographes.* 16 janvier 1864, 5ᵉ année, n° 50, p. 24, 25, Lettre de Gluck à l'abbé Arnaud ; Vienne, 15 juillet 1778.

prendroit pas les mots : *le spectre fier et sauvage*, qui d'ailleurs ne
prêteroient guère au pathétique de la situation. Il faut aussi nécessairement que vos vers soient de la même coupure, quatre à quatre ;
enfin j'ai arrangé moi-même la deuxième strophe de la façon que
voici :

> Dans les cieux et sur la terre
> Tout est soumis à ta loi ;
> Tout ce que l'Érèbe enserre
> A ton nom pâlit d'effroi !

Si donc vous voulez écrire une troisième strophe, il faut qu'elle
marche comme la seconde, et ne pas oublier, chose essentielle,
que l'on fait en chantant la cérémonie et que le même air doit
servir à la cérémonie. Je voudrois aussi que Thoas, mon grand
prêtre, arrivât furieux, à la quatrième scène, en chantant un air
d'invectives, et que tous les vers soient faits sans récitatif, pour
être chantés jusqu'à la catastrophe. Le dénouement y gagneroit une
émotion, une chaleur incontestables, qui se répandroient sur tous
les acteurs et sur tous les chœurs avec un mouvement d'un effet
irrésistible. Ainsi, pour peu que mon idée ait votre approbation,
hâtez-vous de m'envoyer vos paroles, sinon je me tiendrai aux paroles qui sont déjà faites.

Venons maintenant au grand air qui finit l'acte pendant les sacrifices funèbres. Je voudrois ici un air dans lequel les paroles ex-
pliqueroient la musique en même temps que la situation. Donc il
faudroit que le sens se reposât toujours à la fin du vers et ne fût
pas renvoyé soit au commencement soit à la fin du vers suivant.
Ceci est une condition essentielle pour les vers ; le récitatif s'en
passe assez volontiers, et d'autant mieux que cette coupure est un
sûr moyen de distinguer l'air chanté du récitatif et de venir en
aide à la mélodie.

En même temps, pour les paroles que je vous demande, il me
faut un vers de dix syllabes, en ayant soin de mettre une syllabe
longue et sonore aux endroits que je vous indique ; enfin que votre
dernier vers soit sombre et solennel, si vous voulez être conséquent
avec ma musique.

Après ces quatre vers ou ces huit vers, si vous voulez, pourvu
qu'ils obéissent au même mètre, viendra le chœur : *Contemplez
ces tristes apprêts !* et ce chœur me semble très-propre pour la
situation. Je voudrois aussi que l'air dont il s'agit ait à peu près le
même sens. Après le chœur on reprendra l'air *da capo*, ou bien on

chantera les quatre vers seulement que vous aurez faits. Je m'explique un peu confusément, car ma tête est échauffée de la musique; si vous ne m'entendez pas, nous laisserons la chose jusqu'à mon arrivée, et alors ce sera bientôt fait; tout le reste, je crois, restera tel qu'il est, en retranchant dans les récitatifs, par-ci par-là, aux endroits où ils semblent dire la même chose ou être trop longs; cela ne gâtera pas l'ouvrage, qui doit, selon moi, faire un effet surprenant...

Non-seulement Gluck épluche, rogne, demande des corrections en juge compétent, mais, en l'absence du poëte, il sait se servir lui-même. Telle strophe ne lui convient pas, il la refait à sa façon, et elle n'en sera pas plus mauvaise. Les quatre vers cités plus haut ne sont qu'une refonte qui témoigne chez Gluck d'une notable appropriation de notre langue. Mais il sera poëte au besoin. Après une répétition d'*Armide*, il s'était rendu au bureau de copie pour indiquer quelques erreurs. Il y rencontre M. Lefebvre, qui en était chef, et avec lequel il était sur un certain pied de familiarité et d'amitié. Il lui demande si *Armide* est de son goût, s'il y trouve quelque endroit qui lui aille moins, enfin son sentiment sur l'ouvrage. Lefebvre répond que, pour ce qui est de la musique, il n'y a qu'à louer. Mais quelque chose le chagrine. C'est cette pauvre Armide, si inhumainement traitée par la Haine et qu'on accable d'imprécations et d'épouvantables menaces; il ne voudrait pas voir achever l'acte sans que la pauvre femme à terre ne se relevât par un appel à une divinité propice. D'autres eussent souri; le chevalier, très-attentif à la moindre indication, se dit que ce souhait du chef du bureau de copie pourrait bien être celui du public, et n'ajourna pas au lendemain à lui donner satisfaction. Mais Quinault n'était plus là, et eût-il eu la complaisance de repasser l'avare Achéron, que l'intraitable Baptiste l'eût à coup sûr retenu par la manche; il se mit tout aussitôt à rimer les quatre vers suivants, qui devaient clore son troisième acte :

> O ciel! quelle terrible menace!
> Je frémis, tout mon sang se glace!
> Amour, puissant Amour, dissipe mon effroi,
> Et prends pitié d'un cœur qui s'abandonne à toi[1]!

Gluck arrivait avec la partition achevée d'*Iphigénie en Tauride*[2]. Avant d'accepter le poëme, il avait hésité, il l'avait même refusé net[3]. Ce fut alors que Grétry,

---

[1] « Je tiens ce fait de M. F.-C. Lefebvre, fils du précédent; c'est un souvenir de famille que MM. Leborne et Battu gardent avec soin. » Castil-Blaze, *l'Académie impériale de musique*. Paris, 1855, t. I, p. 363, 364.

[2] Les *Mémoires secrets* (t. XII, p. 168) fixent son retour au 19 novembre. Le *Journal de Paris* du 28 novembre, p. 1299, le place au 27, comme cela résulte de ces lignes : « Le chevalier Gluck est arrivé hier en cette ville. Il apporte avec lui deux opéras, dont l'un est la tragédie d'*Iphigénie en Tauride;* il loge hôtel de Valois, rue de Richelieu. » Cet opéra, qu'on ne nomme pas, est sans doute une *Sémiramis* écrite par Calzabigi, dont Gluck s'était d'abord engoué et dont il se dégoûta, sans qu'on sache trop pourquoi.

[3] On lit cette note dans un ouvrage où l'on ne s'aviserait guère de l'aller chercher : « Ce fut en 1779 que Guillard fit représenter son premier opéra. Il venait d'assister à l'*Iphigénie en Aulide* de Du Rollet; cette pièce avait si vivement excité son imagination, qu'en sortant du spectacle il conçut à l'instant le plan de son *Iphigénie en Tauride*. A peine, raconte-t-on, avait-il mis en vers les deux premiers actes, qu'il ne put résister à l'envie de consulter celui dont l'ouvrage avait causé son enthousiasme. Il se présente avec timidité chez ce bon vieillard, qui l'accueille d'une manière encourageante et lui promet de lire son manuscrit. Quelques jours après, l'auteur retourne en tremblant chez son juge, dont il redoute la sévérité : celui-ci garde un silence mystérieux, fait mettre les chevaux à sa voiture, et invite Guillard à l'accompagner. Où vont-ils, c'est un secret; mais quelle fut la surprise du jeune poëte en se voyant au bout de quelques minutes, dans l'appartement de Gluck. Celui-ci, non moins taciturne que Du Rollet, le dispense des politesses d'usage, se met, sans dire mot, à son clavecin, et fait tout à coup entendre à notre auteur l'admirable musique de son premier acte... Quels éloges auraient pu valoir l'éloquence de cette brusque ré-

moins dédaigneux, jeta des yeux de convoitise sur
l'ouvrage de Guillard qui, autorisé par le chevalier, ne
fit pas difficulté de le lui promettre. Le sujet l'avait
singulièrement séduit; et ce ne fut pas sans un cruel
mécompte, qu'il se le vit enlever tardivement par
la main même qui le lui avait cédé. Grétry, dans
une lettre au poëte demeurée inédite, nous peint avec
éloquence et sa désolation et son amertume pour un
procédé qui n'avait rien de bien différent de la trahison.

... M. Gluck de son côté nourrissoit mon espoir par un éloignement marqué pour le travail, et par son apparente résolution à ne
pas se charger de votre ouvrage en m'exposant souvent les causes
qui le déterminoient à cette renonciation ; la veille même de son
départ [1], je fus immédiatement après vous lui renouveler le témoignage de tout mon attachement et de mes sincères regrets de le
voir partir. Eh bien, monsieur, il eut la cruauté de ne point détruire mon erreur, et de me protester de nouveau qu'il ne se char-
geroit point de votre *Iphigénie*. M. Gluck pendant huit mois me
provoqua au sommeil, et durant ce tems je fus bercé d'un songe
flatteur, je ne m'attendois pas à mon réveil de me voir frustré d'un
bien qui sembloit m'appartenir et que je devois tenir de son honnêteté et de sa délicatesse [2].

---

ception! » Brissot, *Mémoires*, avec des notes par M. F. de Montrol.
Paris, Ladvocat, 1830, t. I, p. 213, 214. Il est fâcheux que ce petit
roman, qui ne ferait pas moins honneur à Gluck qu'à Guillard, concorde mal avec ce que nous savons d'ailleurs et ce qui ressort de la
correspondance du chevalier aussi bien que de la lettre de Grétry,
dont il va être question; tout cela pèche et par la vraisemblance et la
couleur. L'on nous présente Du Roullet comme un vieillard, presque un
patriarche : Du Roullet, à cette date, était un homme de cinquante-huit
ans, étant né en avril 1716. Quant à Guillard, il avait vingt-sept ans.
M. Met-Gaubert, dans ses *Hommes illustres de l'Orléanais*, t. I, p. 171,
et M. Desnues, dans la *Biographie générale* de Didot, reproduisent également ce petit récit.

[1] A la fin de février 1778.
[2] Laverdet, *Catalogue d'autographes* du 21 juin 1855, p. 56, 57,

L'on n'est pas méchant à plaisir, et Gluck dut être sincère avec Grétry, au moins à un certain moment. Devismes avait eu l'étrange idée, l'heureuse idée au point de vue de la caisse de l'Opéra (et pourquoi pas au point de vue de l'art?) de mettre en présence, sur un unique champ de bataille, deux compétiteurs en possession de l'admiration et de la faveur du public, et de préparer ainsi pour le spectateur une succession d'émotions des plus favorables à la prospérité de son théâtre. Il s'adressa d'abord, et longtemps à l'avance, au chevalier, à qui il proposa le poëme de Guillard. On voit, par la lettre de Grétry, que l'Orphée allemand ne goûta pas, dans l'origine, un projet qui plaçait sur un seul dé les conquêtes de toute une vie. En de pareils moments, la conscience ne rapetisse pas un rival; et Gluck, au début de cette guerre musicale, convient lui-même qu'en apprenant l'arrivée du Napolitain avec un *Roland*, il avait anéanti ce qu'il avait fait du sien. Pourquoi n'eût-il pas hésité, cette fois encore? Le seul ouvrage donné par Piccinni à Paris avait obtenu un succès égal aux siens : c'était un adversaire digne en tous points de se mesurer avec lui. Il ne se décidait pas; il avait dit même à Guillard qu'il renonçait à son livret ; et, peut-être pour n'avoir plus à y songer, il avait engagé fortement Grétry à s'en emparer. Mais Devismes ne l'entendait pas ainsi ; ses plans étaient renversés si l'ouvrage passait dans d'autres mains, et il dut mettre en jeu tous les ressorts pour vaincre les hésitations du chevalier, qui finit par céder et accepta le combat. Si la conjecture se mêle ici aux circonstances

---

n° 321. Lettre de Grétry à M. Guillard. Paris, 1777. (C'est assurément 1778 qu'il faut lire.)

avérées, on nous accordera que rien ne saurait être
plus vraisemblable que cette interprétation charitable
de la conduite du compositeur allemand, qui, ostensi-
blement, n'en demeura pas moins coupable envers
Grétry, que cette explication n'eût pas indemnisé, si
elle avait pu lui être donnée[1].

Mais, fort probablement, Devismes exigea de l'auteur d'*Alceste* le mystère le plus absolu, comme il allait l'imposer à Piccinni. Il ne s'ouvrit de ses projets
à ce dernier qu'après le départ de Gluck; il le fit prier
de passer à son cabinet, l'accueillit avec toutes les caresses, toutes les marques de sympathie et de bienveillance pour sa personne, et d'admiration pour son talent. Il avait une offre magnifique à lui faire, offre qui
lui démontrerait surabondamment son bon vouloir et
le peu de part qu'il avait pris à la guerre déloyale qui
lui avait été livrée.

Tenez, poursuivit-il, voilà un excellent poëme que je vous propose de mettre en musique, c'est *Iphigénie en Tauride*. M. Gluck en
fait une autre, et c'est pour le coup que le public impartial pourra
décider entre vous. On verra, comme en Italie, deux maîtres composer le même ouvrage: c'est un usage que je veux introduire en
France. — Mais, monsieur, il faudrait pour cela que ce fût le même
poëme. — Ce n'est pas tout à fait le même poëme; mais c'est le
même sujet, le même plan, et vous pouvez vous en rapporter à
moi du choix que j'ai fait pour vous. — Vous n'ignorez pas, monsieur, les préventions, et même les haines qui existent contre moi,
sans que j'y aie donné lieu. Si *Iphigénie en Tauride* de M. Gluck
était entendue la première, on ne voudrait plus entendre la mienne.

---

[1] Nous ne connaissons de la lettre de Grétry que ce que nous en
avons cité. Il y a une phrase dans le fragment qu'on a pu lire qui
nous fait regretter de n'avoir pas eu à notre disposition la totalité de
sa lettre « ... en m'exposant, dit-il, souvent les causes qui le déterminoient à cette renonciation. » Quelles étaient ces causes confiées à
Grétry?

— Je vous donne ma parole que votre ouvrage sera mis au théâtre avant le sien. Donnez-moi la vôtre à votre tour que vous ne parlerez de ceci à personne, pas même à vos plus intimes amis; vous y êtes intéressé vous-même; pour que ce concours tout nouveau produise l'effet que j'en attends, il ne faut pas que qui ce soit en ait le moindre soupçon. Travaillez en toute sûreté. Je me suis assuré par moi-même, et par l'examen des gens de lettres du meilleur goût, que ce poëme est un très-bel ouvrage. Commencez à y travailler tout de suite; comptez sur la parole que je vous donne de le faire représenter avant celui de M. Gluck : j'attends la vôtre sur le secret que j'exige [1].

Fort de cette assurance, Piccinni emporta le manuscrit et se mit à l'ouvrage avec cette ardeur que secondait si bien sa prodigieuse facilité. Il avait déjà deux actes terminés, lorsque circula le bruit du retour de Gluck et de la prochaine représentation de son *Iphigénie en Tauride*. Le pressentiment vague de quelque trahison lui traverse l'esprit ; il se transporte chez l'entrepreneur de l'Opéra. Là, il apprend que ces rumeurs n'étaient que trop fondées et qu'en effet la partition du chevalier allait être mise à l'étude et serait jouée avant la sienne. Devismes lui dit « qu'on lui forçait la main ; qu'il avait des ordres de la reine. » Piccinni rappela à celui-ci sa promesse : ce n'était pas lui qui avait sollicité ce travail, on ne pouvait avoir oublié à quelles conditions il l'avait accepté ; il avait eu pleine confiance en la parole d'un honnête homme, qui était autant et plus que lui intéressé à faire observer un engagement aussi formel, aussi sacré. Mais Devismes avait à objecter la force majeure et une volonté royale contre laquelle son bon vouloir était impuissant. Piccinni vit bien qu'arguments et prières n'aboutiraient à rien ; il se retira, la

[1] Ginguené, *Notice sur la vie et les ouvrages de Nicolas Piccinni.* Paris, an IX, p. 47, 48, 49.

mort dans l'âme. Il avait gardé religieusement le secret qu'on avait exigé de lui, il était désormais dégagé de toute obligation. Il avoue sa situation et ses angoisses à Ginguené, celui de ses admirateurs qui, avec Marmontel, était entré le plus avant dans sa confiance, lui montre le manuscrit que lui avait remis Devismes et le prie de le parcourir. Jamais, assure celui-ci, de mémoire d'homme, rapsodie pareille et plus informe embryon ne s'étaient vus. Pourtant deux actes étaient faits; l'infortuné devrait-il se résoudre à perdre ce travail? Ne pourrait-on point corriger, émonder, retoucher? Hélas! il eût fallu tout refondre. Ému de sa douleur, Ginguené consent enfin, quoique avec répugnance, à se charger de cette tâche ingrate. Mais c'eût été, comme il l'avait dit, un poëme complet à récrire, et cela demandait plus d'un jour.

Cependant les répétitions d'*Iphigénie en Tauride* se faisaient avec un zèle jusque-là sans exemple. L'habitude était qu'un tiers de l'orchestre eût congé à tour de rôle; aucun des exécutants ne voulut user du privilége et ne manqua une séance. Gluck se montra, comme toujours, passionné, fougueux, s'agitant, s'emportant, vociférant, donnant le spectacle à tout son monde. L'on demandait, au sortir de l'une de ces rudes auditions, à un Piccinniste ce qu'il pensait de cette merveilleuse musique. « Admirable! répondit-il, je n'y trouve qu'un petit défaut. C'est que toutes les fois que Gluck crie *pianissimo!* en frappant vigoureusement le plancher de sa canne, il devrait dire à l'orchestre *tapagissimo*[1] *!* » Cette fois encore, l'indisposition d'un artiste

[1] *Mémoires secrets.* Londres, John Adamson, t. XIV, p. 52; 15 mai 1779.

allait, comme pour *Iphigénie en Aulide*, forcément retarder de quelques jours la représentation du nouvel opéra. Mademoiselle Rosalie gardait le lit et était dans l'impossibilité de jouer. Devismes parla de lui substituer une de ses camarades. On devine comment la proposition fut reçue de Gluck : il fallut envoyer un courrier à la reine, qui devait honorer le spectacle de sa présence[1].

Ce contre-temps, s'il fallait en croire une légende assez accréditée, eût déjoué du même coup un petit complot qui, fort heureusement pour son auteur, eut à peine un commencement d'exécution. A la sortie de cette répétition, un inspecteur, faisant sa ronde, aperçut, blotti au fond d'une loge, un jeune homme qui ne semblait nullement disposé à s'en aller. Cela éveilla ses soupçons, et l'inconnu assez décontenancé fut amené devant Pierre Gardel, qui lui fit subir un interrogatoire sommaire : celui-ci avoua avec ingénuité qu'il était musicien et qu'il avait résolu de passer la nuit et le jour suivant dans la salle, n'ayant que ce moyen d'assister à la solennité du lendemain. L'Anglais Arne, le gousset aussi peu garni, avait bien imaginé de s'affubler d'une livrée, qui lui ouvrait l'accès des galeries supérieures d'Hay-Market réservées aux domestiques. Gardel, vivement ému, s'empressa de remettre au jeune homme un billet d'entrée pour la première représentation. D'autres disent que ce fut Gluck qui le lui donna : le chevalier était encore dans le théâtre et fut vite instruit de ce qui se passait. Il le questionna à son tour et put s'assurer sans grands efforts de son intelligence et de son sa-

----

[1] *Mémoires secrets.* Londres, John Adamson, t. XIV, p. 49 ; 12 mai 1779.

voir. Il lui fit le meilleur accueil, l'engagea à le venir
voir et lui promit sa protection. Ce musicien fanatique
n'était autre que le futur auteur de *Cora*, reçue et représentée à l'Académie royale de musique, grâce à
l'influence de ce tout-puissant patron. Nous avons
nommé Méhul[1]. M. Vieillard, son ami et son biographe, n'ajoute aucune foi à l'anecdote[2]; disons qu'il
semble ignorer comment se noua une intimité si honorable pour le maître français. Mais Méhul s'est
chargé de nous l'apprendre; et son récit est de
nature à ne laisser aucun regret à cette classe très-
nombreuse d'esprits romanesques qui ne s'accommode
du vrai que lorsqu'il a cessé d'être vraisemblable.

J'arrivai à Paris, raconte-t-il, en 1779, ne possédant rien que mes
seize ans, ma vielle et l'espérance. J'avais une lettre de recommandation pour Gluck, c'était mon trésor : voir Gluck, l'entendre, lui
parler, tel était mon unique désir en entrant dans la capitale, et
cette idée me faisait tressaillir de joie.

En sonnant à sa porte[3], je respirais à peine. Sa femme m'ouvrit,
et me dit que M. Gluck était au travail, et qu'elle ne pouvait le déranger. Mon désappointement donna sans doute à mes traits un air
chagrin qui toucha la bonne dame : elle s'informa du sujet de ma
visite. La lettre dont j'étais porteur venait d'un ami. Je me rassu-
rai, parlai avec feu de mon admiration pour les ouvrages de son
mari, du bonheur que j'aurais eu en apercevant seulement le grand
homme; et madame Gluck s'attendrit tout à fait. En souriant, elle
me proposa de voir travailler son mari, mais sans lui parler, sans
faire aucun bruit.

Alors elle me conduisit à la porte du cabinet d'où s'échappaient
les sons d'un clavecin sur lequel Gluck tapait de toutes ses forces.

---

[1] Castil-Blaze, *l'Académie impériale de musique.* Paris, 1855, t. I,
p. 400, 401.

[2] Vieillard, *Méhul, sa vie et ses œuvres.* Paris, 1859, p. 6.

[3] Gluck demeurait alors rue de Richelieu, à l'hôtel de Valois (en face
la Bibliothèque).

Le cabinet s'ouvrit donc, et se referma sans que l'illustre artiste se doutât qu'un profane approchait du sanctuaire : et me voilà derrière un paravent, heureusement percé par-ci par-là, pour que mon œil pût se régaler du moindre mouvement, de la plus petite grimace de mon Orphée.

Sa tête était couverte d'un bonnet de velours noir, à la mode allemande ; il était en pantoufles, ses bas étaient négligemment tirés par un caleçon, et pour tout autre vêtement il avait une sorte de camisole d'indienne à grands ramages qui descendait à peine à la ceinture.

Sous ces accoutremens je le trouvai superbe. Toute la pompe de la toilette de Louis XIV ne m'aurait pas émerveillé comme le négligé de Gluck.

Tout à coup, je le vois bondir de son siége, saisir des chaises, des fauteuils, les ranger autour de la chambre en guise de coulisses, retourner à son clavecin pour prendre le ton, et voilà mon homme tenant de chaque main un coin de sa camisole, fredonnant un air de ballet, faisant la révérence comme une jeune danseuse, des glissades autour de sa chaise, des tricotets et des entrechats, et figurant enfin les poses, les passes et toutes les allures mignardes d'une nymphe de l'Opéra.

Ensuite, il lui prit sans doute envie de faire manœuvrer le corps de ballet, car l'espace lui manquant, il voulut agrandir son théâtre, et à cet effet, il donna un grand coup de poing à la première feuille du paravent, qui se déplia brusquement, et je fus découvert.

Après une explication et d'autres visites, Gluck m'honora de sa protection et de son amitié [1].

A l'époque dont parle Méhul, Gluck avait fait représenter *Iphigénie en Aulide*, *Orphée*, *Alceste* et *Armide ;* et cet air de ballet était apparemment celui qui suit le chœur des Scythes, au premier acte : *Il nous fallait du sang pour expier nos crimes*, de l'*Iphigénie en Tauride*, ballet étrange, sauvage, plein d'épouvante, qui

---

[1] *Le Ménestrel*, 3ᵉ année, nº 26. Dimanche 29 mai 1836. Il est à regretter que *le Ménestrel* ne soit entré dans aucun détail sur la provenance d'une pièce dont il n'était pas inutile d'affirmer l'authenticité.

expliquerait bien la surexcitation du maëstro en le composant.

La célébrité a ses inconvénients, elle expose à plus d'une obsession, et Gluck ne put échapper à des importunités que lui valaient et son renom et ses succès. L'un n'avait pu résister au besoin de lui exprimer toute l'admiration qu'il lui inspirait; l'autre, se sentant tourmenté du démon de la gloire, venait implorer et ses conseils et son appui; un troisième offrait un poëme qui ne pouvait manquer d'aller aux nues, s'il consentait à le vivifier de sa musique grandiose. Un jour (précisément dans ce même temps), un jeune homme heurtait à sa porte. Son air triste, ravagé, frappe le maître. Hélas! c'était un amoureux désespéré, qui avait perdu une maîtresse adorée, une fiancée qu'il était à la veille d'épouser; et la conformité de son désastre avec le malheur de l'amant d'Eurydice lui avait dicté un *Orphée* qu'il apportait à Gluck. Il était musicien, il avait même essayé d'écrire quelques airs; il les chanta avec beaucoup de charme et d'émotion. Sa voix était mélodieuse, d'une sensibilité exquise et qui allait à l'âme. « Mon ami, lui dit Gluck en se jetant à son cou, vouez-vous au théâtre, vous serez un des plus grands acteurs qui aient jamais existé... Si vous suivez mon conseil, j'abandonne tous mes travaux pour votre *Orphée*, et c'est dans cet ouvrage même que vous débuterez. » Mais le jeune homme (il s'appelait Viguerard), quelque séduit qu'il pût être par ces offres et ces promesses, se refusa à ce qu'on demandait de lui, pour ne pas désoler sa famille. Le chevalier avait cédé à un moment d'entraînement dont il faut lui savoir gré et qui l'honore; mais il eût sans doute été fort embarrassé de tenir un pareil engagement. Si Piccinni et les maîtres italiens se faisaient un jeu de mettre en musique deux ou trois fois le même poëme, le génie de Gluck ne se fût pas prêté à de tels tours de force. Il ne pouvait donc songer sérieusement à écrire un second *Orphée*; et malgré l'intérêt que lui inspirait son jeune ami, malgré les retouches de celui-ci pour rendre son poëme moins indigne du maître, le compositeur allemand ne donna pas suite à une idée irréalisable. Mais cela prouve au moins, et c'est ce qui nous fait rapporter cette touchante aventure, que cet homme dur, personnel, abrupt, n'était ni sans commisération ni sans entrailles, et qu'il se montrait serviable quand on savait l'attendrir[1].

L'apparition d'*Iphigénie en Tauride* n'eut lieu que le 18 mai. Le drame commence, sans ouverture, par la tempête qui brise le vaisseau d'Oreste. Toute cette scène est du plus grand effet. Les premières notes contrastent heureusement avec le fracas soudain de l'orage indiqué par un coup de timbale auquel tout l'orchestre ne tarde pas à répondre. Iphigénie et les prêtresses, épouvantées de ce déchaînement des éléments, cherchent à apaiser les dieux par leurs prières. Mais les mugissements des vents et des flots augmentent à chaque instant et sont peints avec une vérité saisissante par une orchestration déjà puissante, et qui parut formidable. Toutefois, la tourmente, vaincue par sa violence même, diminue d'intensité; bientôt elle ne se manifeste plus que par soubresauts comme une poitrine agitée par les sanglots. Tout ce premier acte est

---

[1] Grimm, *Correspondance littéraire*. Paris, Furne, t. **X**, p. 173 à 175.

splendide, les trois chœurs, l'air d'Iphigénie : *O toi, qui prolongeas mes jours* ! l'air de Thoas : *De noirs pressentiments*, le ballet, la scène et le chœur qui le terminent, sont de toute beauté. Au second, il faut citer l'air si touchant de Pylade : *Unis dès la plus tendre enfance*, qui suit la séparation déchirante des deux amis. Oreste, demeuré seul, tombe sur un banc et chante le fameux *andante* si terrible de situation : *Le calme rentre dans mon cœur*. Ces mots sont accompagnés par des altos-violes et des violons dont le tapage confus, désordonné semble être un contre-sens avec les paroles. Un musicien ordinaire eût, en effet, imposé à son accompagnement un dessous pittoresque indiquant le calme et l'apaisement. « Pourquoi ce murmure des basses, ce glapissement des violons, demanda quelqu'un, quand Oreste dit que le calme renait en lui? — Il ment, s'écria Gluck, il prend pour calme l'affaissement de ses organes; mais la Furie est toujours là, continua le musicien en frappant sa poitrine, il a tué sa mère [1] » C'est là l'espèce de beautés dues à la logique aussi bien qu'à l'observation profonde de la nature, cornéliennes par l'élévation et l'ampleur [2], qui abonde dans toute l'œuvre du maître jusqu'à l'excès.

---

[1] *Journal de Paris*, n° 234, p. 1011. Jeudi 21 août 1788.

[2] On a conservé un mot de Corneille dans ce goût, sur la manière de rendre un vers du *Cid* : « Sire, sire, justice ! » Il semblerait que Chimène, en accomplissant ce devoir rigoureux qui la forçait à demander la tête de son amant, dût laisser entrevoir combien son cœur gémissait au fond de cette terrible tâche. Cependant, Corneille défendit à l'actrice qui jouait Chimène de mettre cette nuance dans son rôle ; parce que, disait-il, elle vient de voir le corps de son père, dont *le sang fume encore*, et qu'après un tel spectacle et dans un tel moment rien ne peut en elle rappeler le souvenir de son amour ; elle doit être tout entière à la nature.

Cet opéra était d'un genre tout nouveau ; le mot d'a-
mour n'y était même pas prononcé. Un seul ballet, et
encore est-il inhérent à l'action. Les farouches habitants de la Tauride se réjouissent de leur capture, ils
se disposent à immoler Oreste et Pylade ; ces jeux, ces
cris, ces danses sont comme les préludes du barbare
sacrifice. Des cymbales, un triangle et des tambours de
basque mêlés au bruit de l'orchestre produisent un
effet saisissant ; on se croit bien réellement transporté
au sein d'une peuplade d'anthropophages. Était-ce bien
de la musique que ces tonnerres, ces éclats formidables ?
Les gens qui, avant de se livrer, veulent classer leurs
sentiments et être bien sûrs de ne pas applaudir à des
monstres, devaient être légèrement perplexes. Quant à
ceux qui n'en demandent pas tant à quiconque les
émeut, ils pouvaient, comme Grimm, répondre à ces
esprits timorés et vétilleux : « Je ne sais si c'est là du
chant, mais peut-être est-ce beaucoup mieux. Quand
j'entends *Iphigénie*, j'oublie que je suis à l'Opéra ; je
crois entendre une tragédie grecque dont Lekain et mademoiselle Clairon auraient fait la musique[1]. »

L'exécution fut à la hauteur de l'œuvre. Mademoiselle Rosalie, dont on avait été médiocrement satisfait
dans *Armide*, prit sa revanche et joua merveilleusement.
Larrivée, qui faisait Oreste, ne fut que trop beau et
poussa le pathétique jusqu'à l'horreur dans la scène
effrayante des Euménides. Le Gros dans le rôle de
Pylade et Moreau dans celui de Thoas, excitèrent les
plus vifs applaudissements. Pour la première fois, Gluck
fut compris tout d'abord, et l'enthousiasme n'eut pas à

---

[1] Grimm, *Correspondance littéraire*. Paris, Furne, t. X, p. 188 ;
mai 1779.

remettre ses manifestations au lendemain. « Il n'y a qu'un beau morceau, disait un fanatique, c'est l'opéra entier. » L'abbé Arnaud était hors de lui. En sortant de la première représentation, il s'était écrié que la douleur antique était retrouvée par Gluck. « J'aime mieux le plaisir moderne, » avait reparti l'ambassadeur de Naples[1].

La reine, qui avait assisté à cette grande journée, honora plusieurs fois de sa présence et de ses applaudissements la musique de son compatriote. Gluck reconnaissant lui dédiait *Iphigénie en Tauride*.

En daignant agréer l'hommage que j'ose vous offrir, lui disait-il, Votre Majesté comble tous mes vœux. Il importait à mon bonheur de publier que les opéras que j'ai faits pour contribuer aux plaisirs d'une nation dont Votre Majesté fait l'ornement et les délices, ont mérité l'attention et obtenu les suffrages d'une princesse sensible, éclairée, qui aime, qui protége tous les arts; qui, en applaudissant à tous les genres, n'a garde de les confondre, et qui sait accorder à chacun d'eux le degré d'estime qu'ils méritent.

Le succès de l'*Iphigénie en Tauride*, l'injustice qui lui avait donné le pas, malgré les conventions, sur celle de l'auteur de *Roland*, avaient exaspéré les partisans de ce dernier. Si Piccinni se contentait de pousser des soupirs et de se désoler, tout le monde n'avait pas sa longanimité. Une volumineuse brochure, ayant pour titre : *Entretiens sur l'état actuel de l'Opéra de Paris*, vint mettre le feu aux poudres et ranimer par ses violences une guerre qui n'avait pas besoin de stimulants. On crut, un instant, ce pamphlet de Ginguené[2];

La Harpe, *Correspondance littéraire*. Paris, Migneret, t. II, p. 374.
Correspondance secrète. Londres, John Adamson, 1787, t. VIII,
] 184; 24 juillet 1779.

c'était l'œuvre d'un jeune architecte qui, sans bâtir de
villes au son de la lyre, comme Amphion, aimait et
cultivait la musique avec passion. M. Coquéau (c'est
son nom) supposait un dialogue entre Oronte et Éraste;
Oronte, partisan du chevalier Gluck, Éraste plaidant la
cause de Piccinni. Soit que cet Oronte fût de peu de défense, soit que le seigneur Éraste, ce qu'il prétend, d'ailleurs, eût l'évidence, la logique, le bon droit et le bon
goût de son côté, ce dernier devait finir par convaincre
son adversaire et le convertir à la foi italienne. Du
reste, c'est là le procédé habituel de cette forme de polémique; et, avant M. Coquéau, l'on a vu l'abbé Arnaud,
dans *la Soirée perdue à l'Opéra*, faire dialoguer son
Gluckiste avec de braves gens qui pouvaient défendre
leur cause par de moins méchantes raisons. La partie
faible de la brochure était le style; elle était fort mal
écrite. En somme, elle n'était pas aussi méprisable
qu'on eût voulu le faire croire. Elle frappait juste parfois, si elle frappait fort, si elle dépassait le but, par
un emportement dont la vérité n'a jamais besoin. Le
Journal de Paris, qui ne pouvait laisser passer cela
sans y répondre, s'attaqua au talent de définir, aux
connaissances en prosodie, à la science de nomencla-
ture, aux grâces du style et au goût littéraire de l'auteur des *Entretiens*, qu'il traita un peu trop en polis-
son. Celui-ci chercha à répliquer dans *le Mercure*, où
il avait été reproduit par lambeaux; on ne voulut pas
insérer sa réponse[1]; de là une seconde brochure, *Suite
des Entretiens sur l'Opéra de Paris, ou Lettre à M. S****,
auteur de l'extrait de cet ouvrage dans le MERCURE. Cette

---

[1] La Harpe, *Correspondance littéraire*. Paris, Migneret, t. II, p. 399,
400.

fois, on parlait français. Coquéau, averti par les sar-
casmes que ses solécismes lui avaient attirés, avait eu
recours à un teinturier. « L'auteur a fait imprimer sa
réponse, dit La Harpe, a soigné son style qui seul avait
donné quelques avantages sur lui. Il discute avec clarté,
et raille avec finesse ; enfin il a raison de fort bonne
grâce, et c'est un des bons écrits de ce genre que nous
ayons. Les Gluckistes en sont plus mortifiés qu'ils ne le
disent, et jusqu'ici n'y ont pas répondu[1]. »

On y répondit, et sans trop d'embarras. Ce fut encore
l'anonyme de Vaugirard qui se chargea de ce soin.
Aussi bien était-ce à lui que la brochure était adressée.
Certes, Coquéau avait peu le maniement de la plume et
l'avait trop laissé voir dans son premier essai. Mais, en
somme, dans tout ouvrage de polémique, les raisons
sont bien quelque chose, en dépit du style ; et il avait
acquis le droit, même en mauvais langage, de hasarder
son opinion sur la matière autant, sinon plus, que les
trois quarts de ceux qui se le permirent. Studieux, aimant les arts, fou de musique, il avait, tout jeune, à
Dijon, sa ville natale, pris des leçons du fameux Balbâtre, alors maître de chapelle de la cathédrale. Il était
donc tout armé pour la lutte, quand il vint à Paris,
en 1778. Suard, qui passe pour compétent et devait en
tous cas prendre souvent le mot d'ordre de Gluck et de
l'abbé Arnaud, s'était-il jeté dans la mêlée avec plus de
titres ? C'était assurément un homme d'un goût fin, délicat, et qui n'était paresseux que pour produire. « Con-
noisseur dans tous les beaux-arts, nous dit sa femme,
il le fut surtout en musique, et il eût même été s'il eût

---

[1] La Harpe, *Correspondance littéraire*. Paris, Migneret, t. III,
p. 28, 29.

voulu quelque chose de plus[1]. » Mais encore ne son-
gea-t-il à devenir musicien que pour pouvoir glisser
son mot, lancer son trait, et sans doute aussi défendre
son goût. « Je connois un amateur, dit Coquéau, grand
Gluckiste, qui depuis la querelle commencée, et apparemment pour se mettre en état de défense, a pris à
quarante-huit ans des leçons de musique[2]. » Et le fait
se trouve confirmé ailleurs. « Suard, lisons-nous dans
des notes de Condorcet, ignorait complétement le premier élément de la musique ; et il prit à cette époque
Foignet (qui vit encore) pour la lui enseigner[3]. » A en
croire également une épigramme du temps, toute sa
science eût été le résultat de trois mois d'études, ce
qui eût été bien peu pour s'ériger en pédagogue :

> S*** un jour débitant au Caveau,
> Ce qu'en trois mois il apprit de musique,
> Prêchait sur Gluck et sur *le sens nouveau*
> Qu'avait créé l'Amphion germanique [4]...

Mais que Suard en sût un peu plus ou un peu moins, ce
n'est pas la question. Il avait mis son esprit, sa verve,
son humour au service du chevalier, qui était homme au

---

[1] *Essais de Mémoires sur M. Suard.* Paris. Didot, 1820, p. 104.

[2] *Suite des Entretiens sur l'état actuel de l'Opéra de Paris*, p. 30.
Réponse au second extrait de M. S*** (note).

[3] Condorcet. *Mémoires sur la Révolution française.* Paris, Ponthieu,
1824, t. I, p. 64. — Charles-Gabriel Foignet, père de François et Ga-
briel Foignet, musiciens comme lui, originaire de Lyon, venait d'arriver à Paris, où il donnait, nous dit Fétis, des leçons de ce qu'on appelait alors *la musique vocale*, c'est-à-dire de solfége, de clavecin et de
harpe. Il est auteur de petits opéras comiques d'une mince importance
et qui n'étaient pas faits pour lui survivre. Il est mort à Paris en
1823. *Biographie universelle des musiciens* (Paris, Didot), t. III,
p. 286, 287.

[4] Suard avait imprimé que Gluck *lui avait créé un sixième sens ;*
sur quoi l'on prétendit que ce n'était pas « *le sens commun.* » La
Harpe, *Correspondance littéraire.* Paris, Migneret, t. III, p. 61.

besoin à redresser ses hérésies et lui fournissait apparemment les meilleurs arguments de ses petites lettres.
Quant à Coquéau, s'il n'eût fait que de l'appréciation,
les Gluckistes pouvaient se consoler de ne le pas compter parmi les leurs. Mais une affirmation de lui allait
soulever l'indignation et les clameurs de tout le parti.
A l'en croire, l'air de bravoure qui clôt le premier acte
de l'*Orphée* français : *Amour, viens rendre à mon âme,*
n'était point de Gluck, qui l'avait pris au compositeur
italien Bertoni, sans en avertir le spolié et encore moins
le public[1]. Pareille accusation avait été déjà portée
contre lui au sujet d'*Orphée*, et nous avons eu à établir
plus haut la parfaite innocence de Gluck, qui, loin d'a-
voir rien dérobé à Philidor, avait, tout au contraire,
été détroussé bel et bien par l'auteur du *Sorcier*. Allait-
il en être de même, cette fois encore, et n'était-il pas
à craindre que Coquéau ne se fût bien témérairement
engagé dans une de ces affaires où il n'est pas permis
de se méprendre ? De telles allégations ne pouvaient
demeurer sans être relevées ; et le *Journal de Paris* insérait dans ses colonnes une lettre à l'auteur de la brochure *sur l'État actuel de l'Opéra*, où il était sommé
d'exhiber la pièce en litige et de donner la date précise
des deux partitions.

Quelque temps après les représentations de l'*Orphée*
italien, à Parme, durant les fêtes du mariage de l'Infant, l'impresario du théâtre San-Benedetto de Venise
avait engagé Bertoni à mettre en musique le même
poëme, comme on en usait journellement avec les opéras

---

[1] Deux ans auparavant, à la date du 28 janvier 1777, on lisait dans
le *Courrier de l'Europe* (t. I, n° 26, p. 209) la même insinuation, que
Coquéau ne faisait que reprendre,

. de Métastase. L'ouvrage réussit et fut gravé (1766), chose qui n'était pas commune alors, et qui allait permettre entre les deux partitions une comparaison que Gluck n'avait point à redouter. Au moins, l'Italien ne s'en faisait-il pas accroire, et voulait que l'on connût son admiration pour le génie de celui dont il était demeuré si loin[1], bien que sa tâche parût s'être bornée à le suivre servilement d'un bout à l'autre[2]. Quoi qu'il en soit, Coquéau, mis au défi, avait fait graver chez Bailleux l'air de Bertoni ; et le public put alors s'assurer que les deux compositions (abstraction faite, il est vrai, des ritournelles d'inégale longueur) avaient, à une mesure près, la même étendue, qu'elles étaient toutes les deux en *si bémol* majeur et leur mouvement *allegro maestoso*, et que, de toute nécessité, l'une des deux était le calque de l'autre. Restait à savoir quel était l'air original, quelle était la copie.

Ce calcul ennuyeux passé, poursuivait Coquéau, qui ne lâchait pas prise, permettez-moi de vous observer, 1° que l'air *So' che dal ciel* est depuis dix ans entre les mains de divers amateurs de la capitale, que j'en ai vù plusieurs partitions italiennes, c'est-à-dire écrites en Italie, qu'il a été chanté dans plusieurs concerts, publics et particuliers, entre autres au Concert des Amateurs, avant et après la première représentation d'*Orphée*, sous les yeux de M. Gluck, toujours sous le nom de Berthoni, sans que M. Gluck ait fait aucune réclamation contre ce plagiat, lui qui mit tant d'empressement à à réclamer deux accords employés dans l'*Olympiade* d'après Jomelli et d'autres maitres italiens ; 2° que cet air n'est dans aucune des partitions italiennes de l'*Orfeo* de M. Gluck gravées à Londres, à Vienne ou ailleurs ; que lors des premières représentations d'*Orphée* en France, ce fut un bruit public que l'air en question avoit été fait par M. Gluck, *à Paris*, et pour M. Le Gros.

[1] La Borde, *Essai sur la musique ancienne et moderne.* Paris, 1780, t. IV, p. 58.
[2] Hector Berlioz, *A travers chants.* Paris, 1862, p. 129,

Ce bruit, monsieur, devoit-il l'emporter dans mon esprit sur la publicité de l'air de Berthoni, sur son époque (car il a été écrit en 1767 dans l'*Ifigenia in Tauride* pour Aghinelli), enfin sur la ressemblance frappante de l'air *So' che dal ciel* avec celui de M. Gluck? c'est la seule assertion de cette espèce que je me sois permis d'avancer, monsieur, et je ne la crois point téméraire. J'aurois pu me rendre plus coupable, j'aurois pu citer un air d'Handel *Dove sei*, etc., bien antérieur à la belle marche des prêtresses d'*Alceste* qui lui ressemble, j'aurois pu... mais je finis [1].

Coquéau se trompait fort, s'il croyait avoir réduit son monde au silence. Dès le lendemain, le *Journal de Paris* insérait une réplique où l'on opposait aux siennes les affirmations les plus contraires, avec le même ton tranchant et absolu.

Il faut si peu de talent, disait-on, et si peu de mérite pour composer des airs de l'espèce de celui qui termine le premier acte de l'*Orphée* françois, air parodié de l'italien par M. Le Gros, que M. le chevalier Gluck est peu tenté de démentir l'article de votre journal, qui a la témérité de l'attribuer à *Bertoni :* cependant comme on se doit à la vérité, il faut nécessairement vous apprendre, messieurs, que M. le chevalier Gluck a composé cet air pour le couronnement de l'Empereur, et qu'il a été chanté à cette occasion solennelle à Francfort par le sieur *Totzi*, qui l'a inséré ensuite dans son opéra d'*Aristée*, exécuté à Parme aux fêtes du mariage de l'Infant pour

---

[1] *Journal de Paris*, n° 208, p. 845, 846. Mardi 27 juillet 1779. Réponse à M. L. C. D. B. ; Paris, ce 22 juillet 1779. Ce ne sont pas des accusations vagues, et Coquéau donne les pièces à l'appui. Mais, de bonne foi, quel cas faire des lignes qui suivent? « ... J'ai bien dit ci-devant que les plus beaux chants de Gluck ne lui appartenoient pas; mais j'ignorois un fait que je tiens de M. Ginguené, également versé dans la littérature et la musique italiennes; savoir, que c'est Guadagni lui-même qui fournit à Gluck la meilleure partie des chants de son rôle d'Orphée. » Comte d'Escherny, *OEuvres philosophiques, littéraires, historiques et morales*. Paris, 1814, 2ᵉ édit., t. II, p. 362. Si Ginguené a dit cela à M. d'Escherny, il ne l'a mentionné nulle part, que nous sachions. Mais, pour qu'une pareille assertion eût quelque portée, il faudrait que Gluck ne fût pas aussi l'auteur d'*Alceste*, des deux *Iphigénies* et d'*Armide*.

lesquelles il avoit été appelé de Vienne, et que cet air fut chanté à
Parme par madame *Girelly*. Ne trouvez-vous pas, messieurs, qu'il
eût été plaisant et curieux que M. le chevalier Gluck eût fait exécuter
à Parme, comme de lui, un air de *Bertoni* déjà connu de toute
l'Italie? Au reste, s'il est vrai que cet air se trouve dans quelqu'un
des ouvrages de *Bertoni*, qu'on se donne la peine d'examiner la
partition de l'*Orféo* de ce compositeur, et l'on sera bien convaincu
que ce n'est pas M. le chevalier Gluck qui copie Bertoni [1].

L'embarras devait être grand pour la galerie. Cette
dernière lettre avait contre elle de n'être pas signée.
Le bon marché qu'on y faisait de ces sortes d'airs
jusqu'au point de comprendre que le chevalier fût peu
tenté de démentir une semblable assertion ne plaît
pas davantage; car le compositeur n'était pas homme
à estimer si peu ce qu'il faisait, et, à coup sûr, il eût été
médiocrement flatté de cette manière de prendre en main
sa défense. En somme, c'étaient des faits opposés à des
faits, sans grande vérification possible. Mais Coquéau,
qui avait un intérêt d'honneur à prouver qu'il ne s'était
pas engagé témérairement et sans les raisons les plus
fortes, avait écrit sous main à Bertoni pour avoir toutes
les indications désirables; et il recevait de ce maître,
à la date du 9 septembre, une épître des plus curieuses
par la forme comme par le fond.

Je suis très-surpris, lui mandait-il, de me voir interpellé par
la lettre que vous me faites l'honneur de m'écrire, et je désirerois
fort n'être point compromis dans une querelle musicale, qui, par
la chaleur que vous y mettez pourroit devenir d'une très-grande
conséquence, puisque vous m'assurez d'ailleurs que le *fanatisme*
s'en mêle, ce qui est une raison de plus pour me soustraire à ses
effets. Je vous prierai donc de me permettre de vous répondre sim-

---

[1] *Journal de Paris*, mercredi 28 juillet 1779, n° 209, p. 851 ; le 27
juillet 1779.

plement que l'air *So' che dal ciel discende* a été composé par moi
à Turin, pour la signora Girelli, je ne me rappelle pas dans quelle
année, je ne pourrois pas même vous dire si je l'ai réellement
faite pour l'*Iphigénie en Tauride*, comme vous m'en assurez; je
croirois plutôt qu'elle appartient à mon opéra de *Tancrède* [1], mais,
cela n'empêche pas que l'air ne soit de moi; c'est ce que je puis,
c'est ce que je dois certifier avec toute la vérité d'un homme
d'honneur, plein de respect pour tous les ouvrages des grands
maîtres, mais plein de tendresse pour les siens [1].

L'on voit, et ce n'est pas le côté le moins piquant,
l'embarras du pauvre et craintif Bertoni, qui ap-
préhende plus que chose au monde de se trouver jeté
en pleine mêlée. Mais, s'il chérissait son repos, il
avait aussi des entrailles de père pour les enfants de sa
muse, il était « plein de tendresse pour eux, » et,
coûte que coûte, mais non sans grand émoi, il se résignait à dire la vérité : l'air était de lui, bien de lui.
Coquéau, triomphant, joignait à l'épître de Bertoni qu'il
dépêchait au *Journal de Paris* un petit mot d'envoi, qui
ne laissait pas d'être pressant. « J'ai cru devoir écrire
à Londres à M. Bertoni, relativement au plagiat de l'air
de bravoure d'*Orphée*. Je reçois à l'instant de lui la réponse suivante. Il n'y a que la réclamation de M. Gluck
en personne qui puisse en détruire l'effet, et ce n'est
plus à ses *défenseurs anonymes* qu'il convient de répondre sur cet incident. Au reste, pour être à l'abri de
tout reproche, je suis prêt à déposer l'original de la
lettre en question où l'on voudra. »

---

[1] Bertoni a raison. L'air est bien de son *Tancrède*, représenté à Venise pendant le carnaval de 1767; il se trouve dans le premier acte de
la partition, qu'on peut consulter à la Bibliothèque de la rue de Richelieu.

[2] *Suite des Entretiens sur l'état actuel de l'Opéra de Paris*, p. 47,
48. Lettre de Bertoni à Coquéau; Londres, ce 9 septembre 1779.

La sommation resta sans effet : Gluck se tut obstiné-
ment, bien qu'il fût alors à Paris, dont il ne devait même
s'éloigner qu'au commencement d'octobre. Si l'on se
reporte à sa sensibilité habituelle en pareille occasion, et si l'on n'a pas oublié la lettre plus que dure
que s'était attirée le pauvre Framery au sujet de l'O-
lympiade, son silence est concluant. Mais ce plagiat,
comment l'expliquer, quelle raison, quelle excuse lui
donner? Il se pourrait, comme le pense Berlioz, que
Le Gros, ne s'arrangeant pas du simple récitatif par
lequel le poëte et le compositeur avaient clos originairement leur premier acte, eût demandé un air de
bravoure, et l'air de bravouré lui aurait été jeté en
pâture. Ces interpolations trop fréquentes ont lieu le
plus souvent en dehors du musicien, qu'on ne consulte
point. C'était, du reste, ce que Gluck lui-même, dans sa
réponse à Framery, alléguait à la décharge de l'auteur
de l'Olympiade[1]. Qu'il ait donc laissé chanter l'air de
Bertoni, on l'admet sans trop de peine ; mais souffrir
qu'on le lui attribuât, permettre que ses partisans se
commissent à ce point, et garder un silence dont rien
ne le fera sortir, voilà ce qui ne se conçoit guère.

En définitive, ces procédés ne sont pas si étranges
qu'on pourrait se le figurer. De tous temps, cette sorte
de brigandage s'est pratiquée sans le moindre scrupule entre musiciens, non seulement (ce qui eût été
naturel) par ceux qui manquaient d'idées, mais encore
par ceux qui, plus riches, pouvaient puiser le plus
largement dans leur propre fonds. Anfossi, pour sa
part, n'hésite pas à en faire l'aveu ; d'ailleurs les

---

[1] Mercure de France, p. 184, 185. Novembre 1776.

exemples affluent. Et pour ne citer qu'un fait entre
mille, Paisiello, tout un hiver, fit applaudir à Saint-
Pétersbourg, comme son œuvre, l'*Alessandro nell' Indie* du bon Piccinni, qui n'apprit l'impudent larcin, au
concert du prince de Guéméné, que par le plus grand
des hasards[1].

Les érudits ont remarqué que le maëstro, dans cette
deuxième *Iphigénie*, avait fait de nombreux emprunts
à ses ouvrages italiens. L'air : *Je t'implore et je tremble*
n'eût été autre que l'air de Circé : *Se estinguere non bas-
tate* de son opéra *Telemacco*. Celui de Sesto, de *la
Clemenza di Tito* fût devenu l'air : *O malheureuse Iphigénie!* Et *Paride ed Elena* eût fourni le chœur final :
Une paix douce et profonde. Mais ce n'est pas la seule
partition française qui se trouve avoir bénéficié du
passé. *La Clemenza di Tito*, qui venait renforcer l'*Iphigénie en Tauride*, avait déjà cédé à l'*Iphigénie en Aulide*,
le motif du chœur : *Que d'attraits, que de majesté!*
Armide, elle aussi, avait fait sa moisson dans *Telemacco*
et *Paride ed Elena*. En somme, tout cela était légitime,
et le maître ici ne mettait que lui à contribution. Mais
comment arranger ces emprunts avec cette recherche
presque mathématique de l'expression, avec cette
préoccupation incessante de la vérité dramatique? Tous
ces airs recousus sur des paroles pour lesquelles ils
n'étaient point faits, ne sont autre chose que des pas-
tiches; et que penser désormais de ce que nous dit
Gluck, à propos notamment de l'air d'*Orphée* dans son
Épître dédicatoire au duc de Bragance? Si le public
n'y a point fait de différence et a cru ces mélodies in-

---

[1] Ginguené, *Notice sur la vie et les ouvrages de Nicolas Piccinni.*
Paris, an IX, p. 143,144.

spirées par la situation, serait-ce que la musique n'est pas, à beaucoup près, une langue aussi précise que le maître l'a voulu prétendre? Il y a.pourtant une vérité en musique, ainsi que dans les autres arts, et personne plus que Gluck ne l'a poursuivie et rencontrée. Mais l'expression en est complexe, un peu confuse et bornée ; et c'est le rhythme qui détermine souverainement le caractère de la mélodie, qu'il peut changer parfois du blanc au noir. N'a-t-on pas vu Boïeldieu faire du duo d'*Armide : Esprit de haine et de rage,* un des motifs les plus gais et les plus comiques de *Ma tante Aurore?*

Gluck était en situation de tout exiger de l'Académie royale de musique. Son opéra d'*Iphigénie en Tauride* lui avait valu douze mille livres, et quatre de gratification ; il en demandait vingt mille pour *Écho et Narcisse.* Devismes se récria. On a déjà vu ce dernier aux prises pour une question de salaire avec Marmontel ; il chercha, cette fois encore, à sortir de la difficulté à moins de frais possible. Mais Gluck, dont on connait la nature intéressée, irrité de ce qu'on n'en passât pas sur l'heure par ses conditions, menaça l'administration de se plaindre à la reine. Tout s'arrangea pourtant à l'amiable, et le compositeur consentit à livrer sa partition d'*Écho et Narcisse* au prix de dix, d'autres disent de quatorze mille livres[1]. Il exigea en même temps le pardon et la réintégration de mademoiselle Duplan, qui lui furent accordés comme on lui avait déjà accordé la grâce de mademoiselle Beaumesnil. Une autre démis-

---

[1] *Mémoires secrets.* Londres, John Adamson, t. XIV, p 82; 15 juin 1770. — *Correspondance secrète.* Londres, John Adamson, 1787, t. VIII, p. 150; 13 juillet 1779.

sionnaire[1], fort intéressante par sa beauté et ses mœurs,
et qu'une lettre de Rousseau a rendue célèbre autant et
plus que ses entrechats, devait reparaître également
dans son opéra. Gluck, sans grand'peine, se donnait
ainsi un vernis de protecteur et de pacificateur qui lui
gagnait l'affection de ce personnel remuant dont il n'é-
tait pas indifférent d'être l'ami.

Le chevalier avait été mal inspiré en traitant un
sujet qui n'était que médiocrement dans ses cordes ; et,
dès les premières répétitions, les clairvoyants purent
redouter pour le nouvel opéra le sort de *Cythère assiégée*. A part les ballets, qui étaient de Noverre et eurent
le plus grand succès, l'œuvre fut écoutée avec autant
de froideur que de désappointement[2]. A la seconde représentation, les balcons, l'amphithéâtre et les premières loges se trouvèrent vides. La troisième ne rapportait que quinze cents livres[3] : c'était une chute dans
toutes les règles, et que ne purent prévenir une mise en
scène exceptionnelle, quelques beaux airs supérieurement chantés par mademoiselle Le Guerre, et le charme
des danses. Les Gluckistes s'étaient montrés trop inso-
lents dans leurs triomphes pour que les antagonistes

---

[1] Mademoiselle Théodore, que Mercier appelle la « philosophe Théodore, » et qui, lorsqu'elle entra à l'Opéra, écrivit à Rousseau pour lui
demander des conseils sur la manière de s'y conduire. Mercier, *Tableau
de Paris* (notre édition), p. 119. — Rousseau, *Œuvres complètes*.
Pourrat, 1831, t. XXIV, p. 117, 118, 119, lettre de Rousseau à mademoiselle Théodore, de l'Académie royale de musique ; sans date (1767).

[2] Mardi 21 septembre 1779.

[3] Le Registre de 1779 manque aux Archives de l'Opéra, et nous n'a-
vons pu nous assurer de l'exactitude des chiffres. Toutes ces assertions
des gazetiers, comme on va le voir, ont bon besoin d'être confirmées
par quelque document autrement sérieux ; et, ainsi que le lecteur a pu
s'en assurer, quand nous ne citons qu'elles, c'est que des renseignements moins suspects nous ont fait défaut.

laissassent passer, sans mot dire, ce petit échec de
l'Orphée allemand. Les chansons plurent avec les calembours. On trouva qu'à « quarante sols l'écot,
(l'écho), cela était bien cher[1]. » Un abbé Robinot se
hâta de porter aux Italiens une parodie intitulée : *les
Narcisses, ou l'Écot mal payé*, pleine d'allusions sur
Gluck, Suard, Arnaud[2]; mais on évita ce petit chagrin au compositeur, et la farce ne fut pas jouée.
L'auteur d'*Alceste*, furieux, parla de ne plus revenir;
et la reine, pour le fléchir, lui fit donner la place
de maître de musique des enfants de France. On
lui permettait de retourner à Vienne arranger ses affaires, mais il devait se fixer parmi nous[3]. Faut-il
voir, dans cette nomination qui exigeait la résidence,
le résultat des démarches auxquelles le chevalier fait
allusion dans sa lettre à Guillard? Mais, ou l'insuccès
d'*Écho et Narcisse* avait, en le blessant profondément,
rompu le charme, ou les circonstances, l'âge, les infirmités entravèrent ces plans d'avenir. Nous lisons à la
date du 5 août, dans le *Journal de Paris* : « Vendredi
dernier M. le chevalier Gluck fut attaqué d'une maladie

---

[1] *Correspondance secrète.* Londres, John Adamson, t. VIII, p. 380,
381 ; 16 octobre 1779. Ce ne fut, en effet, que par arrêt du roi du 17
mars 1780 que le prix des places du parterre fut porté de quarante à
quarante-huit sous.

[2] Une autre parodie, *les Rêveries renouvelées des Grecs*, de Guérin
de Frémicourt, et qui avait pour but les deux *Iphigénies*, calquée sur
la *Petite Iphigénie* de Favart, ne pouvait blesser grièvement le chevalier, qui trouvait d'ailleurs de larges compensations dans *Iphise aux
boulevards*, au théâtre des Élèves, où on l'exaltait ainsi que mademoiselle Rosalie, son habile interprète. *Mémoires secrets.* Londres, John
Adamson, t. XIV, p. 100, 157 ; 27 juin, 20 août 1779. — La Harpe,
Correspondance littéraire. Paris, Migneret, t. II, p. 399.

[3] *Mémoires secrets.* Londres, John Adamson, t. XIV, p. 204 ; 9 octobre
1779.

grave, dont les symptômes étoient très-effrayans ; ses amis ont craint pour sa vie ; quoiqu'il soit encore à présent dans un état de souffrance, il est absolument hors de danger[1]. » Le péril disparut, mais il laissait un sinistre avertissement qu'il était sage d'écouter.

Nous n'avons pas oublié le désespoir de Piccinni en apprenant l'injustice criante dont il allait être la victime, au mépris de la parole jurée, et, bientôt après, en découvrant l'ineptie du poëme auquel il était attelé et sur lequel il avait déjà écrit deux actes supérieurs, il le pensait, à tout ce qu'il avait composé jusque-là. Force avait bien été de remettre cet informe imbroglio en des mains plus habiles et d'attendre que ce travail de remaniement fût achevé. Il avait dû quitter *Atys* pour *Iphigénie en Tauride ;* il reprit *Atys* alors avec une ardeur nouvelle, et il l'avait terminé pour les derniers jours de 1779. L'on n'a pas oublié le différend qui s'était élevé entre Marmontel et Devismes, et le petit scandale qui en avait été la suite. Lequel de l'administration ou du poëte avait cédé ? L'accord devait se faire, comme cela n'est que trop commun dans les luttes des particuliers avec une corporation quelconque, au détriment de celui-ci, dont l'amour-propre avait s'effacer devant les intérêts de son collaborateur[2].

---

[1] *Journal de Paris*, n° 209, p. 851, du jeudi 5 août 1779.

[2] Marmontel insistera de nouveau pour être soldé sur le pied de l'arrêt de 1776. Mais il était loin de compte avec le Comité qui, reprenant les arguments de Devismes, prétendit que le poëte, « n'ayant ni le mérite de l'invention, ni la propriété des scènes ni des vers conservés, ce qui peut être estimé au moins aux trois quarts de l'ouvrage, » avait tout au plus droit à la moitié des honoraires, et supplia le ministre de l'autoriser à suspendre le payement des représentations d'*Atys* dans la crainte que M. Marmontel ne fonde sur cela des prétentions injustes et abusives pour l'opéra de *Persée*, qui était sur le point d'être mis au théâtre. Et nous lisons, au bas du rapport : « approuvé » avec la signature

Ce fut le mardi 22 février que fut représenté le nouvel opéra devant un public toujours le même, séparé en deux camps et venu là avec un parti pris que ne devaient modifier ni la valeur ni la fortune de l'œuvre. Les amis avaient eu un avant-goût de cette douce et gracieuse musique aux concerts de madame d'Houdetot, où elle n'avait pas manqué d'être trouvée charmante, bien que chantée au simple accompagnement de clavecin[1]. Les partisans de Piccinni déclarèrent que le maître s'était encore surpassé, et mirent *Atys* au-dessus de *Roland*. Les Gluckistes, au contraire, affectèrent de trouver ce dernier ouvrage inférieur au premier. Peut-être, en effet, *Roland* renfermait-il un ou deux morceaux supérieurs à tout ce qu'on eût pu citer de plus réussi dans *Atys*. Ainsi le duo des deux amants : *Hélas! si dans ma peine*, quoique charmant, eût souffert difficilement la comparaison avec le beau duo de *Roland : Vivez heureux par elle.* Mais *Atys*, en revanche, formait un ensemble exquis que n'offrait pas à ce degré son aîné. Il fallait bien applaudir sans réserve le sommeil d'Atys : *Quel trouble agite mon cœur?* qui faisait l'admiration de Sacchini[2] ; il fallait bien convenir que rien n'était enchanteur comme l'air si passionné de Sangaride : *Malheureuse! hélas ! j'aime encore!* le joli duo : *Jurons de nous aimer toujours*, ainsi que le remarquable quatuor qui vient après. Mais on avait trouvé et, depuis longtemps, le

d'Amelot. Archives nationales. Ancien régime. Opéra. 01-632. *Compte que le Comité rend au ministre de ce qui s'est passé en son assemblée du mercredi 18 octobre 1780.*

[1] Marmontel, *Mémoires.* Ledoux 1828, t. II, p. 149, liv. X.

[2] Ginguené, *Notice sur la vie et les ouvrages de Nicolas Piccinni.* Paris, an IX, p. 126.

mot pour caractériser cette musique : c'était de la belle
musique, si on voulait, délicieuse à coup sûr, mais
dénuée de cette logique, de cette puissante unité qui
font une belle tragédie, un bel opéra. Ce jugement
porté, on reconnaissait, de bonne grâce, qu'elle était
l'œuvre d'un homme d'un talent supérieur, qui n'avait
que le malheur d'avoir été opposé par des amis peu
avisés à l'auteur d'*Orphée*.

Ainsi, ou l'on criait au lieu de chanter, ou l'on cou-
sait des airs à la suite les uns des autres sans arriver
à faire un opéra dans les conditions élevées du genre :
voilà les aménités que les deux partis se lançaient à la
face. Heureusement les calembours, les coq-à-l'âne,
les quolibets de toutes façons venaient dérider les vi-
sages et ôter à la lutte, en faisant rire, quelque peu de
son aspect terrible. Les amis de Gluck avaient dit de
Roland que c'était un guerrier sans *cœur*, les chœurs
étant, en effet, la partie faible de la partition[1]. Ce fut
d'abord mademoiselle Rosalie qui joua le rôle d'Angélique ; ils dirent encore que *Roland* serait plus prisé
quand on aurait la guerre (mademoiselle La Guerre).
Puis venaient les adresses et de Marmontel et de
Piccinni et de Gluck. Le poëte demeurait « rue des
Mauvaises-Paroles, » le compositeur napolitain « rue
des Petits-Chants, » l'Orphée allemand « rue du Grand-
Hurleur, » toutes rues en effet du vieux Paris[2]. Mieux

---

[1] « C'est le seul reproche écrivait Mozart à son père, qu'on ait fait
au nouvel opéra de Piccinni, *Rolland,* à savoir : que les chœurs y
sont trop nus et trop faibles, et qu'en général la musique en est un peu
uniforme ; du reste elle a eu tous les suffrages... » *Mozart. Vie d'un
artiste chrétien au dix-huitième siècle.* Paris, Douniol, 1857, p. 212.
Lettre de Mozart à son père ; Manheim, le 28 février 1778.

[2] *Correspondance secrète.* Londres, John Adamson, 1787, t. VI, p. 28.

valaient encore ces platitudes que les grossièretés
qu'échangeaient ceux qui s'étaient de leur plein gré
constitués les champions des deux musiciens et des
deux musiques. Le succès d'*Atys* ne se décida complétement qu'à la troisième représentation. La pièce
montée avec soin était supérieurement interprétée par
mademoiselle La Guerre, à laquelle mademoiselle Levasseur céda presque aussitôt le rôle, et par Le Gros
qui faisait Atys. Quant au poëme, bien que l'on affectât
de le trouver gâté et défiguré, ces retouches faites avec
goût et discernement ne lui avaient nui d'aucune
façon et lui avaient donné une rapidité qu'il n'avait
point.

Nous en sommes aux dernières phases de la lutte de
Devismes avec son personnel. Sauf l'orchestre qu'il
avait gagné[1], il ne comptait que des ennemis parmi
les sujets petits et grands du chant et de la danse.
Quelque protégé, quelque soutenu qu'il fût par la
reine et le ministre, il ne pouvait manquer d'avoir le
dessous tôt ou tard dans ce combat inégal. Par arrêt
du 17 mars, Berton qui avait été déjà à la direction de
l'Opéra, fut appelé à lui succéder et à reprendre les
rênes de ce fantastique empire que la mort ne devait
pas laisser longtemps en ses mains[2]. Ce fut le signal

16 février 1778. — *Mémoires secrets*. Londres, John Adamson, t. XI,
p. 92, 98. 9 et 13 février 1778.

[1] « 7 mars 1779. On devoit donner hier *Iphigénie* pour la capitation
des acteurs. Il faut savoir qu'un tiers du bénéfice de cette représentation extraordinaire est au profit du directeur. Le sieur Devismes, pour
témoigner à l'orchestre sa satisfaction de la neutralité qu'il a observée
dans ses querelles avec les coryphées du chant et de la danse, lui avoit
déclaré, qu'il lui abandonnoit sa portion. » *Mémoires secrets*. Londres,
John Adamson, t. XIV, p. 301.

[2] *Journal de Paris*, n° 93, p. 383. Dimanche 2 avril 1780. — *Mémoires
secrets*. Londres, John Adamson, t. XV, p. 158, 159. 12 mai 1780. -

du départ des chanteurs italiens : leur passage à l'Opéra n'avait été rien moins qu'un triomphe ; et il avait fallu toute la ténacité de Devismes pour les maintenir contre le goût très-décidé des Parisiens. Si les Bouffons s'étaient trouvés en butte aux attaques d'une cabale, ils avaient eu leur cabale aussi ; en réalité, ils se retiraient devant la volonté du plus grand nombre, qui n'était pas assez musicien pour se contenter d'une mélodie facile et se passer des surprises de l'action et du spectacle. « Notre nation a la tête dramatique et n'a pas l'oreille musicale, » a dit La Harpe[1] ; et au moins en cela il avait raison.

Nous avons assisté à une première tentative de rapprochement entre les deux partis, qui échoua autant et plus par le fait des amis que par celui des deux artistes rivaux. La guerre n'avait que trop duré ; et, si elle divertissait le Paris ennuyé et blasé, elle ne laissait pas, en semant partout la zizanie et la discorde, d'apporter dans le commerce de la vie même une gêne, des entraves dont Gluck et Piccinni n'étaient pas seuls à se ressentir. Ces considérations, étaient de nature à faire souhaiter un dénoûment et à mettre en campagne de nouveaux abbés de Saint-Pierre. Pour sa part, l'abbé Maury, peut-être dans l'espérance qu'une pareille démarche conduite à bonne fin lui ouvrirait les portes de l'Académie, où les deux camps avait leurs représentants les plus illustres, avait essayé d'amener une pacification. Mais il était Piccinniste, et, de plus,

Correspondance secrète. Londres, John Adamson, 1787, t. IX, p. 272, 273, 25 mars 1780.
[1] *Mémoires secrets*. Londres, John Adamson, t. XIII, p. 309. 12 mars 1779.

ami intime de Marmontel, et la première condition du succès eût été de ne compter ni parmi les uns ni parmi les autres ; ces tentatives de médiation, non-seulement avortèrent, mais encore tournèrent contre le médiateur : ce fut l'abbé Millot qui obtint le fauteuil de Gresset, que Maury, Chabanon et Lemière se disputaient[1]. Il fallait pourtant que cette qualité de Picciniste ou de Gluckiste intervînt dans les questions les plus étrangères et que l'on en subît les conséquences bonnes ou mauvaises. La Harpe donne ses *Barmécides*. Deux cabales s'organisent pour faire tomber l'ouvrage ou l'élever aux nues. Il y avait là les amis et les ennemis, fort nombreux des deux parts, mais, avant tout des Piccinistes et des Gluckistes. « Aussi, raconte Grimm avec malice, n'y a-t-il point de bon Picciniste, qui, dans cette occasion, ne se soit cru obligé en conscience d'applaudir, quelque opinion il eût d'ailleurs de l'ouvrage ; ce qui a fait dire assez plaisamment que si *les Barmécides* pouvaient se soutenir, ce serait la première tragédie dont la musique aurait fait le succès à la Comédie-Française[2]. » Il est vrai que la pièce n'en tomba pas moins et n'eut que onze représentations. Mais, tant qu'on la joua, les Piccinnistes tinrent bon, malgré le vide de la salle ; ce qui fit appeler ces obstinés « les pères du désert. »

Tout enfin se rapportait à cette grande, à cette unique préoccupation du jour. Une question de tactique est soulevée par un jeune officier ambitieux, impatient de se signaler sur plus d'une arène : Lequel

---

[1] Grimm, *Correspondance littéraire.* Paris, Furne, t. X, p. 62 ; juillet 1778 ; t. XII, p. 278, février 1785.

[2] Ibid., Paris, Furne, t. X, p. 104, 105, septembre 1778.

vaut le mieux et lequel l'emportera de l'*Ordre profond*
ou de l'*Ordre mince?* grands problèmes qui passionnèrent toutes les têtes, voire les têtes de femmes. Il
fallut qu'on trouvât une assimilation (et quelle assimilation!) entre les deux systèmes de tactique et les
deux systèmes musicaux qui divisaient la société en
deux camps : les Gluckistes furent l'*Ordre profond*, les
Piccinnistes l'*Ordre mince*. « On a trouvé que l'Ordre
profond n'était que l'ancienne colonne de Folard, reproduite sous une forme nouvelle; comme le système
du chevalier Gluck n'était que notre ancienne psalmodie française, renforcée d'un orchestre plus riche et
plus bruyant. On dit que l'Ordre mince, adopté par le
plus grand homme de guerre de nos jours, et, à son
exemple, par la plus grande partie de l'Europe, était
comme cette musique ultramontaine qui pouvait convenir à toutes les autres nations de la terre, mais qui
ne conviendrait jamais à la nôtre, vu le peu de rapports
qu'elle avait avec notre caractère, nos goûts et nos
habitudes [1]. » Était-ce assez extravagant et assez fou?
On pouvait espérer que la lassitude, en disette d'un
meilleur sentiment, aurait préparé les esprits à mettre
bas les armes. D'Alembert et le chevalier de Chastelux
s'étaient montrés des plus favorables à une entente; ce
dernier même avait fait les plus louables avances à
l'ennemi, dans un copieux article du *Mercure* [2]. Mais
tous ces efforts échouèrent devant l'entêtement, l'obstination, les rancunes de gens qui, depuis longtemps

---

[1] Grimm, *Correspondance littéraire*. Paris, Furne, t. X, p. 185, 186,
mai 1779.

[2] *Mercure de France*, 25 avril 1779, p. 290 à 203. — Grimm, *Correspondance littéraire*. Paris, Furne, t. X, p. 282, mai 1780.

avaient fait de tout cela une affaire de vanité personnelle, comme c'est l'ordinaire dans de semblables
conflits.

La rentrée de l'Opéra avait été inaugurée par la reprise d'*Atys*. La reine, qui y assistait, s'en alla à la fin
du second acte. Voulait-elle que sa retraite eût une
signification ? C'est ce qui n'est pas admissible pour
qui connaît la bonté et la générosité de son caractère.
Elle eût pu penser que l'on en tirerait la moindre conséquence, qu'elle se fût bien gardée de donner ce prétexte à la méchanceté. C'est pourtant ce qui arriva.
Piccinni n'était pas heureux ; les représentations ap-
plaudies avec la même unanimité ne furent pas han-
tées par la même affluence. Ses amis sont bien forcés
d'en convenir. « La foule est pour Gluck, » dit La Harpe
avec un soupir. Par surcroît de guignon, le principal
soutien, le protecteur ardent du compositeur napolitain,
l'ambassadeur de Naples, Caraccioli, était rappelé; il
devait quitter Paris pour la Sicile, où il était nommé
vice-roi, ce qui l'attristait fort ; car, comme Galiani son
compatriote et son ami, le marquis était un vrai Parisien qui eût préféré à tous les honneurs dans sa patrie
la faculté de passer ses soirées au Louvre chez d'A-
lembert[1]. « C'étoit chez lui, disent les Nouvelles à la
main, que se tenoient les assemblées, et qu'à l'issue
d'un dîner splendide, on délibéroit sur ce qu'il y avoit

---

[1] La Harpe, *Correspondance littéraire*. Paris, Migneret, t. III, p. 101;
102. — « Nous n'avons plus le délicieux ambassadeur de Naples ; nous
nous amusons encore à le peindre et à le répéter. Il écrit quelquefois,
mais son style, trop étranger, nous le rappelle vivement, sans nous le
rendre de même. » *Mélanges extraits des manuscrits de madame Necker.*
Paris, an VI, 1779, t. I, p. 540, 541. Lettre de madame Necker à
M. Grimm, 1775.

de mieux à faire pour terrasser les Gluckistes [1]. » Pour
en revenir à *Atys*, à quelles causes attribuer l'abandon
peu mérité dont il était l'objet? Le diplomate italien
s'en prenait à nos oreilles ; les ennemis de Marmontel
à ce dernier.

> Pauvre Atys, dis-moi, je te prie,
> Qui fut plus funeste à ton sort,
> Ou Cybèle pendant ta vie,
> Ou Marmontel après ta mort[2]?

Berton ne jouit pas deux mois pleins de sa nouvelle
dignité. Il s'était fatigué outre mesure aux répétitions
de *Castor et Pollux ;* il avait voulu tenir le bâton le
premier soir de cette reprise, et il en était sorti tellement épuisé, qu'il s'alita pour ne plus se relever, et
mourut, sept jours après, d'une fluxion de poitrine.
Les candidats ne manquaient pas. On parlait de Grétry.
Ce fut l'auteur des *Troqueurs*, Dauvergne, qui fut élu :
on lui adjoignit Gossec, l'un des musiciens les plus savants de l'école française, un ami de Gluck. Suard
figura également dans la nouvelle administration, à
titre de conseil. L'on voit que les intérêts du chevalier
étaient en bonnes mains et que, de près comme de
loin, il restait le maître du champ de bataille. Mais
c'est ce dont il ne voulait pas convenir. Il avait quitté
Paris, tout froissé de son échec, laissant même, ainsi
qu'on le dit, une menace terrible, celle de ne plus
revenir et de congédier à tout jamais la muse[3]. Mais,

---

[1] *Correspondance secrète.* Londres, John Adamson, 1787, t. XI, p. 323
25 avril 1781.

[2] Ibid., t. IX, p. 332. 21 avril 1780.

[3] « Je suis très-sensible, écrivait-il à Gersin, de Vienne, à la date du
30 novembre 1779, à l'honneur que vous me faites de m'envoyer un
·plan de tragédie que je dois mettre en musique, je le trouve très propre

à ce moment, encore était-il bien sincère? On en dodu-
terait rien qu'au soin qu'il prenait d'entretenir les
meilleurs rapports, d'en créer même, avec ceux de
notre nation qui étaient en posture de dispenser la
renommée. Nous trouvons, à cette date, une lettre de
l'Orphée allemand restée inédite, et que nous reproduisons ici, parce qu'elle donne la mesure du pate-
linage, dont cet homme si orgueilleux était capable à
l'égard des gens de lettres qu'il pouvait y avoir quelque profit à flagorner. C'est à l'auteur de la *Dunciade*
et de la comédie des *Philosophes*, à Palissot, qu'il s'a-
dresse.

Je ne scaurois différer davantage, monsieur, à vous marquer le
plaisir suprême que je ressente en lisant vos ouvrages, et j'ai bien
des obligations à monsieur le comte de Brancas de m'avoir fait
connoître un des plus grands génies de la France. si j'aurois eu
connoissance pendant mon séjour à Paris de votre comédie des
philosophes, et de votre Dunciade, ô que j'aurois pû en faire un
bon usage contre les invectives des Marmontels, et ses confrères, si
jamais je reviens à Paris, vos ouvrages me serviront d'Egide contre
ses insectes du parnasse ; monsieur Sanson qui vous présente cette
lettre, est aussi enchanté que moi-même de votre génie, et désire
très fort à faire votre connoissance, il n'a pas voulu quitter ce
païs sans en être le porteur, il met cette occasion au nombre d'une
de celles des plus agréables de sa vie. Je vous prie de ne jamais
douter de l'estime que vous m'avez inspiré, je suis avec une parfaite considération... etc, [1].

pour produire de grands effets, mais sans doute vous ignorez que désormais je ne ferai plus aucun opéra, et que j'ai fini ma carrière, mon âge
et le dégoût que je essuez dernièrement à Paris par rapport à mon
opéra de Narcisse, m'ont pour jamais dégoûté d'en faire encore des autres. » *Isographie des hommes célèbres* (1828-1830), t. I.

[1] Lettre de Gluck à M. Palissot, en sa maison, à Paris. Vienne,
18 mai 1780. Nous devons la communication de ce curieux autographe
à M. Bamberg, ancien consul de Prusse à Paris. Il n'est pas inutile
de remarquer que les lettres autographes de Gluck sont de deux es-

Bien que Palissot ne fût pas modeste, il dut éprouver
quelque étonnement de se voir ranger parmi les plus
grands génies de la France ; et Gluck, qui écrivait mal
notre langue, la connaissait suffisamment et était assez
familier avec nos classiques pour ne pas ignorer que
Palissot n'était rien de plus qu'un homme d'esprit, un
littérateur distingué, dont la personnalité et le succès
s'étaient établis par l'invective et la satire. Mais c'était,
à cause de cela même, un personnage à ménager, à
attirer dans son parti, avec lequel, en fait de caresses,
il ne fallait pas compter.

pèces : celles que nous appellerons officielles, et qui ont dû passer
par les mains du réviseur avant d'être envoyées par le chevalier, les
autres plus curieuses, comme celle-ci, par exemple, qui nous parvien-
nent sans avoir été dépêchées au teinturier, incorrectes, d'un style
abrupt, pleines de germanismes, mais où l'homme se révèle dans toute
la sincérité de sa nature et de son orthographe.

VIII

IPHIGÉNIE EN TAURIDE DE PICCINNI. — ADÈLE DE PONTHIEU. MADAME SAINT-HUBERTI. — DIDON.

On pensait qu'un des meilleurs moyens de fléchir Gluck serait la reprise d'*Écho et Narcisse*. Mais encore fallait-il que le succès vînt lui donner raison en fin de compte, comme c'était arrivé pour *Alceste* et pour *Armide*. On élagua les longueurs, le baron de Tschudy, aidé du bailli du Roullet, s'appliqua à améliorer son poëme, qui en avait bon besoin. Le rôle tout épisodique de l'Amour en fut retranché pour figurer dans un prologue, qui devint une des plus supportables choses de l'ouvrage. Des chiffonneries vinrent se mêler à ces préoccupations de bien et de mieux faire. Du Roullet, qui avait les pleins pouvoirs du chevalier, s'était avisé de vouloir retirer le bâton à Francœur sous le prétexte d'insuffisance. Dans sa détresse, le pauvre artiste n'a d'autres ressources que d'en appeler à l'auteur même de l'arrêt de son mandataire.

Vous avez assez éprouvé mon zèle, lui marquait-il, pour être persuadé de mon amitié pour vous et de mon admiration pour vos talens, vous n'ignorez pas même le nombre d'ennemis que m'a donné cet attachement que je vous ai voué, vous sçavez encore que la

belle exécution de l'orchestre dans vos ouvrages vient non-seulement du mérite des exécutans mais encore des peines et des soins
de celui qui les conduit. Eh bien, M^r, malgré la grande réussite de vos opéras et la justice que vous avez toujours rendu
à ce même orchestre qui vous est tout dévoüé, M. le bailli du Rollet
n'a point confiance en moi pour la remise d'Écho et Narcisse, il
me chicane sur les mouvemens et prétend changer tous ceux que
vous avez donné : moi qui croit (les tenant de vous) être bien fondé
pour les maintenir, je ne dois pas céder, d'ailleurs, je crois à cet
égard mes connoissances au-dessus des siennes, de plus ma réputation tient en partie au successt de l'ouvrage et l'intérêt que j'y
prend est pour le moins aussi vif que le sien.

.J'ai découvert que M. le bailli avoit été prévenu contre moi par
feu M. Berton qui depuis quelque tems ne m'aimoit plus... En conséquence de sa prévention mal fondée, je viens d'apprendre qu'il a
écrit au comité pour que ce ne soit pas moi qui soit chargé de la
conduite de votre ouvrage, il a poussé l'inimitié jusqu'à menacer
de ne le point donner si je battois la mesure. Comme je serois au
désespoir que le public fut privé par raport à moi du plaisir de
revoir un de vos ouvrages, j'ai cru devoir céder sans égard pour
ma réputation que M. le bailli semble compromettre un peu légèrement, et malgré mon amitié pour vous qui me reprochoit de
laisser en d'autres mains la conduite de votre ouvrage, c'est donc
à vous, M^r, que je m'adresse pour vous prier de terminer tout
ce différend, j'espère qu'un seul mot de votre part détruira les
impressions désavantageuses que M^r le bailli a voulu donner sur
mon compte et mes ennemis ne pouvant plus douter de la confiance que vous m'avez témoignée jusqu'à ce jour, cet aveu de votre
part leur fermera la bouche et fera le bonheur de celui qui à l'honneur d'être avec le plus respectueux attachement... etc.

Je prie de faire agréer mes respects à Mme votre épouse et de
m'honorer d'un mot de réponse le plus tôt possible [1]. .

Si la lettre était pressante, il était difficile d'y répondre; et, quand le chevalier s'en avisa, la question avait
été tranchée par la reprise d'Echo et Narcisse. Du reste, sa

---

[1] A M. le chevalier Gluck, compositeur de Leurs Majestés Impériales
et Royales, près le théâtre françois à Vienne en Autriche ; de Paris le
4 août 1780.

réponse, qu'on va lire n'était pas faite pour apporter grand appui au pauvre Francœur.

Je suis très-fâché des démelees survenus entre vous et M^r le bailli du Rollet a cause d'un de mes ouvrages; je ne pourrai donc jamais rester exempt des tracasseries théâtrales de l'opéra de Paris, ny prés, ni éloigné? J'ai eû, il y a quelques jours une petite gazette françoise, dans laquelle on dit, que je m'opposois que Mlle Beaumenil joua le rôle d'echo dans le même opéra [1], je ne suis plus étonné que j'ai trouvé autant d'ennemis à Paris, puisqu'on invente tant de mensonges sur mon compte, tout cela diminue beaucoup la volonté que j'avois de retourner à Paris, car je hais comme la mort tous ces propos inquiétants. Excusez, je vous prie, monsieur, si je prend le parti de laisser décider aux sujets de l'opéra votre plainte que vous avez contre Mr Bailly, surtout n'y étant pas à Paris, si j'étois le maître, vous n'auriez pas lieu de vous plaindre de personne, car j'ai toujours fait beaucoup de cas de vos talens musicales, et de votre constante amitié que vous m'avez en plusieurs occasiones témoignez, j'espère qu'on vous rendra justice incessement et que la paix sera bientôt rétablie. J'ai l'honneur d'étre avec une parfaite estime... etc.

Je vous prie de faire bien des compliments de ma part à messieurs de l'orchestre [2].

Il est à penser, toutefois, que ce dégoût fut épargné à Francœur, qui n'eût eu alors qu'à se retirer, et qui restera longtemps encore à l'Opéra. Mais ce qui ressort de là, c'est l'omnipotence, le despotisme envahissant des ayants-cause du chevalier à l'Académie royale de musique.

[1] Effectivement on lit dans des Nouvelles à la main, à la date du 29 juillet 1780. « M. Gluck a prescrit, dans les instructions qui accompagnoient l'envoi de cet opéra, que les premiers rôles fussent donnés à Mlles Laguerre et Girardin, et aucun à Mlle Beaumesnil. *Correspondance secrète.* Londres, John Adamson, 1787, t. X, p. 92.

[2] De Vienne à M. Francœur, maître de musique à l'Opéra, rue neuve Saint-Eustache, près de l'hôtel de Carignan à Paris. Vienne 20 août 1780. *Archives de l'Académie royale de musique.* — Nous devons la communication de ces deux pièces à la bienveillance de M. Ch. Nuitter, archiviste de l'Opéra, qui s'est mis absolument à notre discrétion avec une bonne grâce dont nous lui sommes profondément reconnaissant.

L'ingérence pointilleuse, tracassière de du Roullet s'était manifestée dès le premier jour, dès *Iphigénie en Aulide*. Mademoiselle Duplan n'avait peut-être pas rendu le rôle de Clytemnestre avec toute la perfection que l'on eût pu désirer, le bailli réclame impérieusement que mademoiselle Durancy lui soit substituée, donnant à entendre que si l'on ne faisait pas droit à sa requête, il en référerait à la reine, ce qui allait être, du reste, la grande arme de guerre devant la moindre objection des directeurs. Il fallut que le ministre lui-même intervînt par une lettre ferme où il était insinué au mandataire brouillon qu'il y avait des exigences auxquelles l'on ne pouvait ni ne devait céder. « Je suis persuadé que la reine, qui veut le bien et le maintien des règles établies, se rendra à ces raisons lorsque je les lui exposerai; je suis certain d'ailleurs que M. Gluck ne demande point que l'on fasse essuyer à mademoiselle Duplan une humiliation que sa manière de servir ne doit pas lui attirer. Je ne dois pas non plus lui prescrire de quitter le rolle après trois représentations; cela est contre l'usage et les réglemens, et on ne peut en faire de nouveaux à chaque occasion[1]. » Et mademoiselle Duplan fut maintenue. Mais tout cela était plutôt fait pour compromettre que pour servir les affaires du chevalier, si quelque chose eût été capable d'ébranler une faveur sans antécédents jusque-là. Aux yeux du bailli, il n'y avait rien qui ne s'effaçât devant l'intérêt de la gloire de son ami; et il n'eût reculé devant les pires extrémités pour assurer ses succès. Les scènes ne lui coûtaient pas, ni les

---

[1] Archives nationales. Ancien régime. Dépêches. O1-416, fol. 726; Lettre à M. le bailly de Roulet; 20 décembre 1774.

algarades aux artistes, à l'orchestre, qu'il malmenait
avec plus que de l'insolence. Et, en une circonstance,
il poussa si loin les choses, qu'il se vit chasser du foyer
par le public, qui prit parti pour ceux qu'il accablait[1].
Ceci n'est rien, sans doute en comparaison de ce qui
va suivre. Avant tout, Gluck devait être sans rivaux, et
tant pis pour quiconque essayerait de lutter avec lui.
Deux ans après l'époque où nous sommes, lorsque
Sacchini travaillera à son *Renaud* que l'on représentait
comme « la suite d'*Armide*, » du Roullet s'insinuera
auprès de l'Italien, encore moins familiarisé que Piccinni
avec notre langue, et profitera de l'influence qu'il aura
conquise sur celui-ci pour le déterminer à n'accepter
aucune correction à l'égard du poëme estimé des plus
faibles, malgré les avis des gens les plus compétents, de
Suard, de l'abbé Arnaud, que la reine avait fait prier de
l'examiner. « Je crois, mandait M. de la Ferté au ministre, que pour votre propre tranquillité et celle de tout le
monde, il seroit important qu'à l'occasion de Sacchini,
vous trouvassiez le moyen de dire historiquement à la
reine l'embarras où l'on se trouve vis-à-vis de cet auteur,
qui a eu le malheur de travailler sur un très-mauvais
poëme mal corrigé, et cela par l'obstination de M. le
bailli du Roullet; tout le monde est aujourd'hui convaincu que c'est un tour qu'il a voulu jouer au pauvre
Sacchini en faveur du chevalier Gluck ; ayant espéré que
Sacchini ne pourroit faire qu'une mauvaise musique,
ou du moins très-faible en comparaison de celle de Gluck,
sur un si mauvais poëme, telle est l'opinion que l'on a

---

[1] Archives nationales. Ancien régime. Opéra. 01 - 632. *Rapport que
le Comité fait au ministre de ce qui s'est passé en son assemblée du
samedi* 20 *décembre* 1783.

des intrigues du bailli, et tout le monde s'accorde bien
à lui rendre justice[1].» Même intervention de du Roullet,
quelques mois auparavant, à propos du poëme d'É-
lectre de Guillard, qui réussit, au dénoûment près,
« que M. le bailli du Roullet a voulu régler de son
autorité privée[2]. »

On se refuse à croire à un tel machiavélisme, que
n'excuseraient, à coup sûr, ni l'affection ni le dévouement à leur paroxysme. Mais tel était le genre
de fascination que Gluck exerçait sur ses amis comme
sur le public. « Il faut avouer, remarquait le duc de
la Vrillière, et lui rendre la justice de dire que
personne n'entend aussi bien (jusqu'à ce moment) la
coupe de nos opéras et que personne ne sait se faire et
avoir autant de partisans que lui, même avant que ses
ouvrages soient connus : c'est une adresse, ajoutait-il
finement, dont on ne sauroit le blâmer, puisque l'Opéra
profite de l'enthousiasme qu'il sème dans tous les esprits[3]. » Mais encore ne serait-ce pas mal de se montrer un peu plus scrupuleux sur le choix des moyens.

Les Gluckistes étaient en nombre à la reprise d'Écho
et Narcisse, et l'on put croire à un succès ; l'hymne à
l'Amour fut applaudi avec transports et méritait de
l'être. Mais cela eut peu de durée, bien que la recette
ne fût pas descendue à quinze cents livres à la seconde

---

[1] Archives nationales. Ancien régime. Opéra. 01 - 638. Lettre de
M. de la Ferté au ministre; le 22 janvier 1783.
- [2] Ibid. 01 – 639. Lettre de M. de la Salle au ministre; le 2 juillet
1782.
[3] Ibid., 01-634. Bulletin de l'Opéra, relatif à la lettre de M. le
duc de la Vrillière au sujet de M. Gluck et des engagements respectifs dud. S. avec l'administration de l'Opéra, le 12 février 1775. Du
25 novembre 1777.

représentation, comme le prétendent les *Mémoires se-crets*, et à six cents livres à la troisième[1]. Les registres de l'Opéra que nous avons consultés offrent, pour le second soir, un chiffre de deux mille cent cinquante livres, et de mille vingt-cinq livres pour la soirée du 13 août. L'épreuve, en tous cas, ne devait pas raccommoder les choses auprès de Gluck; la reprise de *l'Opéra de province*, une parodie d'*Armide* qu'il avait eu, une première fois, le crédit de faire suspendre, et qu'on toléra, n'était pas de nature davantage à hâter un retour, que ses infirmités, d'ailleurs, rendaient plus problématique[2].

Piccinni avait accueilli résolûment l'offre d'entrer en lutte avec l'Orphée germanique; il se croyait à la hauteur de ce rôle, et la fortune prodigieuse de l'*Iphigénie* allemande, tout en le désolant, n'avait en rien diminué l'estime qu'il avait de son propre travail. Mais l'auteur primitif de son *Iphigénie en Tauride* s'avisa de se formaliser des remaniements de Ginguené; sa paternité s'en émut : s'il n'était pas parfait, son enfant était à lui, et il le préférait au plus beau fils de la terre. Il avait bien permis qu'on le peignât et le décrassât un peu,

---

[1] *Mémoires secrets*. Londres, John Adamson, t. XV, p. 257, 258.
[2] Ibid., t. XVI, p. 29. 20 octobre 1780. — On insérait, en novembre 1780, dans le *Journal de Paris*, à la date du dimanche 12, une lettre non signée, où l'on disait que, si les représentations avaient été interrompues, ce n'avait été absolument que parce qu'alors l'on s'était trouvé dans la nécessité d'avoir le théâtre libre pour monter plusieurs ouvrages à grandes décorations, et que les machines d'*Écho et Narcisse*, qui étaient en terrassements et en échafauds, étaient d'un déplacement difficile; qu'en tous cas, la pièce avait attiré le même monde jusqu'à la dernière représentation, qui était la vingt-deuxième. Nous avons compulsé les registres de l'Opéra; et. contrairement à l'assertion de *l'abonné*, à cette reprise, *Écho et Narcisse* ne fut joué que neuf fois, et la neuvième (le dimanche 10 août) avec une recette de 1344 fr. 10 s. La cinquième avait fait 689 fr. 2 s. et la sixième 694 fr. 18 s.

17.

mais pas au point de le rendre méconnaissable. Piccinni,
qui ne s'attendait pas à ces difficultés, pria, conjura
l'homme au poëme[1] ; ce fut en vain : il fallut subir son
troisième acte à peu près comme il l'imposait, sauf les
airs et les morceaux de musique qu'il dut respecter. Ce
fut la seule exigence de Piccinni, mais il s'opiniâtra et
obtint du vaniteux poëte que ces apports étrangers seraient soufferts.

L'auteur d'*Atys* ne sut que plus tard, peut-être avec le
public, à combien peu avait tenu que ce merveilleux livret ne lui échût point. Dubreuil, en tête de sa tragédie,
veut bien nous donner à cet égard tous les renseignements désirables. Son *Iphigénie* était écrite, même avant
l'arrivée en France du maître napolitain. Il l'avait offerte
tout d'abord à Gluck, alors à Vienne, qui lui répondit,
à la date du 10 septembre 1776, qu'il ne pouvait s'engager d'aucune sorte et que, d'ailleurs, une autre *Iphigénie* lui avait été proposée ; mais que, pour le moment, il était absorbé par son *Armide* qu'il comptait
donner l'hiver suivant. En somme, il se réservait de
prendre connaissance des deux ouvrages et d'opter
pour celui qui lui semblerait le plus propre à sa musique. A peine était-il de retour, que Dubreuil se pré-
sentait rue des Fossoyeurs sans le trouver ; une seconde
tentative n'ayant pas été plus heureuse, le poëte se ré-
signa à écrire au chevalier, qui déclina ses offres avec
politesse : sa santé ne lui permettait pas de songer à

---

[1] Voici un échantillon de sa versification. Oreste dit à Thoas :

> Oui, je le suis, je suis le fils d'Agamemnon.

Et Thoas de répondre :

> Eh ! que m'importe à moi qu'il soit ton père ou non !
> Acte IV, scène IV.

faire d'autres opéras, ce qui rendait sans objet la communication qu'on voulait lui faire (4 juin 1777). Cela
n'était pas tout à fait exact, et l'auteur évincé apprenait
que Gluck était déjà aux prises avec l'*Iphigénie* de Guillard. Il fallut donc faire rentrer le manuscrit dans les
cartons; mais, lorsque Devismes fut chargé de la direction de l'Académie royale, les amis de Dubreuil, qui
avaient grande confiance, assure-t-il, en son talent et
son étoile, lui donnèrent le conseil de le porter au nouvel administrateur. La démarche n'avait guère chance
d'aboutir; mais Devismes, que les essais n'effrayaient
point, fut séduit par ce que pourrait avoir de piquant
et de fructueux une lutte sur un même terrain entre
deux rivaux portés, exaltés jusqu'à la frénésie par
leurs partis respectifs. Il n'eût fallu, sans doute, qu'un
poëme unique ; et, si l'on ne voulait pas d'un seul et
même poëme, il eût été équitable que les deux ouvrages
se valussent; mais c'est dont on s'inquiéta peu. Quoi
qu'il en soit, Devismes prend le livret, le lit ou le fait
lire, et, quelques jours après, apprenait à l'heureux
poëte à quel compositeur son chef-d'œuvre était échu.
La représentation d'*Iphigénie* de Piccinni avait été arrêtée pour le 15 janvier 1779, et devait précéder celle
de Gluck, qui, d'ailleurs, avait annoncé qu'il ne revien-
drait qu'après Pâques de la même année[1]. Mais, soit
partialité blâmable, soit force majeure, ainsi qu'il le
prétendait, Devismes, intervertissant les rangs, avait
immolé à son impérieux émule le pauvre Piccinni qui,
comme nous l'avons vu, n'avait su que se résigner et
gémir.

---

[1] *Iphigénie en Tauride*. Avertissement de l'auteur, p. 1, 2, 3

Ces épreuves n'étaient pas les seules, élles étaient les moindres auxquelles allait être soumis l'honnête Napolitain. L'immense succès de l'ouvrage de Gluck établissait à l'avance contre son *Iphigénie* à lui un préjugé redoutable, sinon insurmontable. Voudrait-on oublier l'impression et le souvenir des grandioses beautés de la première partition et comprendrait-on que deux natures essentiellement différentes pussent s'acheminer au même but par des procédés diamétralement opposés? Piccinni était-il bien sûr qu'on lui pardonnât une lutte qui, en Italie, se produisait à tout instant, et qui, chez nous, avait valu tant d'ennemis à Voltaire, malgré la supériorité réelle de ses tragédies sur celles de Crébillon? La peur le prit au dernier moment, une peur telle, qu'il crut à tous les périls et qu'il ne recula pas devant la plus étrange, la plus folle démarche, pour les conjurer. Il adresse au ministre une lettre éplorée où il le conjure d'imposer à tous les journalistes, jusqu'à la douzième représentation, le silence le plus absolu « sur les beautés comme sur les défauts, sur le poëme comme sur la musique, et particulièrement sur les rapports qu'il peut avoir avec l'ouvrage de M. Gluck. » M. Amelot eut pitié du pauvre homme et chargea M. de la Ferté de lui faire comprendre que, lors même qu'une pareille idée serait réalisable, elle serait pour lui plus funeste que protectrice. « Tout ce que je puis faire pour entrer dans les vues de M. Piccini, dont je crois le motif très-louable, c'est d'emploier les moiens qui peuvent dépendre de moi pour engager les journalistes à suspendre au moins pendant quelque tems leurs avis sur les rapports de son ouvrage avec celui de M. Gluck, parce que c'est véritablement là le seul objet qui peut ranimer les querelles entre les partisans de l'un et de l'autre, et que sous ce point de vue seul l'administration peut agir, mais par invitation seulement et non par des ordres[1]. » Mais où Piccinni change de ton et s'exprime avec une résolution qui n'est pas dans ses habitudes, c'est à propos de l'éventualité de représentations simultanées des deux partitions. « Piccinni, déclare-t-il dans le mémoire dont il avait fait suivre sa lettre, a appris que le projet de M. Dauvergne étoit de donner l'Iphigénie de Gluck en même tems que la sienne, il aimeroit mieux retirer son ouvrage que d'établir une rivalité qui annonceroit un esprit de cabale dont il est incapable[2]. » Le ministre répondait, à cet égard, à M. de la Ferté : « Cette demande me parait de toute justice[2]. » Mais le Comité, qui était gluckiste, et se montrera jusqu'à la fin peu bienveillant et même dur envers l'auteur d'*Atys*, réclama contre cette décision si équitable en apparence. « Le Comité a l'honneur d'observer au ministre qu'il s'est privé de cet ouvrage, le seul de Gluck dont la fraîcheur lui promet des recettes avantageuses pour ne pas donner un objet de comparaison trop rapproché de cet auteur avec M. Piccini. Cependant, si le produit de son ouvrage n'étoit pas aussi avantageux à l'Académie que l'on peut l'espérer, le ministre est supplié de ne pas trouver mauvais que l'on reprenne l'*Iphigénie* de M. Gluck assez promptement pour que les recettes ne soient altérées que moins que faire se

---

[1] Archives nationales. Ancien régime. Opéra. 01-629. Lettre de M. Amelot à M. de la Ferté ; Versailles, ce 19 janvier 1781.

[2] Ibid., 01-629. Mémoire de Piccinni au ministre.

pourra¹. » Ce à quoi M. Amelot répliquait en marge
avec quelque impatience : « Ce ne sera qu'à la dernière extrémité qu'il faudra donner l'*Iphigénie* de
Gluck, et ne pas s'en occuper sans prendre mes or-
dres². »

Quoi qu'il en soit, voyant sa requête écartée et poursuivi des mêmes frayeurs, l'Italien essaya de conjurer
l'orage en faisant insérer, le matin même de la première
représentation, dans le *Journal de Paris*, une lettre où
il donne les explications les plus soumises et les plus
humbles à ce public dont cet antagonisme eût dû faire
les affaires en doublant sa curiosité et, par conséquent,
ses jouissances. Cette épître est à reproduire, ne fût-ce
que pour l'opposer à la moins hautaine de celles de
Gluck. Rien ne saurait mieux, en effet, mettre en relief
la différence de nature des deux grands artistes qu'une
étrange fortune avait mis en présence.

Né dans un pays où l'on voit tous les jours le même sujet, le
même poëme mis en musique par différens compositeurs, sans
que cela produise ni partis, ni querelles, ni comparaisons, je n'aurois pas dû m'attendre à exciter la surprise en traitant le sujet
d'*Iphigénie en Tauride;* mais ce qui est consacré en Italie par
l'usage le plus habituel, étant en France une chose au moins singulière, permettez-moi de consigner dans votre journal l'exposé
des circonstances et des motifs qui ont nécessité mon entreprise.
Des querelles, que je puis rappeler parce qu'on jugea à propos
de les rendre publiques, m'obligèrent d'abandonner la musique
d'*Atys*, déjà commencée et de chercher un autre poëme. On me
présenta celui d'*Iphigénie en Tauride*. Je n'ignorois pas que

---

¹ Archives nationales. Ancien régime. Opéra. 01 - 629. Lettre de
M. Amelot à M. de la Ferté ; à Versailles, ce 27 décembre 1780.

² Ibid., 01 - 632. *Compte que le Comité rend au ministre de ce
qui s'est passé en son assemblée du samedi 30 décembre* 1780.

M. Gluck en avoit emporté un à Vienne sur le même sujet, et, sentant mieux que personne tous les désagrémens et tous les risques de la concurrence, jaloux d'éviter tout ce qui pouvoit ranimer des querelles aussi fâcheuses pour celui qu'elles servent que pour celui qui en est la victime, je refusai ce poëme de la manière la plus précise. On revint à la charge quelque tems après. On me donna des preuves convaincantes que M. Gluck renonçoit au projet de revenir à Paris, tant que subsisteroit l'administration qui gouvernoit alors l'Opéra. J'étois sans ouvrage ; on me pressoit de remplir mes engagemens, il ne m'étoit plus permis de songer au poëme d'*Atys ;* je cédai, quoique avec répugnance, et je me mis à travailler. J'achevois le troisième acte, lorsque M. Gluck arriva de la manière la plus imprévue, et donna son *Iphigénie en Tauride.* Il fallut, du moins pour le moment, tout quitter, laisser dans mon portefeuille trois actes faits, et renoncer à toute espérance de les en voir sortir. Si ce malheur n'eût attaqué que ma réputation, j'y aurois été moins sensible. Mais, père de famille, peu favorisé de la fortune, ne pouvant me soutenir que par les fruits de mon travail, il devoit m'être bien dur de voir six mois de ce travail perdu pour mes enfans et pour moi-même. Aussi l'avouerai-je, mon sacrifice n'étoit rien moins que volontaire.

Près de deux ans se sont écoulés depuis que M. Gluck a donné son *Iphigénie.* La mienne ne peut nuire à ses intérêts ni même à sa réputation ; le succès de son ouvrage est décidé depuis longtems ; et je ne puis ni ne veux le détruire. Il ne s'agit d'ailleurs aucunement ici de concurrence, ni de comparaisons toujours désagréables pour des artistes, quand l'esprit de parti s'en mêle. Elles ne peuvent avoir lieu. Ce n'est pas le même poëme, et dans les scènes mêmes données par le sujet, les détails sont si différemment présentés, que j'ose assurer qu'il n'y aura pas dans les deux ouvrages deux morceaux qu'on puisse opposer l'un à l'autre. Si je croyois que ces comparaisons pussent se faire, je ne m'y exposerois pas. Je les ai toujours trop redoutées, même de la part de ceux à qui mes ouvrages ont fait plaisir, et qui croient que je puis leur plaire encore. Je n'ai qu'un seul motif, et je le crois aussi nécessaire qu'irréprochable, celui de ne pouvoir renoncer au fruit d'un travail long et pénible, et dont je n'ai que trop acheté la récompense [1].

---

[1] *Journal de Paris*, n° 22, p. 89, 90. Lundi 22 janvier 1781. Lettre de Piccinni aux auteurs du *Journal de Paris.*

On comprend que si, aux représentations de *Roland*
et d'*Atys*, il y avait eu un concours tumultueux d'amis
et d'ennemis, pour le coup ce dut être bien autre chose
encore. Les deux partis étaient sous les armes, prêts,
celui-ci à saisir le moindre prétexte de chuter la pièce,
celui-là à soutenir vigoureusement l'œuvre du compositeur napolitain. Piccinni, auquel on avait refusé
les grandes cordes tragiques, qui n'était au dire des
Zoïles qu'un écrivain charmant de musique de concert,
avait à convaincre ses partisans aussi bien que ses détracteurs sur les côtés énergiques d'un talent, dont la
grâce et la souplesse ne pouvaient être niées. Mais,
cette fois, l'œuvre entière avait été traitée avec le même
scrupule, et aucune partie n'avait été négligée. Le récitatif, les chœurs sont, en effet, et plus mouvemen-
tés et mieux dessinés, et l'orchestration d'une ampleur
à laquelle on n'était pas préparé. Néanmoins, les deux
premiers actes ne sortirent que médiocrement de son
impassibilité le spectateur qui semblait s'obstiner à
ne pas applaudir[1]. Mais, au troisième, le compositeur
fut le plus fort, et il vit toute la salle transportée à la
belle scène de l'amitié et à l'air de Pylade, le plus remarquable de la partition : *Oreste, au nom de la patrie!* au trio entre la sœur, le frère et l'ami, et aux
deux chœurs des prêtresses de Diane et des sauvages
de la Tauride[2]. L'accueil fait à cette dernière partie
dut récompenser le musicien de la froideur avec laquelle les deux actes précédents avaient été reçus,
et il put se retirer convaincu d'avoir remporté un

---

[1] La Harpe, *Correspondance littéraire*. Paris, Migneret, t. III, p. 195.
[2] Ginguené, *Notice sur la vie et les ouvrages de Nicolas Piccinni*.
Paris, an IX, p. 52, 53, 127.

succès d'autant plus flatteur qu'il l'avait obtenu d'un
auditoire, dont une bonne moitié n'était venue que pour
constater sa défaite. Le recueillement n'avait pas été
assez grand pour permettre de juger l'œuvre en dernier
ressort, surtout de décider de quel côté était la supériorité. Piccinni n'en rentra pas moins plein de confiance dans la seconde épreuve : le public serait moins
turbulent, plus trié, il devait juger avec plus d'équité
et en meilleure connaissance de cause.

Trois jours après [1], niché au fond de sa loge, le maître avait embrassé du regard la foule assemblée ; il
avait bon espoir en son œuvre, et il commençait à
avoir le même espoir en ses juges. Le rideau se lève,
l'opéra est commencé. Piccinni attend avec un vif
tressaillement l'entrée d'Iphigénie, à la première
scène. Elle paraît. Mais qu'a-t-elle ? Ses traits sont
altérés ; ses yeux ont une expression hagarde ; c'est
à peine si ses jambes peuvent la soutenir. Est-ce le
pressentiment des infortunes d'Oreste et des périls
qu'il aura à essuyer ? Est-ce Diane qui agite ainsi sa
prêtresse ? Si c'était cela, le pauvre compositeur, pâle,
effaré, ne suivrait pas avec une anxiété si marquée le
moindre geste de la cantatrice. Mais il ne doute déjà
plus de son malheur : Iphigénie est ivre ! Grâce un peu
à l'aide opportune des prêtresses « empressées à la
soutenir » d'une surtout qui en fut mal récompensée [2],
elle put garder la verticale et aller jusqu'à la fin du
premier acte, au grand étonnement du spectateur.
Rentrée dans la coulisse, elle se plongea le visage dans
une cuvette d'eau, dont la fraîcheur réussit à lui rendre

[1] La première représentation fut donnée le mardi 23 janvier 1781.
[2] *Correspondance secrète.* Londres, John Adamson, 1787, t. XI, p. 78.

quelque sang-froid, mais non son timbre harmonieux
et sa diction pure et enchanteresse. Elle poursuivit son
rôle jusqu'au bout, sans manquer ni à la mesure ni
aux rentrées, sans chanter faux, mais avec un accent
voilé, un regard embrumé par les vapeurs d'une
ivresse imparfaitement dissipée, une monotonie de ton
et de gestes sur lesquels il n'y avait pas à se méprendre[1]. En un instant, circulait ce mot plaisant de
loge en loge : « Ce n'est pas Iphigénie en *Tauride*, c'est
Iphigénie en *Champagne*[2]. »

Malgré l'incroyable aplomb de la pécheresse, qui ne
se laissa pas intimider par la contenance de la salle entière, l'opéra ne fut point écouté. Les Gluckistes eux-
mêmes oublièrent leur animosité pour rire cordiale-
ment d'une aventure dont pour eux tous les côtés étaient
bons[3]. On colportait mille anecdotes piquantes sur la

---

[1] Le collaborateur de Piccinni, Marmontel, avait été victime de la
même aventure pour sa tragédie des *Héraclides*. « J'ai fait entendre
ailleurs (dans la préface de sa pièce) par quel événement tout l'effet de
ce pathétique fut détruit à la première représentation. Mais ce que je
n'ai pas voulu expliquer dans une préface, je puis le dire clairement
dans des Mémoires particuliers. Mademoiselle Dumesnil aimait le vin ;
elle avait coutume d'en boire un gobelet dans les entr'actes, mais assez
trempé d'eau pour ne pas l'enivrer. Malheureusement, ce jour-là, son
laquais le lui versa pur, à son insu. Dans le premier acte, elle venait
d'être sublime et applaudie avec transport. Toute bouillante encore, elle
avala ce vin, et il lui porta à la tête. Dans cet état d'ivresse et d'étour-
dissement, elle joua le reste de son rôle, ou plutôt le balbutia d'un air
si égaré, si hors de sens, que le pathétique en devint risible; et l'on
sait que, lorsqu'une fois le parterre commence à prendre le sérieux en
raillerie, rien ne le touche plus, et en froid parodiste il ne cherche plus
qu'à s'égayer... » Marmontel, *Mémoires*. Ledoux, 1828, t. I, p. 223,
224, liv. IV.

[2] Ginguené, *Notice sur la vie et les ouvrages de Nicolas Piccinni*.
Paris, an IX, p. 53.

[3] Aussi leur en fit-on l'honneur. « Les partisans de ce musicien at-
tribuent aux Gluckistes leurs adversaires une petite aventure assez
sale qui a troublé l'une des dernières représentations. Ces messieurs,

triste héroïne : sa liaison avec M. de Bouillon, la prodigalité inouïe de ce jeune seigneur et l'ingratitude non moins grande de sa maîtresse[1], le récent désastre du fermier général Haudry de Soucy qu'elle venait d'induire dans une faillite de quatre millions[2], enfin les mille chapitres de son très-peu édifiant roman. La pauvre fille devait, au reste, payer de sa vie ses excès. Il n'y avait point à s'illusionner sur sa fin prochaine ; ses traits fatigués, ses yeux cernés mais brillants d'un éclat fiévreux, sa maigreur sépulcrale ne révélaient que trop l'arrêt dont elle était frappée. « La Guerre chantera, jeudi, chez Pluton, » dit Sophie Arnould en entendant cette belle voix applaudie par la foule.

disent-ils, avoient imaginé un plaisant moyen pour arrêter le succès de cet opéra. Connoissant la faiblesse bacchique de la demoiselle La Guerre qui y joue le principal rôle, ils l'ont priée à un grand festin, et l'ont tant fait boire que la princesse lyrique ne pouvoit plus se soutenir. » *Correspondance secrète*, t. XI, p. 73; 7 février 1781.

[1] Le marquis de Bièvre fit les vers qui suivent, lors de la rupture des deux amants.

> Vous êtes surpris que La Guerre
> Ait quitté le pauvre Bouillon :
> Depuis que Turenne est en terre,
> La paix est dans cette maison,
> Et le bon duc hait tant la guerre
> Qu'il en redoute jusqu'au nom.

[2] *Correspondance secrète*. Londres, John Adamson, 1787, t. XI, p. 53; 21 janvier 1781. Contrairement à ses pareilles, Mademoiselle La Guerre était fort avare et devait laisser environ pour trois cent mille livres de billets noirs et trente mille livres de rente. Ses instincts de rapine et d'avarice se portaient sur tout, et nous trouvons une délibération du Comité de l'Opéra présidé par M. de la Ferté, à la date du jeudi 8 novembre 1781, qui nous en apprend à cet égard plus qu'on ne le voudrait pour la triste fille. « Mademoiselle La Guerre, y est-il dit, ayant emporté deux écharpes faisant partie de son habillement, il a été convenu d'en retenir la valeur sur ses appointements si elle ne les fait pas remettre. » Archives nationales. Ancien régime. Opéra. 01-632. — *Mémoires secrets*. Londres, Adamson, t. XXII, p. 99, 100; 16 février 1783. — Grimm. *Correspondance littéraire*, Paris, Furne, t. X, p. 388; février 1781.

Piccinni rentra chez lui, la mort dans l'âme. La coupable ne devait pas, au reste, tromper impunément l'attente d'un public réuni pour entendre autre chose que des hocquets cadencés. Le roi s'était fait rendre compte de ce scandale, qu'il ne trouva pas plus plaisant que ne l'avait trouvé le compositeur. « Eh bien, vous l'avez envoyée en prison? » dit-il à M. Amelot. Cela n'était pas fait encore; mais une pareille question était un ordre. Mademoiselle La Guerre reçut, le soir même, l'invitation de se rendre au For-l'Évêque[1]. Elle ne devait pas y périr de consomption. « On dit qu'il est incroyable combien il s'est bu de différentes sortes de vins au For-l'Évêque pendant sa résidence dans cette prison. Les guichetiers regrettent beaucoup cette brillante pensionnaire[2]. » On la faisait sortir, deux jours après, pour reprendre son personnage « à jeun. » Par une rencontre heureuse, les deux premiers vers de son rôle devenaient de circonstance, et elle eut l'esprit d'en profiter pour détourner la tempête qu'elle n'avait que trop lieu de redouter.

O jour fatal, que je voulois en vain
Ne pas compter parmi ceux de ma vie[3]!

---

[1] Ses camarades eux-mêmes requirent contre l'éhontée créature un châtiment exemplaire. « Le Comité rend plainte contre Mlle La Guerre qui s'est, hier, présentée pour chanter le rôle d'Iphigénie en Tauride dans un état d'ivresse tel, que l'on a craint que la représentation ne pourroit pas avoir lieu. Le scandale que cet événement a causé au public en présence duquel Mlle La Guerre chanceloit et balbutioit son rôle sur la scène a été si marqué que le Comité supplie le ministre de le réparer par une punition aussi authentique que la faute a été grave. » A la marge se trouve écrit : « La dlle la Guerre a subi la punition qu'elle méritoit. » Archives nationales, Ancien régime. Opéra. O1-632. *Compte que le Comité rend au ministre de ce qui s'est passé en son assemblée du samedi 27 janvier 1781.*

[2] *Correspondance secrète.* Londres, John Adamson, 1787, t. XI, p. 74. 7 février 1781.

[3] *Iphigénie en Tauride*, p. 9, acte 1er, scène 1re.

Elle les articula avec une sensibilité et une humilité
si provoquantes que, si quelques-uns sourirent de
l'à-propos, le public en entier accueillit par des bravos
et des applaudissements cette adroite amende honorable. A la fin du premier acte, on lui annonçait que,
grâce à Piccinni et au prince de Guéménée, grand partisan de la musique italienne, la liberté lui était rendue[1].
Cette fois, elle chanta comme un ange, et l'opéra alla
aux nues. Suard crut devoir complimenter le maestro
sur ce *bel ouvrage.* « L'on vous a peut-être dit, monsieur, ajouta-t-il, que j'étois votre ennemi, mais je vous
jure que je ne l'ai jamais été. —Monsieur, répondit
doucement Piccinni, je le crois d'autant plus aisément
que je ne vous ai jamais fait de mal[2]. »

Ginguené nous dit que l'*Iphigénie* de Piccinni eut, de
suite, vingt représentations, et qu'elle eût pu en avoir
davantage, si on ne l'eût retirée brusquement, bien
qu'elle n'eût pas fait jusque-là moins de trois mille livres
par soirées[3]. Mais ses souvenirs ici lui font défaut.

---

[1] Grimm, *Correspondance littéraire.* Paris, Furne, t. X, p. 389; janvier 1781.

[2] La Harpe, *Correspondance littéraire.* Paris, Migneret, t. III, p. 201,
202. Madame Suard parle de cette rencontre, qui, selon elle, eut lieu
à la suite d'une représentation d'*Atys.* « Il étoit si peu disposé à
l'injustice envers Piccinni, homme aussi honnête que doux et simple,
qu'il donna de justes éloges à quelques morceaux de cet opéra, entre autres à l'air du sommeil d'*Atys,* qui me parut ravissant. Il rencontra
Piccini, quelques jours après, à l'Opéra; et M. Suard lui montra sa
peine de ce qu'on l'avoit représenté à lui comme un ennemi de son talent. Ah! Monsieur, lui répondit Piccini, que mes prétendus admirateurs ne me font-ils autant de bien que j'en reçois du moindre éloge
d'un homme tel que vous ! » On sent là un peu l'arrangement. Évidemment, Piccinni ne devait pas se sentir au cœur envers Suard autant de
gratitude. *Essais de Mémoires sur M. Suard.* Paris, Didot, 1820.
p. 151.

[3] Ginguené, *Notice sur la vie et les ouvrages de Nicolas Piccinni,*
Paris, an IX, p. 54.

A la seizième représentation, les recettes qui s'étaient maintenues au chiffre de deux mille et quelques cents livres, étaient tombées à quatorze cent six livres (16 mars). Le Comité saisit ce prétexte pour obtenir du ministre que l'on jouât concurremment les deux *Iphigénies*, en dépit de la réserve expresse de Piccinni, que nous avons vu s'expliquer à cet égard avec une énergie inaccoutumée. La partition de Gluck fut remise, avec le ballet de *Ninette à la cour*, le mardi 27, et arriva au chiffre de deux mille sept cent quatorze livres. Trois jours après, l'*Iphigénie* de Piccinni, avec le même ballet, faisait une recette de trois mille cent trente-huit livres. Cette représentation venait clore l'année théâtrale. La réouverture avait lieu, le 24 avril par l'ouvrage du maître italien. Ce succès remporté sur l'*Iphigénie* de Gluck, qu'il ne faut pas exagérer, parce qu'il ne pouvait y avoir parité entre la représentation d'un opéra nouveau et celle d'une œuvre déjà ancienne, eut, toutefois, pour effet de rendre plus circonspects les Gluckistes ; et la lutte n'eût pas recommencé probablement de si tôt, si les recettes eussent conservé ce niveau. Mais la vingtième étant redescendue à quatorze cent quatre-vingt-trois livres, l'*Iphigénie* de Gluck reparut et fit trois mille cent quinze livres (6 mai) quand, le surlendemain[1] celle de son rival n'obtenait plus que dix-sept cent quarante-neuf livres[2]. Le champ de ba-

---

[1] On lit dans la *Correspondance secrète* : « M. Piccini a eu hier la mortification de voir la recette de son *Iphigénie* réduite à 1,150 livres, tandis que, deux jours auparavant, celle du chevalier Gluck a produit 4,125 livres. » T. XI, p, 245 ; 9 mai 1781. C'est être, tout en se trompant, plus dans le vrai que Ginguené, dont le récit est complétement inexact.

[2] Archives de l'Opéra. Registre des recettes de l'année 1781.

taille demeurait donc au chevalier et à sa partition qui tint l'affiche aux deux représentations dernières ; car l'incendie de l'Opéra venait clore sinistrement une joute, dont l'Orphée allemand, en bonne justice, n'avait pas trop lieu de se plaindre.

Il se plaignait pourtant, avec amertume, de nos procédés, de l'inconstance et de la légèreté de notre goût, et déclarait même renoncer sans retour à plaire à un peuple aussi volage et aussi frivole. On venait de lui écrire, et l'on espérait qu'il finirait par se rendre à nos sollicitations et à nos offres. Mais c'était une illusion qu'il était plus sage de ne pas garder.

Ne croyez pas, mandait-il de Vienne, à la date du 11 mai, tous les bruits qui courent sur mon prochain retour à Paris ; à moins que des ordres supérieurs ne m'y attirent, je n'irai point en cette ville, jusqu'à ce que les François soient d'accord sur le genre de musique qu'il leur faut. Ce peuple volage, après m'avoir accueilli de la manière la plus flatteuse, semble se dégoûter de tous mes opéras, où il ne se porte plus avec la même foule qu'autrefois ; et voilà *le Seigneur bienfaisant,* qui fixe aujourd'hui son attention ; il semble vouloir retourner à ses pont-neufs : il faut le laisser faire[1].

Le maître, quoi qu'il en dît, ne fermait donc pas la porte à l'espérance : il s'agissait pour Paris de revenir à résipiscence. Ce *Seigneur Bienfaisant,* si irrévérencieusement qualifié par lui, était un opéra-ballet du pauvre Floquet, qui avait ses partisans, puisqu'on disait : « les Floquetistes[2]. » Il s'était fait une spécialité, la musique de ballet, et, dans ce dernier ouvrage, qui ne

---

[1] *Mémoires secrets.* Londres, Adamson, t. XVII, p. 197, 198 ; 30 mai 1780.

[2] *Correspondance secrète.* Londres, John Adamson, 1787, t. II, p. 101 ; 5 août 1775.

manquait d'ailleurs ni de fraîcheur ni de naturel[1], les
airs de danse étaient presque tous agréables[2]. Mais Gluck
ne lui pardonnait pas le succès de l'*Union de l'Amour
et des Arts*, qui avait tenu presque en échec son *Alceste*.
Cette animosité n'était pas de nature à inspirer de la modestie à l'artiste français, qui n'estima pas de vengeance
plus effective que de mettre à son tour en musique l'*Alceste* de Quinault, retouché par Saint-Marc. L'ouvrage
achevé, après mille difficultés que l'on devine, sa partition fut distribuée ; mais il suffit de deux répétitions
pour faire abandonner un projet insensé. Floquet seul
ne se rendit point. Il était malade depuis longtemps.
Cette humiliation, qu'il ressentit profondément, porta
le dernier coup à sa santé perdue ; et il mourait, trois
mois après, le 10 mai 1785, deux ans avant le co-
losse avec lequel il avait voulu follement entrer en
lutte[3].

---

[1] Fétis, *Biographie des musiciens*, t. IV, p. 143. —Ce ne fut pas sans
peine que l'auteur réussit à faire jouer l'ouvrage, comme il nous l'apprend dans une lettre au baron de Breteuil, ministre et secrétaire
d'État : « Après la sixième répétition *du Seigneur Bienfaisant*, il fut
agité au Comité de l'Opéra, par gens qui vouloient cabaler comme aujourd'hui, de ne point donner l'ouvrage. Le S Dauberval alors membre du Comité tint ferme contre tous qu'il répondoit du plus grand
succès si l'ouvrage étoit donné. Il le fut en effet, et son pronostique fut
accompli... » Archives nationales. Ancien régime, Opéra. 01 - 626.

[2] Grimm, *Correspondance littéraire*. Paris, Furne, t. X, p. 373 ; décembre 1780.

[3] *Correspondance des professeurs et amateurs de musique* du samedi 26 janvier 1805 (6 pluviose, an XIII), n° 4, p. 27. — Archives nationales. Ancien régime. Opéra. 01 - 626. *Rapport du Comité sur la
séance du vendredi* 18 *février* 1785. Projet de lettre [de M. de la Ferté,
qui renvoyait le compositeur à ses moutons : « Il faut engager le
sieur Floquet, qui s'est déjà distingué dans un genre qui lui paraît plus
propre, à n'entreprendre des ouvrages tragiques que lorsque lui-même
sera sûr d'y réussir. » Mais cette certitude, le pauvre Floquet croyait
l'avoir, et n'attribuait qu'à la cabale le rejet définitif de l'ouvrage, après
deux répétitions.

Le 15 juin 1781, on jouait *Orphée*. A la fin du dernier ballet, un des chefs de la danse s'étant aperçu que le feu était à une frise, fît aussitôt baisser la toile, et le public put s'écouler sans trop de désordre. En moins d'un instant le théâtre fut embrasé. La salle était alors située rue Saint-Honoré, près de la cour des Fontaines et accolée au Palais-Royal, qui n'échappa à une complète ruine que, grâce à l'insuffisance d'un vent constamment au sud et au sud-ouest. « Dans un lieu aussi singulièrement combustible qu'une salle de spectacle, remarque La Harpe, il faut être en faction contre le feu, comme on l'est dans un camp contre l'ennemi[1]. » Ce n'était pas manque de réservoirs : le nombre en était considérable, et l'on admirait même leur installation et la distribution intelligente des tuyaux. Quand vint le sinistre, deux seules choses firent défaut : des pompes en état de fonctionner et de l'eau dans les réservoirs[2]. L'Opéra avait déjà été brûlé en 1763[3], ce qui faisait deux incendies en moins de vingt ans.

En attendant que le dommage fût réparé, l'on songea à ce que les plaisirs du public s'en ressentissent le moins possible. Deux fois la semaine, l'Académie royale donna des concerts dans la salle des Tuileries, l'asile ordinaire des concerts spirituels. On s'y rendit d'abord avec empressement, et les deux musiques ennemies s'y relancèrent comme à l'Opéra. L'affiche por-

---

[1] La Harpe, *Correspondance littéraire*. Paris, Migneret, t. III, p. 244.

[2] *Mémoires secrets* Londres, John Adamson, t. XVII, p. 219, 221, 229, 230 ; 9, 10, 15 juin 1781. — *Correspondance secrète*. Londres, John Adamson, 1787, t. XI, p. 304 ; 11 juin 1781.

[3] Le 6 avril 1763.

tait, un jour, un air italien du chevalier Gluck ; c'était
là de la nouveauté pour nos amateurs, qui ne connaissaient du chevalier que sa seconde manière. En tous cas,
il était important de maintenir sa supériorité même
dans un genre avec lequel il n'avait rompu que volon-
tairement, pour faire mieux, et non, comme le disaient
les partisans des Bouffons, parce qu'il n'avait qu'un
fond très-mince d'imagination et d'idées. Les Piccinnistes, sans doute pour n'être pas témoins de l'ovation,
affectèrent de se retirer au foyer et de livrer la salle
aux admirateurs frénétiques de l'Orphée allemand.
L'air fut applaudi à outrance. Mais, soit hasard, soit
complot, à l'air annoncé avait été substitué un air de
Jomelli, et un air qui avait été sifflé en Italie[1] ! La méprise était cruelle, et les Piccinnistes ne firent rien
pour l'adoucir. Ce n'était pour eux qu'une revanche
indirecte. Quelques mois auparavant, au concert spirituel, Piccinni s'était vu l'objet des acclamations de
la salle entière. Il s'était présenté pour faire exécuter
lui-même un motet de sa composition, dont la mélodie
pleine de suavité enchanta l'assemblée en chagrinant
les Zoïles, qui n'eurent pas le plus petit mot à dire, si
ce n'est que le maître napolitain, auquel on n'avait jamais refusé ni la fraîcheur ni la grâce, était là sur son
terrain propre[2]. Mais l'insinuation n'était pas nouvelle.

Le comte de Falkenstein était venu rendre une seconde
visite à sa royale sœur, et celle-ci mettait tout en jeu
pour amuser ce prince frondeur dont les airs de paysan

---

[1] Grimm, *Correspondance littéraire*. Paris, Furne, t. X, p. 440 ;
juin 1781.

[2] *Mémoires secrets*. Londres, John Adamson, t. XVII, p. 51, 52 ;
5 février 1781.

du Danube ne firent pas fortune à Versailles. Il était naturel, dans cette circonstance, que Gluck défrayât de sa musique le théâtre de la cour. Son *Iphigénie en Tauride* fut jouée au petit Trianon devant l'empereur[1]. Et cette représentation eut un tel succès, qu'il donna au roi l'envie d'entendre *Armide*[2].

Si ce n'est au. moment de la nouveauté, la foule s'était. peu portée aux Tuileries. En attendant la salle provisoire que l'architecte Lenoir faisait construire, on ouvrit au public, faute d'un local plus spacieux, rue Bergère, le petit théâtre des Menus-Plaisirs[3], et l'on donna des fragments et des actes séparés d'opéra qui n'eurent guère plus de succès que les concerts. L'idée vint de reprendre *Écho et Narcisse*[4]. Il était peu probable qu'une troisième exhibition modifiât sensiblement le jugement porté sur la dernière partition du chevalier. C'est pourtant ce qu'il advint, soit, au senti-

---

[1] *Mémoires secrets*. Londres, John Adamson, t. XVII, p. 314 ; 3 août 1781.

[2] *Correspondance secrète*. Londres, John Adamson, 1787, t. XII, p. 21, 29 août 1781.

[3] « Ce théâtre des Menus est charmant, lisons-nous dans les Nouvelles à la main ; c'est le même que Monet avait fait construire, il y a une vingtaine d'années, pour l'opéra-comique de la foire Saint-Laurent. Mais on ne peut y représenter que de petites pièces. » *Correspondance secrète*. Londres, John Adamson, 1787, t. XI, p. 416, 15 août 1781.

[4] En réalité, le mérite de l'idée revient pleinement au collaborateur de Tschudy, à du Roullet, qui, dans un *mémoire* assez pressant et menaçant même, donnait à entendre que cette galanterie était peut-être le seul expédient efficace pour calmer l'irritation grande du maestro. « Il est de fait, dit-il. en finissant, que M. Gluck a été extrêmement sensible au peu d'accueil qu'on a fait à cet ouvrage, qu'il en a accusé en partie l'Académie royale de musique, que ce dégoût a indisposé et ralenti son désir de travailler. Cette reprise le flatteroit et l'engageroit à finir son opéra des *Danaïdes*, qui est une superbe machine, et il est certain d'après les dernières nouvelles, qu'il a toute sa tête et qu'il peut espérer de la seconde saison des eaux de Baden une entière et parfaite guérison. » Archives nationales. Ancien régime. Opéra 01 - 629.

ment de La Harpe, qu'elle semblât mieux en son jour
dans un petit cadre[1], soit que le parterre, plus recueilli,
plus équitable, mettant toute prévention de côté, n'eût
cédé cette fois qu'à son seul instinct. La convenance du
théâtre put, en effet, être pour beaucoup dans ce retour de fortune. Gluck lui-même avait senti tout ce
qu'il y avait de disproportionné entre un ouvrage de
cette étendue et l'immensité de la scène où il se donnait. « Il ne peut y avoir, avait-il dit, de trop grand
théâtre pour *Iphigénie en Tauride*, ni de trop petit pour
Echo et Narcisse[2]. » L'oreille, qui a aussi son optique,
fut étonnée, à cette salle des Menus, de percevoir les
mêmes choses différemment. Il faut dire que Laïs,
encore à ses débuts, était admirable dans le rôle de
Cynire créé par Le Gros. L'*hymne à l'Amour* fit le plus
grand effet et fut bissé; ce qui, soit dit en passant,
bien que cette énormité ne fût pas sans précédents, ne
laissa pas de choquer les délicats qui eussent voulu que
l'on ne tombât point dans des complaisances funestes à
la majesté de notre première scène, funestes aux artistes mêmes qu'on assimilait ainsi aux histrions des
théâtres forains[3].

---

[1] La Harpe, *Correspondance littéraire*. Paris, Migneret, t III, p. 265,
266.

[2] *Mémoires secrets*. Londres, John Adamson, t. XVIII, p. 31 ; 9 septembre 1781.

[3] A Rome, il y avait une amende de cent sequins pour tout morceau
recommencé sans la permission du gouverneur, qui se traduisait par
l'apparition d'un mouchoir blanc qu'on voyait descendre sur le bord
de sa loge; et Grétry, tout jeune alors, pour avoir assez étourdiment
enfreint l'ordonnance, à la première représentation de son premier ouvrage, *les Vendangeuses*, n'échappait au châtiment que par sa présence
d'esprit et sa gentillesse devant l'autorité qui l'avait fait appeler. Grétry, *Mémoires et Essais sur la musique*. Paris, 1789, t. I, p. 106, 107,
108.

La salle de la porte Saint-Martin devait être disponible pour le 5 octobre, selon les engagements de l'architecte. Mais la Chambre de maçonnerie, après inspection du bâtiment, ayant déclaré dans son procès-verbal qu'il manquait de solidité du côté de la rue de Bondi, il fallait avant tout y remédier[1]. Cependant, quoique encore dans tout le désordre de la construction et de l'emménagement, on répéta le nouvel ouvrage de Piccinni, le 22 du même mois, et, 5 jours après, le 27, la salle fut inaugurée, en présence d'une assemblée des plus compactes et des plus brillantes. L'orchestre attaquait les premières notes de l'ouverture d'*Adèle de Ponthieu* avant deux heures de relevée. L'avant-veille, la reine était accouchée d'un dauphin ; ce peuple qui, douze ans plus tard, devait précipiter ses souverains du trône, était dans une allégresse telle, que, le morceau symphonique à peine achevé, au lever de la toile, un cri unanime de : « Vive le roi ! Vive la reine ! Vive monseigneur le dauphin ! » emplit la salle à l'ébranler[2].

Après ces transports qui tenaient du délire, la pièce commençait.

Piccinni avait travaillé sur un poëme du marquis de Saint-Marc précédemment mis en musique par M. de la Borde, l'auteur de l'*Essai sur la musique*, amateur distingué, mais compositeur plus que médiocre[3]. Le rival

---

[1] *Mémoires secrets*. Londres, John Adamson, t. XVIII, p. 83, 12 octobre 1781.

[2] Cette représentation fut donnée gratis pour fêter la naissance du royal nouveau-né.

[3] Il est encore l'auteur d'*Annette et Lubin* et de la *Cinquantaine*. L'on fit sur lui et mademoiselle Guimard, qu'il entretenait et dont la maigreur était proverbiale, l'épigramme suivante :

Après Rameau paraît La Borde,
Quel compagnon ! miséricorde !

de Gluck ne pouvait avoir eu l'idée d'entrer en lutte
avec l'auteur de la première partition ; il n'avait pas
lieu davantage de supposer qu'il pût avoir le dessous,
dans l'hypothèse où l'on s'aviserait d'établir une comparaison entre les deux ouvrages. C'est pourtant ce
qui arriva. A l'exception de trois ou quatre morceaux
agréables, l'œuvre de Piccinni parut, ce qu'elle était
en effet, peu digne de sa réputation et de son talent.
Ce fut au point que ses partisans mêmes, ceux qui
avaient rompu le plus de lances pour lui contre Gluck,
se demandèrent si ce n'était pas là un génie épuisé ou
à la veille de s'éteindre[1]. Cette crainte acquérait plus de
vraisemblance encore, quelques jours après, au concert
spirituel de la Toussaint, où le pauvre Piccinni échouait
tout aussi complétement dans un cantilène sur la naissance du dauphin versifié par le même Saint-Marc.
L'enthousiasme du public attendait du compositeur un
enthousiasme égal, et le silence le plus complet et le
plus glacial démontra surabondamment à celui-ci le
peu de succès qu'il avait obtenu[2]. La partition d'*Adèle
de Ponthieu* n'a pas été gravée, et il faut s'en tenir
au jugement qu'on en porta alors. Ginguené, le biographe et l'ami de Piccinni, qui l'avait en sa possession,
tout en convenant de la chute d'*Adèle*, tout en recon-

> Laissez notre oreille en repos :
> De vos talens faites-nous grâce ;
> De la Guimard allez compter les os,
> Monsieur l'auteur, on vous le passe.

[1] La Harpe, *Correspondance littéraire*. Paris, Migneret, t. III, p. 297.
—En annonçant l'insuccès d'*Adèle de Ponthieu*, les Nouvelles à la main
disaient : « Musique de l'*épuisé* Piccini. » *Correspondance secrète*.
Londres, John Adamson, 1787, t. XII, p. 141 ; 7 novembre 1781.

[2] *Mémoires secrets*. Londres, John Adamson, t. XVIII, p. 119 ; 2 novembre 1781.— *Correspondance secrète*. Londres, John Adamson, 1787,
t. XII, p. 142 ; 7 novembre 1781.

naissant qu'elle est son plus faible ouvrage, est loin d'admettre que le maître ne se retrouve point en maint endroit[1]. Cela est possible. Mais une chose assez curieuse, c'est que l'air que Ginguené présente comme le plus remarquable de la partition : *Suivons le penchant qui m'entraîne*, qu'il dit brûlant de jalousie, de menace et de fureur, opposé à l'air de La Borde, lui parut inférieur, ainsi que la marche du troisième acte[2]. La *Correspondance secrète* rapporte qu'à la cinquième représentation, la recette n'excédait pas seize cent cinquante livres[3]. Ce serait la première fois que l'on nous donnerait des chiffres réels, si ceux-ci ne faisaient pas tort au pauvre Piccinni de plus de moitié. La recette s'éleva à trois mille quatre cent quatre-vingt-six livres ; et la dixième et dernière représentation (23 novembre), était encore de dix-neuf mille douze livres[4].

Gluck, quoique absent, dominait toujours à l'Opéra par l'autorité de son nom et de son génie. Il avait opéré une véritable révolution dans la musique, et désormais il allait falloir procéder de lui, bon gré mal gré. « Tout ce qui n'aspire qu'à imiter Gluck, et non pas à lutter contre lui, dit La Harpe avec humeur, est sûr d'une grande faveur parmi nous[5]. » Piccinni lui-

---

[1] Ginguené, *Notice sur la vie et les ouvrages de Nicolas Piccinni.* Paris, an IX, p. 127.

[2] *Mémoires secrets.* Londres, Adamson, t. XVIII, p. 117 ; 1ᵉʳ novembre 1781. — « L'opéra de Laborde, nous dit La Harpe, ne se soutint que par les airs de danse qui étaient de Lebreton (Berton). » *Correspondance littéraire.* Paris, Migneret, t. I, p. 299.

[3] *Correspondance secrète.* Londres, John Adamson, 1787, t. XII, p. 141 ; de Paris, le 17 novembre 1781.

[4] Archives de l'Opéra. Registre des recettes pour l'année 1781.

[5] La Harpe, *Correspondance littéraire.* Paris, Migneret, t. III, p. 325.

même subira sans s'en douter son influence, et l'on
s'en apercevra dans sa *Didon*. Quoi qu'il en soit, le départ de Gluck avait eu pour effet de rendre le public
plus équitable envers lui. *Atys*, si froidement accueilli
à la reprise d'avril 1780, remis de nouveau au théâtre
avec quelques modifications dans le poëme et les ballets, obtint, cette fois, un de ces succès enthousiastes
qui indemniseraient de tous les naufrages. Cette reprise
avait, pourtant, plutôt été arrachée par l'importunité
des auteurs qu'elle n'avait été souhaitée par l'administration, qui en fait l'aveu dans la note curieuse que
nous transcrivons. « Le Comité voyant avec peine
les reproches qu'il ne pourroit éviter de la part de
M. Piccini, s'il renonçoit à la mise d'*Atys* dans la
crainte de trop fortes dépenses, a cherché les moyens
de trouver dans les fonds de magasin de quoi suppléer
aux objets incendiés, il est résulté de ses recherches
que, dans la partie des décorations il n'y auroit à
faire qu'une retouche légère aux nuages des Songes
agréables du second acte, et dans la partie des habits
une dépense d'environ 2,400 livres. » Et le ministre
de répondre : « Puisque cette mise doit peu coûter, il
faut s'en occuper promptement[1]. »

Cette reprise eut encore d'autres conséquences, celle
de révéler dans le rôle de Sangaride une artiste destinée
à être bientôt l'un des soutiens et l'une des gloires de
l'Opéra. Gluck, lors de la distribution d'*Armide*, avait
confié le rôle de Mélisse à une jeune femme de vingt ans,
vêtue de noir, costumée à l'allemande, et des plus ché-

---

[1] Archives nationales. Ancien régime. Opéra. 01 - 632. *Compte que
le Comité rend au ministre de ce qui s'est passé en son assemblée du
samedi 50 novembre 1782.*

tivement accoutrée. Elle venait de loin et avait tenté
successivement la fortune sur les théâtres d'Allemagne,
de Prusse et de Pologne. Le compositeur Lemoyne, qui
l'avait rencontrée à Varsovie, frappé de ses rares dispositions, lui donna des leçons et écrivit même pour
ses débuts un opéra en un acte, *le Bouquet de Collette*.
De retour en France, après une halte de trois ans sur
le théâtre de Strasbourg, elle était venue à Paris, où
Gluck la sortit de son obscurité et de sa misère en lui
fournissant cette première occasion toujours trop lente
à se présenter. Cette tenue, qui faisait plus d'honneur
à ses mœurs qu'à sa bourse, ne devait la recommander
que médiocrement auprès de camarades affichant toutes
un luxe insolent. On trouva qu'elle ressemblait à
madame La Ressource [1]; et bientôt à l'Académie royale

---

[1] Personnage du *Joueur*, de Regnard. Cette madame La Ressource
si chichement vêtue présentement, ne sera pas différentes des autres,
quand le succès et la fortune lui souriront; et l'on en pourra juger
par le petit détail qu'on va lire. Dénoyer, coiffeur de l'Opéra,
avait fourni sur l'ordre de La Suze un faux chignon à Madame
Saint-Huberti, pour le rôle de *Didon* (une reprise) : « 5 once et
demi de cheveux achetée chez Monsieur Brefore, mete perruque, rue
Ste-Apoline à 40 l. l'once. » Joignez à cela 12 livres de façon, et
vous aurez un total de 232 livres ! l'Administration de l'Opéra jette les
haut cris et ne veut pas payer. De là, intervention du syndicat de la
Communauté, qui, cela va sans dire, approuva le mémoire sur tous ses
points. « Nous lieutenant, prévosts, syndics et gardes de la Communauté des maîtres perruquiers de la ville et faubourgs de Paris, après
avoir examiné à fond le chignon dont il est mention cy-dessus, nous ne
pouvons disconvenir que le sieur Breffort, l'un de nos confrères, par
lequel il a été fabriqué pour le sieur Desnoyer, vaut exactement le prix
dont la note est cy-dessus. Arrêté ce jourd'hui en notre bureau le vendredi premier aoust mille sept cent quatre-vingt-huit. » *Figaro* du
mardi 28 juin 1870. — Il fallut payer. Mais injonction fut faite aux pensionnaires de tous grades de ne plus commander de chignons, perru-
ques et toupets, sans que le perruquier ne se fût préalablement expliqué sur le chiffre. Castil-Blaze, *L'Académie impériale de musique*. Paris, 1855, t. I, p. 506. — M. de la Ferté, de son côté, écrivait au ministre,
à la date du 10 décembre 1783 : « Je viens de commander l'habit de Ma-

de musique, elle ne fut plus connue que sous ce so-
briquet. « Madame La Ressource, soit, avait dit Gluck ;
mais cette madame La Ressource sera un jour votre
ressource[1]. » Ce mot avait paru une simple boutade
du chevalier ; il n'était pourtant qu'une prédiction dont
personne ne s'avisera de contester la justesse, quand
on aura dit que cette madame La Ressource n'était
autre que madame Saint-Huberti. Ce petit rôle de
Mélisse, qu'elle chanta et joua, nous dit le *Mercure*,
avec grâce et finesse[2], avait attiré l'attention sur elle,
et, lors de la retraite de Sophie Arnould, on songea naturellement à utiliser un sujet plein d'avenir, qui ne
demandait qu'à faire ses preuves et qui rendait moins
indispensable un sujet arrogant, vivant de son passé,
plutôt un embarras, une entrave, qu'une ressource
pour l'Académie royale de musique. Nous voulons
parler de mademoiselle Le Vasseur, dont les prétentions, la tyrannie s'accroissaient en raison inverse de
ses moyens. La lettre de M. de la Ferté, que nous allons reproduire, est tout un trait de mœurs et des
plus étranges ; elle nous initiera au train du dix-huitième siècle et nous révélera, mieux que des volumes,
la physionomie d'une société assise sur le privilége, et
dont le privilége était la plaie vive.

J'ai vu ce matin mademoiselle Levasseur qui est venu en passant
pour aller à sa terre[3] accompagnée de ses chiens de chasse, elle m'a

---

dame Saint-Huberti, mais cela est terrible... » Archives nationales. Ancien régime. Opéra. 01 - 626.
  [1] Ginguené, *Notice sur la vie et les ouvrages de Nicolas Piccinni*.
Paris, an IX, p. 61, 62.
  [2] *Mercure de France*, p. 149. Octobre 1777.
  [3] Elle avait quitté, depuis 1779, la rue des Fossoyeurs, et habitait un
hôtel que lui avait fait construire son ambassadeur, rue de la Chaus-

dit qu'elle avoit envoyé en avant son ânesse parce qu'elle alloit prendre le lait pendant quelques tems pour se mettre en état de continuer son service ; elle avoit une figure qui ne m'a pas beaucoup inquiété pour sa santé. Elle m'a apporté vos deux lettres originales et remis les deux copies ci-jointes, mais je ne comprends pas ce qu'elle peut demander, car la grâce de 1000 francs d'augmentation des appointemens de la cour en est une bien considérable, et qui auroit dû mettre des bornes à ses prétentions ; lui donner une gratification extraordinaire, quand elle a un traitement de 9000 francs feroit crier tout le monde ; lui donner sa pension étant à l'Opéra en outre de son traitement, c'est chercher de renverser tout ; la laisser aller surtout à l'arrivée de M. Gluck, voilà les ambassadeurs, le chevalier du Roley, et toutes les protections qui crieront haro ; M. Gluck fera alors le difficile, les grands seront en jeu ; j'avoue que ce n'est pas chose aisée que de prendre un parti, surtout à cause de M. Gluck ; le plus expédient seroit je crois de tâcher de prévenir la reine et ensuite que vous mandassiez la D^lle Levasseur, et que vous lui fassiez valoir la grâce de l'augmentation de traitement à la cour, que le roi ne lui a accordé qu'autant qu'elle continueroit ses services à l'Opéra [1].

L'on serait tenté de sourire des perplexités de ce pauvre M. de la Ferté, si tout cela n'avait pas son côté navrant et sombre. Ainsi voilà une actrice sans grande jeunesse, sans voix, qui devrait s'estimer heureuse de n'être pas mise à la retraite, à laquelle on a fait des faveurs sans antécédents, et qui, loin de se tenir pour satisfaite, redouble d'exigences, forte du double l'appui de l'ambassadeur de Vienne, son amant, et d'un compositeur que personne n'oserait contredire,

sée-d'Antin. Cette terre, dont elle parle, et qu'elle tenait également de la générosité du comte de Merci-Argenteau, ne devait pas être trop loin de Paris et, par conséquent, ne serait pas à confondre avec une terre titrée, qui métamorphosait la chanteuse en baronne du saint-empire romain. *Mémoires secrets*. Londres, John Adamson, t. XIV, p. 67, 68 ; 29 mai 1779.

[1] Archives nationales. Ancien régime. Opéra. 01 – 659. Lettre de M. de la Ferté au ministre ; le 17 août 1782 ; p. 187, 188, 189.

personne, pas même la reine, à laquelle on en référera cependant en dernière ressource! Mais Gluck s'était donc laissé fléchir? il reparaîtrait donc parmi nous? Il était effectivement en train de négocier avec l'Académie royale de musique, et le moment n'est pas éloigné où nous assisterons à ces pourparlers mystérieux.

Le succès de cette reprise d'*Atys*, où madame Saint-Huberti s'était manifestée si brillamment, ne devait être que le prélude d'un succès plus grand que tous ceux que Piccinni avait obtenus, même en Italie, durant sa longue carrière artistique. Marmontel a raconté en détail quelles circonstances avaient, malgré tant de dégoûts, décidé le compositeur et le parolier à tenter une fois encore les chances d'une fortune dont ils n'avaient guère eu à se louer jusque-là. Ce fut le maréchal de Duras, son protecteur et son ami, qui négocia cette importante affaire. Le poëte posa ses conditions : changer en pension la gratification annuelle qui avait été promise à Piccinni, lorsqu'on l'avait fait venir en France, et lui en accorder le brevet. Le maréchal accepta galamment ces conditions, et se fit fort de les obtenir, ce qui effectivement eut lieu. Marmontel, depuis longtemps, rêvait une *Didon*, qui fut écrite rapidement. Pour le dérober, nous dit-il, aux distractions de Paris, il engagea le compositeur à venir travailler dans la maison de campagne qu'il venait d'acquérir à Grignon, près de Choisy[1]. Mais il fait erreur ; Piccinni se trouvait alors à Meréville, dans le château de M. de la Borde[2], s'occupant de l'éducation musicale des deux

---

[1] Charavay. *Catalogues de lettres autographes* de la collection du chevalier de R....y. Du lundi 30 novembre 1865, p. 58, n° 418. Lettre de Marmontel à Delatour; 15 mai 1782.

[2] Jean-Joseph de la Borde, qu'il ne faut pas confondre avec l'auteur

filles du banquier de la cour. Il s'était mis à l'œuvre
sans désemparer : dix-sept jours lui suffirent pour noter en entier le chant et la basse de la partition.

> Je passai, raconte Ginguené, une matinée délicieuse à la parcourir
> avec lui. Les larmes me coupaient la voix. Souvent il pleurait lui-
> même ; nous nous arrêtions tous deux. Enfin dans la belle scène
> du troisième acte que précède le chœur des prêtres de Pluton, il
> fondit en pleurs : il me disait en sanglottant : « C'est comme cela
> que je viens de passer quinze jours. Même quand je ne composais
> pas, je ne fesais que pleurer en pensant à Didon ; je me disais
> sans cesse : « La pauvre femme [1] ! »

Madame Saint-Huberti avait été appelée à Grignon :
on voulait se rendre compte de l'effet et de la puissance
d'un rôle qui était toute la pièce. Elle le chanta d'un
bout à l'autre à livre ouvert, et émerveilla les deux auteurs, auxquels cette rapide audition donna confiance.
Chacun tourna ensuite de son côté : la cantatrice emportant son rôle pour l'étudier, chemin faisant, durant un
voyage en Provence ; Piccinni regagnant le château de

---

de l'*Essai sur la musique*. Ses deux filles, dont il est question ici,
épousèrent, Pauline, l'aînée, le baron, depuis duc d'Escars, en 1785 ;
la cadette, Nathalie, Arthur, comte de Noailles, plus tard duc de Mou-
chy, en 1790.

[1] Ginguené, *Notice sur la vie et les ouvrages de Nicolas Piccinni*. Paris,
an IX, p. 64. Piccinni avait déjà fait *la Didone*. Mais on l'a dit déjà, il n'é-
tait pas rare chez les Italiens qu'on traitât deux ou plusieurs fois les
mêmes sujets. Piccinni a composé deux *Olympiades*, deux *Artaserse*,
deux *Alessandro nell' Indie*. Burney demandait à Hasse la note de ses ouvrages : « Il me répondit qu'il avait mis en musique tous les opéras de
Métastase, excepté *Thémistocle* ; quelques-uns jusqu'à trois ou quatre
fois, et tous au moins deux. » Burney, *The present state of music in
Germany, the Netherlands and United Provinces*. London, 1773, t. I,
p. 312. Une chose éminemment curieuse, si elle était possible, ce serait de relever le chiffre formidable des ouvrages écrits sur les poésies
de Métastase par les compositeurs petits et grands du dernier siècle,
en Italie. Cela n'irait pas à moins de quelques milliers de partitions
dont fort heureusement bien peu se retrouveraient dans les bibliothè-
ques et les collections des amateurs.

M. de la Borde, impatient de remplir toute sa partition. Tous les huit jours, il dépêchait un acte à la copie ; en cinq semaines, *Didon* était entièrement écrite, chant et orchestration. « Je l'ai vu ; il faut bien que je le croie ! » s'écrie son biographe. Mais quelque diligence qu'il eût faite, Piccinni avait été devancé par Sacchini, dont on étudiait la *Chimène*.

Cependant *Didon* est distribuée ; on la répète. Madame Saint-Huberti n'étant point de retour, le rôle avait été confié provisoirement à une interprète plus que médiocre. Aussi trouva-t-on *Didon* faible, languissante, ennuyeuse comme la mort. L'on s'étonnait qu'un ami généreux n'ouvrit pas les yeux au compositeur et ne le déterminât point à retirer l'ouvrage. Mais madame Saint-Huberti est revenue et reprend sa place. Elle ne connaissait que son rôle, et cette première répétition eut pour elle toute l'émotion, toute la surprise et tout l'imprévu d'un drame qu'on ignore.

On se rappelle encore, poursuit Ginguené, son terrible jeu muet, son immobilité tragique, et l'effrayante expression de son visage, pendant la longue ritournelle du chœur des prêtres de Pluton, vers la fin du troisième acte, et pendant la durée de ce chœur même. Elle ne fit aux représentations que se replacer dans la position où elle s'était trouvée naturellement à cette première répétition. Assise sur le devant du théâtre, et les yeux fixés sur l'orchestre, dès qu'elle entendit les premiers sons de cette lugubre ritournelle, qu'elle ne connaissait pas, elle pâlit ; elle resta comme si elle eût entendu sa sentence, comme si déjà elle eût senti les affres de la mort. C'est ce qu'elle exprima elle-même très-énergiquement après la répétition. Quelqu'un lui parlait de cette impression qu'elle avait paru éprouver, et qu'elle avait communiquée à tous les auditeurs. « Je l'ai réellement éprouvée, répondit-elle, dès la dizième ou douzième mesure, je me suis sentie morte[1]. »

---

[1] Ginguené, *Notice sur la vie et les ouvrages de Nicolas Piccinni*. Paris, an IX, p. 128, 129.

Madame Saint-Huberti, du reste, elle-même, dans une lettre à un ami, a raconté l'effet qu'elle produisit aux répétitions, l'étonnement, l'ébahissement de l'auditoire, qui avait déjà fait son siége, et qui fut bien forcé de revenir sur son premier arrêt.

Le rôle de Didon étant fait pour moi, pour mes moyens, et étant le seul rôle très-intéressant dans cette pièce, il sera impossible de la donner sans l'avoir vu représenter[1]. Cela a l'air de l'amour-propre; mais je vais vous expliquer ce qui en est. Le rôle de Didon *est tout jeu;* le récitatif en est si bien fait, qu'il est impossible de le chanter.

Un monde infini avoit entendu les répétitions générales de *Didon,* et avoit jugé que c'étoit un des plus mauvais ouvrages de Piccinni. Cet homme se consoloit en disant : « Laissez arriver ma Didon. » A la première répétition que j'en ai faite, on dit : « Ah! ah! mais il a refait la majeure partie de son opéra » (et il n'y avoit que quatre jours d'intervalle). Piccinni entendit cela et dit : « Non, messieurs, je n'ai rien changé au rôle, mais on jouoit *Didon* sans Didon[2]. »

Ce fut le 16 septembre que l'opéra de Piccinni fut représenté à Fontainebleau, où il produisit le plus grand effet[3] : récitatif, airs, chœurs, tout fut trouvé admirable, sauf les rôles d'Énée et d'Iarbe, qui, faibles dans le poëme, n'avaient pu inspirer le musicien. *Didon,* dès le premier soir, fut proclamée le chef-d'œuvre de Piccinni. Un mois après, le 14 novembre, les comédiens italiens jouaient devant le roi *le Dormeur éveillé,* trois actes où se retrouvaient la facilité, l'inépuisable verve, tout le naturel et la grâce de l'auteur de *la*

---

[1] De l'exécuter en province, sans avoir assisté à son jeu.

[2] Castil-Blaze, *l'Académie impériale de musique.* Paris, 1855, t. I, p. 443. Lettre de madame Saint-Huberti à Louis Grégoire, à Aix; le 18 novembre 1783.

[3] Le comte de Ségur, *Mémoires et Souvenirs.* Paris, Didier, 1844, t. I, p. 367.

Cecchina, et qui, interprétés avec esprit par Clairval et madame Dugazon, furent des mieux accueillis.

Le surlendemain de ce succès de *Didon*, c'était le tour de l'opéra de Sacchini tant prôné à l'avance, et qui devait un peu souffrir des exagérations de ses admirateurs. Madame Saint-Huberti, dans la lettre que nous venons de citer, disait, avant la représentation : « On donne aujourd'hui *le Cid* de Sacchini ; c'est une musique enchanteresse... j'y joue ce soir. » A la bonne heure ! Voilà une vraie et grande artiste qui se garde bien d'être exclusive, qui s'éprendra du beau partout où elle le rencontrera, et qui exaltera et interprétera avec la même passion les chefs-d'œuvre des maîtres, qu'ils s'appellent Gluck, Piccinni, Sacchini, Salieri. Mais l'enthousiasme ne préservait pas toujours du caprice, et l'on redevenait trop souvent femme, et femme impérieuse autant et plus que les autres reines de théâtre. Nous avons parlé d'une *Omphale*, à laquelle, sur l'avis même de Gluck, s'était attelé le jeune Lacépède. L'ouvrage achevé avait obtenu une première répétition. Mais les choses en étaient restées là, et ce ne fut qu'après deux années de sollicitations et d'attente, que *Omphale* fut reprise et poussée jusqu'à la répétition générale. « Les acteurs, l'orchestre et les assistants, nous dit Cuvier, lui présageaient un grand succès, lorsque l'humeur subite d'une actrice fit tout suspendre. M. de Lacépède supporta cette contrariété conformément à son caractère, avec douceur et politesse ; mais il jura à part lui qu'on ne l'y prendrait plus, et il se décida à ne faire désormais de musique que pour ses amis[1]. » L'on ne

---

[1] *OEuvres du comte de Lacépède*. Paris, Ladrange, 1826, t. I, p. 9. *Éloge historique du comte de Lacépède*, par M. le baron Cuvier

cite pas la coupable. Nous n'avons à choisir, toutefois, qu'entre madame Saint-Huberti et mademoiselle Maillard[1], qui n'était pas alors en situation d'imposer ses caprices[2], qui n'eût pas même été au théâtre, si ce retrait d'*Omphale* eût eu lieu en 1781, comme le donnent à entendre les deux biographes de Lacépède; car elle ne débuta à l'Opéra qu'en mai 1782 dans le personnage de Colette, du *Devin du village*. Nous avons acquis, du reste, la certitude qu'en juillet 1782, non-seulement *Omphale* attendait son heure, mais encore qu'elle ne figurait point, quoique reçue, parmi les ouvrages nouveaux à jouer et dont une moitié devait forcément être remise à l'année suivante[3]. Il faudrait donc reculer à l'année 1784 ou mieux 1785, le parti violent que prit Lacépède. Mais nous avons vainement cherché les détails de l'aventure dans la correspondance de M. de la Ferté. Quoi qu'il en soit, c'est bien à madame Saint-Huberti que nous avons à nous en prendre. Elle n'était pas toujours facile, et l'on se plaignait de ses hauteurs, de ses exigences de cantatrice acclamée. Mais il y a loin de là, pourtant, à être une mégère, et la femme « la plus méchante qu'il y ait jamais eu à l'Opéra, » comme nous le lisons tout au long dans une note sur les premiers sujets de l'Académie royale.

5 juin 1826. Lacépède avait composé également une *Alcine* et un *Scanderberg*. La première seule a été conservée, les autres partitions furent livrées aux flammes comme l'avait été *Armide*. Voir d'intéressants détails bibliographiques donnés par Quérard dans *la France littéraire,* t. IV, p. 557.

[1] Villenave, *Éloge historique de M. le comte de Lacépède*. Paris, Fournier-Favreux, 1826, p. 20.

[2] Archives nationales. Ancien régime. Opéra 01-266. *État des personnes qui composent le Comité de l'Opéra.*

[3] Ibid., 01-639. *Réponses à des réflexions sur les retards des nouveautés de l'Opéra*, p. 98.

Cuvier assure qu'après cette école, Lacépède prit avec lui-même l'engagement de ne faire désormais de musique que pour ses amis. Cependant le 20 brumaire de l'an X, à une séance de la Société philotechnique, qui l'avait élu son président, l'on exécutait trois fragments de son *Omphale*, que chantèrent Adrien l'aîné et Gavaux : il dirigeait lui-même l'orchestre. « Ces morceaux, nous dit le journaliste de la *Décade*, d'une facture large et théâtrale, d'un style pur, d'une mélodie souvent sublime et toujours attachante, ont été couverts d'applaudissemens[1]. » Et ce ne fut pas l'unique fois qu'il se laissa entraîner à faire de pareilles confidences à un public d'élite[2].

Revenons à l'ouvrage de Sacchini. L'on rendit justice à l'art élevé du maître, à la conception dramatique et cornélienne de l'œuvre. Mais *Chimène*, loin d'effacer *Didon*, dut lui céder le pas. Bien qu'il eût été antérieurement arrêté que chacun des deux opéras serait joué deux fois, celui de Sacchini ne le fut qu'une seule, et l'ouvrage de son heureux rival le fut trois fois, avec un succès toujours croissant. Louis XVI, qui n'était rien moins que mélomane, s'était épris d'un amour tel pour *Didon*, qu'après avoir assisté à deux représentations, il avait voulu en entendre une dernière : « Cet opéra, avait-il dit, me fait l'impression d'une belle tragédie[3]. » La ville ne cassa pas l'arrêt de la cour, et elle

---

[1] *Décade philosophique*, t. XXXI, p. 445.

[2] A l'Institut, classe des beaux-arts, les élèves du Conservatoire exécutaient une ouverture de Lacépède sous la direction de Kreutzer. *Revue philosophique* (ancienne *Décade*), t. XLVII, p. 63, l'an XIV.

[3] Grimm, *Correspondance littéraire*. Paris, Furne, t. XI, p. 499. Extrait d'une lettre de Marmontel à Grimm, du 18 décembre 1783. — « Enfin, dit encore madame Saint-Huberti, dans la lettre que nous venons de citer, c'est la seule pièce jusqu'à présent, à Fontainebleau, qui

ne se montra pas moins favorable qu'elle au nouveau
chef-d'œuvre[1].

Mais une chose qu'il faut constater, dont Ginguené
fait, sans trop s'en douter, le compromettant aveu, c'est
que, si Gluck a quitté le champ de bataille, il se survit
dans ses adversaires eux-mêmes, qui ont ramassé ses
armes et se sont constitués ses imitateurs et ses disciples, instinctivement soit, mais si manifestement que
l'adoption des procédés du maître n'échappe point aux
moins attentifs, et que les Piccinnistes sont bien forcés
d'en convenir quelque peu. L'on avait traité Sacchini de
Gluckiste à l'apparition de *Renaud;* même compliment
devait être fait à Piccinni, compliment ironique peut-
être dans l'intention de ceux qui le lui adressaient, et
qui n'était pourtant que la constatation d'un progrès
dont le public n'était pas seul à profiter. Reproduisons
ces lignes de Grimm ; elles en disent plus long qu'il
n'en veut dire, et sont la reconnaissance la plus fla-
grante de la révolution opérée dans l'art par l'Orphée
allemand.

Les zélateurs de Gluck, ces ennemis si injustes et si décourageans
du talent de son rival, sont les plus grands partisans de *Didon,* et
prétendent que Piccinni s'est fait Gluckiste. Ils ne font point attention que le grand changement opéré dans le *faire musical* de ce
grand compositeur n'est essentiellement produit que par l'intérêt
du sujet, la marche dramatique du poëme[2], et sa coupe plus sem-

ait fait plaisir au roi. Il l'a fait jouer trois fois, lui qui avoit l'Opéra en
horreur. » — Archives nationales. Ancien régime. Opéra 01-634. Lettres de M. de la Ferté à M. Amelot, des 20 octobre et 4 novembre 1783.

[1] *Journal de Paris,* n° 336, p. 1380, 1381 ; du mardi 2 décembre
1783 ; n° 340, p. 1397 ; du samedi 6 décembre.

[2] Les amis de Marmontel lui attribuaient volontiers la meilleure part
dans la réussite. « Le succès de *Didon* m'a fait un vrai plaisir d'autant plus que le succès du poëme est encore moins contesté que celui
de la musique. On critique beaucoup celle du premier acte. Mais a-t-on

blable à celle dont l'*Iphigénie en Aulide* a donné un excellent modèle. Nous ne dissimulerons pas cependant que M. Piccinni a travaillé davantage le récitatif de cet opéra, qu'il y a mis plus d'intention, plus de variété, et surtout plus d'accent de passion et de sensibilité. Ses airs, toujours aussi mélodieux, toujours aussi arrondis, que ceux de *Roland*, d'*Atys*, etc., ont encore de plus une vérité et une énergie d'expression dont ses détracteurs ne le croyaient pas capable[1]...

Mais telles sont les qualités de la musique de Gluck, vérité, précision, récitatif toujours en situation et aussi tragique que le vers qu'il interprète, abandon de l'ornement parasite au profit de la passion, qu'étouffe dans les opéras italiens une abondance déplacée, provoquant l'oreille, quand c'est le cœur qu'il importait de toucher. Faire honneur à l'auteur des paroles de cette heureuse transformation ne saurait être sérieux. L'on cite l'*Iphigénie en Aulide;* mais est-ce que Gluck lui-même n'a pas travaillé sur un poëme de Quinault, et son *Armide* est-elle différemment écrite qu'*Orphée* et *Alceste?* Convenons que, dans *Didon*, Piccinni a subi l'influence de son puissant rival, qu'il s'est plus ou moins assimilé sa manière et que, sans cet antagonisme fécond, il nous eût donné une tout autre *Didon*, avec de charmants détails, de la sensibilité, de la grâce, une grande richesse de mélodie, mais privée de ce récitatif si bien fait *qu'il soit impossible de le chanter,* pour parler comme madame Saint-Huberti, mais dénuée de ces qualités primordiales sans lesquelles pour les modernes le drame lyrique n'existe point. On pouvait s'y trom-

---

raison? j'en doute. » Étienne Charavay, *Catalogue d'autographes* du lundi 2 mai 1870, p. 2, n° 147. Lettre de Saint-Lambert à Marmontel; au Val, 8 novembre 1783.

[1] Grimm, *Correspondance littéraire.* Paris, Furne, t. XI, p. 496; décembre 1783.

per alors, au plus fort de la mêlée ; mais maintenant, et depuis longtemps, la question est décidée et si bien décidée que l'école dramatique italienne jusqu'à Piccinni et Sacchini, dont quelques érudits s'avisent seuls de relire les partitions, n'existe qu'archéologiquement.

Ainsi tout souriait, tout réussissait à l'heureux Piccinni, et l'auteur de *la Colonie* et de *l'Olympiade* semblait n'être entré en lutte avec lui que pour rendre plus éclatant le génie de son rival. Il ne s'était jamais senti plus de fécondité, plus de sensibilité, une imagination plus riante. Les mauvais jours étaient passés, et cette paix, cette gloire indiscutée, qui avaient toujours fui devant lui, il les tenait enfin et s'apprêtait à en savourer les délices, sans regarder en arrière, sans supputer tout ce qu'elles lui avaient coûté de tribulations, d'angoisses, de larmes secrètes. Hélas ! ce n'était là qu'un sourire fugitif de l'aveugle déesse ! Le 15 janvier, l'Académie royale donnait *la Caravane* de Grétry. Certes, il n'y avait aucune comparaison possible entre cet ouvrage et *Didon;* mais la nouveauté et la variété du spectacle, l'originalité de la donnée, les danses du bazar, un dénoûment intéressant, une fête brillante que venait clore des plus heureusement ce mobile panorama, prêtaient à une musique allègre, sémillante, facile à saisir ; et l'accueil enthousiaste du parterre et des loges, dès le premier acte, fit présager un succès qui tiendrait au moins en échec l'éblouissant succès de *Didon*. L'on conçoit l'indignation des partisans du maître. Il semblerait, toutefois, qu'il n'y avait qu'à se résigner et à attendre ; c'eût été sans doute l'avis du paisible et sage Piccinni. Mais ses amis n'é-

taient pas habitués à attendre de lui le mot d'ordre;
ils ne le consultaient guère, et le compromettaient
sans lui demander antérieurement son agrément. Cette
fois encore, ils se conduisirent avec tant de prudence
et de mesure, que le lieutenant de police, Le Noir,
dut intervenir et consigner à la porte du théâtre un
jeune architecte du nom de Moulgue, qui avait fait tapage : il était, comme on le voit, dans les destinées du
maëstro de passionner nos Vitruve. Les Piccinnistes
crièrent à l'indignité, à un tyrannique abus de pouvoir, quand on était fondé à leur reprocher avec infiniment plus de raison leur peu de loyauté et d'équité à
l'égard d'un compositeur de talent qui n'avait d'autres
torts que d'avoir réussi. Ces violences maladroites ne
pouvaient que desservir la cause de Piccinni, et faire
beau jeu aux Gluckistes, qui se prirent d'une grande
passion pour cette même *Caravane*, qu'ils eussent incontestablement chutée en toute autre occasion; et Suard,
dans le *Mercure*, se plut à exalter au delà de toute
mesure l'ouvrage de Grétry, dont sûrement à ses yeux
le moindre mérite n'était pas de faire contre-poids à
l'œuvre la plus acclamée du rival de Gluck.

IX

LE CONSERVATOIRE. — SALIERI. — LES DANAIDES. — LETTRE DE
CALZABIGI. — DIANE ET ENDYMION. — PÉNÉLOPE.

Comme on l'a vu, par l'histoire même de la jeunesse
de Piccinni, depuis longtemps l'Italie, dans ses centres
principaux, entretenait à grands frais des écoles musicales où, sous des maitres habiles et consumés du
feu sacré, se développaient à loisir les organisations
prédestinées qui leur venaient de tous les coins de la
péninsule. Rome, Naples, Venise, Milan avaient des
gymnases renommés, pépinières fécondes, auxquelles
l'art est redevable de tant de génies heureux et
créateurs. Les maîtrises de nos cathédrales, tels étaient
nos uniques conservatoires et les réserves où l'Académie
royale de musique recrutait ses premiers sujets. Ce que
ces chanteurs de lutrin avaient de moins contestable;
c'était la sonorité et l'ampleur du timbre, car il s'agissait avant tout d'emplir les vastes nefs de nos églises
gothiques; quant à l'art du chant, l'on ne s'en doutait
guère, et le plus sérieux obstacle que Gluck avait rencontré, ç'avait été, avec l'impéritie de l'orchestre, l'ânerie,
la profonde ignorance de nos chanteurs. Il lui fallut

s'accommoder de pareils interprètes[1] et, quelque paysan
du Danube qu'il fût, ne pas dire tout ce qu'il pensait de
ce grotesque ensemble. Force nous fut bien de reconnaître enfin, toute honte bue, que notre éducation musicale n'était pas à la hauteur de l'art : de l'art italien,
il n'y avait que celui-là. De cette découverte humiliante
à l'énergique résolution d'y remédier, il ne laissa pas,
comme cela se passe d'ordinaire en France, de s'écouler
un long temps. M. Amelot avait quitté l'administration
de l'Opéra, qui faisait partie du département de Paris ;
le baron de Breteuil, son successeur, crut signaler et
honorer son ministère en mettant son attache à la
création d'un établissement dont la nécessité n'était
plus à se faire sentir. Et c'est à son initiative qu'allait
être due l'érection d'une école de musique, dont les
pensionnaires, au chiffre de quinze, seraient accueillis
vers les douze ans pour y recevoir, durant cinq années
consécutives, une éducation spéciale ayant pour base et
pour fondement le solfége, l'étude du chant, de l'accompagnement, et la composition. A cela, toutefois, ne devait
pas se borner l'enseignement. L'on avait compris que le
chant n'est pas le seul apport exigible chez un chanteur
dramatique, qu'il faut encore savoir dire, mimer, se
tenir avec aisance et distinction sur la scène; et il était
question d'adjoindre aux maîtres de chant et d'harmonie des maîtres de déclamation, des maîtres de danse,

---

[1] C'était, du reste, une des charges qu'il avait acceptées. « Le roy,
M**, désirant de fixer en France le S. ch** Gluck dont les talents émi-
nents viennent de se faire connoître par l'opéra d'*Iphigénie* et celui
d'*Orphée,* a bien voulu accorder 6000 l. de gratification annuelle sur
les produits de l'Académie royale de musique, à condition qu'il donneroit ses soins pour former des sujets pour le chant... » Archives nationales. Dépêches. 01-416, fol. 556. Lettre du ministère à M** les admi-
nistrateurs et directeurs de l'Opéra; 2 septembre 1774.

même des maîtres d'armes pour donner de bonne
heure à ces adolescents « l'habitude de ces grâces
nobles et faciles que nos plus grands acteurs n'ac-
quièrent ordinairement que par un long usage de la
scène. » Tel était au début le plan de cette importante
et méritante création, à laquelle le temps et les besoins
ne devaient pas manquer d'apporter de notables modifications.

Piccinni avait sa place toute marqué à la tête d'un
établissement de ce genre, et l'on songea, en effet, dès
l'abord, à l'acquérir à l'institution prête à naître. La
Ferté fut chargé de faire auprès du maëstro des démarches qui furent accueillies froidement. L'auteur d'A-
tys et de Didon répondit que cette place nécessiterait une
assiduité qui s'accorderait mal avec ses autres travaux
et avec ses habitudes de villégiature : il passait six mois
à la campagne, chez M. de la Borde, qui, comme on
le sait, récompensait plus que généreusement les soins
qu'il donnait à ses filles [1]. L'on ne pouvait en vouloir
à un artiste étranger, sans autres ressources que son
talent et dont les charges ne laissaient pas d'être lour-
des, de faire ses conditions et de ne pas troquer des
avantages considérables contre une situation des plus
honorables, à coup sûr, mais qui, exigeant beaucoup,
devait être largement rétribuée. « J'ai l'honneur de
vous envoyer la copie de la lettre que j'ai reçue du sieur
Piccinni, qui n'est sûrement pas de sa composition ;
vous y verrez que c'est la place de directeur qu'il entend, et que de plus, sous un air désintéressé, il demande logement pour lui et sa suitte, ce qui ne peut

---

[1] Archives nationales. Ancien régime. Opéra 01-626. Lettre de M. de
la Ferté au baron de Breteuil ; Paris, ce 24 février 1784.

être : 1.°parce que le local ne le permettroit pas ; 2° parce
que cela entraîneroit beaucoup de fausses dépenses de
meubles et autres sans nombre ; enfin si l'on donnoit
à M. Piccinni une place qui eût l'air de primer trop les
autres maîtres, je suis convaincu que de tous les gens
à talens que l'on a en vüe, il n'en est aucun qui voulût
accepter place sous un étranger, et c'étoit aussi ce qui
m'avoit fait proposer un surintendant de la musique
du roi [1]... » M. de Breteuil, qui nous semble d'ailleurs
moins favorable encore à l'auteur de *Didon* que son
prédécesseur, fut complétement de l'avis de M. de la
Ferté et donna son plein acquiescement à tout ce qu'il
avait décidé, avec même une pointe d'humeur qui était
de trop. « J'ai reçu la lettre, monsieur, que vous avez
pris la peine de m'écrire le 25, avec copie de celle du
Sr Piccinni, et de la réponse que vous lui avez faite
qui est parfaitement bien. Il faut en rester là vis-à-vis
de cet artiste et ne pas le presser davantage, sur la
place qu'on lui a offerte. Je ne regretterai point du
tout qu'il ne l'accepte pas, parce que connaissant comme
je le fais l'avidité italienne [2], il y trouveroit sans cesse
de nouveaux motifs d'augmenter ses demandes. Celles
qu'il fait dans ce moment-ci sont hors de mesure vu la
quantité de logement qu'il lui faudroit pour lui et toute
sa suite [3]... » M. de Breteuil, qui avait jugé Piccinni nécessaire à la consolidation de la création projetée, ne

---

[1] Archives nationales. Ancien régime. Opéra 01-626. Lettre de M. de
la Ferté au baron de Breteuil; Paris, ce 25 février 1784.

[2] M. de Breteuil avait été notre ambassadeur à Naples, et c'était lui-
même qui, comme on l'a vu plus haut, avait été chargé de négocier
l'établissement de Piccinni en France.

[3] Archives nationales. Ancien régime. Opéra 01-654, Lettre du baron
de Breteuil à M. de la Ferté; Versailles, le 27 février 1784.

pouvait être satisfait d'un tel dénoûment; mais, en politique retors qu'il était, peut-être espérait-il un revirement dans les idées de l'artiste, que l'on supposait d'ailleurs céder à quelque influence étrangère. Quoi qu'il en soit, la négociation se renoua, la réflexion modifia sensiblement les prétentions du compositeur qui, en fin de compte, obtint la haute direction de l'école. Richer, Guichard et Langlé lui furent adjoints, mais sous ses ordres; la chaire de professeur échut à l'abbé Roussier, auteur d'excellents ouvrages théoriques sur la musique, et ce fut l'acteur Molé qui fut chargé de la classe de déclamation[1]. Si cet établissement, à sa création, était imparfait comme tout ce qui commence, il était institué dans un esprit bienveillant et libéral qu'il serait injuste de méconnaître. Malheureusement ce n'est pas le tout de rendre l'art et la science accessibles; il faut que ceux devant lesquels on ouvre les portes à deux battants comprennent le prix de pareilles faveurs et ne se montrent ni insensibles ni sourds à l'appel généreux qui leur est fait. Piccinni disait au comte d'Escherny : « C'est bien singulier, le gouvernement me fait une pension de six mille livres pour donner des leçons de chant et former des élèves; il y a deux ans que j'en jouis. Il faut que messieurs les chanteurs français ne croyent pas avoir besoin de mes conseils, car pas un encore n'a paru chez moi[2]. » Les

---

[1] Grimm, *Correspondance littéraire*. Paris, Furne, t. XII, p. 48, 49, 50; février 1784. — *Arrêt du conseil* à l'égard de l'Opéra, auquel il accorde une École de musique, de clavecin, de déclamation, de langue françoise. *Journal de Paris*, n° 28, p. 122, 123; mercredi 28 janvier; et n° 140, p. 603; mercredi 19 mai 1784.

[2] Le comte d'Escherny, *Mélanges de littérature, d'histoire, de morale et de philosophie*. Paris, 1811, t. II, p. 371. On finit pourtant par prendre goût à ces études, et en 1786, Piccinni était récompensé de ses

choses ont un peu changé depuis, et le Conservatoire
de Paris est, à l'heure qu'il est, une machine marchant
et fonctionnant d'une façon régulière. Est-on parvenu
à la perfection, et peut-on sans injustice rêver plus et
mieux ? C'est là une autre question, que nous n'avons
pas à débattre, encore moins à trancher, et que nous
laisserons à vider aux gens du métier, auxquels elle
revient de droit[1].

En dépit de ses déclarations expresses, les amis de
Gluck conservaient encore quelque espérance. Le bruit
s'était répandu de conventions, de pourparlers tout au
moins, avec l'Académie royale, et l'on disait même le
titre de l'ouvrage. Nous lisons dans les *Mémoires secrets*,
à la date du 24 août 1782 : « Tout le parti des
Gluckistes tressaille de joie depuis qu'il a appris que
le chevalier Gluck, entièrement rétabli de sa maladie,
s'est déterminé à se mettre en route pour la France,
et doit arriver à Paris au mois d'octobre avec un opéra
de sa façon, qui est *Hypermnestre*[2]. » Effectivement,
cinq jours auparavant, lecture était faite, en assemblée

---

efforts par une représentation de *Roland* sur le théâtre des Menus, interprété par ses élèves, dont la voix agréable et bien conduite, la déclamation naturelle et sans cris, le jeu simple et vrai émerveillèrent toute
l'assemblée et firent concevoir dès lors les plus grandes espérances.
Ginguené, *Notice sur la vie et les ouvrages de Nicolas Piccinni*. Paris, an IX, p. 71, 72. Quant à la pension de premier maître, d'Escherny
la grossit, comme le démontre un reçu du quartier de janvier 1791, qui
est de 562 l. 10 s.

[1] Au printemps de 1870, à la veille de la guerre, le Conservatoire était
l'objet d'une enquête des plus actives et des plus passionnées. Les spé-
cialités avaient été réunies avec l'espoir qu'il sortirait de ce jury un
plan d'études préférable et auquel nous serions redevables de résultats
plus satisfaisants. Mais nos désastres, qui ont remis en question l'existence même de la patrie, ont naturellement interrompu des inves-
tigations que primaient tant de soins plus pressants et plus urgents.

[2] *Mémoires secrets*. Londres, Adamson, t. XXI, p. 71, 72 ; 24 août 1782.

de l'Opéra, d'une lettre de Gluck dans laquelle il proposait ses *Danaïdes*, paroles et musique, pour la somme de vingt mille livres, s'engageant à être à Paris avec cet ouvrage pour la fin d'octobre. Le chiffre, à premier examen, parut dur ; mais le maëstro avait des amis dans le Comité, et l'affection qu'on lui portait fit trouver de bonnes raisons pour en passer par ces exigences[1]. Le ministre, à moitié convaincu, répondait qu'il communiquerait à la reine les prétentions du chevalier ; et l'acquiescement avait été donné, quand on apprit que la partition n'était pas l'œuvre seule de celui-ci. Cette découverte était bien capable de refroidir les plus ardents, et M. Amelot, qui ne nous semble pas Gluckiste outre mesure, mandait à M. de la Ferté : « Je crois que vous pourriez faire écrire à M. le bailli du Roullet, qui paroît si pressé d'avoir une réponse, qu'ayant été informé que M. Gluck n'avoit fait que les deux premiers actes de l'opéra des *Danaïdes*, et s'en étoit rapporté à un autre compositeur pour le finir, il ne m'étoit pas possible de compter autant sur le succès de cet opéra que sur celui d'un ouvrage qui seroit en entier de la main d'un musicien aussi célèbre, et dont les talens sont aussi connus que ceux de M. Gluck. Qu'en conséquence, j'hésitois infiniment à faire prendre par l'Académie royalle de musique un engagement de 20 m. liv. pour un ouvrage sur le succès duquel les circonstances me permettoient de douter, que je consentirois à faire assurer d'abord 10 m. l., sauf à ne pas hésiter à faire donner le surplus dès que le succès de

---

[1] Archives nationales. Ancien régime. Opéra 01-632. *Compte que le Comité rend au ministre de ce qui s'est passé en son assemblée du 19 août 1782.*

l'opéra auroit été assuré par les trois ou quatre premières représentations. Je ne pense pas qu'une pareille
réponse puisse mécontenter M. Gluck[1]. »

Cette note est de la fin de 1782. Le Comité recevait,
à la date du 20 janvier suivant, communication d'une
nouvelle lettre de Gluck, qui donnait à entendre que
son état de santé ne lui permettrait pas d'entreprendre
un si long voyage, et qu'il était plus que probable que
M. Antonio Salieri, maître de musique de l'Empereur
et des spectacles de la cour, serait chargé de donner
tous ses soins à l'ouvrage; et, dans ce cas, le forfait de
vingt mille francs serait réduit à douze mille. D'après
le contenu même de la lettre, il n'y avait pas à douter
que Salieri ne fût auteur de la musique des *Danaïdes*,
et le Comité lui-même ne se sentit pas disposé à reporter sur un étranger, dont le talent lui était inconnu,
des faveurs que l'Orphée allemand n'avait, jusque-là,
partagé avec personne. Aussi, sur l'autorisation du
ministre, fut-il répondu que par respect pour le génie
de M. Gluck, l'administration avait pu déranger son répertoire de l'automne dernier pour faire place aux *Danaïdes*, qui étaient attendues et annoncées comme étant
son propre ouvrage, que les mêmes motifs de considération ne pouvant exister pour M. Salieri, il n'était
pas possible d'assigner une époque, avant que l'opéra
ne fût examiné, comme c'était l'usage pour tous ceux
qui présentaient des partitions à l'Académie royale de
musique[2]. Mais le chevalier n'était pas homme à se tenir

---

[1] Archives nationales. Ancien régime. Opéra 01-629. Lettre de M. Amelot à M. de La Ferté; Versailles, 1782.

[2] Ibid., 01-632. *Compte que le Comité rend au ministre de ce
qui s'est passé en son assemblée extraordinaire du lundi 20 janvier* 1783.

pour battu. Trois mois plus tard, de la Suze était mandé
par le comte de Mercy-Argenteau, dont on avait invoqué
la puissante intervention, et Son Excellence lui donnait
l'assurance que la musique des deux premiers actes
des *Danaïdes* était bien du chevalier, et que celle du
troisième avait été écrite, sous sa dictée, par Salieri ; il
ajoutait que S. M. I. voulait bien accorder à son maître
de chapelle un congé pour venir présider aux répétitions. Tout cela était pressant, et la question n'était plus
guère que de déterminer une époque plus ou moins rap-
prochée, et qui, en fin de compte, fut ajournée à Pâques
de l'année suivante ; « sur la demande de M. l'ambassadeur de Vienne, » porte, en toutes lettres, l'extrait
des délibérations d'avril 1783. Ainsi, à cette date encore, de son aveu, l'apport du chevalier à l'œuvre entière était de près de moitié, et c'était à coup sûr plus
qu'il n'en eût fallu pour être autorisé à revendiquer
devant le public sa part de collaboration. Sautons à pieds
joints par-dessus ces longues et laborieuses négociations, et arrivons à l'heure solennelle qui devait décider
du sort de cette *Hypermnestre*, tant prônée à l'avance.

Les répétitions avaient divisé les spectateurs privilégiés de ces piquantes séances, qui n'étaient pas tous
les amis de l'auteur. Il y avait là sans doute, pour les
compositeurs qui se disputaient alors la scène de l'o-
péra, un fait menaçant et qui ne devait pas les trouver
indifférents : un nouveau rival surgissant d'Allemagne
et dépêché à titre de continuateurs et d'héritiers par
l'Orphée germanique. Aussi, le sentiment de l'assemblée, après la répétition générale, était-il des plus indécis et des plus contradictoires. « De grands effets
tragiques, peu de chant, de mauvais airs de danse,

voilà le résultat du jugement des connoisseurs qui ne sont pas fanatiques[1].» Au reste, l'on n'était rien moins que sûr du succès à l'Opéra, et nous avons sous les yeux une lettre de M. de la Ferté où il laisse percer son peu de confiance dans le résultat. Mais c'était une raison pour les amis, pour les fidèles de se trouver à leur poste et d'être prêts à tout événement.

La reine n'avait pas manqué de témoigner par sa présence de tout l'intérêt qu'elle portait aux auteurs et à l'ouvrage. Mais alors, déjà, son intervention n'était plus si efficace; et, bien que le respect fût le même, ce n'était plus l'affection, l'idolâtrie d'autrefois. A cette soirée, Marie-Antoinette essuya même un petit dégoût qu'elle ressentit plus vivement qu'elle ne l'eût dû. A cette époque, quand le roi ou la reine, ou un prince du sang paraissait dans sa loge, la salle ne manquait pas de battre des mains avec plus ou moins de chaleur, selon qu'elle était plus ou moins disposée et que le prince était plus ou moins aimé. La reine, comme toujours, fut reçue par les applaudissements du parterre, et peut-être ne lui parurent-ils insuffisants que par comparaison. Le public avait aperçu au balcon le bailli de Suffren, de retour depuis quelques jours de l'Inde. Nous étions si peu favorisés dans notre lutte contre l'Angleterre, et nos désastres avaient été si complets, qu'il était tout naturel que l'on fêtât l'homme qui, dans ces contrées lointaines, avait su défendre et maintenir si glorieusement l'honneur de nos armes. Ce fut comme une commotion électrique. Les battements de mains, les transports, les trépignements,

---

[1] *Mémoires secrets.* Londres, Adamson, t. XXV, p. 252; 25 avril 1784.

« malgré la gêne effroyable où était le parterre, » em-
plirent la salle et ne se continrent que devant une manifestation de l'orchestre qui, partageant cet enivrement et cet enthousiasme, se mit à saluer le héros d'une
fanfare avec les timbales et les trompettes, que l'auditoire bissa avec une persistance dont M. de Suffren dut
être aussi confus qu'attendri[1]. Rien, sans doute, de
plus équitable, et le cœur de la souveraine était assez
généreux pour s'associer à cette ovation spontanée.
Mais la femme n'en fut pas moins blessée, et Marie-
Antoinette, a-t-on dit, n'eut pas la force de dissimuler
le léger dépit qu'elle en avait ressenti[2]. Les Danaïdes
devaient avoir leur tour, et tout ce tapage s'apaisa aux
premières notes de l'ouverture.

Vingt-six ans auparavant, Le Mierre avait traité le
même sujet ; mais la conduite de l'œuvre lyrique n'a-
vait que bien peu de rapports avec son Hypermnestre.
Ce qui émerveilla, ce fut ce déploiement de personnages,
ces masses chorales ou chorégraphiques, qui traver-
saient et emplissaient le théâtre et tourbillonnaient
comme pour dissimuler, aux spectateurs ainsi qu'aux
victimes, le sinistre but auquel tendaient les atroces
filles de Danaüs. La mise en scène devait être à la hauteur de l'action, et il n'y eut qu'un cri sur la décoration
du temple de Némésis. L'embrasement du palais fou-

---

[1] Mémoires secrets. Londres, Adamson, t. XXV, p. 253 ; 26 avril 1784.
[2] Ce n'était pas la première fois que la reine éprouvait de ces petits
dégoûts. Nous lisons dans des nouvelles de Paris et de Versailles, 15 septembre 1776 : « Il (Gluck), assistoit hier lui-même à la trente-huitième
représentation d'Alceste. Quoique Sa Majesté vînt pour la première fois
au spectacle, depuis sa maladie, elle n'a pas reçu les applaudissements
qu'elle avoit droit d'attendre. » Hippeau, le Gouvernement de Normandie
aux dix-septième et dix-huitième siècles. Caen, 1864, t. IV, p. 112.

droyé de Danaüs, qui fait place au Tartare par un coup
de théâtre, fut d'un effet magique. Il est vrai que la critique, comme toujours, trouva bien à faire ses réserves.
« Danaüs, nous dit La Harpe, qui reconnaît, d'ailleurs,
le grandiose du spectacle, est tranquillement assis dans
le Tartare comme sur un canapé ; il fallait le représenter
sur une roche, enchaîné pittoresquement comme Pro-
méthée. A la première représentation on avait imaginé
un gros vautour qui lui mangeait le cœur ; mais ce repas, je ne sais pourquoi, n'a pas ragoûté le public ; et
on ne l'a pas servi une seconde fois[1]. » Gardel, en digne
émule de Noverre, avait donné le mouvement et la vie
à ces foules alignées jusque-là comme des soldats
prussiens, et il avait, avec une intelligence qui ne fut
pas comprise de tout le monde, mêlé les premiers sujets avec les figurants, de façon à tirer de cette apparente confusion les plus grands effets, dans le troisième
acte surtout, l'acte du festin. Quant à la musique, elle
émotionna profondément ce public peu habitué sur
notre première scène lyrique à ces atrocités. Évidemment c'était la manière et le style du maître, et la partition ne pouvait avoir été écrite que par un admirateur
et un élève de Gluck. L'on revint de cette première audition comme ivre, plutôt révolté qu'émerveillé par tant
de forfaits. Les Piccinnistes se refusèrent à admettre
que l'art pût s'engager dans de telles voies : si l'horreur
avait retenu et comme cloué le spectateur à sa place,
sans nul doute, le dégoût l'empêcherait de revenir assister à ces exhibitions malsaines.

Mais la prédiction ne se vérifia point : les représen-

---

[1] La Harpe, *Correspondance littéraire*. Paris, Migneret, t. IV, p. 237.

tations suivantes furent courues avec fureur, et, au
lieu de baisser, le succès sembla croître avec elles.
Le nom de Gluck accolé à celui de Salieri [1] avait, il est
vrai, sa magie et devait aider puissamment à la fortune
de l'ouvrage. Trois semaines après, le bailli du Roullet re-
tournait aux rédacteurs du *Journal de Paris* un billet à
lui adressé par l'auteur d'*Iphigénie*, qui, rendant à César
ce qui appartenait à César, se désintéressait de toute coopération active à l'œuvre de son élève : « Je vous prie,
mon ami, lui mandait-il, de faire imprimer dans le
Journal de Paris la déclaration que je dois faire et que
je fais ici, que la musique des *Danaïdes* est entièrement
de *M. Salieri* et que je n'y ai d'autre part que celle des
conseils qu'il a bien voulu prendre de moi, et que mon
estime pour lui, et mon peu d'expérience m'ont inspiré
de lui donner [2]. » Ce billet est à la date du 26 avril, et
ne fut adressé au *Journal de Paris* par du Roullet que le
15 mai. Fallait-il vingt jours au courrier pour faire
le trajet de Vienne à Paris ? La lettre porte d'ailleurs
la date même de la représentation de l'ouvrage ; l'on
tenait donc à ce qu'elle ne fût divulguée qu'après le
succès d'une manœuvre au moins équivoque et dont
le public pouvait se formaliser à bon droit ? Salieri
comprit qu'une explication n'était pas inutile, et, le
surlendemain, il dépêchait aux rédacteurs du journal
une épître passablement entortillée, comme on en va
juger.

La déclaration de M. le chevalier Gluck, que je viens de lire dans

---

[1] Si Salieri était parfaitement inconnu parmi nous, son nom pourtant
était déjà illustre en Allemagne, et il n'avait pas écrit moins de
quatorze opéras, parmi lesquels une *Armida* en trois actes, en 1771,
six ans avant l'*Armide* de son maître.

[2] *Journal de Paris*, n° 137, p. 597. Dimanche 16 mai 1784.

votre journal, est une nouvelle faveur que je reçois de ce grand homme, dont l'amitié veut faire rejaillir sur moi un rayon de sa gloire.

Il est vrai que j'ai écrit seul la musique de l'opéra des *Danaïdes*; mais je l'ai écrite entièrement sous sa direction, conduit par ses lumières et éclairé par son génie.

Le mérite des idées musicales est trop commun et trop peu de chose par lui-même, pour qu'on ait lieu d'en tirer vanité. C'est l'emploi qu'on en fait, c'est leur application aux paroles, c'est leur marche dramatique qui en constitue tout le prix et leur donne un mérite réel ; et tout ce qu'il y a de bon à cet égard dans l'opéra des *Danaïdes*, je le dois à l'auteur d'*Iphigénie*.

J'aurois donc manqué à la vérité et à la reconnaissance, si je n'avois pas profité de l'honneur qu'il a bien voulu me faire, en me permettant d'associer son nom au mien à la tête de cet ouvrage.

Je vous prie, messieurs, de me faire le plaisir d'insérer cette déclaration dans un de vos plus prochains numéros, vous m'obligerez infiniment. J'ai l'honneur d'être etc.

Signé : ANTOINE SALIERI [1].

Cela est quelque peu paradoxal. L'on a pris des leçons d'un maître ; est-ce à que ce maître, dont on procède, sera l'auteur des œuvres nées ou à naître de ses disciples ? Pour un bel ouvrage, que de pauvre.

[1] *Journal de Paris.* Mardi 18 mai 1784, n° 139, p. 609. Lettre de Salieri aux rédacteurs du *Journal de Paris.* Paris, le 16 mai 1784. — Si la lettre de Gluck ne fut publiée que le 16 mai et dut dormir quelque temps dans la poche du bailli du Roullet, c'est que ce fut, paraît-il, une clause exigée, par Deslauriers.« J'ai vu, dit Fétis, l'acte de vente où l'éditeur s'engageait à payer *douze cents livres,* à la condition que le nom de Gluck resterait sur l'affiche jusqu'à la treizième représentation ; ce ne fut que le matin même de cette représentation que parut dans les journaux de Paris une lettre où Gluck déclarait que Salieri était l'unique auteur de la musique des *Danaïdes*. La direction de l'Opéra lui paya dix mille francs pour la propriété de l'ouvrage, outre trois mille francs pour les frais de voyage, et la reine lui fit un riche présent. » Cet acte, passé entre Salieri et l'éditeur Deslauriers, devint ensuite la propriété d'Imbault, marchand de musique, qui eut pour successeur Janet et Cotelle, chez qui Fétis prétend en avoir pris lecture. *Biographie des musiciens,* 2ᵉ édit. Paris, 1864, t. VII, p. 579.

tés échoiraient à ce chef responsable, qui aurait plus
à s'effrayer qu'à se féliciter de l'étrange paternité que
vous le forceriez à endosser ! Et puis, respect et reconnaissance à part, il y avait là une question de loyauté
dont on faisait trop bon marché. L'auteur des *Danaïdes*
semble perdre de vue que l'Académie royale de musique avait, en dernier lieu, entendu acheter l'œuvre col-
lective de Gluck et de Salieri, et que ses sacrifices étaient
la conséquence d'un pareil engagement. L'on avait donc
abusé de sa confiance pour lui tirer une somme qu'elle
n'eût pas accordée, si elle eût pensé n'acquérir que la
partition de Salieri seul. Remarquons que c'est à la treizième représentation que le nom de Gluck disparaît de
l'affiche ; et dès la troisième représentation, Salieri avait
touché les douze mille francs convenus entre les divers
contractants[1]. L'on voit que les arguments qu'il allègue
pour expliquer ou colorer une tromperie qui avait sa

---

[1] « Le comité, est-il dit, sous le bon plaisir du ministre, a délibéré
de s'engager envers M. Salieri comme représentant M. le chevalier Gluck
de donner comme première nouveauté à la rentrée du spectacle à Pâques prochain, l'opéra des *Danaïdes* et de faire compter à M. Salieri,
après la troisième représentation de cet ouvrage, la somme de
douze mille livres, des deniers de la caisse de l'Académie royale de musique au moyen de laquelle somme, ainsi qu'il en a été convenu, ladite
Académie sera quitte envers Mme Gluck, Salieri et tous autres des droits
et honoraires d'auteurs de parolles et de musique... » Archives nationales. Ancien régime. Opéra. 01—634. *Compte que le Comité rend au
ministre de ce qui s'est passé en son assemblée du lundi 5 janvier
1784.* D'après ce qui précède, il est à penser que Fétis n'aura parlé que
de mémoire de l'acte passé entre Salieri et Deslauriers, et ses souvenirs ne l'auront servi qu'imparfaitement. Quant aux douze cents livres
consenties pour la gravure, cela est bien au-dessous de ce que Gluck
touchait habituellement. Sans doute, Deslauriers savait qu'il n'achetait
point une œuvre de Gluck ; mais Piccinni, Sacchini, Grétry vendaient
leurs partitions trois mille livres, comme cela ressort d'un document
que nous avons eu déjà occasion de citer. Nous avons recherché nous-
même, chez le successeur actuel de Deslauriers, l'acte en question, mais
toutes nos démarches ont été en pure perte : nous n'avons rien trouvé.

gravité, ne pouvait avoir que peu de prix aux yeux de
ceux qui savaient le dessous des cartes. Mais ceux-là
avaient intérêt à se taire, et l'on crut ce stratagème suffisamment pallié par une interprétation sentimentale
qui ne trompa que les simples. En somme, le but principal avait été atteint et, pour le surplus, le public ne
garde guère rancune à qui l'intéresse ou le charme.

Si le succès des *Danaïdes* chagrina un peu Piccinni,
qui croyait avoir acheté par assez de peines et d'efforts
persévérants le droit de jouir en toute sérénité de ses
derniers triomphes, d'étranges révélations, et qui atta-
quaient dans Gluck l'homme et le chef d'école, vinrent
faire diversion et mettre à nu certains secrets dont il
n'allait tenir qu'à la malveillance de tirer le plus grand
profit. L'auteur ou plutôt l'arrangeur des *Danaïdes*,
auquel l'Orphée allemand était déjà redevable du poëme
d'*Echo et Narcisse*, le baron Tschudy, étant mort subitement, quelque temps avant la première représentation de
l'ouvrage, le bailli du Roullet, qui avait toute la confiance
du chevalier, dut se charger des retouches de la dernière heure. Mais la tâche du baron lui-même avait été
assez simple et s'était bornée à un travail d'arrangement ou de dérangement, comme on voudra l'entendre.
La donnée première, la composition et la marche du
drame appartenaient pleinement à l'Italien Calzabigi,
le puissant auxiliaire de Gluck dans sa réforme musicale ; et, si le bailli n'avait pas cru devoir le taire absolument, ç'avait été aussi légèrement que possible qu'il
avait reconnu une paternité qui ôtait bien quelque
mérite au défunt baron et à son collaborateur survivant.
Calzabigi, dont l'amour-propre n'était pas médiocre,
ne fut pas peu surpris et indigné en apprenant le sans-

façon du bailli ; et il décochait, *ab irato*, de Naples où il se tenait, au rédacteur du *Mercure* une lettre foudroyante afin de rétablir les faits et de remettre chacun à sa vraie place.

Dans vos trois extraits[1], monsieur, on ne voit qu'une seule fois mon nom, sur lequel on glisse fort légèrement. Les traducteurs, rédacteurs ou copistes de mon drame (car il paraît qu'ils ont été deux) ont à peine daigné me nommer dans un petit coin de l'avertissement[2] ; je n'y figure que dans le lointain. Peut-être auroit-il été plus convenable d'avouer qu'on avoit traduit mon poëme presque en entier. Mais commençons l'histoire lamentable de mes *Danaïdes*. Ce fut en 1778, et après le grand succès de mon *Orphée* et de mon *Alceste* sur votre théâtre, que M. Gluck voulut,

Iterum antiquo me includere ludo.

Il m'engagea par de grandes promesses à faire pour lui un nouveau drame. J'écrivis une *Sémiramis*, que je lui fis parvenir. J'ignore son sort ; mais peut-être cette aînée court-elle aussi le monde comme sa cadette.

M. Gluck l'approuva beaucoup d'abord ; mais il s'aperçut ensuite qu'elle ne s'adaptoit point aux acteurs qui brilloient alors sur la scène lyrique. Je lui avois parlé autrefois d'une *Hypermnestre* ; il me sollicita si vivement de l'écrire, que je résolus de lui complaire ; il eut cette pauvre *Hypermnestre* à Paris, où il étoit, au mois de novembre de la même année ; il en fut enthousiasmé ; il me manda qu'il la feroit traduire pour la donner au théâtre, c'est là tout ce qu'il m'en apprit.

Après un silence de plus de quatre ans, ce n'est qu'au mois de février de cette année qu'il m'est revenu que M. Gluck alloit mettre incessamment mon *Hypermnestre* au théâtre de Paris ; et que n'ayant pu lui-même en achever la musique, il y avoit employé M. Salieri, qui y avôit travaillé sous sa direction.

Dans l'intervalle, comme on retouche souvent à ses ouvrages,

---

[1] *Mercure de France* ; 1er, 8, 15 mai 1784.
[2] *Les Danaïdes*, tragédie lyrique en cinq actes. Paris, 1784. « On nous a communiqué un manuscrit de M. Calzabigi, auteur de l'*Orphée* et de l'*Alceste* italiens, dont nous nous sommes beaucoup aidés... » *Avertissement*, p. V,

j'avois fait des changemens à ma pièce. Je les aurois communiqués si on avoit daigné me consulter, mais j'étois oublié. On ne vouloit que *beaucoup s'aider* de mon drame. On n'a pas même dit de qui on le tenoit. Cette réticence m'a paru singulière. M. Gluck, qui seul au monde a eu mon manuscrit, peut seul aussi en avoir la raison.

Je m'étois amusé l'année dernière à faire mettre en musique quelques scènes de mon *Hypermnestre*, d'après les idées que j'ai depuis longtemps sur la musique dramatique. J'y employai M. Millico, non moins célèbre chanteur qu'excellent compositeur. Sa musique excita la curiosité de plusieurs grands personnages. On voulut l'entendre à la cour, tandis que S. M. l'Empereur étoit à Naples, et on la trouva admirable.

Comme on avoit disposé de ma tragédie à mon insu, je craignis qu'on ne la fît imprimer de même, et sans mes corrections. Je me déterminai donc à la publier au mois de février dernier, à l'occasion d'une assemblée où il en avoit été exécuté une partie en présence de S. M. le roi de Suède, par les meilleures voix de notre grand Opéra, chez S. E. M⁇ le comte de Razoumousky, envoyé de S. M. l'Impératrice des Russies.

Voilà, monsieur, dans la plus exacte vérité, les aventures de ma vagabonde *Hypermnestre.*

Rien à dire à cette première partie de la lettre (car nous ne sommes ni au bout ni au plus curieux). Évidemment les griefs sont réels. Calzabigi, dont on avait à deux fois réclamé le concours, non-seulement s'est vu écarter, mais encore on a trouvé bon, sans l'en prévenir, de donner à reviser à d'autres un manuscrit qui, certes, n'avait pas été remis au compositeur dans cet unique but. Il y avait là plus qu'un manque d'égards, il y avait un véritable abus de confiance. « Si je n'avois pas, par hasard, s'écrie Calzabigi, fait imprimer ma tragédie, il y a cinq mois, M. Gluck, que j'avois voulu obliger, m'auroit mis dans le cas de passer pour plagiaire. » Nous ne voyons pas trop ce qu'il y a à répondre à cela ; et le bailli du Roullet, qui l'essayera, n'objectera rien qui vaille. On pourrait donc croire la lettre achevée ou près de l'être ; nous sommes loin de compte pourtant ; et ce qui précède n'est, à vrai dire, qu'une entrée en matière.

J'aurois fini ; mais j'ai encore quelque autre chose sur le cœur, il faut que je le soulage. En parlant de la musique des *Danaïdes*, vous observez *qu'on a reconnu aisément dans l'esprit général de la composition, cette manière grande, forte, rapide et vraie qui caractérise le système du créateur de la musique dramatique.*

Voici ce que j'ai à dire à ce sujet.

Je ne suis pas musicien, mais j'ai beaucoup étudié la déclamation. On m'accorde le talent de réciter fort bien les vers, particulièrement les tragiques, et surtout les miens.

J'ai pensé, il y a vingt-cinq ans, que la seule musique convenable à la poésie dramatique, et surtout pour le dialogue et pour les airs que nous appelons *d'azione*, étoit celle qui approcheroit davantage de la déclamation naturelle, animée, énergique ; que la déclamation n'étoit elle-même qu'une musique imparfaite : qu'on pourroit la noter telle qu'elle est, si nous avions trouvé des signes en assez grand nombre pour marquer tant de tons, tant d'inflexions, tant d'éclats, d'adoucissemens, de nuances variées, pour ainsi dire, à l'infini, qu'on donne à la voix en déclamant. La musique, sur des vers quelconques, n'étant donc, d'après mes idées, qu'une déclamation plus savante, plus étudiée, et enrichie encore par l'harmonie des accompagnemens, j'imaginai que c'étoit là tout le secret pour composer de la musique excellente pour un drame ; que plus la poésie étoit serrée, énergique, passionnée, touchante, harmonieuse, et plus la musique qui chercheroit à la bien exprimer, d'après sa véritable déclamation, seroit la musique vraie de cette poésie, la musique par excellence.

C'est en méditant sur ces principes que j'ai cru découvrir la solution de ce problème. Pourquoi y a-t-il des airs comme *Se cerca, Se dice,* de Pergolèse dans l'*Olympiade ; Misero pargoletto* de Léo, dans le *Demophoon,* et tant d'autres dont on ne sauroit changer l'expression musicale sans tomber dans le ridicule, sans être forcé enfin de revenir à celle que ces grands maîtres leur ont donnée ? et pourquoi aussi une infinité d'autres airs admettent-ils des variations, quoique déjà notés par plusieurs compositeurs ?

La raison en est (selon moi) que Pergolèse, Léo et d'autres ont rencontré pour ces airs la vraie expression poétique, la déclamation

naturelle, de manière qu'on les gâte en voulant les changer ; et s'il
y en a d'autres qui sont encore susceptibles de changement, c'est
que nul n'a rencontré jusqu'ici leur véritable musique de déclamation.

J'arrivai à Vienne en 1761 rempli de ces idées. Un an après,
S. E. M. le comte Durazzo, pour lors directeur des spectacles de la
cour impériale, et aujourd'hui son ambassadeur à Venise, à qui
j'avois récité mon *Orphée*, m'engagea à le donner au théâtre. J'y
consentis à la condition que la musique en seroit faite à ma fantaisie. Il m'envoya M. Gluck, qui, me dit-il, se prêteroit à tout.

M. Gluck n'étoit pas compté alors (et à tort sans doute) parmi
nos plus grands maîtres. Hasse, Buranello, Jommelli, Pérès et d'autres occupoient les premiers rangs. Nul ne connoissoit la musique
de déclamation, comme je l'appelle ; et pour M. Gluck, ne pronon-
çant pas bien notre langue, il lui auroit été impossible de déclamer
quelques vers de suite.

Je lui fis la lecture de mon *Orphée*, et lui en déclamai plusieurs
morceaux à plusieurs reprises, lui indiquant les nuances que je
mettois dans ma déclamation, les suspensions, la lenteur, la rapidité, les sons de la voix tantôt chargés, tantôt affoiblis et négligés
dont je désirois qu'il fît usage pour sa composition. Je le priai en
même temps de bannir *i passaggi, le cadenze, i ritornelli,* et tout
ce qu'on a mis de gothique, de barbare, d'extravagant dans notre
musique. M. Gluck entra dans mes vûes.

Mais la déclamation se perd en l'air, et souvent on ne la retrouve
plus ; il faudroit être toujours également animé, et cette sensibilité
constante et uniforme n'existe point. Les traits les plus frappans
s'échappent lorsque le feu, l'enthousiasme s'affoiblissent. Voilà
pourquoi on remarque tant de diversité dans la déclamation de différens acteurs pour le même morceau tragique : dans un même acteur, d'un jour à l'autre, d'une scène à l'autre. Le poëte lui-même
récite ses vers, tantôt bien, tantôt mal.

Je cherchai des signes pour du moins marquer les traits les
plus saillans. J'en inventai quelques-uns ; je les plaçai dans les
interlignes, tout le long d'*Orphée*. C'est sur un pareil manuscrit,
accompagné de notes écrites aux endroits où les signes ne donnoient
qu'une intelligence incomplète, que M. Gluck composa sa musique.
J'en fis autant depuis pour *Alceste*. Cela est si vrai que le succès de
celle d'*Orphée* ayant été indécis aux premières représentations,
M. Gluck en rejetoit la faute sur moi.

A l'égard de *Sémiramis* et des *Danaïdes*, ne pouvant déclamer à M. Gluck ces tragédies, ni employer mes signes que j'ai oubliés et qui lui sont restés avec mes originaux, je me suis borné à lui envoyer d'amples instructions par écrit. Celles pour *Sémiramis* remplissent seules trois feuilles entières. J'en ai gardé une copie ainsi que de celles pour *les Danaïdes.* Je pourrai bien les publier un jour.

J'espère que vous conviendrez, monsieur, d'après cet exposé, que si M. Gluck a été le créateur de la musique dramatique, il ne l'a pas créée de rien. Je lui ai fourni la matière ou le chaos si vous voulez; l'honneur de cette création nous est donc commun.

Les connoisseurs ont été enchantés de ce nouveau genre. De cette approbation générale, je tire une conséquence qui me paroit juste, c'est que la musique faite par M. Millico sur mes *Danaïdes* doit être infiniment supérieure à celle qu'on donne à Paris sur la copie de mon drame.

L'auteur de cette musique (quel qu'il soit, puisque j'apprends que M. Gluck la désavoue) n'a pas suivi ma déclamation que j'ai faite à Vienne, au lieu que M. Millico, en composant la sienne, me voyoit tous les jours, et déclamoit même avec moi les morceaux qu'il en avoit sous la main. Si je ne craignois de vous prendre inutilement un temps précieux, je vous ferois passer mes instructions, mes notes sur le seul monologue d'Hypermnestre, acte IV, scène II. Pour peu que vous le désiriez, je vous les adresserai.

Aussi, monsieur, il n'y a qu'une voix sur l'excellence de la musique de M. Millico; j'espère qu'elle paroîtra quelque jour. J'ose me flatter que le public pensera à cet égard comme l'élite de la noblesse napolitaine et étrangère qui l'a entendue chez M. le comte Rasoumowsky[1].

Il y a de tout dans cette lettre : des faits, qui ont une importance des plus graves, une poétique développée avec une foi robuste qui n'avait d'égale que l'opinion peu modeste que l'on avait de soi, enfin des appréciations et des prétentions étranges, qui viennent gâter ce qu'on a pu dire jusque-là. Ce que Calzabigi rapporte de ses

---

[1] *Mercure de France;* p. 128 à 157, août 1784. Lettre de Calzabigi au rédacteur du *Mercure;* à Naples, le 25 juin 1784.

relations avec le comte Durazzo, ses débuts avec Gluck, la supériorité que semblait lui donner un système nouveau et qu'il considérait comme la pierre philosophale en musique, la docilité du maître pour lequel ces idées semblaient être le *fiat lux*, tout cela, sauf un certain grossissement qu'on imagine, est et doit être véritable, en dépit de la plaisanterie du bailli du Roullet, qui, pour mieux terrasser son adversaire, travestit ses phrases et lui fait dire des inepties. Ce manifeste, inséré dans le *Mercure de France*, était un défi jeté à Gluck, qui n'eût pas gardé le silence si ces allégations eussent été de pure invention. N'oublions pas qu'en d'autres temps, le chevalier avait rendu à son collaborateur une justice excessive et qui l'honore, mais qui l'eût empêché de revenir sur un témoignage que la publicité avait consigné. Dans son épître au rédacteur du *Mercure*, avant son arrivée à Paris, en réponse à la lettre de du Roullet reproduite par ce recueil, l'auteur d'*Orphée* s'était expliqué en toute honnêteté sur la part de chacun et avait loyalement reconnu l'initiative de Calzabigi.

... Je me ferois un reproche encore plus sensible, si je consentois à me laisser attribuer l'invention du nouveau genre d'opéra italien dont le succès a justifié la tentative. C'est à M. Calzabigi qu'en appartient le principal mérite, et si ma muse a eu quelque éclat, je crois devoir reconnoître que c'est lui qui m'a mis à portée de développer les ressources de mon art. Cet auteur, plein de génie et de talent, a suivi une route peu connue des Italiens dans les poëmes d'*Orphée*, d'*Alceste* et de *Pâris*. Ces ouvrages sont remplis de ces situations heureuses, de ces traits terribles et pathétiques qui fournissent au compositeur le moyen d'exprimer de grandes passions, et de créer une musique énergique et touchante. Quelque talent qu'ait le compositeur, il ne fera jamais que de la musique médiocre, si le poëte n'excite pas en lui cet enthousiasme sans lequel les productions de tous les arts sont foibles et languissantes[1].

Ainsi, jusqu'à Calzabigi, Gluck avait fait de la musique italienne, comme Jomelli, Traëtta, Piccinni, et c'est ce qu'il avait déclaré de la meilleure grâce. Ce n'est pas qu'il n'eût antérieurement senti qu'il devait y avoir un art plus élevé, et que ses insuccès à Londres ne lui eussent donné à réfléchir ; mais, s'il comprenait la nécessité d'une réforme, il n'en avait pas trouvé la formule, et Calzabigi la lui avait apportée. Cette transformation était, en somme, plus difficile à mettre en pratique qu'à définir. Encore serait-il bon de rechercher si Calzabigi était créateur au degré qu'il semble le croire, et s'il n'avait point trouvé, tout au moins, le germe de cette réforme chez un peuple médiocrement musical, nous en convenons, surtout à ce moment, mais auquel son esprit exact avait, dès l'origine, fait rencontrer la vraie voie.

Ce seroit un grand mérite à M. Gluck, je l'avoue, d'être le créateur de cette coupe; mais je l'ai déjà dit, il n'en a pas eu la première idée. M. Calzabigi, auteur du poëme de l'opéra d'*Orphée*, étant à Paris, fut frappé de l'effet, de l'ensemble, de la liaison qui se trouvoient dans les opéras de Rameau et de Mondonville. Il admira cet enchaînement de scènes, ces successions variées de formes musicales qui les animoient. Au travers de la pauvreté de notre mélodie gothique, de la stérilité de nos accompagnemens et de l'insipidité de nos sujets, il démêla une forme vraiment lyrique, et qui, appliquée à des sujets plus heureux, revêtue d'une meilleure musique, pouvoit former un nouveau genre plus parfait que ce qu'il avoit jusqu'alors entendu. D'après ces observations, il composa à son retour à Vienne le poëme d'*Orphée*, et choisit M. Gluck pour régaler l'Allemagne d'un opéra *à la française*... c'est donc à

---

[1] *Mercure de France;* février 1773, p. 182, 183. Lettre de M. le chevalier Gluck à l'auteur du *Mercure.*

la France, à Rameau, à Cahusac que M. Gluck doit sa gloire. Nous lui faisons honneur de nos propres dépouilles [1].

Si cela n'est pas trop mal pensé et trop mal dit pour un Coquéau, la thèse en elle-même nous paraît très-soutenable et fort plausible. Ce qui avait jusque-là manqué à notre Opéra, c'était un grand talent qui se fût accommodé de nos idées sur l'art et de notre poëtique. Mais ce que nous avions dès alors, à un degré éminent, c'est l'instinct du drame, ce sentiment inné du vrai, du naturel, de ce qui est logique, que nous poussons même jusqu'à l'excès. La déclamation, celle qu'entend Gluck, nos chanteurs, qui la rencontraient à la Comédie-Française, n'avaient eu qu'à la transporter à l'Académie royale de musique; et, à quelque différences près, la Champmeslé et la Rochois semblaient appartenir au même théâtre. Vinssent les écrivains de génie, la réforme était toute faite. Et, il le faut bien, puisque, encore un coup, l'un des chefs-d'œuvre de Gluck, l'*Armide* avait été composé sur le poëme non retouché de notre Quinault. Cela amincirait sensiblement, nous en convenons, l'apport de Calzabigi et réduirait son intrevention à une application judicieuse de vérités vieilles comme notre théâtre, si elles durent paraître nouvelles et bien hardies partout où régnait la mélodie italienne.

Quant à ces signes, à ces notes, à ces rappels auxquels le poëte attache tant d'importance et dont il surchargeait et noircissait les partitions d'*Orphée*, de *Pâris* et d'*Alceste*, faut-il le dire? nous en faisons bon marché. L'écrivain peut et doit être d'un grand se-

---

[1] *Entretiens sur l'état actuel de l'Opéra de Paris.* Amsterdam, 1779, p. 154, 155.

cours au compositeur pour l'intelligence de son œuvre, comme il le sera au comédien ; mais, à moins que le maître ne soit presque complétement étranger à l'idiome sur lequel il est appelé à écrire, ainsi que cela s'était rencontré pour Piccinni à son arrivée en France, nous ne voyons pas à quoi peuvent servir des annotations qui ne lui apprendront rien sans doute. Le bailli du Roullet, dont le persiflage pourrait être plus léger et plus spirituel, lance cependant au poëte un argument auquel Calzabigi n'a rien à répondre. Comment se fait-il que Gluck, dans ses deux *Iphigénies*, ne soit inférieur ni à *Orphée*, ni à *Alceste* (s'il ne s'est pas surpassé), quand sa prononciation française est plus vicieuse encore que sa prononciation italienne, quand les auteurs des deux poëmes sont de fort mauvais déclamateurs, quand celui d'*Iphigénie en Tauride* ne lui a pas même lu le sien [1], qui fut écrit à Paris et mis en musique à Vienne, quand enfin « l'élève, l'écolier, de M. Calzabigi, » livré à ses propres ressources dans la composition de ces deux ouvrages, n'a point été dirigé, conduit, éclairé par son maître [2] ? Leur succès ne démontre-t-il pas, mieux que tout, qu'il pouvait se passer à la rigueur et sans inconvénient grand, de ces signes, de ces annotations dont vraisemblablement on exagérait quelque peu l'importance ?

Mais, sérieusement, que penser et que dire de cet arrêt d'infériorité porté contre un ouvrage, qu'on ne

---

[1] Notons, en passant, cette phrase qui vient renverser toute la fable relative à Guillard et à ses premiers rapports avec du Roullet et l'auteur d'*Orphée*.

[2] *Mercure de France*, octobre 1784, p. 89, 90. Réponse de l'auteur du poëme des *Danaïdes* à la lettre de M. Calzabigi, aux auteurs du *Mercure* ; Paris, ce 5 septembre 1784.

connaît que par le bruit de son succès, sans se préoccuper le moins du monde de la valeur propre de chacun? M. Salieri peut être un homme de génie et dé-
passer de cent coudées le chanteur Millico ; qu'importe?
« Il n'a pas suivi ma déclamation que j'ai faite à Vienne,
au lieu que M. Millico, en composant la sienne, me
voyoit tous les jours et déclamoit même avec moi les
morceaux qu'il avoit sous la main. » Mais, en disette
de vos conseils, M. Salieri[1] travaillait sous l'œil de
l'auteur d'*Iphigénie en Tauride*, dont l'influence non
plus ne semble pas lui avoir été funeste. Le ressentiment, un ressentiment que nous voulons fondé sur
de légitimes griefs, avait transformé, annulé, pour
mieux dire, tout un passé aux yeux du poëte ulcéré. Ce
Salieri, dont on condamne à l'avance la partition, on
l'avait mieux jugé jadis. On avait été son protecteur,
l'on s'était fait son introducteur près de Gluck lui-même,
et ç'avait été à cette bienveillante initiative que l'auteur
des *Danaïdes* avait été redevable de la représentation de
son premier ouvrage[2]. Quoi qu'il en soit, sans être autrement concluante, la comparaison des deux *Hypermn-
estres* serait même, à l'heure qu'il est, des plus piquantes. Malheureusement la partition de Millico n'a
pas été gravée, et, si le manuscrit n'a pas été anéanti,
nous ignorons dans quelle bibliothèque publique ou
privée il dort enseveli. Mais c'en est assez sur un incident
qui, toutefois, ne laisse pas d'avoir son importance et sur

---

[1] Le premier protecteur de Salieri avait été Gasmann, maître de
la chapelle impériale, qui, l'ayant rencontré à Venise, où il était venu
faire représenter *Achille in Scirc*, s'intéressa à lui, l'emmena à Vienne
et le traita jusqu'à la fin comme son fils.

[2] Mosel, *über das Leben und die Werke des Anton Salieri*. Wien,
1827, p. 30, 45, 75.

lequel nous ne pouvions nous dispenser d'insister.

L'un des grands malheurs de Piccinni c'était de joindre à son peu de connaissance de notre idiome cette traditionnelle indifférence des Italiens pour leurs poëmes. Cette fois encore, à défaut de Marmontel, il s'adressera au premier venu, à un chevalier de Liroux «grand amateur de musique, et que personne jusqu'à présent ne soupçonnoit être poëte[1]. » Il est à croire que le chevalier, qui avait d'excellentes intentions, fit de son mieux; mais ce mieux était loin de suffire, et *Diane et Endymion*, dont il avait d'ailleurs complétement travesti la fable, était peu propre à échauffer l'imagination la plus riante et la plus féconde, ce qui n'empêcha pas le compositeur de concentrer sur cet ingrat canevas toutes les ressources de son inépuisable verve. Le monologue du second acte était traité de main de maître; l'air : *Cesse d'agiter mon âme, vengeance, amour sans espoir*, souleva de tels bravos, que mademoiselle Maillard, qui jouait le rôle de Diane, fut obligée de s'interrompre, et dut remercier le public de ses applaudissements frénétiques. « Jamais ce grand homme, nous dit Grimm, n'a déployé d'une manière plus étonnante toute la puissance de son art, et quel que soit d'ailleurs le sort de l'opéra, ce nouveau morceau n'en sera pas moins du petit nombre de ces créations que le génie seul enfante et qui ne meurent jamais ; c'est le plus bel air que M. Piccinni ait fait en France[2]. » Il n'était pas le seul que l'on eût

---

[1] *Mémoires secrets.* Londres, John Adamson, t. XXVI, p. 189; 10 septembre 1784.

[2] Grimm, *Correspondance littéraire.* Paris, Furne, t. XII, p. 187, 188. — *Journal de Paris*, n° 252, p. 1,068, 1,069 ; mercredi 8 septembre 1784.

pu citer, et l'on signalait, entre autres, au premier acte, l'air d'Endymion : *O doux réveil de la nature ;* et, au troisième : *Ah ! si je perds mon Isménie* [1] *!* Mais cela devait être insuffisant pour galvaniser un cadavre ; et la pièce ne fit que paraître et disparaître, nous dit La Harpe, qui s'en console, il est vrai, et plus facilement sans doute que ne le fit son auteur. « Piccinni a obtenu tant de triomphes, ajoute-t-il, sur la scène lyrique, qu'à peine a-t-on remarqué cette petite disgrâce [2]. »

Encore un coup, bien que Gluck ne fût plus là, ses œuvres, sa poétique, son génie avaient la même autorité ; et son parti n'était ni moins puissant ni moins exclusif. Aussi bien, l'indifférence n'était-elle admise d'aucun côté, et nul n'avait la faculté de rester neutre. C'était surtout à l'Académie française qu'une opinion était indispensable au premier chef, et tout candidat devait préventivement faire connaître s'il était du coin de la reine ou du coin du roi ; les titres et les œuvres ne venaient qu'après. Lorsqu'il s'agit de donner un successeur à d'Alembert comme secrétaire-perpétuel, Marmontel et Suard se mirent sur les rangs [3]. « On a été aux voix ; M. Marmontel en a eu quinze et M. Suard sept. L'ancienneté de réception du premier, la considération acquise par ses travaux littéraires devaient décider le choix de l'Académie en sa faveur ; mais le succès de *Didon* n'y a pas nui ; et c'est un nouveau triomphe du Piccinisme contre le Gluckisme. » La mort de Le Franc de Pompignan venait de laisser un fauteuil

---

[1] Ginguené, *Notice sur la vie et les ouvrages de Nicolas Piccinni.* Paris, an IX, p. 129.

[2] La Harpe, *Correspondance littéraire.* Paris, Migneret, t. IV, p. 265.

[3] Marmontel ne s'en souciait pas d'abord, mais il se ravisa. « C'est maintenant M. de Marmontel qui veut être secrétaire de l'Académie

vacant, et l'abbé Maury, qui avait déjà échoué, on s'en souvient, en pareille rencontre, crut un instant à la possibilité de se concilier les deux camps, et compromit son élection en cherchant cette fois à demeurer l'ami de tout le monde[1]. Les Piccinnistes, cependant, lui pardonnèrent ce manque de décision, et il fut nommé (27 janvier 1785[2]). Mais; on le voit, l'Académie était Piccinniste. En dehors, c'était un peu différent, et les Gluckistes prenaient leur revanche.

Piccinni et Sacchini allaient se trouver, une fois encore, en présence au Fontainebleau de 1785. Ce dernier y venait avec son *Dardanus* médiocrement fêté par les Parisiens, en novembre 1784. D'ordinaire, c'était la ville qui se donnait le plaisir de réformer les jugements de la cour; en cette circonstance, ce fut le contraire qui eut lieu, et *Dardanus* fut accueilli avec des transports d'enthousiasme[3]. Mais ce devait être le chant du cygne pour le maëstro, dont les jours étaient comptés. Quant à Piccinni, il arrivait avec *Pénélope*. Marmontel, dans ses mémoires, avoue s'être complétement mépris sur les ressources dramatiques d'un pareil sujet. L'honnêteté, l'amour conjugal, les vertus intimes du foyer ne sauraient féconder une œuvre théâtrale. Pénélope était, à coup sûr, une fort estima-

---

pour que M. Suard ne le soit pas, écrit M. de Cassini au duc d'Harcourt, le tout en haine de Gluck et de sa musique. » Hippeau, le *Gouvernement de Normandie aux dix-septième et dix-huitième siècles.* Caen, 1864, t. IV, p. 224 ; 19 novembre 1783.

[1] Grimm, *Correspondance littéraire.* Paris, Furne, t. XI, p. 478; novembre 1780.

[2] Ibid., t. XII, p. 278, 279; février 1785.

[3] *Mémoires secrets.* Londres; John Adamson, t. XXX. p. 59, 46; 1785. Extrait d'une lettre de Fontainebleau du 7 novembre.

ble et fort patiente personne ; mais sa longanimité si
méritoire nous laisse calmes et trop calmes, lorsque
l'infortune de cette Didon si emportée, si faible, qui vit
de son amour et ne survivra pas à l'abandon, nous fait
verser des torrents de larmes. Cette erreur du poëte
devait être expiée chèrement par le compositeur, qui
prodigua vainement les trésors de sa riche imagination
pour transformer ce roman naïf et presque ridicule.
L'accueil bienveillant de la cour put donner le change
aux deux amis; mais, à Paris, l'on se montra plus
froid, plus sévère, et il n'y eut pas à se méprendre
sur le peu d'effet que produisit cette tragédie à bonnes intentions, qui, s'il fallait en croire l'auteur des
Incas, n'eût pas été montée avec tout le soin que l'on
était en droit d'attendre. Madame Saint-Huberti, si admirable dans *Didon*, ne le fut pas moins dans *Pénélope;*
mais encore était-il indispensable qu'elle fût secondée.

Marmontel et Piccinni se plaignent amèrement, dans
des lettres qui nous sont restées, des mauvais procédés d'une direction hostile. Il est bon d'entendre les
deux parties ; et, puisque nous avons les pièces en
main, l'on nous saura gré d'entrer dans quelques détails d'un incontestable intérêt. A la suite de la première représentation, Larrivée, qui jouait Ulysse, s'é-
tait senti indisposé, et son état faisait craindre qu'il ne
pût reprendre son rôle de plusieurs jours. Interrompre
l'ouvrage ne pouvait avoir lieu sans une perte réelle
pour le théâtre, qui n'avait rien de prêt, et il fut décidé que l'acteur malade serait remplacé par Moreau.
L'on a vu Marmontel, au sujet de *Roland*, se prononcer
énergiquement sur ces sortes de substitutions. Mais
cette question des doubles devait se présenter fré-

quemment, et il y a trace aussi de conflits de cette nature à l'égard de *Didon*, dans une curieuse lettre du baron de Breteuil à M. de la Ferté, qui édifie pleinement sur la façon dont l'Académie royale de musique entendait contracter avec le poëte et le musicien.

J'ai reçu la lettre, monsieur, que vous avez pris la peine de m'écrire le 20 de ce mois. Vous savez aussi bien que moi que tout opéra dont l'Académie a fait la dépense tant en décorations qu'en habits, et lorsqu'il a été décidé qu'il seroit joué, est devenu une propriété de cette même académie et n'appartient plus aux auteurs. J'ai donc été très-étonné en apprenant que M. Piccini croyoit pouvoir disposer à son gré de l'opéra de *Didon* et en empêcher la représentation lorsqu'on y emploieroit des sujets qui ne seroient pas de son goût. Je ne puis laisser subsister une pareille prétention ; vous voudrez bien, lorsque l'occasion s'en présentera, rappeler au sieur Piccini les droits de l'Académie royale de musique sur les ouvrages dont elle a été mise une fois en possession, et lui faire sentir la différence qui existe à cet égard entre les pièces lyriques et celles destinées à être représentées sur les autres théâtres. Vous n'aurez pas de peine à faire entendre raison sur cet article au sieur Piccini dont l'esprit droit et l'honnêteté me sont connus et qui n'a besoin que d'être éclairé sur les règles pour s'y soumettre [1].

Mais il s'agissait alors de faire succéder, après un chiffre notable de représentations, des doublures au premiers sujets, et non d'imposer un acteur secondaire, au moment où l'ouvrage avait le

---

[1] Archives nationales. Ancien régime. Opéra, 01-634. Lettre du baron de Breteuil à M. de la Ferté ; Versailles, le 25 janvier 1784. Cette thèse n'était pas nouvelle et le ministre, dix ans auparavant, dans une lettre au bailli du Roullet, déjà citée, opposait à ses exigences les mêmes prétentions. Tout opéra, disait-il, ayant été donné plusieurs fois, ne laissait aux auteurs que la faculté d'aider l'interprétation de leurs conseils. A l'égard de la distribution des rôles, elle n'avait jamais été à l'Opéra un droit des auteurs, comme aux Comédies, parce que tout devait être subordonné à la nécessité du service public. Mêmes archives. Dépêches, 01-416. f. 725. Lettre du ministre à M. le bailli du Roullet ; 20 décembre 1774.

plus besoin d'établir et de consolider son succès par
l'interprétation la meilleure. Cependant, le Comité
s'estimait souverainement dans son droit et répondait
aux objections par l'autorité des antécédents. Ainsi,
M. Marmontel se trompait en alléguant qu'il fût
sans exemples que l'on eût vu des doubles à la
seconde représentation d'un ouvrage. « On en pourroit citer plusieurs, répondait le Comité, et notamment *Iphigénie en Tauride* de M. Gluck. » Nous
connaissons sur ce point les exigences de l'Orphée allemand[1] ; et s'il lui arriva de céder, c'est que la concession, toute volontaire de son fait, ne lui paraissait
pas devoir compromettre la fortune de sa partition.
Mais l'on sent qu'il est presque impossible que de pareils arrangements ne soient pas préjudiciables à une
œuvre dramatique[2] ; et le droit que revendiquaient
les auteurs de *Pénélope* nous semble des plus fondés en
stricte équité, car, en leur imposant arbitrairement
une interprétation inférieure, l'on diminuait forcément
leurs chances de succès et de gain. Quoi qu'il en soit, le
Comité concluait à ce que les représentations se pour-
suivissent, sans égards pour les réclamations et du poëte

---

[1] Ses conditions, on ne les a pas oubliées : Ne laisser doubler aucun
rôle, et tenir un opéra tout prêt, au cas où quelque acteur serait incommodé. *Année littéraire*, 1776, t. VIII, p. 327.

[2] Ainsi, nous lisons dans le *Courrier de l'Europe* du 4 mars 1777
n° 56, p. 289, à propos de la reprise même *d'Iphigénie en Aulide* :
« Deux rôles principaux ayant été doublés, à cause d'une indisposition
survenue à ceux qui devoient les remplir, l'opéra s'en est ressenti, et
il n'a pas moins fallu que la grandeur du sujet, l'intérêt de l'action, la
composition ingénieuse des ballets, pour que ce spectacle ne soit pas
tout à fait méconnaissable. » Et remarquez que cela s'était fait à l'insu,
sans doute, de Gluck, qui était alors en Allemagne, et ne reparaissait à Paris qu'à la fin de mai suivant. Pareille chose avait également
eu lieu pour *Cythère;* mais, cette fois encore, Gluck était à Vienne.

et du musicien. Mais M. de la Ferté émit un avis tout différent, par une raison de pure machiavélisme, dont ces derniers n'eussent pas eu à le remercier, s'ils eussent eu connaissance de sa lettre au ministre. « Si cet opéra étoit très-beau, disait-il, peut-être vous prierois-je, monseigneur, de tenir ferme, mais comme cela n'est pas, il ne faut pas donner le plaisir aux auteurs et au parti Picciniste de dire partout que leur opéra est tombé, parce qu'on a fait jouer un double à la place du S. Larrivée.... J'oubliois de vous prévenir, monseigneur, que M. Marmontel étoit persuadé que sa *Pénélope* avoit eu un grand succès à la cour; je l'ai désabusé aussi honnêtement que je l'ai pu[1]. » L'avis de la Ferté était donc d'accorder quatorze jours, à titre gracieux, afin de donner à l'artiste en possession du rôle le loisir de se remettre[2].

Marmontel, qui, plus tard, passait modestement condamnation sur l'insuffisance tragique du poëme, n'était pas d'humeur à se montrer aussi accommodant à l'égard de la musique, qui n'avait pu, quel que fût son mérite, lutter contre une exécution misérable et les iniques manœuvres d'une cabale dont tout était à redouter.

Après un succès vainement disputé à Fontainebleau, écrivait-il à Ginguené, on a eu l'impudence de refuser à M. Piccinni la gratification ordinaire. Je m'en suis plaint à la reine, qui a trouvé cela

---

[1] Archives nationales. Ancien régime. Opéra, 01-626. *Rapport que le Comité fait au ministre de ce qui s'est passé en son assemblée du lundi 19 décembre* 1785. — Lettre de M. de la Ferté à M. de Breteuil; même date.

[2] Cet avis prévalut, et *Pénélope*, qui avait été jouée le 9 décembre 1785, ne fut reprise que le 23 du même mois, ce qui fait exactement quatorze jours d'interruption. Archives de l'Opéra. Registre des recettes de l'année 1785.

très-mauvais, et la gratification a été payée. Mais cette vilenie n'est rien, en comparaison de celles qu'on nous a faites à l'Opéra. Imaginez-vous d'abord toutes les guenilles du magasin employées à vêtir nos acteurs, et la mesquinerie la plus indécente dans les décorations, tandis qu'on prodiguoit les dépenses les plus immodérées, pour mettre au théâtre *Dardanus* et *Panurge*. Mais madame Saint-Huberti décoroit seule notre spectacle, et il avoit un plein succès. Il a fallu, pour le dégrader, faire ce qu'on n'avoit jamais vu ; nous ôter tous nos premiers acteurs, et environner notre sublime actrice de tout ce qu'il y avoit de plus mauvais à l'Opéra. Encore le public, tout indigné qu'il étoit de voir avilir un bel ouvrage, ne l'a-t-il pas abandonné. Pour lui porter le dernier coup, on a fait courir le bruit, dans les foyers et dans les cafés, que madame Saint-Huberti quittoit elle-même son rôle. Elle a été obligée de protester publiquement le contraire, et cette protestation a été imprimée dans les journaux. Enfin on a pris le parti désespéré d'interrompre cette odieuse *Pénélope*, quoiqu'elle eût encore cent louis de recettes ; et *Dardanus* et *Panurge* sont restés maîtres du théâtre [1].

Il n'est pas sans intérêt de joindre, à ces récriminations, les doléances de l'auteur d'*Atys* et de *Didon*.

... Au départ soudain de Vestris, écrivait Piccinni au même Ginguené, les ballets furent livrés aux figurants ; enfin ce fut une véritable prostitution. Ce n'est pas tout encore. Tout cela a produit une infâme parodie de *Pénélope*, jouée à la cour, depuis aux Menus ; et le retard de cent pistoles, qu'on m'avoit promises, à la mise de *Pénélope*, pour compléter les mille écus de pension que je croyois avoir gagnés après *Diane* et *Endymion*. Le ministre, très-mal informé par ceux qui sont à la tête et qui ne cherchent qu'à me nuire, a prononcé, il y a quelques jours, que *Pénélope* ne sera plus donnée, attendu que c'est un ouvrage qui ne fait point d'argent, et qu'elle ne sera point comptée pour la pension. Voilà, mon

---

. [1] Ginguené, *Notice sur la vie et les ouvrages de Nicolas Piccinni.* Paris, an IX, p. 130. Cette lettre est à la date du 23 mars 1786, bien que Ginguené ait négligé de l'indiquer, comme nous avons été à même de le vérifier sur la lettre autographe ; elle est à l'adresse de M. Ginguené aîné, à Reims. Voir Charavay, *Catalogue de lettres autographes* du jeudi 28 novembre 1861, p. 26, n° 256.

cher ami, le but de ces messieurs. Tout est accompli : ils en sont
très-contens : et moi, je ne veux pas représenter au ministre
que *Pénélope*, ainsi prostituée, n'a jamais été au-dessous de
2,000 francs, à l'instant, où les ouvrages prônés n'ont pas donné
quelquefois 1100 francs, et qu'ils ne sont pas retirés : je ne veux
pas présenter de placet : je ne veux pas me plaindre, et je n'aspire plus à l'acquisition de ces cent pistoles ; mais j'aspire à contenter le public, qui ne doit entrer ici pour rien, ni être confondu
avec ces jolis messieurs [1].

Il y a dans tout cela à faire la part du ressentiment,
de l'amertume. Au moins, sur un point, sommes-nous
à même de dire ce qu'il a de vrai ou d'inexact dans
ces récriminations. Tout auteur qui avait donné à l'A-
cadémie royale de musique six ouvrages acclamés avait
droit à une pension de trois mille livres. Piccinni,
s'autorisant de l'article 20 de l'arrêt du conseil du
50 mars 1776, était venu dire au Comité : « J'ai fait représenter *Roland*, *Atys*, *Iphigénie en Tauride*, *Adèle de
Ponthieu*, *Didon* et *Diane et Endymion* ; mes titres sont
incontestables, vous ne pouvez me refuser une pension
méritée par tant de peines et d'efforts. » Mais le Comité
répondait à cela : « C'est six opéras à succès et qui ont
eu un chiffre déterminé de représentations dans l'année, qu'il nous faut : et, si quatre de vos ouvrages ont
rempli ces conditions, ni votre *Adèle*, ni *Diane et Endymion* n'ont eu cette fortune ; et tel est aussi votre avis,
puisque vous êtes occupé en ce moment à retoucher la
musique de la première de ces deux œuvres. » Il faut

---

[1] Nous avons voulu nous assurer du plus ou moins de fondement de
ces plaintes. Piccinni ne dit rien ici que d'exact. *Pénélope* eut, en
tout, neuf représentations, dont la dernière eut lieu le 14 février 1786.
Elles dépassèrent, en effet, 2,000 francs, comme l'auteur le prétend ; et
la neuvième, la plus faible, atteint encore le chiffre de 2,053 francs.
Archives de l'Opéra. Registres des recettes des années 1785 et 1786.

convenir que l'argumentation du Comité était fondée;
et Piccinni, persuadé ou non, dut se courber devant
l'arrêt du ministre, qui ne pouvait que donner raison
au rapport[1]. Dès lors, il n'est guère admissible, con-
venons-en, qu'à la mise de *Pénélope*, il lui eût été promis, comme il le prétend, cent pistoles pour compléter les mille écus de pension qu'il croyait avoir gagnés
après *Diane et Endymion*. Génie patient et fécond, le
compositeur napolitain s'était résigné dans l'espoir que
deux succès prochains viendraient compléter son actif;
et voilà que le ministre, sur l'avis du Comité, déclarait
que *Pénélope* ne serait pas, elle non plus, comptée pour
la pension! L'on comprend tout le chagrin, le désespoir du pauvre artiste humilié et qui voyait fuir encore
l'horizon qu'il croyait toucher. Mais, quoi qu'en dise
Marmontel, *Pénélope* n'était pas un succès, elle n'é-
tait pas faite pour atteindre aux quarante représentations exigées par le règlement.

Tout cela était à relever. Mais ce qui demeure véritable, c'est le mauvais vouloir, ce sont les menées des
ennemis. Aux voyages de Fontainebleau, chaque compositeur qui avait un ouvrage joué, à moins d'un échec
éclatant, recevait une gratification; on la refuse à Piccinni, et il ne faut rien de moins qu'une démarche près
de la reine pour obtenir satisfaction Quoi qu'il en soit,
après le premier moment d'accablement, l'amour du
travail, la conscience de ce qu'il valait, l'espoir d'une
glorieuse revanche lui rendaient vite son énergie. L'on
avait trouvé des défauts à sa *Pénélope,* il les effacera; il

---

[1]Archives nationales. Ancien régime. Opéra, 01-626. *Rapport que le
Comité fait au ministre de ce qui s'est passé en son assemblée du
8 avril* 1785.

supplie Marmontel de ne pas l'abandonner dans cette tâche ingrate et à laquelle il se livre tout entier. « Si après cela, s'écrie-t-il, j'avois le bonheur de réussir, je serois assez vengé. Mais si par malheur la chose tourne mal, alors je céderai les armes et de ma vie je n'entrerai plus en lice. » Hélas ! ce travail entrepris avec tant d'ardeur le devait être en pure perte. Saint-Huberti partait pour la province, et son absence rendait pour le présent la reprise de *Pénélope* impossible. Nous avons vu qu'il s'était également imposé une tâche pareille pour *Adèle*. La nature, une fécondité inhérente à leur beau climat semblaient dispenser les maîtres ultramontains de toutes fatigues et de tous efforts : on réclame quelques changements, quelques airs nouveaux ; et c'est un ouvrage entièrement neuf que Piccinni se surprend à écrire et qu'il ne tardait pas à remettre à l'Académie royale ! Mais, encore cette fois, la peine qu'il s'était donnée fut inutile, et *Adèle de Ponthieu* ne reparut, pas plus que *Pénélope*, sur l'affiche de l'Opéra.

Il n'était pas le seul, il est vrai, qui eût à se plaindre, et le pauvre Sacchini succombait, en partie, au chagrin que lui causait l'apparent abandon de la reine, qui n'était déjà plus la maîtresse [1]. Supérieur à toutes considérations d'antagonisme et de rivalité, oubliant les griefs qu'il pouvait avoir contre l'illustre défunt (et il en avait de réels), le bon, le généreux Piccinni n'avait pas voulu laisser à d'autres la tâche de louer son ancien camarade [2]. Nous voudrions reproduire ici cette bio-

---

[1] Voir l'émotionnant récit que nous fait l'auteur de *Montano et Stéphanie*, son élève, du désespoir du pauvre Sacchini, dans la *Bibliographie universelle des musiciens*, de Fétis. Paris, 1864, t. VII, p. 562.

[2] Ils étaient tous deux élèves de Durante, sans toutefois avoir assist .

graphie attendrie qui, en dépit des inexpériences de l'écrivain, s'élève jusqu'à l'éloquence ; mais ces détails ne sauraient trouver place dans un travail que Gluck et Piccinni remplissent surabondamment de leur glorieuse et tout aussi tumultueuse querelle [1]. Sacchini, cependant, est tout un type qui s'est conservé jusqu'à nos jours, le type du compositeur italien, brillante, exubérante nature, d'une indolence à peine croyable à certaines heures, se redressant par soubresauts et réalisant des miracles d'improvisation à la dernière minute. Piccinni raconte que son compatriote, appelé à Milan pour composer l'opéra d'ouverture, était si bien tombé, au débotté, sous le charme des beaux yeux et de la jolie figure de la première chanteuse, qu'il perdit complétement de vue et le but de son voyage, et ses engagements avec la direction, et l'attente d'un public de dilettantes qui n'entendait pas raillerie en pareille matière. Les jours passaient comme des instants, dans le plus doux des sommeils ; il avait tout oublié, même qu'il fût musicien, et il fallut la visite de l'impresario, quelques jours avant l'ouverture

aux mêmes leçons. Nous savons que Piccinni avait été reçu au conservatoire de Saint-Onuphre ; Sacchini était entré au conservatoire de Sainte-Marie-de-Lorette, dont il était devenu rapidement le plus brillant élève. Nous n'avons pas oublié les persécutions qu'eut à essuyer l'*Olympiade*. Sacchini, lorsqu'il dut aborder notre première scène, n'ignorait pas l'hostilité devant laquelle il allait se trouver, et ne se faisait pas illusion sur les périls d'une semblable situation. Ce fut Piccinni qui lui fraya la voie, le fit agréer à l'orchestre, lui conquit autant d'amis qu'il put. Mais ces services ne tardaient pas à tourner contre lui ; grâces aux intrigues, aux menées souterraines des brouillons, bientôt les deux émules se transformaient en ennemis, et il ne tint qu'au pauvre Piccinni de regretter des peines et des démarches, dont il se voyait si singulièrement récompensé.

[1] Grimm, *Correspondance littéraire*. Paris, Furne, t. XIII, p. 225, 226 ; novembre 1786. Éloge de Sacchini par Piccinni.

du théâtre, pour le réveiller en sursaut. Celui-ci venait
s'entendre avec lui pour commencer les répétitions.
Force fut bien à Sacchini de confesser qu'il en était encore à écrire la première note. On conçoit aisément l'effet d'un semblable aveu, et l'on peut prévoir à quelles
extrémités l'entrepreneur eût pu se porter, si l'Armide de la troupe n'eût trouvé moyen de tout arranger.
« Qu'on nous enferme, lui dit-elle, avec deux copistes,
et je vous réponds qu'il ne sortira pas d'ici que l'opéra
ne soit achevé. » L'offre fut acceptée, le musicien se
mit à son piano, servi par une telle abondance d'idées
que les deux copistes en avaient assez de le suivre et
d'écrire sous sa dictée. Au bout de quinze jours,
l'opéra fut composé, mis au net, mis à l'étude, mis à la
scène. Et cet opéra était l'*Olympiade*[1]. Eh bien, faites
passer l'aventure à Venise ou à Rome, quelque cinquante ans plus tard, substituez au nom de Sacchini
celui du cygne de Pesaro ; à quelques incidents près,
ce seront la même histoire et la même nature d'artiste :
mêmes oublis, même paresse voluptueuse, pareilles
angoisses, chez l'impresario, retour fiévreux au travail,
et rapidité vertigineuse de conception et d'exécution[2].

---

[1] Grimm, *Correspondance littéraire*. Paris, Furne, t. XIII, p. 226;
novembre 1786. Éloge de Sacchini par Piccinni.

[2] Rossini s'était engagé à fournir l'opéra d'ouverture du théâtre de
San Beneditto, de Venise. Par malheur, il était alors à Naples, fort·
amoureux de mademoiselle Ch***, et dans la pire disposition pour aligner des notes à la suite des unes des autres. Il ne se résigne à partir
qu'une quinzaine de jours avant l'inauguration du spectacle. *Odoardo
e Cristina*, bâclé en neuf jours, n'en fut pas moins accueilli avec transport ; et tout eût été au mieux, si un négociant napolitain, qui était
au parterre, ne se fût avisé de fredonner chaque morceau avant les
acteurs. Le secret de ce prodige ne fut ni long ni difficile à pénétrer.
Moins consciencieux que Sacchini, pris par le temps, ou tout simplement par un de ces accès de paresse dont rien alors n'eût pu triompher,
Rossini s'était borné à plaquer sur le nouveau livret tous les airs de

Sacchini avait laissé un opéra inachevé, *Evelina*.
La reine fit prier Piccinni, par le duc de Villequier,
de la mettre en état d'être jouée. L'auteur d'*Atys* accepta de tout cœur. Mais au moment d'entreprendre
ce travail délicat, le compositeur Rey prétendit que
Sacchini mourant lui avait imposé la tâche glorieuse
de le terminer. Rey n'apportait point de preuves;
mais c'était un honnête homme, et l'on s'en tint à
son allégation. Au moins la chaleur avec laquelle
une pareille mission avait été accueillie témoigne-t-elle
d'une âme sans fiel, toute miséricordieuse et toute
aimante. Mais nous allons assister à un spectacle plus
méritoire et plus rare encore : Piccinni chantant les
louanges de l'Orphée allemand, et le proclamant le
plus grand génie musical de son temps.

Ricciardo e Zoraïde, représenté antérieurement à Naples, auxquels il
mêla quelques fragments de son *Ermione*, tout cela eût passé ina-
perçu sans l'intervention macaronique du Napolitain. Ajoutons que le
bon peuple de Venise ne fit que rire à ce trait effronté, et qu'il n'en
applaudit pas moins une œuvre qui n'en était pas moins nouvelle pour
lui. Stendhal, *Vie de Rossini*. Paris, 1824, II° partie, p. 509, 510.

X

MOZART. — DERNIÈRES ANNÉES DE GLUCK. — PICCINNI A NAPLES.
PERSÉCUTIONS. — RETOUR A PARIS.— SA MORT.

C'était en octobre 1779 que Gluck avait quitté la
France pour ne plus la revoir[1], plus irrité du froid
accueil fait à *Écho et Narcisse* que reconnaissant des
grands triomphes d'*Orphée*, d'*Alceste*, d'*Armide* et des
deux *Iphigénies*. Avait-il senti qu'il était temps de laisser la carrière ouverte à de plus jeunes? Ce qu'il y a
de certain, c'est qu'il sut résister aux instances de
l'Opéra et à l'importunité des paroliers qui lui dépê-
chaient des poëmes, et qu'il évinçait avec de belles paroles. En somme, il pouvait se reposer : son génie s'é-
tait élancé aussi haut sans doute qu'il lui était possible,
et l'on conçoit malaisément, avant Mozart, un art plus
élevé, plus dramatique et plus puissant.

Mozart! c'était encore presque un enfant alors, un
enfant sublime, qui émerveillait les salons par une
facilité, une précocité, des facultés jusque-là sans
exemple. Mais que de sourds à longues oreilles, qui

---

[1] *Mémoires secrets.* Londres, John Adamson, t. XIV, p. 204; 9 octobre 1779

ne savent ou ne veulent point entendre, que tout art
nouveau offusque ou effraye, et qui attendent pour se
rendre que les gros bataillons aient parlé ! Il faut lire
la correspondance du père et du fils, où les impa-
tiences, les déboires, les cris de détresse, et aussi la
raillerie fine, les observations piquantes, parfois un
dédain très-légitime à l'égard de l'ignorance et de la
sottise arrogantes se succèdent avec une sincérité, une
sensibilité sans grimaces, pour se rendre compte des
obstacles incalculables que cet être faible mais pré-
destiné vint à bout de soulever et d'écarter de sa main
frêle. Gluck, à la première heure, semble impatienté
et agacé du bruit que l'on fait autour de ce prodige
naissant ; et le père Mozart l'accuse de figurer parmi la
cabale ameutée contre le futur auteur de *Don Juan*. Le
bonhomme a foi en son fils, en son génie, dans la mission qui lui est réservée, et il compte bien ne pas laisser
plus longtemps enfouis ces dons divins.

J'ai résolu, mande-t-il à M. Huguenauer, le propriétaire de la
maison qu'ils habitent à Salzbourg, j'ai résolu qu'il écrirait un
opéra pour le théâtre. Que pensez-vous qu'ont dit tous ces gens, et
quel vacarme n'ont-ils pas fait ? Quoi ! on aura vu aujourd'hui Gluck
assis au clavecin, et demain ce sera un enfant de douze ans qui le
remplacera et qui dirigera un opéra de sa façon ? Oui, malgré l'envie !
J'ai même attiré Gluck dans notre parti ; du moins, s'il n'y est pas
de cœur, il ne peut le faire voir, car nos protecteurs sont aussi les
siens... Ce ne sera pas un opéra seria, on n'en donne pas ici, on ne
les aime pas ; ce sera donc un opéra bouffe, non pas un petit opéra,
car il durera bien de deux heures et demie à trois heures. Il n'y a pas
ici de chanteur d'opéra seria. L'opéra tragique de Gluck, *Alceste*
même, a été chanté par les bouffes [1].

---

[1] *Mozart. Vie d'un artiste chrétien.* Sa correspondance, traduite par
Goschler. Paris, Douniol, 1857, p. 43, 44. Lettre du père de Mozart à
M. Haguenauer ; Vienne, le 30 janvier 1768.

Cette lettre est datée du 30 janvier 1768. Si nous
sommes loin encore des succès parisiens, Gluck est
déjà l'auteur d'*Orphée* et d'*Alceste*, le compositeur le
plus en renom et en faveur de l'Empire. Par ces protecteurs communs, le père de Mozart entend surtout
l'Empereur, auquel Gluck appartenait en propre par sa
charge de directeur de la musique de la cour. Mais,
cela admis, l'Empereur ne pouvait que bien peu contre
de mauvais vouloirs qui ne manquent pas de s'abriter
derrière les prétextes les plus spécieux, les mieux fondés en apparence. Wolfgang venait de composer cet
opéra, qu'on se hâtait de nous annoncer plus haut, et
qui s'appellera *la Finta simplice*. Tout semblait aller
à souhait. L'Empereur fit même témoigner à l'impresario son désir de le voir s'arranger avec Mozart, auquel cent ducats furent promis tout d'abord. Quel obstacle désormais, sauf la maladie, pouvait se mettre à
la traverse d'une entreprise si fortement appuyée? Hélas! c'est alors que les déceptions vont commencer, et
que l'on rencontrera à chaque pas un obstacle imprévu.
« Cet opéra avait d'abord dû être prêt pour Pâques ;
mais le poëte fut le premier qui y mit empêchement
en retardant de jour en jour, sous prétextes de changements nécessaires, si bien que nous ne pûmes en
arracher que deux airs modifiés et arrêtés pour Pâques. On remit à la Pentecôte, puis au retour de l'Empereur de Hongrie. Mais alors les masques tombèrent;
car, dans l'intervalle, tous les compositeurs, Gluck en
tête, avaient tout miné pour entraver le progrès de
l'opéra [1]... » Cette accusation grave contre Gluck est-

---

[1] *Mozart. Vie d'un artiste chrétien*. Sa correspondance, traduite par

elle bien fondée; et n'est-ce pas là un de ces soupçons alertes, de premier jet, comme une mauvaise chance persévérante n'en dicte que trop aux opprimés? Le père de Mozart, qui a bien ses raisons de se tenir en défiance contre tout et tous, n'est que trop porté d'ailleurs à incriminer les intentions. C'est de la prévoyance, à coup sûr, mais une prévoyance qui peut l'égarer tout autant que la candeur la moins sur ses gardes.

Dix ans après, son fils débarquait à Paris avec l'espoir de s'y faire connaître et applaudir; c'était le cas ou jamais de le prémunir contre les piéges de tous genres qui l'y attendaient. « Tous ceux qui, en ce moment, ont du crédit à Paris et qui y ont fait leur nid prétendent ne pas se laisser déposséder ; ils craignent naturellement de perdre la considération dont ils jouissent et d'où dépendent leurs intérêts. Ce ne sera pas seulement Cambini ; mais Stamitz[1], Piccinni et d'autres devront nécessairement être jaloux... Et Grétry ne prendra-t-il pas quelque ombrage[2]? » Ainsi Piccinni, l'inoffensif Piccinni n'inspire pas plus de sécurité à ce père sceptique, qui ne sème pas, ajoutons-le, en terre trop ingrate. Wolfgang est prudent, observateur, il se livre peu et ne demande pas à la nature humaine des vertus impossibles. Et voici ce qu'il écrivait, deux mois après la lettre que nous venons de citer, à l'égard de l'auteur de *Roland* : « J'ai causé avec Piccinni au concert spiri-

Goschler, Paris, Douniol, 1857, p. 47, 48. Lettre du père de Mozart à M. Haguenauer ; Vienne, 30 juillet 1768.

[1] Charles Stamitz, compositeur distingué et virtuose, attaché jusqu'en 1785 comme violoniste à la musique du duc de Noailles.

[2] *Mozart. Vie d'un artiste chrétien.* Sa correspondance traduite par Goschler. Paris, Douniol, 1857, p. 223. Lettre du père de Mozart à son fils ; Salzbourg, 11 mai 1778.

tuel. Il est tout à fait poli avec moi et moi avec lui,
quand nous nous rencontrons. Du reste, je ne me lie
ni avec lui, ni avec aucun autre compositeur. Je comprends mon affaire, eux la leur, cela suffit. Quand
j'aurai un opéra à composer, je trouverai des ennemis
de reste, mais je n'y ferai guère attention, car j'y suis
déjà habitué[1]... » En tous cas, si Léopold Mozart ne s'est
pas trop pressé d'incriminer les intentions de l'auteur
d'*Orphée*, il faut convenir que celui-ci, loin de persé-
vérer dans cette sourde hostilité qu'on lui attribue, se
sentit vaincu et convaincu par les rares facultés du
jeune maître, et se fit un devoir de réparer ce que son
attitude avait pu avoir jadis de malveillant par d'écla-
tantes marques de bienveillance.

Disons que Gluck n'eût pu moins faire pour ce prodigieux enfant qui, sans se souvenir autrement des manœuvres dont il avait été la victime, se fût passionné
pour la gloire du maître au point de pleurer de rage
devant le peu de succès d'*Alceste*. On a raconté que
Gluck, dépité de l'accueil médiocre fait à son ouvrage,
arpentait sinistrement le foyer de l'Opéra, sans répondre aux amis qui s'efforçaient de le consoler, quand un
enfant, tout en larmes, se précipite dans ses bras, en
criant : « O les barbares ! les malheureux ! ils n'ont ni
cœur ni entrailles. Dieu me préserve de ne jamais rien
écrire pour eux ! » et que Gluck eût reparti : « Console-

---

[1] *Mozart. Vie d'un artiste chrétien.* Sa correspondance traduite par
Goschler. Paris, Douniol, 1857, p. 244. Lettre de Mozart à son père ;
Paris, 9 juillet 1778. Mozart avait, du reste, huit ans auparavant, fait
connaissance avec Piccinni, alors à Milan, où il donnait un nouvel opéra.
« Hier nous avons assisté à la répétion générale du nouvel opéra *César
in Egetto*, qui est fort bon. Nous avons vu le maëstro Piccinni et madame
Piccinnelli, et nous avons causé avec eux. » Ibid., p. 69, Milan ; le 3 fé-
vrier 1770.

toi, petit ; dans trente ans ils me rendront justice. »
Mais cette fable tombe devant les dates et les faits. Si
Mozart, lors de la première représentation d'*Alceste* était
bien jeune encore, il n'était plus un enfant, il avait ses
vingt ans accomplis. Mais, pour se précipiter dans les
bras de l'Orphée allemand, il fallait avant tout être en
France, se trouver à Paris. Le premier voyage de Wolfgang avec sa famille remonte au 18 novembre 1763,
et ce séjour se prolongea jusqu'aux premiers jours
d'avril de l'année suivante, car il arrivait à Londres le
10 du même mois. Son second voyage s'accomplit en
1778 : il apparaissait le 23 mars à Paris, qu'il quittait
le 28 septembre. La première représentation d'*Alceste*
avait lieu, on s'en souvient, le 23 avril 1776 ; et Mozart était alors de retour à Salzbourg, sa ville natale,
depuis le mois de mars de l'année précédente. Hélas !
que de légendes qui sourient, que l'on aimerait à croire
vraies et qui tombent devant le moindre examen[1] ! Il
faudrait donc attribuer à une autre cause la sympathie
tardive que l'auteur d'*Orphée* témoigne au futur auteur
de *Don Juan*, si elle ne s'expliquait pas par le seul intérêt que devait inspirer à un homme comme Gluck
tant de dispositions et de promesses. Il avait chaleu-
reusement applaudi à *l'Enlèvement au sérail;* et, en ce

---

[1] Une chose au moins étrange et que nous trouvons du reste relevée
dans le curieux livre de M. Gustave Bertrand, *les Nationalités musicales*, c'est que, dans les lettres de Wolfgang datées de Paris au moment où
il n'était question que de Gluck, Gluck n'y est même pas nommé. Serait-
ce dépit de ce génie ardent qui se désespérait d'attendre, ou bien n'au-
rions-nous qu'une partie des lettres de Mozart ; et celles où il était parlé
d'*Orphée*, d'*Alceste*, d'*Armide* surtout, donnée l'année précédente et
encore dans tout son succès, eussent-elles été perdues ou écartées ?
Tout ce que nous pouvons faire, c'est de poser la question. Quant à la
résoudre, c'est ce dont nous ne nous aviserons point.

même temps, Mozart, ayant pris pour épouse Constance
Weber, il voulait avoir, le lendemain des noces, les
nouveaux mariés à sa table. « On a redonné hier mon
opéra, à la demande du chevalier Gluck, qui m'en a
fait beaucoup de compliments; écrivait le jeune maëstro à son père, le 7 août 1782 ; je dîne chez lui demain. » Mais alors, objectera-t-on, la carrière du compositeur allemand était close, et la générosité était de
pratique facile. Encore serait-il juste de tenir compte
de ces témoignages d'estime et d'affection, qui, venant
d'un aussi grand maître, ne pouvaient manquer d'avoir
leur effet puissant sur le public.

L'hôtel où Gluck passa les trois dernières années de sa vie se trouvait dans un faubourg, rue
Alte Wieden, en face un mur latéral de l'église Pau-
lanerkirche : il se partageait entre cette résidence et sa
maison de campagne de Berchtholdsdorf, aux portes
de la capitale, où le venaient relancer, des points les
plus reculés de l'Allemagne, ses nombreux admirateurs[1]. L'auteur d'*Orphée*, qui avait la conscience de
ce qu'il valait, gâté d'ailleurs par les ovations, une
idolâtrie jusqu'alors sans exemple, ne pouvait pas être
modeste. L'espèce de cour que lui avaient faite les plus
grands seigneurs l'avait un peu grisé, et son abord
avait quelque chose de contraint, de fier, qui s'effaçait
complétement lorsque l'entretien s'engageait sur la
seule matière qui le passionnât, son art. Il était de
haute taille, bien fait, de large carrure, et d'une grande

---

[1] Voir, sur les différentes demeures qu'il occupa, aux diverses époques de sa vie, les renseignements on ne peut plus complets que nous
donne M. Schmid. *Christoph Willibald Ritter von Gluck. Dessen Leben
und tonkünstlerisches Wirken.* Leipzig, 1854, p. 413, 414.

force musculaire. Sans être obèse, son corps était développé et charnu. Son visage arrondi était fortement marqué de petite vérole. Nous ne parlerons pas de ses cheveux bruns, puisqu'ils disparaissaient sous une perruque poudrée comme c'était l'usage alors. Il était vêtu à la mode; et, dans le monde, il portait un habit de gala brodé. Dehors il avait, communément, à la main un beau jonc à pomme d'or. Ponheimer, l'ancien chef de chœur de l'église des Orphelins près Rennwege, le voyait s'y rendre en cette tenue tous les dimanches et jours de fêtes. Tel était Buffon, quand il allait entendre la messe à sa paroisse de Montbard, avec son habit de velours rouge doublé de fourrures et orné de brandebourgs[1]. Gluck était impatient et impétueux, et le succès n'avait pas diminué ces tendances de son tempérament. Lorsqu'il était en colère, ses yeux d'un gris sombre jetaient des flammes. Il est vrai qu'il s'apaisait vite et retrouvait presque aussitôt sa gaieté et son humeur joviale, car, dans la paix de son intérieur, en dehors des intérêts de son amour-propre, en dehors des rivalités et des luttes, il avait de la bonhomie, de la rondeur et de l'expansion; et, quand il avait dans un cercle d'amis vidé un verre de bon vin, qu'il ne haïssait point, il devenait souvent si joyeux qu'il entraînait tout son monde par ses reparties et ses saillies.

Ce fut en 1783 que Reichaerd lui fut présenté à son château de Berchtholdsdorf par la comtesse de Thun, que nous avons vue, onze ans auparavant, se constituer l'introductrice officieuse de l'Anglais Burney. Le début ne laissa pas d'être imposant. Reichaerd, qui

---

[1] *Revue des Provinces*, 1864, t. II, p. 310. Buffon et son château de Montbard, par Gustave Desnoiresterres.

ne s'attendait pas à tant de solennité, arrivait en tenue
de voyage et fut quelque peu décontenancé en voyant
s'avancer majestueusement à sa rencontre un grand
vieillard vêtu d'un habit gris richement brodé d'argent, d'une mise très-recherchée, entouré comme un
prince de tous ses serviteurs. On prit place autour
d'une table servie avec luxe. Peu à peu, ce ton guindé
se dissipa et ne tarda pas à laisser le champ libre à
une conversation des plus animées, dirigée et soutenue par l'aimable et intelligente maîtresse de maison
et un abbé que le compositeur s'était attaché, qui prenait soin de sa correspondance et de sa comptabilité.
La glace était rompue. Aussitôt qu'il était question de
musique, l'auteur d'*Alceste* oubliait ses airs de seigneur de paroisse; sa faconde en pareille matière était
inépuisable. Il parlait volontiers de ses œuvres et avec
une franchise sans réserve, un enthousiasme presque
naïf. Reichaerd avait été intimement lié avec Klopstock.
Avant de mettre en musique les belles odes de l'auteur
de *la Messiade*, Gluck avait rencontré le poëte, comme
on l'a dit, chez le margrave Charles-Frédéric de Bade,
et ils avaient appris à s'apprécier l'un l'autre et à s'aimer. L'on conçoit dès lors que Klopstock dut être le
sujet et l'intérêt du dialogue. Le chantre d'*Orphée* n'at-
tendit pas que son hôte l'en priât pour lui promettre,
malgré les représentations prudentes de sa femme, de
lui faire entendre, au lever de table, la musique de ces
odes et du *Hermannschlacht* qui, malheureusement, a
été perdue. Effectivement, après le café et une courte
promenade dans le jardin, le chevalier se mit au piano
et chanta d'une voix faible et chevrotante plusieurs
morceaux fort originaux qui ravirent son hôte à un tel

point qu'il lui demanda la permission de transcrire immédiatement un de ces airs. Ce vieillard qui, à son meilleur temps, n'avait jamais eu de voix, animait, vivifiait ces chants comme ne l'eût pas fait un Millico, tandis que son piano, transformé en un véritable orchestre, reproduisait le son du cor, les cris des combattants, donnant une saisissante réalité à ces patriotiques et dramatiques inspirations[1].

Il s'était enfermé avec Reichaerd, et se déboutonna sur son séjour et sur ses travaux à Paris. Il connaissait à fond, nous est-il dit, cette ville et ses habitants, et ne parlait de la France qu'avec beaucoup de sarcasme et d'ironie. Ce fut sur ce ton qu'il raconta au voyageur comment il avait utilisé l'ignorance et l'arrogance des Parisiens pour leur faire accepter sa grande et nouvelle manière[2]. A le bien prendre, cela était peu digne à l'égard d'un peuple dont il avait été l'hôte, qui l'avait choyé, fêté comme il ne l'avait pas été dans sa propre patrie. Mais, si nous étions si incapables de l'apprécier, qu'était-il venu faire à Paris? Gagner quelque argent, grossir une fortune déjà considérable? Était-ce son unique, même son principal but? Effaçons alors ses succès, effaçons ses triomphes; ils n'ont plus de portée, ils sont sans valeur aucune, aussitôt que c'est l'ignorance et l'ineptie qui les décernent. Et voilà à quelle inconséquence mènent un amour-propre aveugle, une vanité que rien ne limite ni ne modère! Et dire que toute cette amertume, cette aigreur, ces ressentiments implacables

[1] Il ne reste absolument rien de la musique de Gluck sur les poésies de Klopstock et de Gellert, si ce n'est quelques morceaux conservés à la bibliothèque de Vienne.

[2] Anton Schmid, *Christoph Willibald Ritter von Gluck. Dessen Leben und tonkünstleriches Wirken*. Leipzig, 1854, p. 384.

n'ont d'autre cause que le peu d'accueil fait à une œuvre moins réussie, à laquelle manqua le succès mais non la bienveillance! L'on avait applaudi à *Iphigénie en Aulide,* à *Orphée,* à *Alceste,* à *Armide,* à *Iphigénie en Tauride;* mais on avait fait des réserves à l'égard d'*Écho et Narcisse,* et tout était oublié, et le zèle des partisans, leur enthousiasme armé regardés comme non avenus : cet unique grief, si c'en était un, autorisait-il ce torrent d'invectives contre une nation hospitalière dont Piccinni, qui ne se plaignait point, avait seul le droit de se plaindre?

Le dernier ouvrage de Gluck fut *le Jugement dernier*, paroles françaises du chevalier Roger, mises en musique pour la Société d'Apollon. Il y travaillait avec Salieri. En un certain endroit, les trompettes et les timbales annoncent la fin du monde ; les peuples expriment leur désespoir et leurs remords dans des chœurs. Au moment où ils s'écrient : « Où nous réfugier, où nous cacher? » l'effet instrumental s'élève à son paroxysme. Mais, tout à coup, une douce mélodie annonce l'approche du Sauveur, qui, dans un récitatif lent et seulement accompagné par quelques accords, appelle à lui les élus en repoussant les pécheurs. Suit un double chœur, dans lequel les uns exaltent leur bonheur, les autres exhalent leurs fureurs, et où ces deux contrastes se trouvent traités avec un art infini ; le tout se terminant de la façon la plus grandiose. Si la griffe du lion se reconnaît dans cette sorte d'oratorio, il y a cependant à faire la part de Salieri. Gluck avait rêvé longtemps sur la manière dont le Christ devrait intervenir. Il en réfère à son jeune collaborateur, qui se trouve fort empêché de trancher la question. « Eh bien, dit Gluck, dans quelques jours, j'irai me renseigner moi-même[1]. »

L'auteur d'*Orphée*, sans peut-être supposer le terme aussi voisin, sentait qu'il approchait de sa fin. Trois ans auparavant, il avait essuyé deux attaques de paralysie. A la suite de la première, il avait perdu l'usage de la jambe et du bras droits, et ce ne fut qu'après un traitement de bains minéraux et un régime des plus sévères, qu'il obtint un mieux sensible[2]. M. Schmid, auquel nous devons ces détails, semble ignorer une troisième rechute, vers l'automne de 1786, dont nous trouvons la révélation dans une lettre de Dauvergne, à la date du 14 octobre. « M. Gluck a eu une nouvelle attaque d'apoplexie qui lui a ôté la parole. M. Salieri a reçu cette nouvelle, il y a deux jours : on lui mande qu'il a été administré[3]. » Il en réchappait cette fois encore et reconquérait même l'usage de la parole. Mais il s'était fait un certain trouble dans sa mémoire, ses idées, bien qu'ayant conservé leur pleine lucidité, n'étaient plus formulées avec la même netteté ; et désormais c'était une confusion, un heurt d'idiomes qui eussent été plaisants, s'ils n'eussent pas eu leur terrible signification. Lorsque Salieri prit congé de lui pour venir en France, au printemps de 1786, ce fut en trois langues différentes que Gluck lui fit ses adieux. « *Ainsi, mon cher ami.... lei parte domani per Parigi.... Je vous sou-*

---

[1] *Wiener-Theaterzeitung.* 1839, n° 148, p. 742, — Mosel, *über das Leben und die Werke des Anton Salieri.* Wien, 1827, p. 116. — La partition de cette dernière œuvre de Gluck se trouve aussi, avec texte allemand, à la bibliothèque de Vienne.

[2] Anton Schmid, *Christoph Willibald Ritter von Gluck. Dessen Leben und tonkünstleriches Wirken.* Leipzig, 1864, p. 397.

[3] Archives nationales. Ancien régime. Opéra O—634.

haite.... di cuore un bon voyage.... Sic gehen in eine
Stadt, wo man die fremden Künstler schätzt.... e lei
farà onore.... ich zweifle nicht. » Et en l'embrassant,
il ajouta : « *Ci scriva, mais bien squvent*[1]. »

Le 15 novembre de cette année 1787, le maître recevait, dans sa maison d'Alte Wieden, deux de ses
amis fraîchement arrivés de Paris. Par ordonnance des
médecins, tous les jours, après son repas, le chevalier
faisait invariablement une promenade en voiture pour
respirer un air moins épais et prendre un peu de mouvement. On avait apporté le café et les liqueurs ; madame Gluck, après avoir servi les deux étrangers, alla
donner ordre d'atteler. Pendant cela, son mari, voyant
l'un des convives inactif devant son verre, pris d'une
sainte colère, saisit prestement le sien, qu'il vida d'un
trait. Après quoi, il s'essuya vivement, et recommanda
en plaisantant à tout son monde de ne pas le trahir
auprès de sa femme[2], car toute liqueur lui était depuis
longtemps rigoureusement interdite. Madame Gluck
revint : la voiture était attelée; elle pria ses hôtes de
les excuser et de vouloir bien attendre leur retour dans
le jardin. Il y avait un quart d'heure tout au plus que
l'on s'était quitté, quand Gluck fut pris d'une nouvelle
attaque. L'on rétrograda hâtivement. Mais tout espoir
était perdu. Ce fut en vain que l'on s'efforça de le rani-

---

[1] Mosel, *über das Leben und die Werke des Anton Salieri*. Wien,
1827, p. 92, 95.

[2] Madame Gluck, en temps ordinaire, tenait tête à son mari, le verre à
la main, comme on serait fondé à le conjecturer par le portrait des deux
époux, armés chacun d'un tube de cristal et trinquant de bonne amitié.
Ce tableau était la propriété de Chenard, première basse de l'Opéra-
Comique. « Je l'ai vu dans sa galerie en 1824, » affirme Castil Blaze,
auquel nous laissons pleinement la responsabilité de l'assertion. L'*Opéra
Italien* de 1548 à 1856. Paris, 1856, p. 412.

mer ; il expirait sans avoir retrouvé connaissance et pu faire les suprêmes adieux à cette compagne dévouée et fidèle de sa vie, à l'âge de soixante-treize ans, dans toute la possession de lui-même et de ses riches facultés. Deux jours après, le 17 novembre, l'inhumation avait lieu au sein d'un grand concours d'amis et d'admirateurs rassemblés pour lui rendre les derniers devoirs au cimetière de Matzleinsdorf[1].

La pierre dont on recouvrit sa tombe n'avait rien de fastueux ; elle était même si peu monumentale que, longtemps, la sépulture de l'auteur d'*Orphée* échappa aux recherches les plus persévérantes ; ce n'est qu'en 1844, qu'on la retrouva entièrement couverte de mousse, fendue par le milieu. L'inscription, d'un laconisme lapidaire, a quelque chose de naïf et d'antique.

Ci-gît un honnête homme allemand, un bon chrétien et un mari fidèle, Christophe, chevalier Gluck, maître dans l'art de la musique, mort le 15 novembre 1787.

Sa veuve s'était réservé une place à ses côtés, et l'on avait gravé, sur une plaque d'ardoise jaune, cette autre inscription plus verbeuse et qui ressemble à toutes les épitaphes.

Ici repose, à côté de son époux, Marie-Anna Elde de Gluck, née Pergin. Elle était bonne chrétienne et, en cachette, la mère des pauvres. Aimée et appréciée de tous ceux qui la connaissaient, elle termina sa vie à l'âge de soixante et onze ans, non sans avoir généreusement récompensé ceux qui le méritaient. Elle mourut le 12 mars 1800. Ce monument lui a été élevé par son neveu reconnaissant, Charles de Gluck, en témoignage de sa profonde vénération.

---

[1] Anton Schmid, *Christoph Willibald Ritter von Gluck. Dessen Leben und tonkünstlerisches Wirken.* Leipsig, 1854, p. 599.

Cette épitaphe, bien involontairement sans nul doute, ne semble-t-elle pas la critique la plus amère du caractère peu généreux du chevalier? Si Gluck n'a pas oublié les pauvres dans ses dispositions testamentaires, l'article qui les concerne est tel que l'on se demande quelle intention l'a pu dicter. « Je lègue, dit-il, à l'établissement des indigens un florin; à l'hôpital général un florin; à l'hôpital de la ville un florin; à l'école normale un florin; en tout quatre florins. » Est-ce une épigramme, dont le sens nous échappe? On serait tenté de le soupçonner. « L'on ne doit pas s'étonner, remarque M. Schmid à ce sujet, que, dans son testament, Gluck s'occupe peu des pauvres et des institutions publiques. Il était ennemi de toute contrainte et de toute formalité. Il ne voulut d'aucune façon limiter sa libéralité. Les époux Gluck avaient toujours fait jusqu'à leur mort de riches aumônes [1]. » Nous avouons que nous comprenons peu cette interprétation bienveillante. Si le chevalier avait horreur de toute contrainte, il nous semble qu'il était bien le maître de laisser à sa veuve le soin des libéralités dont il n'eût pas voulu se donner le souci. Mais consacrer aux pauvres un article dans le seul but de faire savoir qu'il entendait ne rien faire pour eux, cela est étrange et inexplicable; au moins M. Schmid ne nous paraît pas avoir réussi à interpréter d'une façon quelque peu satisfaisante cette clause plus que bizarre du testament de Gluck [2].

---

[1] Anton Schmid, *Christoph Willibald Ritter von Gluck. Dessen Leben und tonkünstlerisches Wirken.* Leipzig, 1854, p. 416.

[2] « Cependant, nous dit M. Schmid, Gluck, dans son testament, n'avait oublié aucun de ses domestiques, qui reçurent une petite rente viagère et continuèrent à demeurer au service de sa veuve. » Si ceux-ci tou-

A celte date, les poëtes, les artistes n'avaient guère
à se préoccuper de ce qu'ils laisseraient après eux.
Voltaire et Gluck échappent à cette loi qui semble vouer
le génie à la pauvreté. Mais Voltaire et Gluck étaient
des organisations propres à tout, aux plus grandes
affaires[1], et à qui la recherche de l'idéal ne faisait pas
perdre terre. Sans être parvenu à la fortune exceptionnelle de l'auteur de *la Henriade*, l'auteur d'*Orphée* et
d'*Alceste* avait su amasser des biens considérables pour
l'époque, qui, en lui acquérant plus que l'indépendance, ne lui avaient pas été d'un mince secours dans
ses luttes musicales[1]. Sa fortune personnelle se composait, notamment de sa maison de Vienne et de son
château de Berchtholsdorf, d'un grand nombre d'obli-

chèrent une rente viagère, si madame Gluck conserva près d'elle ses
serviteurs, c'est grâce à son initiative, et le chevalier n'y eut aucune
part. Les termes de son testament sont formels et démontrent irréfuta-
blement que les générosités du maître n'allèrent pas aussi loin. « Je
lègue, à chacun des domestiques qui, au moment de ma mort, seront
encore à mon service, les gages d'une année. » Il n'est nullement question de rentes viagères, comme on le voit.

[1] Castil-Blaze nous dit, sans citer ses sources, que Gluck avait gagné
de grosses sommes dans le commerce des diamants. *Académie impériale
de musique*. Paris, 1855, t. I, p. 402. Nous avons cherché inutilement
ailleurs la confirmation de cette étrange assertion. Notre savant ami,
Édouard Fournier, avait reproduit l'anecdote dans une de ces copieuses
chroniques qu'il faisait alors dans *la Patrie* (29 novembre 1859). Le lendemain, se trouvant à la bibliothèque de la rue Richelieu, il se sent secoué
rudement et aperçoit Anders, l'œil étincelant, qui lui demande sans autre exorde où il a pris pareille chose. L'auteur de *Paris démoli* le lui dit
de bonne grâce. « Cela est vrai, cela est vrai, mais il ne fallait pas en
parler! » réplique le bonhomme en s'éloignant et sans vouloir s'expliquer
sur ce qu'il savait lui-même. On comprend que l'argument parut peu
concluant à un érudit et un chercheur comme M. Fournier. Quant au
fait, nous le citons parce qu'il vient corroborer l'assertion de Castil-
Blaze. Feu Anders, qui s'est bien gardé de faire partager aux autres ce
qu'il n'avait acquis que pour lui, savait, en matière musicale, historiquement et bibliographiquement, tout ce qu'on peut savoir; il n'a laissé
intentionnellement que quelques notes indéchiffrables et dont nul parti
n'était à tirer.

gations et de créances, et d'une quantité infinie de bi-
joux et autres objets précieux, tels que bagues, taba-
tières, boutons, boucles en diamants s'élevant à un
chiffre considérable. En novembre 1779, il avait déposé un capital de douze mille cinq cents florins chez
le baron de Fries, et un autre de neuf mille chez le
baron de Gontaerd, dont il recevait un intérêt de huit
pour cent[1]. Il est juste de faire observer qu'il avait
épousé une riche héritière, et qu'avant son apparition
à Paris et les fructueuses recettes de l'Opéra, il avait
hasardé quelques entreprises qui avaient échoué : entre
autres, une direction de théâtre où s'étaient trouvés engagés quatre-vingt-dix mille florins ; et sa préoccupation
incessante avait été de désintéresser sa femme sur cet

---

[1] « On prétend, lisons-nous dans des nóuvelles à la main, adressées
au duc d'Harcourt, que le chevalier Gluck a retiré 800,000 livres des
représentations de ses opéras d'*Iphigénie*, d'*Orphée*, d'*Alceste* et d'*Armide*. » Hippeau, *le Gouvernement de Normandie aux dix-septième et
dix-huitième siècles*, Caen, 1864, t. IV, p. 122. Cela ne peut être sérieux.
Le compositeur touchait du roi de France une gratification annuelle de
6000 livres, comme cela résulte d'une lettre du ministre aux administra-
teurs et directeurs de l'Académie royale de musique, en date du 2 septembre 1774. (Archives nationales. Dépêches, 01-416, f. 556.) D'après un
état des sommes perçues par Gluck pour honoraires, etc., depuis le
1er avril 1774 jusqu'au 6 octobre 1777, que nous avons trouvé dans les
papiers désormais anéantis de Beffara, à l'Hôtel de Ville, vol. VIII,
n° 11, elles monteraient à 56,000 livres, auxquelles il faudrait ajouter
20,000 livres résultant de ses pensions, ce qui donnerait quelque chose
comme 76,000 livres. C'est la période où furent joués *Iphigénie en
Aulide*, *Orphée*, *Cythère assiégée*, *Alceste*, *Armide*. Reste ce qu'il a dû
toucher pour *Iphigénie en Tauride* et *Écho et Narcisse*, sommes qui
peuvent s'élever à 50,000 livres. Joignez aux chiffres qui précédent trois
années de pension de la cour et de l'Opéra, ses frais de voyage qui lui sont
payés, une première fois 9,000 livres, une autre fois 4,000 livres (Archives
nationales. Dépêches 01-417, f. 77. Lettre du ministre à Rebel, du 12 février 1775), enfin la vente des partitions, payées 6,000 livres chacune, par
Deslauriers, l'un de ses éditeurs, nous arrivons au chiffre approximatif
de 190 à 200,000 livres, car nous n'entendons nullement donner un relevé complet des fructueux résultats du séjour de Gluck parmi nous.

emprunt fait à sa fortune propre. Suivant ce qu'on se répétait alors, après la mort de son mari, madame Gluck jouissait d'un revenu de trente mille florins[1].

Bien que l'on eût dû perdre tout espoir de revoir Gluck à Paris et d'obtenir de lui de nouveaux ouvrages, le bruit de sa mort produisit une impression profonde, et ce fut pour le public dilettante un deuil véritable. Piccinni l'apprit par le *Journal de Paris*. S'il était permis d'éprouver quelque soulagement à la disparition d'un ennemi implacable, cette triste faculté était bien acquise à l'auteur d'*Atys* et de *Didon*. Mais le bon Piccinni n'avait ni ressentiment ni fiel, et il le prouva dans cette circonstance par une démarche qu'on ne saurait passer sous silence sans manquer à tous les devoirs de l'historien impartial. Il écrivait aussitôt au même journal une lettre pleine de cœur que nous citerons presque intégralement, malgré son étendue.

Messieurs, ce n'est pas l'éloge du grand compositeur dont votre journal nous a annoncé la mort que je veux faire dans la lettre que j'ai l'honneur de vous adresser. La guerre musicale dont cet homme célèbre et moi fûmes la cause, mais dont il ne fut pas la victime, ferait suspecter cet éloge par ceux qui ne me connaissent que par mes ouvrages ou par mon nom. C'est à vous, messieurs, historiens de cette guerre et de la révolution musicale qu'elle a opérée en France, à louer dignement l'homme à qui votre théâtre lyrique doit autant que la scène française au *grand Corneille*. L'Italie vient de consacrer plus qu'un éloge, quelque bien fait qu'il puisse être, à la mémoire de Sacchini. Florence lui a décerné un buste dans sa galerie ; Rome a placé l'image de ce grand compositeur dans le Panthéon ; et le marbre retrace aux yeux d'un peuple qui aime véritablement la musique, les traits d'un homme qui a le plus honoré cet art.

[1] Anton Schmid, *Christoph Willibald Ritter von Gluck. Dessen Leben und tonkünstlerisches Wirken*. Leipzig, 1854, p. 415, 416.

J'oserai vous proposer pour le chevalier Gluck un hommage qui peut durer plus que le marbre encore, et qui peut transmettre à la postérité la plus reculée, non ses traits, que le buste que vous lui avez élevé conservera, mais l'image du génie que l'art et la France doivent honorer. Je vous propose, en conséquence, de fonder en l'honneur du chevalier Gluck, un concert annuel, qui aura lieu le jour de sa mort, si ce jour-là n'est pas un jour d'Opéra, et dans lequel on n'exécuterait que sa musique... Une institution semblable me paraît la plus digne de consacrer la mémoire de Gluck, et elle joint à cet avantage celui de servir encore après sa mort l'art qu'il professa d'une manière si éclatante pendant sa vie...

Vous savez que cet art, qui doit peut-être ses charmes à sa mobilité, et qui commande, j'oserai le dire, une sorte d'inconstance dans ses formes, change dans une nation en proportion de ce qu'il s'y perfectionne, ou de ce qu'il s'y propage davantage. Peut-être ce besoin de variété, qui a corrompu l'art en Italie, vous gagnera; et la musique que vous ferez dans quarante ans ne ressemblera peut-être plus à celle qui fait actuellement nos délices. L'institution que je propose aura encore l'avantage de rappeler nos compositeurs aux principes de l'art et à la sorte de vérité qu'exige celui de la musique. L'image des grands modèles que nous a laissés Gluck conservera parmi ceux qui lui succéderont le caractère et la marche de la musique dramatique, qui constituait particulièrement le génie de ce grand compositeur.

Telles sont, messieurs, les idées qui m'engagent à vous proposer mon projet de souscription. S'il vous paraît susceptible d'exécution, si la souveraine qui protégea ce grand homme, et ses rivaux, daigne l'agréer, j'oserai prier le public de me permettre de consacrer les derniers accents d'une voix qui s'éteint [1] à célébrer, dans le premier concert qui sera l'effet de cette souscription, les talents d'un homme de génie, dont la mort ne m'a fait éprouver d'autre sentiment que le désir d'immortaliser la mémoire d'un compositeur dont le nom servira d'époque à la révolution qui s'est opérée sur un des plus beaux théâtres de l'Europe [2].

Des sceptiques ne voudront voir dans cet élan généreux que de l'habileté. Mais un habile se fût renfermé

---

[1] Cette réminiscence indique assez le secours d'une plume étrangère; car il est probable que Piccinni lisait peu Bossuet.

[2] *Journal de Paris*, n° 349, p. 1501-1502. Samedi 15 décembre 1787.

discrètement dans les termes vagues et incolores de
l'éloge inoffensif, et eût eu trop peur, en assimilant
Gluck à Corneille, d'être pris au mot. Ne disputons
donc pas à Piccinni le mérite d'une initiative rare entre
rivaux, et qui eût dû désarmer l'envie, si l'envie se
laissait jamais entamer. Cette proposition ne pouvait
passer inaperçue et déconcerta un instant les ennemis
du mäestro italien. Il semblerait que les admirateurs
de Gluck n'eussent dû avoir rien de plus pressé que
d'accepter de pareilles offres. « Cette idée, jetée dans
le public, l'occupa quelque temps, nous dit Ginguené;
on écrivit pour et contre; on proposa des modifications;
mais bientôt on oublia le fond et la forme, et la proposition de Piccinni n'eut aucune suite[1]. » Au moins
eût-il été équitable de savoir quelque gré à l'auteur de
Roland d'une démarche qui était par sa nature même
un appel à la conciliation et à la concorde.

Piccinni était sollicité depuis longtemps de mettre en
musique une *Clytemnestre*, sujet sombre, profondément
tragique, sans divertissements et sans danses. Il avait
hésité et avait fini par céder devant l'assurance formelle
que Pitra et ses amis lui avaient donnée de l'acceptation
des directeurs de l'Opéra. Ce n'était pas l'enfantement
qui coûtait à l'auteur de *Roland*. Oublieux du passé
qui eût dû le rendre plus défiant, il s'était abandonné,
comme toujours, à une inspiration à laquelle l'on ne
pouvait reprocher que sa fécondité, et bientôt l'ouvrage était en état d'être mis à l'étude. Une première audition eut lieu. Grande admiration, grands
applaudissements, grandes louanges; mais le poëme

---

[1] Ginguené, *Notice sur la vie et les ouvrages de Nicolas Piccinni.*
Paris, an IX, p. 77.

n'était pas acceptable, du moins dans sa forme présente. En avait-on, d'ailleurs, assez usé et abusé, sur notre premier théâtre comme sur la scène française, de ces Atrides, qu'il était plus que temps de laisser reposer dans leur poussière légendaire! Le moyen, en outre, d'admettre un opéra sans fêtes et sans ballets? Gluck, lui-même, n'avait-il pas dû compter avec Vestris et reconnaître la nécessité de la chaconne pour apporter une salutaire diversion aux funèbres incidents de la tragédie? Après une résistance héroïque, le poëte se vit contraint de supprimer deux actes sur cinq, quoi qu'en pût souffrir l'action; à cette condition, l'on promettait de représenter l'ouvrage. Cette réduction du poëme entraînait la suppression inexorable des deux cinquièmes de la partition, de morceaux écrits *con amore* et d'autant plus chers, d'autant plus regrettés qu'il fallait les sacrifier, moins, on le sentait, à la plus grande gloire de l'œuvre qu'à une malveillance qui se retranchait derrière les prétextes pour rebuter le poëte et le musicien par les dégoûts, et les ajournements.

Un homme moins candide que Piccinni n'eût pas été dupe de ces réponses évasives. Le pauvre homme, tout en soupirant, retrancha, retoucha, réforma. Mais, quand on eut usé envers lui de tous les subterfuges et de toutes les défaites, l'on coupa court à ses instances en ne lui dissimulant plus que toutes ses tentatives pour faire jouer sa *Clytemnestre* seraient vaines. Son panégyriste, qui connaissait la partition, nous assure qu'elle renfermait des beautés de premier ordre, et signale plusieurs morceaux qui eussent enlevé l'admiration de l'auditoire[1].

---

[1] Ginguené, *Notice sur la vie et les ouvrages de Nicolas Piccinni.* Paris, an IX, p. 135, 136.

Ce qu'on peut dire, c'est que l'Académie royale de musique, qui avait accueilli des sujets tels qu'*Orphée* et *Alceste*, était mal venue à repousser pour l'austérité de sa donnée l'ouvrage d'un maître auquel on devait de grands succès et de belles recettes. Ajoutons qu'il eût été piquant de voir de quelle façon l'auteur du songe d'*Atys* avait traité un sujet d'un tragique si sombre et qui semblait être bien plus dans les cordes de Gluck que dans les siennes. Piccinni avait donné la mesure de la flexibilité de son génie dans son *Iphigénie en Tauride*[1]; cette dernière expérience eût été aussi intéressante que concluante. L'on aima mieux humilier et désespérer un artiste d'un grand talent, qui, cette fois, sentit qu'il y allait de sa dignité et prit le parti, la mort dans l'âme, de céder la place à de plus chanceux ou de plus intrigants que lui.

Au surplus, il s'agissait bien de ces luttes de l'art qui avaient si longtemps passionné ce public inconstant, avide d'émotions, et qui allait être servi à souhait! Insensiblement, le flot avait monté, les prévoyants s'en étaient alarmés; mais leurs prophéties n'avaient pas été entendues, et ç'avait été, quand il n'y avait plus eu de digues à opposer à l'irruption du terrible élément, que l'on avait compris, mais trop tard, l'imminence et l'immensité du péril. Piccinni, qui n'était pas un plus fin politique au point de vue général qu'il ne l'avait

---

[1] Le public se montra plus juste et plus enthousiaste qu'il ne l'avait été d'abord, à la reprise de l'ouvrage, le 17 juin 1785. « Les beautés de l'*Iphigénie* de M. Piccinni ont été vivement senties à cette reprise et plusieurs morceaux ont été reçus avec transport. Le troisième acte surtout a excité presque d'un bout à l'autre un grand intérêt et les plus vifs applaudissements... » *Mercure de France*, p. 175, 176, du samedi 25 juin 1785.

été à l'égard de ses propres affaires, et qui avait dans l'esprit cet optimisme dont certaines âmes ne se corrigent point, n'avait voulu voir, dans la révolution qui se préparait, que l'aurore d'un jour éblouissant. N'était-ce pas la régénération et l'affranchissement de l'humanité? Plus de rangs, de priviléges, d'inégalités de conditions! La fraternité universelle succédant au despotisme de quelques-uns, à l'asservissement du plus grand nombre. N'était-ce pas là l'ère symbolique de Rhée qui était en passe de s'accomplir, grâce au dévouement et à l'abnégation de ces hommes de bonne volonté dont parle l'Évangile? A coup sûr, Piccinni était de ces hommes-là, et n'eût pas marchandé, tout étranger qu'il fût, les sacrifices pour cette œuvre de rénovation sociale. Mais, du jour au lendemain, il se trouva sans ressources, presque sans pain, avec le poids d'une famille qu'il fallait nourrir, qu'il fallait faire vivre.

L'auteur de *la Cecchina* n'était venu en France que sur des promesses en lesquelles il avait dû avoir foi. Il avait touché tout d'abord une gratification annuelle qui avait été changée en pension de six mille livres et que l'état des affaires n'allait plus permettre de servir. La reine lui donnait quatre mille livres comme compositeur de ses spectacles lyriques, qu'il touchait encore en juillet 1791, comme le démontre une quittance de Piccinni que nous avons sous les yeux[1]. L'Opéra lui faisait une pension de trois mille livres dont il se déchargea sur le Trésor, qui ne paya pas plus celle-là

---

[1] Laverdet, *Collection d'autographes* du 6 juin 1849, p. 116, n° 906. Quittance de la somme de 2,000 livres pour six mois de son traitement de compositeur des spectacles lyriques de la reine; 4 juillet 1791.

qu'une rente de deux mille livres que M. de la Borde faisait à Piccinni pour prix des leçons données à ses filles,
également placée sur lui. Quant aux droits d'auteurs,
qui étaient assez considérables[1], ils étaient à peu près
nuls par l'inconcevable hostilité de l'administration,
qui avait frappé occultement tous ses ouvrages d'os-
tracisme. La révolution le plongeait, comme bien d'autres, dans le dénûment le plus absolu; mais, dès 1787,
nous avons les témoignages de sa gêne dans quelques
lettres qui ont été recueillies. Tout l'accablait. Il ve-
vait d'être gravement indisposé, son fils avait été également souffrant, et il avait vu expirer une de ses
petites-filles[2]. Il était sans argent, et ne savait comment faire face aux charges qui l'accablaient; car, tant
en France qu'en Italie, son travail devait assurer l'existence de vingt personnes[3]. Il lui fallait solliciter, sup-
plier, intriguer pour obtenir de faibles à-compte sur
ses pensions attardées, et c'est du ton dont on demande
l'aumône qu'il s'adresse aux amis influents en position
de lui faire avoir de faibles fonds. « Je vous prie, mon
cher ami, écrivait-il à Ginguené, à la date du 5 juillet, de
me faire dépêcher le payement qu'on m'avait promis à
la fin de juin passé, et que j'ai réservé pour le quartier
de mes enfans qui sont à Naples. J'aurais dû envoyer
la lettre de change là-bas depuis lundi passé. Je vous
recommande, mon bon ami, de ne pas laisser passer

---

[1] *Mémoires secrets.* Londres, John Adamson, t. XI. p. 140. « 9 mars
1778 on donne à M. Piccini, pour ses honoraires, 400 livres par représentation.

[2] Ginguené, *Notice sur la vie et les ouvrages de Nicolas Piccinni.*
Paris, an IX, p. 137, 137. Lettre de Piccinni à Ginguené ; ce dimanche
6 mai 1787.

[3] Une partie de sa famille était restée près de lui, l'autre était à
Naples.

lundi prochain, autrement je serais fort embarrassé, ainsi que mes pauvres enfans[1]... »

Cependant, après bien des remises, il se résignait, le 13 juillet, à quitter ce Paris où, durant onze années, il avait combattu sans repos ni trêves, mais où il laissait aussi quelques amis et des admirateurs enthousiastes. Il allait avec sa femme et ses filles demander au climat et au beau ciel de Naples une tranquillité, une paix dont il avait bon besoin. Son amour-propre, meurtri par tant de froissements et de blessures, rencontrait parfois sur sa route des hommages qui l'indemnisaient un peu de la dureté et de l'ingratitude des Athéniens de Paris. A son passage à Lyon, il apprend que l'on représentait *Didon.* Invité à assister à cette soirée, il est aussitôt accueilli par cette population ivre qui, non contente de le saluer à son entrée et d'applaudir avec frénésie aux beaux passages de l'ouvrage, voulut, malgré sa résistance, couronner cette tête illustre. Ces ovations se renouvelèrent dans les centres principaux de l'Italie, où le nom de Piccinni n'avait pu être oublié ; et c'est ainsi qu'il arriva, le 5 septembre, à Naples, fêté, acclamé par ses compatriotes. La réception que lui fit le roi fut des plus charmantes; une pension lui fut accordée, et plusieurs ouvrages lui furent aussitôt commandés. En attendant, on remettait au théâtre l'*Alessandro nell' Indie*, représenté avec un grand succès, dix-sept ans auparavant, et pour lequel les Napolitains ne

---

[1] Ginguené, *Notice sur la vie et les ouvrages de Nicolas Piccinni,* Paris, an IX, p. 157. Lettre de Piccinni à Ginguené; Paris, ce 5 juillet 1787. Nous trouvons la lettre autographe indiquée dans une vente d'autographes faite par Laverdet, le 16 mars 1848, p. 83, n° 514, mais sans adresse.

se montrèrent pas moins enthousiastes qu'à sa première apparition.

Il composait pour le Carême de 1792, *Jonathas*, un
oratorio en trois actes, qu'il considéra toujours comme
une de ses œuvres sérieuses les plus achevées et les
plus complètes, et qui, du reste, réussit pleinement,
ainsi qu'un opéra-buffa, *la Serva onorata*, représenté
au printemps de la même année. Hélas! cette faveur de
la fortune n'était qu'un leurre, et bientôt Piccinni allait être réduit à regretter les plus mauvais jours de
son passé. Vers la fin de 1792, il mariait sa fille cadette
à un négociant français, Pradez-Prestreau, domicilié à
Naples depuis neuf ans, et qui avait embrassé les idées
d'affranchissement et de liberté avec une ardeur au
moins imprudente en un pays où notre révolution devait
être en exécration. Le consul, les officiers présents,
toute la colonie française fut invitée et assista aux noces des jeunes époux. Tout cela était, à coup sûr, fort
innocent; mais on avait à compter avec un gouvernement ombrageux, exaspéré par les violences des fac-.
tions à l'égard d'un prince le beau-frère de la reine de
Naples, et l'on n'était que trop disposé à ne pas pardonner la moindre marque de sympathie pour un régime qui ne tendait à rien de moins qu'à saper la société jusque dans ses fondements. Observa-t-on, dans
cette fête de famille, toute la réserve désirable, et
quelques cris généreux d'indépendance ne furent-ils
pas poussés au choc de verres? C'est ce que nous ne
voudrions pas assurer. En tous cas, l'on fit un crime à
l'infortuné Piccinni de ce mariage; et, quelque peu per-
spicace qu'il fût, il ne put longtemps s'illusionner sur
les dispositions de la cour à son égard. Il avait com-

posé pour le carnaval un grand opéra, *Hercule au Thermodon*. La pièce fut sifflée et dut disparaître à la quatrième représentation. Piccinni était ce qu'on a appelé depuis un « libéral ; » il rêvait, comme tous les esprits élevés et généreux, un avenir meilleur pour le peuple, des réformes dont la réalisation pouvait s'opérer sans le renversement d'aucun trône : il y avait loin de là à être jacobin. Mais la cour trouvait son compte à confondre ces deux catégories bien distinctes pourtant, les réformateurs et les révolutionnaires, et à les englober dans un même anathème.

La situation était des plus tendues pour le pauvre maëstro, quand il fut appelé à Venise pour y composer deux opéras, qui y furent représentés, le premier, *Griselda* avec un grand succès, l'autre, le *Servo padrone* avec moins d'accueil. Il y séjourna neuf mois, après lesquels il revint à Naples, avec l'espoir qu'on voudrait bien l'y oublier. Pour conjurer l'orage, il crut devoir faire une démarche auprès d'un homme déjà tout-puissant et qui a laissé en Sicile une exécrable mémoire, le ministre Acton. Mais il fut reçu de la manière la plus dure : injonction lui fut faite de ne pas sortir de chez lui, de ne voir qu'un petit nombre de personnes qui auraient à rendre compte de ses actions et de sa conduite. On parla de lui enlever sa pension, qui était son unique moyen d'existence. « Et c'est avec cette modique pension, écrivait-il, à Ginguené, que moi, ma femme, quatre filles et deux sœurs, nous trainons notre pauvre vie. Mais moi et mon talent quoique vivans, nous sommes descendus au tombeau ; et ce qui est terrible, on a choisi pour prison ma maison même

sans que je puisse plus voir qui que ce soit[1]... »
Cette sorte de captivité, cet état de surveillance et
de suspicion dura quatre ans, pendant lesquels il ne
laissa pas de mettre en musique un grand nombre
de psaumes traduits en italien par le poëte Saverio
Mattei. La paix s'était enfin conclue entre la cour
de Naples et la république triomphante, qui envoya Canclaux pour la représenter auprès du roi des
Deux-Siciles. Canclaux commande tout aussitôt au
mäestro une marche guerrière pour le général Bonaparte. Piccinni, qui savait de quoi l'on était capable à
Naples, n'osa pas se rendre à l'appel du ministre français sans avoir pris les ordres du favori. Acton le reçut
à merveille, lui témoigna des égards dont Piccinni ne
fut pourtant pas dupe, et l'engagea à répondre à l'attente de l'ambassadeur de la république. La marche
fut bientôt faite et remise à Canclaux qui, en retour,
se constitua l'avocat du pauvre artiste et se chargea de
faire connaître à la commission française à Rome ses
besoins pressants, son dénûment et celui de sa famille.
Piccinni était, en réalité, prisonnier à Naples, et l'on
ne pouvait pour l'en sortir user de trop de prudence et
de circonspection. On attendait une occasion, qui fut
une année sans s'offrir : cette occasion était un second
engagement pour Venise. Il fallait, toutefois, un passe-
port du roi, qui ne l'eût point accordé si Venise n'eût
pas été alors territoire impérial. Mais l'auteur de *Didon*
était dans l'absolue impossibilité de faire le voyage,
faute d'argent. Heureusement, Lachèze, secrétaire de la
légation et chargé d'affaires en l'absence de l'ambassa-

---

[1] *La Décade philosophique* au VII. 1er trimestre, p. 559, du 30 frimaire.

deur, s'empressa de lui avancer cinquante louis. Le
musicien se dirigea vers Rome, où il fut reçu par la
commission française avec tout l'intérêt dû à son malheur et la considération dont il était digne[1]. Peu après,
Lachèze, obligé lui-même de quitter les États Napolitains, avec lesquels les hostilités allaient recommencer,
venait le rejoindre dans la ville éternelle ; et ils repre-
naient ensemble le chemin de Paris où ils arrivèrent le
13 frimaire, la veille même de la séance annuelle de
distribution des prix du Conservatoire, à laquelle l'illustre fugitif assistait[2].

On savait les persécutions qu'il avait eu à endurer,
ses malheurs, la male chance qui l'avait poursuivi, lui
et les siens, avec une incroyable persévérance ; les applaudissements, les acclamations frénétiques lui firent
oublier un moment ce qu'il avait souffert, sa détresse
présente, les incertitudes de l'avenir. A défaut de stoïcisme, le bon Piccinni avait une placidité, une résignation naturelle qui lui tenaient lieu de cette philosophie
superbe d'un Posidonius, qui mentait à lui et aux autres en niant la douleur : c'était un roseau pliant sous
la tourmente, parce qu'il est flexible. « Quand ses amis,
nous dit Ginguené, allèrent le visiter et le féliciter d'a-
voir échappé à tant de dangers et de fatigues, ils trouvèrent en lui moins de changement que n'en devaient

---

[1] La Commission faisait écrire, le 17 vendémiaire, à Couturier, vice-
consul chancelier à Naples, par son secrétaire Saint-Martin : « Ne soyez
point inquiet pour le célèbre et intéressant Piccinni, il restera à Rome,
et la Commission a pourvu à ce qu'il ne manque de rien et qu'il jouisse
de toute l'aisance due à ses talens et à son âge. C'est une dette que la
nation française avait contractée avec ce patriarche de la musique... »
[2] La Décade philosophique an VII, 1er trimestre, p. 500, le 14 frimaire.

apporter, surtout à son âge, près de huit ans d'absence et tout ce qu'il avait souffert. Un tremblement plus marqué de la tête et de la main était le seul progrès que parût avoir fait en lui la vieillesse. Son esprit avait toute sa vivacité; mais quoique naturellement il aimât à raconter, on s'aperçut facilement qu'il ne répondait qu'avec peine aux questions qu'on lui faisait sur les persécutions qu'il avait éprouvées, et qu'il aimait mieux parler de la France que de l'Italie [1]. »

Il s'était réfugié, au haut du faubourg Saint-Honoré, près de la rue Verte, dans un appartement plus qu'exigu, sans meubles autres que les plus indispensables, et manquant de tout. Cependant, cette complète détresse, et tout autant la vaillance ou l'insouciance avec laquelle elle était supportée, devaient impressionner douloureusement ceux qui en étaient les témoins. Le commissaire du gouvernement près le Conservatoire de musique, Sarrette, ému de compassion pour une infortune si peu méritée, s'employa, avec un zèle qu'il n'est que juste de reconnaître, à le sortir de sa situation précaire ; il donna, le 9 nivôse, au Conservatoire, une fête lyrique où avaient été conviés un membre du Directoire, plusieurs membres des deux Conseils, de l'Institut. Les professeurs et les élèves avaient été réunis ; ils exécutèrent de leur mieux des compositions du maître, notamment la scène remarquable du songe d'*Iphigénie en Tauride*. Tout se passa de la façon la plus cordiale et la plus flatteuse pour Piccinni, qui devait retirer de cette journée des avantages plus effectifs que ces témoignages d'affection et de vénération. Dès le mois

[1] Guinguené, *Notice sur la vie et les ouvrages de Nicolas Piccinni.* Paris, an IX, p. 95.

suivant, l'auteur de la *Cecchina* recevait pour son établissement une somme de cinq mille francs, et il lui
était dès lors alloué deux mille quatre cents francs de
traitement annuel sur les fonds des encouragements
littéraires. On songea ensuite à faire rétablir sa pension à l'Opéra. Mais, comme on ne voulut lui tenir
compte que de *Roland*, d'*Atys* et de *Didon*, ses seules
partitions restées au théâtre, tout cela se réduisit à
mille livres. Il passa l'hiver dans son pauvre logis du
faubourg Saint-Honoré, en attendant un appartement
qu'on lui avait promis à l'ancien hôtel d'Angivilliers,
même sans piano, ce premier outil du compositeur.
Malgré cela, il ne laissait pas de produire, et, faute de
mieux, il trompait les heures en écrivant des airs,
des chansons, des romances pour un recueil de musique qui venait de se créer [1]. Mais ce qu'il fit de plus
saillant est un *Hymne à l'Hymen*, qui lui fut commandé
par le ministre de l'intérieur, François de Neufchâ-
teau, et dont les vers ont été insérés dans la *Décade
philosophique* [2].

Enfin, il était établi à l'hôtel d'Angivilliers, n'ayant
plus qu'un besoin, qu'un espoir traversé de craintes,
celui de réunir à ses côtés sa famille, dont il ignorait le
sort. Après avoir envahi les États Napolitains, l'armée
française s'était vue forcée d'abandonner sa conquête.
Madame Piccinni, comprenant le danger qu'il y avait
pour elle à demeurer à Naples, en sortit, elle et deux de

---

[1] *Journal de chant et de piano-forte, avec accompagnement de flûte,
violon et basse,* Denis et Verne, passage des Petits-Pères. Desormery
et Bouffet écrivaient les pièces et les accompagnements de forte-piano;
Piccinni composait le reste. Mais ce journal n'eut qu'une existence
éphémère.
[2] An VII, n° 17.

ses filles, avec nos troupes, qu'elles suivirent jusqu'à
Florence. Elles s'embarquèrent à Lerici pour Gênes,
de là, pour Marseille, et arrivèrent, en messidor, saines
et sauves, mais sans linge, sans vêtements, sans argent, dans le dénûment le plus absolu. Il fallut pourvoir à tout avec des ressources insuffisantes, car ce
n'était pas chose aisée de toucher les pensions les plus
assurées[1]. Il était impossible que ces inquiétudes, ces
angoisses accumulées n'eussent point de résultats funestes pour cette santé éprouvée par tant de bouleverse-
ments et de secousses ; une attaque d'apoplexie venait mettre ses jours en danger, et ce ne fut qu'après
plusieurs mois que Piccinni se relevait de cette première atteinte. Au fond, sa situation ne s'était pas
sensiblement améliorée. Un gouvernement dont le lendemain n'était pas assuré, une administration sans cesse
renouvelée étaient impuissants à venir en aide aux intérêts privés : le protecteur le plus influent pouvait
être sans crédit le lendemain. Mais du coup d'État du
18 brumaire s'était dégagé un ordre de choses qui accusait la vitalité de son avenir par ces mesures organi-
satrices, cette discipline toute militaire qui avait le
mérite de sortir le pays de l'inextricable gâchis où il
grouillait depuis trop longtemps. Piccinni, dont la
détresse était à son comble, ne sachant plus de quel
bois faire flèche, faisait, par l'entremise de Chaptal,
passer la supplique qui suit à Regnauld de Saint-Jean

---

[1] Dans une lettre à l'adresse de Ginguené, il parle du voyage de deux
mois de sa femme et de ses filles, qui n'a pas peu contribué à l'obérer, et i
implore une avance qu'il remboursera sur ses appointements. Charavay
Catalogue d'autographes du lundi 7 décembre 1865, p. 135, n° 963.
Lettre de Piccinni (en français) à Ginguené ; Paris, 4 thermidor,
an VII.

d'Angely, qui se chargeait lui-même de l'apostiller et de le rendre au ministre.

Piccini meurt de faim à côté du gouvernement françois ; Piccini meurt de faim à côté des théâtres qui ne sont riches que par ses talens.

Il est du devoir, il est de l'honneur du gouvernement de mettre fin à cette injustice criante.

Le gouvernement ne pourra se dire l'ami des arts que lorsqu'il aura imposé silence aux cris plaintifs du célèbre Piccini.

Il suffit d'énoncer ces faits pour être sûr que le gouvernement fera de suite ce que lui imposent impérieusement la justice et l'honneur national[1].

Ginguené ne semble pas avoir eu connaissance de cette supplique. Il parle, en revanche, d'une démarche dictée par l'excès de la misère au timide et circonspect Italien, la demande d'une audience adressée directement au Premier consul. La réponse ne se fit pas attendre et fut des plus bienveillantes. Muni de sa carte d'entrée, Piccinni se glissait un matin dans les salons du Luxembourg, où les courtisans déjà étaient en nombre. Bonaparte, aussitôt qu'il l'aperçut, se dirigea vers lui et voulut le faire asseoir. L'auteur de *Didon* s'en

---

[1] Ces lignes sont, à ce qu'il paraît, de la main de Piccinni ; celles qui vont suivre sont, comme nous le disions plus haut, de la main de Regnauld Saint-Jean-d'Angely : « Cette note m'est donnée par Chaptal, je vous la recommande, mon amy. Il est indispensable de donner au moins de quoi vivre à celuy qu'on avoit promis de faire riche. Amitié. Regnauld St Jn Dy. » 6 pluviôse (l'année manque). *Revue et Gazette musicale*, 6e année, no 25. Fac-simile de l'écriture de Piccinni et de Saint-Jean d'Angely. Ce cri de détresse doit être de l'an VII (1799), comme nous le fait supposer cette autre lettre d'un de ses fils, à l'adresse de Champein, et également de pluviôse : « J'ai vendu, il y a deux jours, une partie de mon lit pour éviter les approches de la faim... Mon père ne peut, malgré sa bonne volonté, alléger mes souffrances... » *Mélanges curieux et anecdotiques tirés d'une collection de lettres autographes* de M. Fossé-Darcosse, Techener, 1861, p. 324, no 799. Lettre de Joseph-Marie Piccinni au citoyen Champein, du 1er pluviôse an VII.

défendit, en vain. « Asseyez-vous, je vous prie, ajouta le général ; un homme de votre mérite ne doit se tenir debout devant personne. » Il échangea quelques mots avec le maëstro, après lesquels il le conduisit lui-même à l'appartement de madame Bonaparte. « J'irai vous y retrouver, lui dit-il, nous déjeunerons ensemble. » Piccinni eut lieu d'être confus d'un accueil qui dépassait de beaucoup son attente. Le Premier consul parut s'oublier une heure à converser avec lui ; il le quittait en assurant qu'il appuierait fortement l'affaire de son adjonction au Conservatoire auprès de son frère, ministre de l'intérieur. Il ne lui avait pas été difficile de deviner l'état précaire dans lequel se trouvait alors l'auteur d'*Atys* ; des secours *ex abrupto* eussent pu blesser ; il lui dit négligemment qu'il souhaitait une marche nouvelle pour sa garde consulaire, et lui demanda d'en composer une. La besogne fut bientôt faite et parfaite, et envoyée au Premier consul, qui dépêcha tout aussitôt au compositeur un aide de camp chargé de le remercier et de lui faire accepter une rémunération de vingt-cinq louis. De son côté, le ministre de l'intérieur prenait à cœur son affaire et créait pour lui une sixième place d'inspecteur de l'enseignement au Conservatoire « à titre de récompense nationale. » Tout cela eût été au mieux, si les coffres n'eussent pas été vides, et si l'habitude du désordre, une incurie générale dont il n'était pas aisé de sortir le pays, n'eussent trop souvent rendu vaine la bonne volonté du pouvoir. A tout instant, l'infortuné, qui avait cru tenir un avenir meilleur, poussé par une inexorable nécessité, se verra forcé de rappeler qu'on oublie ou qu'on néglige de le payer et qu'il meurt littéralement de faim. Il ne varie guère dans ces suppliques sans fausse honte, elles se ressemblent toutes, et les termes en sont les mêmes ; mais c'est que rien n'était changé dans sa fortune, et que les charges n'avaient fait que s'accroître. Citons cette dernière lettre, écrite moins de cinq mois avant sa mort et qui est d'ailleurs piquante à un autre point de vue.

Citoyen,

C'est absolument la voix impérieuse du besoin qui me force à recourir à vos bontés, pour vous prier de me faire payer le mois dernier de ma pension, affectée au ministère de l'intérieur; car voilà déjà le second mois presqu'échu, et je me trouve dénué de toute ressource ; chargé d'une très-nombreuse famille, et dans une position vraiment effrayante. J'espère, citoyen, que par votre organe, le citoyen ministre donnera ses ordres pour me faire payer. Cela est d'autant plus pressant que je suis à la lettre privé du nécessaire.

Salut et estime respectueux,

PICCINNI.

Le *post-scriptum* n'est pas le moins curieux, et nous fait pénétrer dans les arcanes de l'ex-Académie royale, qui, elle aussi, a subi l'influence des temps et des circonstances.

Je me suis rendu hier à l'adm⁰ⁿ du théâtre des Arts dans l'espérance d'y trouver les ordres du ministère pour être payé de ce qui m'est dû ; mais j'ai vû un véritable chaos. Il n'y avoit ni adm⁰ⁿ, ni caissier, ni personne pour me donner une réponse cathégorique à ma demande. Je vous laisse à penser, citoyen, quelle doit être ma position[1].

Cependant, l'horizon s'était éclairci, l'on se sentait respirer, et, chaque jour laissait entrevoir un avenir

---

[1] Lettre inédite de Piccinni à M..., 27 nivôse an VIII (17 janvier 1800). La lettre n'est pas de la main de Piccinni, mais il l'a signée.

moins tourmenté et plus stable, lorsqu'une dernière attaque d'un mal incurable, presque aussi vieux que lui [1], mettait sa vie en danger. Le médecin appelé à le soigner, trompé par certains symptômes, achevait de l'épuiser par de funestes applications de sangsues. Cependant, en dépit d'un tel traitement, il ne succomba point ; et une amélioration notable même se manifesta vers la fin de germinal. Il s'en fallait, toutefois, que les forces fussent revenues et dussent même revenir de sitôt. Quoi qu'il en soit, à peine avait-il senti la vie reprendre en lui, qu'il s'était souvenu de son art. Il voulut signaler sa guérison, si l'on pouvait appeler ainsi l'état de langueur dans lequel il était encore, par une solennité musicale à laquelle il convia ses amis et un petit nombre d'amateurs. L'on s'empressa de se rendre à cet appel. Cette réunion devait avoir la physionomie mélancolique du dernier adieu ; car on comprenait que pareilles fêtes ne se renouvelleraient guère. La composition de ce concert intime était, d'ailleurs, de nature à impressionner l'assistance. Madame Piccinni chanta le bel air de *Zénobia : Lasciami o ciel pietoso*, que son mari avait composé en 1756, pour le grand théâtre Saint-Charles .L'intention de ce choix ne pouvait échapper à ceux qui étaient au fait de la vie du maître : *Zénobia* avait été son premier grand succès dans le genre sérieux ; et ç'avait été à cette même époque qu'il avait mené à l'autel cette Vincenza Sibilla, à laquelle depuis lors il avait dû les seuls bons moments de son existence agitée, cette fidèle et charmante compagne, la confidente de ses travaux et de ses peines

[1] Ginguené, *Notice sur la vie et les ouvrages de Nicolas Piccinni.* Paris, an IX, p. 9.

qu'elle était faite pour comprendre également, une belle âme de femme et d'artiste, qui n'avait ni vu ni cherché autre chose que les douces et obscures joies du foyer. Après cet air remarquable, que le vieillard avait accompagné de sa main débile, l'on chanta le sommeil d'Atys, cette composition inspirée à laquelle avaient applaudi même les plus acharnés Gluckistes. Puis, vint le trio d'*Iphigénie en Tauride*, exécuté par la mère et ses deux filles, Rosine et Julie « groupées derrière un époux et un père, qui semblait, en les accompagnant, renaître à l'accord touchant de ces voix si expressives et si chères, et ressentir quelque étincelle de ce feu dont il était animé, quand il produisit ces morceaux sublimes[1]. »

L'on comptait sur l'air pur et salubre de Passy où l'on émigra pour le rétablissement de ses forces. Mais la lampe devait s'éteindre, faute d'huile. Le malade devenait de plus en plus faible; quelques peines domestiques dont nous ignorons la nature se mêlèrent également à ses autres maux et ne furent pas sans précipiter la dernière heure de l'auteur de *Didon*, pour lequel la mort allait être la délivrance et l'apaisement. Il expirait, en pleine connaissance, le 7 mai 1800, à l'âge de soixante-douze ans, pleuré des siens, dont il était le seul appui et qu'il laissait dans la situation la plus critique, regretté de ses amis, qui avaient eu le

---

[1] Ginguené, *Notice sur la vie et les ouvrages de Nicolas Piccinni*, Paris, an IX, p. 103. Piccinni eut quatre filles, les deux que nous venons de citer, dont Charles Pougens parle dans ses *Mémoires et Souvenirs*, Paris, 1834, p. 258, une autre alors à Naples, et celle au mariage de laquelle nous avons assisté. Cependant, la *Décade philosophique* (an VIII, 5e trimestre du 20 floréal) lui en donne cinq; ce qui est d'autant plus étrange, que tous les détails qu'on y rencontre sur le maître napolitain viennent de Ginguené.

loisir d'apprécier la bonté, la générosité de cette âme
sans fiel, regretté des artistes, regretté du public, qui
ne pouvait avoir, sans ingratitude, oublié les moments
délicieux dont il lui était redevable. Il fut enterré
à Passy, dans la sépulture commune. Sur un marbre
noir, qui recouvrait sa tombe, un ami[1] avait fait graver cette courte épitaphe, moins laconique pourtant
que celle de Gluck :

Ici repose Nicolas Piccinni, maître de chapelle napolitain, célèbre
en Italie, en France, en Europe, cher aux arts et à l'amitié ; né
à Bari, dans les États de Naples, en 1728, mort à Paris, le 17 floréal[2].

Si l'art perdait un de ses maîtres les plus illustres,
la mort de Piccinni ne changeait rien à l'état des choses.
Les luttes étaient closes, et la révolution musicale ac-
complie dans les esprits depuis longtemps déjà. Gluck
avait vu s'affirmer son triomphe, et il avait emporté dans
la tombe l'assurance d'avoir inauguré une ère nouvelle. L'on a assisté à ces débats armés, à ces mêlées
terribles comme des batailles, l'on a pu se passionner
pour l'un ou l'autre des deux champions ; mais, quelque sympathie que l'homme inspire, les faits parlent
plus haut que les affections, et, musicalement parlant,
à l'heure qu'il est, il n'y a plus de Piccinnistes.

Faut-il s'en féliciter sans faire ses réserves ? Le vrai
ne se trouverait-il pas entre les deux écoles, l'école de
l'art pour l'art et l'école réaliste, — deux termes que ne
connaissaient pas plus Piccinni que Gluck ? Le dernier

---

[1] M. Neveu, un amateur instruit, son élève.
[2] Cette pierre se trouve maintenant dans une propriété appartenant à
la famille Delessert.

Piccinniste aura été Rossini, le Rossini de *Tancredi* et
de *Semiramide*, le Rossini de la première manière, qui
avait, autant que qui que ce soit, les cordes dramatiques, mais qui, en véritable Italien, aimait la virtuosité jusqu'à la préférer à la nature. Gluck a dit que son
plus grand soin, en prenant la plume, était d'oublier
qu'il fût musicien. Que serait-ce, pourtant, qu'une
œuvre lyrique, dont la musique serait absente? Mettez
de côté tout ornement parasite, soit ; toute parure qui
n'ait pas sa raison d'être et sa nécessité; mais, si vous
remplacez le chant par la déclamation, appelez-vous
tragédie et ne soyez que cela. Encore mieux : écrivez
en prose et appelez-vous drame ou comédie. Mais ce
n'était pas ce que voulait Gluck. Il voulait que la musique fût la fidèle, la sincère, l'énergique interprète
des passions, ni plus ni moins que la tragédie même;
sans lui enlever, cela va sans dire, ses facultés dis-
tinctives, ce qui eût fait de la musique un non-sens.
Le chant afflue, tout au contraire, dans son œuvre : il
est vrai que c'est un chant qui ne ressemble guère à ce
qu'on avait entendu par chant jusque-là, en Italie du
moins ; il est encore vrai que ce chant secoue toute gêne,
et n'hésite pas, s'il y a lieu, à passer de la scène à l'orchestre, par ces subits enjambements, toujours justi-
fiés et dont l'écrivain sait tirer les effets les plus heureux comme les plus inattendus [1]. La recherche de la
passion sincère, du pittoresque, avec une grande sobriété, une sorte de puritanisme dans la forme, tel est
ce qui caractérise la révolution opérée par le cheva-

---

[1] Grétry cependant appelait cela « mettre le piédestal sur la scène et
la statue dans l'orchestre. »

lier Gluck ; car c'en est bien une, et des plus radi-
cales, et des plus complètes.

L'école italienne, si vaine de sa fécondité, de sa verve
inépuisable, est bien morte, même au delà des monts.
Le souffle nouveau a visité cette terre classique de la
mélodie, cette patrie de Bellini, de Donizetti, et du
Cygne de Pesaro. A *Norma*, *Lucia*, *Cenerentola* ont succédé des compositions d'un mérite incontestable assurément, mais qui se séparent du passé par tout un
abîme, le *Nabucco* et le *Trovatore* de M. Verdi, entre
autres. Et, avec cette merveilleuse école, s'est évanoui (ce qui était inévitable), ce grand art du chant
qui avait produit tant d'artistes considérables, trop
considérables même, car ils régnaient en despotes et
abusaient, comme toute tyrannie, de leur omnipotence. Nous avons signalé leurs caprices, leurs exigences; mais, tout compte fait, on pouvait beaucoup
endurer de personnalités telles qu'un Caffarelli, un
Farinelli, qui eussent été plus contenues, si le goût
du public qu'elles transportaient ne se fût fait leur
complice. L'art qui a succédé à celui-là est d'un autre
ordre; il s'adresse à ce que nous avons de plus élevé
en nous, au cœur, à la passion, au point parfois d'oublier qu'en tout état de cause, la mélodie ne doit cesser
jamais d'être saisissable. Que l'on nous permette de
regretter un peu la virtuosité, ce superflu si aimable,
si séduisant en ses excès mêmes, comme les délicats
peuvent regretter dans ce passé que rien ne saurait
ressusciter bien d'adorables travers. Notre société plus
sérieuse, plus réfléchie dans ses jouissances, ne s'arrête
guère à la bagatelle et veut un art selon ses instincts et
son éducation. Pourtant, qu'elle se garde de s'engager

trop avant dans cette voie, qui ne serait plus le progrès, au delà de laquelle ne se conçoivent plus que des monstres sans nom, d'abominables créations que l'on n'acceptera jamais, quoi qu'on fasse, pour le dernier mot, le *nec plus ultra*, l'idéal des races futures.

Wieland a dit de Gluck, qu'il préféra les Muses aux Sirènes, et c'est la devise qui figure au bas de son portrait gravé par Saint-Aubain : son organisation le portait autant que ses idées vers cette simplicité, cette austérité des tragiques grecs. Très-chrétien par la croyance, Gluck est païen dans son œuvre, et son art ne se plie pas sans contrainte à l'expression des passions de la société moderne. Mais, avant d'expirer, il avait vu naître, s'élever une nature prédestinée, qui devait réunir tout ce que l'imagination peut rêver : puissance, richesse, sensibilité exquise, pathétique, le sémillant enjouement de l'Italie à côté de cette sentimentalité allemande si profondément mélancolique, ignorée de l'antiquité, ignorée de Gluck, si pénétrante dans l'auteur du *Freyschütz* et d'*Oberon*. Nous avons nommé Mozart, ce divin Mozart, dont la sobriété ne marche pas sans l'attrait et la grâce. L'auteur d'*Alceste* avait salué avec une franche cordialité, dans l'*Enlèvement au sérail*, l'œuvre d'un talent charmant, plein de promesses et d'avenir; mais sans soupçonner jusqu'où s'élèverait ce génie, le plus complet qui ait existé et qui existera jamais, c'est à croire, génie sans système et sans synthèse, essentiellement mélodique et qui n'eût pas compris, lui, que le premier devoir fût d'oublier que l'on était musicien. « Les passions violentes ou non, ne doivent jamais être traduites jusqu'au dégoût, et la musique même en exprimant la situation la plus horrible, ne doit jamais blesser l'oreille; elle doit toujours plaire, c'est-à-dire toujours rester musique[1]. » Ces paroles de Mozart nous serviront de conclusion; elles sont la loi et les prophètes en musique. Gluck lui-même, quoi qu'il en dise, n'a point agi en raison d'une logique autre, et, dans son œuvre, on chercherait vainement quelque chose qui légitimât une sentence mal interprétée, et qu'à coup sûr il ne fallait pas prendre à la lettre.

[1] *Mozart. Vie d'un artiste chrétien.* Sa correspondance, traduite par Goschler. Paris, Douniol, 1857, p. 283. Lettre de Mozart à son père; Vienne, 27 septembre 1781.

FIN

TABLE DES MATIÈRES

Préface.   v

I. — Enfance de Gluck. — Ses protecteurs à Vienne. — Gluck à Londres. — Succès à Vienne.

Naissance de Gluck, 2. — Origine douteuse, 3. — Acte de baptême.
L'oncle de Gluck, 4. — Son père. Rude éducation, 5. — Les jésuites
de Kommotau. Leçons de violon et de chant, 6. — Gluck artiste ambulant. Rémunération en nature, 7. — Le comte de Melzi emmène
Gluck à Milan. San-Martini, 8. — Le compositeur tudesque, 9. —
Artaserse, 10. — Succès constants, 11. — Gluck à Londres. Le prince
Lobkowitz l'y accompagne. Moment peu favorable, 12. — *La Caduta
de' Giganti.* Insuccès. Jugement de Haendel. Sa dureté, 13. — Visite
que lui fait Gluck. Thomas-Auguste Arne. Une famille prédestinée,
14. — Liaison de Gluck avec Arne. *Artamène*, 15. — *Piramo e Tisbe.*
Un pasticcio. Révélation, 16. — Gluck s'établit à Vienne. *Semiramide
riconosciuta*, 17. — Gluck amoureux. Marianne Pergin. Il est évincé.
Part pour Copenhague, 18. — *Tetide.* Le théâtre Italien de Charlottenbourg. Gluck joue du vérillon, 19. — Voyage à Rome. *Telemacco.*
Mariage de Gluck, 20. — *La Clemenza di Tito.* Arrogance des chanteurs italiens, 21. — Caffarelli. Question d'étiquette, 22. — Arrêt de
Durante, 23. — Fêtes de Schlosshof. *Le Cinesi*, 24. — *Il Trionfo di
Camillo. Antigono.* Gluck chevalier de l'Éperon d'Or, 25. — Compose
des opéras-comiques, 26. — Le comte Durazzo et Favart, 27. — In-
structions du comte au vaudevilliste français, 28. — Enthousiasme
d'une Altesse Électorale. Fêtes du mariage de l'archiduc, 29. —
Étrange commande, 30. — *Don Giovani Ossia, il convitato di pietra.*
Dittersdorf, 31. — Petit dialogue entre le chevalier et le violon.
Gluck intéressé, 32. — Le projet se renoue. La signora Marini, 33.
— Départ. Cupidon maître de chapelle, 34. — La semaine sainte à
Venise. Orchestres de femmes, 35. — Solennités religieuses, 36. —
La troupe de Bologne, 37. — Visite à Farinelli, 38. — Le père
Martini. L'idéal du savant et du curieux, 39. — La fête de Santo-
Paolo. Le violon Spagnoletti. Prouesses de Dittersdorf, 40. — La
tortue allemande. Leçon de modestie donnée par Gluck à deux ama-

teurs ultramontains. Souper sardanapalesque, 41. — Le clergé italien. Chapelle et théâtre, 42. — Cadeau dépêché à Dittersdorf par le
couvent. *Il Trionfo di Clelia*. Départ des deux amis, 43. — Retour
à Vienne, 44

**II. — Calzabigi. — Orfeo ed Euridice. — Favart et Durazzo.
Alceste. — Gluck dans l'intimité.**

Apparente somnolence de Gluck, 45. — Raniero Calzabigi, 46. — Métastase et ses opéras, 47. — Calzabigi lui soumet son ouvrage, 48. —
Orfeo ed Euridice. Guadagni. Exigences du compositeur, 49. — Hésitations de l'impératrice-reine. Gluck novateur, 50. — *Ezio. Les
Pélerins de la Mecque*, 51. — Envoi d'*Orphée* en France, 52. — Projets de gravure. Incorrections du manuscrit, 53. — Offres de Philidor. Son admiration pour Gluck, 54 — *Orphée* et *le Sorcier*. Audacieux plagiat, 55. — Preuves de la culpabilité de Philidor, 56. —
Annonce du voyage de Gluck à Paris. Favart l'invite à descendre
chez lui, 57. — Fierté du vaudevilliste, 58 — Soins donnés à la gravure. Arrivée de Gluck, 59. — Accompagné du poëte Goldelini. *Il
Parnasso confuso*. Augustes interprètes, 60. — Mise en vente de la
partition, 61. — *Alceste*, 62. — Simplicité de la donnée. Critiques amères, 63. — Triple prodige. Retour du public, 64. — Épître
dédicatoire au grand-duc de Toscane, 65. — Exposition des idées du
maître, 66. — Difficultés de la tâche, 67. — Autre épître au duc de
Bragance. Elle vient compléter la première, 68. — Malveillance et
incompétence des juges. Emportement du chevalier contre ses zoïles,
69. — Un sommeil de cinq années. Gluck à Vienne, 70. — Son intérieur. Visite de Burney au maëstro, 71. — Marianne. Ses heureuses
dispositions. Millico. Ses débuts avec Gluck, 72. — Nature admirable
d'artiste. Il donne des leçons à Marianne, 73. — L'oncle et la nièce,
74. — Concert chez lord Stormont. L'abbé Costa et le professeur
Hartzel. Admiration qu'inspire Marianne, 75. — Visées de Gluck. Sa
pensée tournée vers la France, 76. — Dîner chez le comte d'Escherny. M. de Sevelinges, 77. — Le bailli du Roullet. Gluck l'avait
connu à Rome, 78. — Plan d'*Iphigénie en Aulide*. Premières démarches, 79. — Lettre du bailli à Dauvergne, 80. — Propositions pres-
santes. Curieux post-scriptum, 81. — Lettre de Gluck. Adroites flatteries, 82. — Objection de Dauvergne. Les négociations traînées en
longueur, 83. — Gluck s'adresse à la dauphine. Gracieuse réponse
de Marie-Antoinette. Arrivée à Paris, 84.

**III. — Gluck en France. — Iphigénie en Aulide. — Entretiens avec
Corancez. — Enthousiasme pour Orphée.**

État des esprits, 85. — Corancez. Il met Gluck en rapport avec Rousseau. Opinion de Jean-Jacques sur la musique du chevalier, 86. —
Raffinements. Petite dissertation sur Hélène, 87. — Rousseau et l'*Alceste* italienne. Sans-gêne de Gluck, 88. — L'Opéra en 1774. Indécence et laisser-aller incroyable. Les masques des danseurs, 89. —

Réforme due à Laujon. Chœurs postiches, 90. — L'orchestre comparé à un vieux coche. Le bûcheron, 91. — Les chanteurs. Ce que dit Saint-Preux, 92. — Le Gros et Larrivée. Repartie de Gluck à ce dernier, 93. — Dialogue entre une actrice et le batteur de mesure, 94. — Répétition, 95. — Représentation ajournée. Caractère entier de Gluck, 96. — *Iphigénie en Aulide.* Mademoiselle Arnould, 97. — Marie-Antoinette bat des mains. La cour obligée de l'imiter, 98. — Lettre de la reine à Marie-Christine. Affluence du vendredi, 99. — Engouement du public. Coiffures *à l'Iphigénie.* Le chapelier mélomane, 100. — Explications et commentaires. *Je n'obéirai jamais à cet ordre inhumain,* 101. — L'air d'Agamemnon, 102. — Le chœur des soldats et le morceau de la colère d'Achille, 103. — La danse négligée, 104. — Vestris et la chaconne. Mort de Louis XV, 105. — Répétition chez Sophie Arnould. Le prince d'Hennin, 106. — Son arrogance. Fureur de Gluck, 107. — Intervention de Marie-Antoinette. Le duc de Nivernais. Répétitions d'*Orphée,* 108. — Le salon de madame de Genlis. Elle joue les airs d'*Iphigénie* sur sa harpe, 109. — L'hôtel du parlement d'Angleterre. La duchesse de Kingston, 110. — *Orphée et Eurydice.* Succès, 111. — Les Champs-Élysées. Ingénieuses interprétations, 112. — Enthousiasme de Rousseau. Étrange accueil qu'il fait au chevalier, 113. — Engouement général. Enivrement de mademoiselle de Lespinasse, 114. — Hésitation de Voltaire. Madame Du Deffand tient pour Lulli et Destouches, 115. — Jugement de madame Necker, 116. — *Azolan.* Oppositions déloyales que lui font les Gluckistes, 117. — Bontés de la reine pour le chevalier, 118. — Marie-Antoinette à l'Opéra. Ovation qui lui est faite, 119. — Lettre de Louis XVI au duc de la Vrillière. Importunités de Vestris, 120. — L'archiduc Maximilien. *L'Arbre enchanté,* 121, — *Cythère assiégée.* Facéties, 122. — *Roland* jeté aux flammes, 123. — Ressentiment de Gluck, 124. — Petites finesses, 125. — Piccinni. Intervention de madame du Barry, 126. — Pourparlers, 127. — Question de priorité, 128.

IV. — Alceste. — La soirée perdue à l'Opéra. — La Harpe et l'anonyme de Vaugirard.

Représentation d'*Alceste.* Tombée du ciel! 129. — Contenance de Gluck, 130. — Critique de Rousseau, 131. — Mademoiselle Le Vasseur. Sophie sacrifiée, 132. — *Alceste* et le jubilé, 133. — L'abbé Arnaud. *La Soirée perdue à l'Opéra,* 134. — Chœur des dieux infernaux, 135. — La marche des prêtresses, 136. — Remarque de Jean-Jacques, 137. — Quelle voix doit avoir Apollon. Observation du fils de Corancez, 138. — Maladresse de Framery. Brutale réplique de Gluck, 139. — La petite muse, 140. — Klopstock. Son peu de penchant pour la France, 141. — La petite muse prend son parti contre le poëte. Mort de Marianne, 142. — *La Bonne Femme* ou *le Phénix,* 143. — *L'Union de l'Amour et des Arts,* de Floquet, 144. — *Les Romans,* de Cambini. Lettre de Gluck aux musiciens de l'orchestre. Mot malheureux, 145. — Terreur qu'inspire Gluck. Le Concert des Amateurs, 146. — Étrange démarche. Le buste du chevalier par Houdon, 147. — Quo-

libets, 148. — Ballet sifflé. Reprise d'*Iphigénie*, 149. — Annonce de
La Harpe, 150. — Lettre datée de Vaugirard, 151. — La Harpe mal-
mené par l'anonyme, 152. — Lettres de l'anonyme comparées aux *Petites
lettres* de Pascal, 153. — Les sociétés se divisent et prennent parti pour
ou contre, 154. — *L'Orlando* et l'*Orlandino*, 155. — Fureur de Marmontel. Scène chez madame Necker, 156. — *Essais sur les révolutions de la musique en France*, 157. — Gluck accusé de manquer de
chant. Il n'a rien créé, 158. — Comparé à Shakespeare, 159. — Indignation de ses partisans. Le Michel-Ange de la Musique, 160. —
Gluck italien. Conclusions de l'*Essai*, 161. — Ce que l'on doit à Gluck.
Tirades contre le fanatisme et l'intolérance, 162. — Débordement
d'épigrammes. Succès de la brochure, 163. — Le public souverain
juge, 164.

V. — **Le Conservatoire de Saint-Onuphre. — La Cecchina. — Anfossi·
Piccinni à Naples. — Part pour Paris.**

Naissance de Piccinni. Le compositeur Latilla, son oncle. Minces honoraires, 165. — La force de la vocation. Vaines précautions. Audience
de l'évêque de Bari, 166. — Le clavecin du prélat. Piccinni cède à la
tentation. Entre au Conservatoire de Saint-Onuphre, 167. — Il compose une messe. Léo. Il donne le bâton au petit maëstro, 168. —
Qu'en dira le maître? Anxiété de l'enfant. Terrible leçon, 169. — Léo
lui pardonne. Sa mort. Durante lui succède, 170. — Le prince Vintimille. Niccolo Logroscino. Cabale contre le débutant, 171. — *Le
Donne dispestose*. Succès de Piccinni. Prépondérance artistique des
Romains, 172. — *L'Alessandro nell' Indie* et la *Cecchina*, 173. —
Inconcevable engouement. Jugement de Jomelli, 174. — Pascal An-
fossi. Piccinni son infatigable protecteur. *L'Inconnue persécutée*,
175. — Odieux procédés. Piccinni quitte Rome, 176. — Succès des
Voyageurs, à Naples. Vincenza Sibilla. Sa voix remarquable, 177. —
Tableau d'intérieur. Visite inopinée du prince héréditaire de Bruns-
wick, 178. — Grétry présenté à Piccinni, 179. — Le dialecte napolitain. Piccinni le compositeur napolitain par excellence, 180. —
Chaudes recommandations de l'abbé Galiani, 181. — Situation de
Piccinni à Naples, 182. — Arrivée à Paris. Premiers mécomptes, 183.
— *La Buona figliola* aux Italiens. Il est acclamé au Concert des Amateurs, 184. — La musique de concert, 185. — Appréciations erronées. Opinion de Mersenne et de Maugars, 186. — *L'Orfeo* de Monteverde. Les morceaux d'expression, 187. — L'opéra de *Siroës*. Un accompagnement de trompettes, 188. — *Céphale et Procris*, 189. —
Marmontel et les poëmes de Quinault. Épigramme de l'abbé Arnaud,
190. — Piccinni au travail, 191. — Ses protecteurs. Caraccioli et le
comte de Creutz, 192. — Le prince Belowelsky. Les déjeuners de
l'abbé Morellet, 193. — C'est chez lui que Gluck fit entendre pour la
première fois son *Orphée*, 194. — Marmontel épouse mademoiselle de
Montigny, 195. — Un avant-goût de *Roland*. Piccinni accompagne
chez la reine l'air d'*Alceste* : *Divinités du Styx!* 196.

**VI. — L'abbé Arnaud et Marmontel. — Guerre à outrance. — Armide.
Tentatives de rapprochement. — Roland.**

L'abbé Arnaud. Ce que dit madame Suard à son sujet, 198. — Démarche du prince de Beauvau. *Polymnie*, 199. — Le jongleur de Bohême.
Le coadjuteur de Strasbourg, 200. — Nouveaux efforts. Clauses du
contrat de mariage de Marmontel. Arnaud et Suard font du bruit
pour dix, 201. — Le chevalier de Chastelux, 202. — Un rival de Gluck
à Agen. Lacépède, Son *Armide*, 203. — Il part pour Paris. Visite à
Gluck, 204. — Reçu à merveille. Étrange aveu du chevalier, 205. —
Il lui indique le sujet d'*Omphale. Armide*, 206. — Indignation des
Lullistes. Réponse superbe de Gluck à la reine, 207. — Ineptie du
décorateur, 208. — Jugement de La Harpe, 209. — Fureur de Gluck,
210. — Il implore l'appui de l'anonyme, 211. — Nouvelle intervention de celui-ci, 212. — Réplique de La Harpe, 213. — Il est le bouc
émissaire du parti. L'*Opéra de province. Armide, vous m'allez quitter!* 214. — Complaisance de Larrivée, 215. — *Votre général vous
rappelle.* Succès final, 216. — Détails curieux donnés par Gluck.
La sentinelle et l'homme au chapeau, 217. — L'*Olympiade.* Manœuvres iniques, 218. — Revendication tardive de l'Opéra. Qui l'on accuse, 219. — Interdiction levée, 220. — Lettre de Galiani à Marmontel. Défection de Grétry, 221. — Tentative louable de Berton. Gluck
et Piccinni côte à côte. Ils s'embrassent, 222. — Étrange propos du
chevalier. Réponse réservée de Piccinni, 223. — Récit poétique de
l'entrevue, 224. — Contenance batailleuse de Suard, 225. — Répétitions de *Roland*. L'orchestre hostile, 226. — Emportement de Marmontel. Les doubles. Mademoiselle Bourgeois, 227. — Campbell.
Plaisante facétie, 228. — Appréhensions du musicien, 229. — Une
famille éplorée. *Roland*, 230. — Succès éclatant. Piccinni et les copistes d'Italie, 231. — Ramené en triomphe, 232. — La fête chinoise. Lettre de Noverre, 233. — Recettes opposées aux recettes,
234. — Piccinni à Versailles, 235. — Le comte de Falkenstein. Eau
bénite de cour, 236. — Devismes, 237. — Coiffures proscrites. Honoraires du poëte, 238. — Lettre de Marmontel, 239. — Réponse de
Devismes, 240. — Caractère du nouveau directeur, 241. — Exposition de ses projets, 242.

**VII. — Les Bouffons. — Devismes. — Iphigénie en Tauride de Gluck.
L'architecte Coquéau. — Écho et Narcisse.**

Le Finte Gemelle et *la Finta Gardiniera*, 243. — Débuts. Une administration tapageuse, 244. — Parole mémorable de Vestris. Prétentions
des figurantes, 245. — Le fils de Vestris au For-l'Évêque. Mademoiselle Guimard. L'Opéra en pleine révolte, 246. — Devismes endetté.
Reprise de *Castor et Pollux*, 247. — Visées secrètes de Gluck. Il
songe à se fixer en France, 248. — Réchauffe le zèle de ses amis, 249.
— Son collaborateur, 250. — Indications de Gluck à Guillard, 251.
— Le compositeur et le chef du bureau de copie, 252. — Gluck li-

brettiste. Son retour à Paris. 253. — Plaintes de Grétry. Trompeuses promesses, 254. — Interprétation charitable, 255. — Piccinni dans le cabinet de Devismes. Offres de ce dernier, 256. — Objections du musicien. On le rassure. Piccinni sacrifié, 257. — Coopération de Ginguené. Répétitions d'*Iphigénie en Tauride*. 258. — Petit complot. On interroge le coupable, 259. — Méhul. Il se présente chez Gluck, 260. — Le maëstro dans le feu de la composition, 261. — Viguerard. Attendrissement de Gluck. Son ultimatum, 262. — Le grand jour de la représentation. Beau début du premier acte, 263. — L'andante d'*Oreste*. Il a tué sa mère! 264. — Remarquable exécution. Jugement équitable de Grimm, 265. — Dédicace à la reine, 266. — *Entretiens sur l'état actuel de l'Opéra de Paris*, 267. — L'architecte Coquéau. Élève de Balbâtre, 268. — Compétence de Suard. Il prend des leçons de Foignet durant trois mois, 269. — L'air de bravoure d'*Orphée*, 270. — Accusation grave. Coquéau mis au défi, 271. — Énergiques démentis, 272. — Embarras de la galerie. Lettre concluante de Berfoni, 273. — Coquéau prend sa revanche, 274. — Étrange attitude de Gluck, 275. — Gluck se pille lui-même, 276. — Son avidité, 277. — *Écho et Narcisse*. Insuccès, 278. — *Les Narcisses, ou l'écot mal payé*, 279. — Maladie de Gluck, 280. — *Atys*. Mis au-dessus et au-dessous de *Roland*, 281. — Adresses satiriques de Marmontel, de Piccinni et de Gluck, 282. — Berton à la direction de l'Opéra, 283. — Départ des Bouffons. Démarche de l'abbé Maury. 284. — *Les Barmécides*. Soutenus par les Piccinnistes. 285. — L'Ordre profond et l'Ordre mince, 286. — Rappel de Caraccioli, 287. — Dauvergne succède à Berton, 288. — Lettre de Gluck à Palissot, 289. — Palissot l'un des plus grands génies de la France. Petites habiletés, 290.

VIII. — **Iphigénie en Tauride de Piccinni.** — **Adèle de Ponthieu. Madame Saint-Huberti.** — **Didon.**

Tracasseries du bailli, 291. — Francœur. Recours à Gluck, 292. — Réponse ambiguë du chevalier, 293. — Du Rollet et mademoiselle Duplan. Fermeté du ministre, 294. — Le poëme de *Renaud*. Machination infernale, 295. — Reprise d'*Écho et Narcisse*, 296. — Suivie de la reprise de *l'Opéra de province*. Ombrageuse paternité, 297. — Dubreuil, 298. — Ses démarches auprès de Gluck. On lui adjuge Piccinni, 299. — Appréhensions. Bizarre supplique. Réponse de M. Amelot, 300. — Déclaration formelle. Réclamations du Comité, 301. — Lettre au *Journal de Paris*, 302. — Candide exposé des faits, 303. — *Iphigénie en Tauride* de Piccinni, 304. — Seconde représentation. Burlesque incident, 305. — *Iphigénie en Champagne*, 306. — Mademoiselle La Guerre. Ses aventures. Mot de Sophie sur elle, 307. — Retraite au For-l'Évêque. Elle en sort deux jours après, 308. — Accueil du public. La coupable pardonnée. Suard et Piccinni, 309. — Les deux *Iphigénies* en présence. L'avantage demeure à Gluck, 310. — *Le Seigneur Bienfaisant*, 511. — *L'Alceste* de Floquet. Il meurt de désespoir, 312. — Incendie de l'Opéra, 313. — Méprise cruelle,

314. — Les Menus-Plaisirs, 315. — Revanche de Gluck, 316. — La salle de la porte Saint-Martin. Transports du public, 317. — *Adèle de Ponthieu*, 318. — Opposée à celle de Laborde, 319. — Reprise d'*Atys*. Motifs qui déterminent le Comité, 320. — Le Moyne et *le Bouquet de Collette*. Madame La Ressource, 321. — Prophétie de Gluck, 322. — Mademoiselle Levasseur et ses chiens de chasse. Perplexités de M. de la Ferté, 323. — Le maréchal de Duras. Bienveillante intervention de sa part, 324. — Extrême sensibilité de Piccinni. Madame Saint-Huberti à Grignon, 325. — Préjugés contre l'ouvrage, 326. — Didon sans Didon. Succès inouï. *Le Dormeur éveillé*, 327. — Répétitions d'*Omphale*, 328. — Lacépède la retire. Pourquoi. Madame Saint-Huberti une mégère, 329. — *Chimène* vaincue par *Didon*. Enthousiasme de Louis XVI pour cette dernière, 330. — Aveux significatifs, 331. — Piccinni Gluckiste, 332, — *La Caravane*. Son succès désole les Piccinnistes, 333. — Le lieutenant de police Lenoir et l'architecte Moulgue. Suard exalte l'opéra de Grétry, 334.

IX. — Le Conservatoire. — Salieri. — Les Danaïdes. — Lettre de Calzabigi. — Diane et Endymion. — Pénélope.

Les conservatoires d'Italie et nos maîtrises, 335. — M. Amelot. Création de l'École de musique, 336. — Offres faites à Piccinni. Froidement reçues, 537. — Humeur de M. de Breteuil. Ce qu'il mande à M. de la Ferté, 338. — Piccinni se ravise. Tiédeur des élèves, 339. — Bruits du retour de Gluck, 340. — Négociations. Le chiffre paraît dur, 341. — Antonio Salieri. Situation nouvelle, 342. — Pression exercée par le comte de Mercy-Argenteau, 343. — Première représentation. Le bailli de Suffren, 344. — Léger dépit de la reine. Mise en scène remarquable des *Danaïdes*, 345. — Impression d'épouvante. Arrêt des Piccinnistes, 346. — Déclaration tardive de Gluck. Comment l'interpréter, 347. — Explications entortillées, 348. — Question de loyauté et question d'argent, 349. — Un troisième collaborateur, 350. — Revendication imprévue. *Hypemnestre* et *Sémiramis*, 351. — Procédé blamable du chevalier, 352, — Réflexions sur l'art. Le dialogue et les airs d'*Azione*, 353. — Premiers rapports de Calzabigi et de Gluck. Le maître et l'écolier, 354. — *Les Danaïdes* de Millico, 355. — Aveu concluant de l'auteur d'*Orphée*, 356. — A qui revient le mérite de la réforme, 357. — Thèse de Coquéau, 358. — Prétentions ridicules, 359. — Salieri créature de Calzabigi, 360. — *Diane et Endymion*, Le chevalier de Liroux. Mademoiselle Maillard, 361. — La succession de d'Alembert. Triomphe du Piccinnisme à l'Académie, 362. — Élection de l'abbé Maury. *Dardanus* à la cour, 363. — *Pénélope*. Un poëme à bonnes intentions. Indisposition de Larrivée, 564. — Éternelle question des doubles. Lettre du baron de Breteuil au sujet de *Didon*, 365. — Réglement léonin. De quel côté l'équité, 366. — Avis étrangement motivé, 367. — Lettres de Marmontel et de Piccinni. Récriminations, 368. — Droits de l'Opéra. Piccinni mal fondé dans sa demande, 369. — Gratification refusée. Accordée par la reine, 370. — Peines et travaux perdus. Mort de Sacchini, 371. — Son éloge par Piccinni. Sac-

chini le type du compositeur italien, 372. — L'Armide du théâtre
de Milan. L'*Olympiade* écrite en quinze jours, 373. — *Evelina*. La
reine charge Piccinni de l'achever. Réclamation du compositeur Rey.
Caractère généreux de l'auteur de *Didon*, 374.

**X. — Mozart. — Dernières années de Gluck. — Piccinni à Naples.
Persécutions. — Retour à Paris. — Sa mort.**

Enfance de Mozart, 375. — Gluck accusé de cabaler contre le jeune
maëstro, 376. — *La Finta simplice*. Bontés impuissantes de l'Empereur, 377. — Les leçons de l'expérience. Excessive réserve de Mozart,
378. — Anecdote controuvée, 379. — Bienveillance tardive, 380. —
Mariage de Mozart. Les deux résidences de Gluck, 381. — Portrait du
chevalier. Ses airs de grand seigneur, 382. — Reichaerd. Moments
qu'il passe avec lui, 383. — Propos blessants de Gluck sur la France.
Inconséquences de l'amour-propre, 384. — *Le Jugement dernier*, 385.
— Attaques successives. Étrange confusion d'idiomes, 386. — Dernier
repas de Gluck. Mort foudroyante, 387. — Pierres tumulaires des
deux époux, 388. — Testament de Gluck. Bizarres dispositions. Interprétation plus charitable que satisfaisante, 389. — Situation exceptionnelle d'artiste, 390. — Fortune de Gluck, 391. — Démarche généreuse de Piccinni. Gluck comparé à Corneille, 392. — Idée d'un
concert annuel en l'honneur de Gluck, 393. — *Clytemnestre*, 394. —
Deux actes supprimés. Résignation de Piccinni. *Clytemnestre* ne sera
pas jouée, 395. — Symptômes menaçants, 396. — L'aurore de la Révolution. Les optimistes, 397. — Les pensions cessent d'être payées.
Gêne de Piccinni, 398. — Il quitte Paris. Ovation à Lyon. Reçu à bras
ouverts dans sa patrie, 399. — *Jonathas* et *la Serva onorata*. Mariage
de sa fille. Toasts imprudents, 400. — Piccinni jacobin. Appelé à Venise. *Griselda* et le *Servo padrone*. Le ministre Acton, 401. — Piccinni prisonnier dans sa maison. Canclaux vient à son aide, 402. —
Séjour à Rome. Arrivée à Paris. Distribution des prix au Conservatoire. Accueil enthousiaste, 403. — Fête lyrique. Le songe d'*Iphigénie en Tauride*, 404. — Piccinni à l'hôtel d'Angevilliers, 405. — Sa
femme et ses fille le rejoignent. Coup d'État de brumaire, 406. — Cri
de détresse. Demande d'audience accordée. Piccinni au Luxembourg,
407. — Il déjeune avec le Premier consul. Réception charmante du
général Bonaparte, 408. — L'Opéra en 1800, 409. — Fête de famille.
Air de *Zenobia*, 410. — Retraite à Passy, 411. — Mort de Piccinni,
412. — Gluck et son œuvre, 413. — L'École italienne. Le grand art
du chant évanoui, 414. — Les Muses préférées aux Sirènes, 415. —
Paroles de Mozart, 416.

PARIS. — IMP. SIMON RAÇON ET COMP., RUE D'ERFURTH, 1.

www.ingramcontent.com/pod-product-compliance
Lightning Source LLC
Chambersburg PA
CBHW051350220526
45469CB00001B/191